"一带一路"轨道交通系列规划教材

动车组制造工艺

宋永增　主编
张励忠　主审

中国铁道出版社
2018年·北京

内 容 简 介

本书是"一带一路"轨道交通系列规划教材之一,主要介绍铁路动车组转向架和车体的制造工艺。全书共分 5 章:第 1 章介绍动车组转向架机械加工,重点突出动车组转向架典型零件的机械加工及主要加工设备;第 2 章介绍动车组转向架组装,重点介绍轮对组装、轴箱组装和典型转向架组装;第 3 章介绍动车组车体零件的冲压加工,介绍动车组车体零件的各种冲压工序及冲压工艺规程的制订;第 4 章介绍动车组车体装配焊接工艺,重点介绍焊接结构的合理性,车体焊接变形,不锈钢和铝合金车体焊接工艺;第 5 章介绍动车组制造,重点介绍动车组车体底架和侧墙的装配焊接工艺,车体总组装工艺过程及动车组总组装工艺过程。

本书是高等学校车辆工程和铁道机车车辆专业教材,也可供铁路高职和中职学校师生及从事机车车辆、动车组、城市轨道车辆相关专业的工程技术人员学习参考。

图书在版编目(CIP)数据

动车组制造工艺/宋永增主编.—北京:中国铁道出版社,2018.7
"一带一路"轨道交通系列规划教材
ISBN 978-7-113-24672-3

Ⅰ.①动… Ⅱ.①宋… Ⅲ.①动车-车辆制造-教材 Ⅳ.①U266

中国版本图书馆 CIP 数据核字(2018)第 136256 号

书　　名:**动车组制造工艺**
作　　者:宋永增　主编

责任编辑:金　锋　　　　编辑部电话:010-51873125　　　电子信箱:jinfeng88428@163.com
封面设计:崔丽芳
责任校对:王　杰
责任印制:郭向伟

出版发行:中国铁道出版社(100054,北京市西城区右安门西街 8 号)
网　　址:http://www.tdpress.com
印　　刷:三河市宏盛印务有限公司
版　　次:2018 年 7 月第 1 版　2018 年 7 月第 1 次印刷
开　　本:787 mm×1 092 mm　1/16　印张:18.25　字数:455 千
书　　号:ISBN 978-7-113-24672-3
定　　价:48.00 元

前 言
PREFACE

　　铁路运输客运高速化、货运重载化已经成为现代交通运输领域的趋势。高速铁路是庞大复杂的系统工程,被称作"大国技术",集成了多学科、多领域的高新技术,集中展示综合国力、经济社会发展水平和自主创新能力。高速动车组是高速铁路的核心技术之一,融合了高速转向架技术、高强轻型车体结构技术、交流传动技术、复合制动技术、减阻降噪与密封技术、现代控制与诊断技术等一系列当代最新技术成果。

　　"一带一路"倡议是作为世界经济增长火车头的中国,将自身的产能优势、技术与资金优势、经验与模式优势转化为市场与合作优势,实行全方位开放的一大创新,旨在通过加强国际合作,对接彼此发展战略,实现优势互补,促进共同发展。"一带一路"倡议已有 60 多个国家参与,在欧亚大陆上已经有超过一半的国家明确表示愿意参与。作为经济运行的大动脉,铁路将成为推动"一带一路"相关国家和地区贸易与人员往来便利化、实现经济融合的重要工具。

　　北京交通大学建校 120 年以来,秉承"知行"校训,保持着鲜明的交通特色,学校以立学储才、救国兴邦、交通强国为己任,确定了"基础宽厚、知识复合、能力卓越、品质优异、思维创新"卓越工程人才培养目标。学生的培养和知识的传播,教材建设是必不可少的重要环节,尤其是在现代技术与知识日新月异、不断更新的状况下,编写共性基础理论与新技术结合的教材尤为迫切。北京交通大学车辆工程专业是国家级特色专业、首批教育部"卓越工程师教育培养计划"和"专业综合改革试点项目"专业,一直将教材建设作为保持轨道交通特色、引领专业发展的重要工作。本系列规划教材就是在轨道交通行业对车辆人才旺盛的需求和技术不断发展的背景下,进行策划的。

　　本书是"一带一路"轨道交通系列规划教材之一,主要介绍铁路动车组转向架和车体的制造工艺,共分 5 章。第 1 章介绍动车组转向架机械加工,重点突出动车组转向架典型零件的机械加工及主要加工设备;第 2 章介绍动车组转向架组装,重点介绍轮对组装、轴箱组装和典型转向架组装;第 3 章介绍动车组车体零件的冲压加工,介绍动车组车体零件的各种冲压工序及冲压工艺规程的制订;第 4 章介绍动车组车体装配焊接工艺,重点介绍焊接结构的合理性,车体焊接变形,不锈钢和铝合金车体焊接工艺;第 5 章介绍动车组制造,重点介绍动车组车体底架和侧墙的装配焊接工艺,车体总组装工艺过程及动车组总组装工艺过程。

　　本书由北京交通大学宋永增担任主编,北京交通大学张励忠担任主审。第 1 章由北京交通大学邹骅编写,第 2 章~第 5 章由北京交通大学宋永增编写。

在本书的编写过程中,得到了中车青岛四方机车车辆股份有限公司、中车唐山机车车辆有限公司等制造企业的大力支持和帮助,在此表示衷心的感谢。

由于水平和资料来源所限,本书疏漏和不足之处在所难免,恳请广大读者提出批评和建议。

编　者

2017 年 12 月

目 录
CONTENTS

第1章

动车组转向架机械加工

1.1 机械加工工艺规程的制订

1.1.1 基础知识

1. 生产过程

生产过程是指把原材料(半成品)转变为成品的全过程。机械产品的生产过程,一般包括:

(1)生产与技术的准备,如工艺设计和专用工艺装备的设计和制造、生产计划的编制、生产资料的准备。

(2)毛坯的制造,如铸造、锻造、冲压等。

(3)零件的加工,如切削加工、热处理、表面处理等。

(4)产品的装配,如总装、部装、调试检验和油漆等。

(5)生产的服务,如原材料、外购件和工具的供应、运输、保管等。

机械产品的生产过程一般比较复杂,目前很多产品往往不是在一个工厂内单独生产,而是由许多专业工厂共同完成的。例如,飞机制造工厂就需要用到许多其他工厂的产品(如发动机、电器设备、仪表等),相互协作共同完成一架飞机的生产。因此,生产过程既可以指整台机器的制造过程,也可以是某一零部件的制造过程。

2. 工 艺

工艺就是使各种原材料、半成品成为产品的方法和过程。

工艺技术是人类在劳动中逐渐积累起来并经过总结的操作技术经验,它是应用科学、生产实践及劳动技能的总和。

工艺管理是从系统的观点出发,对产品制造过程的各项工艺技术活动进行规划、组织、协调、控制及监督,以实现安全、优质、高产、低消耗的既定目标。

工艺是科学技术第一生产力的基本要素。只要有生产,就得有工艺。这是因为:

(1)在产品生产的全过程中,都是按照工艺要求进行施工作业的。特别是现代化大工业的生产,工艺的基础作用尤为重要和明显。

(2)工艺是组织、指挥生产的技术依据。依靠工艺工作的基础与纽带作用,使人、机、料、法、环、测等生产要素有机地结合起来,并有效地开展生产活动。

（3）企业工艺先进性决定了生产的现代化水平。评价工艺的先进性,应该对工艺做技术与经济的全面、综合的评价,而不能单纯地考虑工艺的先进性与装备的自动化程度等。工艺的先进性、适用性体现了企业技术资源的优化配置和合理运用的程度,其评价标准是是否适合企业生产与发展的工艺能力。因此工艺的进步是企业生产现代化的基本和重要内涵。很难设想,一个实行现代化管理的企业却沿用着落后的工艺。

3. 工艺过程

工艺过程是指在生产过程中改变生产对象的形状、尺寸、相对位置和性质等,使其成为成品或半成品的过程。如毛坯的制造,机械加工、热处理、装配等均为工艺过程。在工艺过程中,用机械加工的方法直接改变毛坯的形状、尺寸和表面质量等,使之成为合格零件的过程,称为机械加工工艺过程。同样,将加工好的零件装配成机器,使之达到所要求的装配精度并获得预定技术性能的工艺过程,称为装配工艺过程。

4. 工艺装备

产品制造过程中所用的各种工具,包括刀具、夹具、模具、量具、检具、辅具、钳工工具和工位工具等称为工艺装备。

5. 工艺流程

产品和零部件在生产过程中,由毛坯准备到成品包装入库,经过企业各有关部门或工序的先后顺序,称为工艺路线或工艺流程。

6. 工艺文件

指导工人操作以及用于生产、工艺管理的各种技术文件称为工艺文件。

7. 工艺设计

编制各种工艺文件和设计工艺装备等的过程称为工艺设计。

8. 工艺准备

产品投产前要进行对产品图纸的审查和工艺性分析、拟定工艺方案、编制各种工艺文件、设计制造和调整工艺设备、设计合理的生产组织形式等,这些工作总称为工艺准备。

9. 工艺参数

为了达到预期的技术指标,工艺过程中所需选用或控制的有关量称为工艺参数。

10. 基　准

基准是用来确定生产对象上几何要素间的几何关系所依据的那些点、线、面。基准根据功用不同可分为设计基准和工艺基准两大类。

设计基准是指设计图样上采用的基准。

工艺基准是在机械加工工艺过程中用来确定被加工表面加工后尺寸、形状、位置的基准。工艺基准按不同的用途可分为工序基准、定位基准、测量基准和装配基准。

在工序图上用来确定本工序的被加工表面加工后的尺寸、形状、位置的基准,称为工序基准。所标定的被加工表面位置的尺寸,称为工序尺寸。

定位基准是加工中用作定位的基准,它使工件在工序尺寸方向上获得确定的位置。

测量时采用的基准称为测量基准。

装配时用来确定零件或部件在产品中的相对位置所用的基准称为装配基准。

11. 工件定位

机床、夹具、刀具和工件组成了一个工艺系统。工件被加工表面的相互位置精度是由工艺系统间的正确位置关系来保证的。因此加工前,应首先确定工件在工艺系统中的正确位置,即工件的定位。工件定位的本质,是使工件在工艺系统中占据一个正确位置。即工件被多次重复放置到夹具中时,都能占据同一位置。工艺系统在静态下的误差,会使工件被加工表面的定位基准在工艺系统中的位置发生变化,影响它与其设计基准的相互位置精度。但只要这个变动值在允许的误差范围以内,即可认定工件在工艺系统中已占据了一个正确的位置,即工件已正确定位。

12. 工艺规程

用表格的形式将机械加工工艺过程的内容规定下来,成为生产的指导性技术文件,就是机械加工工艺规程,简称工艺规程。

工艺规程是指挥现场生产的根据,又是组织生产,做好生产技术准备的主要文件;对于新建厂,它是提出生产面积、厂房布局、人员编制、设备购置等各项工作的依据。制定工艺规程时,必须做到技术上先进,经济上合理。

13. 计算机辅助工艺设计(Computer Aided Process Planning, CAPP)

(1)概念

CAPP是利用计算机技术,辅助工艺人员设计零件从毛坯到成品的制造方法,是将企业产品设计数据转换为产品制造数据的一种技术。它是通过向计算机输入被加工零件的原始数据、加工条件和加工要求,由计算机自动进行编码、编程,直至最后输出经过优化的工艺规程卡片的过程。

(2)作用

CAPP是利用计算机来进行零件加工工艺过程的制订,把毛坯加工成工程图纸上所要求的零件。CAPP的应用将提高工艺文件的质量,缩短生产准备周期,并为将广大工艺人员从繁琐、重复的劳动中解放出来提供一条切实可行的途径。

(3)内容

CAPP系统中主要解决两个方面的问题,即零件工艺路线的确定与工序设计,其中的内容主要包括如下几点:

①工艺决策。亦可称为制定工艺路线,其内容包括决定零件各切削表面的加工方法并编排合理的加工顺序。同时,还要为每道工序选择加工机床和相关的工艺装备,如夹具、刀具和量具等。在工艺决策时还包括决定各道工序所包含的装夹、工位及工步的安排等。

②工艺尺寸确定。其内容包括加工余量的选择,工序尺寸的计算及公差的确定等。

③工艺参数决策。工艺参数又称切削参数或切削用量,一般指切削速度(v)、进给量(f)和切削深度(a_p)。在大多数机床中,切削速度又可通过主轴转速来表达。

④工时定额计算。工时(加工时间)定额指在一定生产条件下,规定生产一件产品或完

成一道工序所消耗的时间,它是衡量劳动生产率及计算加工费用(零件成本)的重要根据。先进、合理的工时定额是企业合理组织生产、开展经济核算、贯彻按劳分配原则、不断提高劳动生产率的重要基础。它也是工序设计的重要内容之一。

⑤工序卡的输出。作为车间生产的指导性文件,各个工厂都对其表格形式作出厂内统一明确的规定,工艺人员填写完毕认定后发至车间产生效力。

14. 生产纲领

企业在计划期内生产的产品的数量和进度计划称为生产纲领。生产纲领的大小对生产组织形式和零件加工过程起着重要的作用,它决定了各工序所需专业化和自动化的程度,决定了所应选用的工艺方法和工艺装备。

15. 生产类型

企业(或车间、工段、班组、工作地)生产专业化程度的分类称为生产类型。生产类型一般可分为单件生产、成批生产、大量生产三种。

(1)单件生产

定义:单个的生产不同结构和不同尺寸的产品。

特点:生产的产品种类繁多,每种产品的产量很少,而且很少重复生产。例如,重型机械产品制造和新产品试制等都属于单件生产。

(2)成批生产

定义:一年中分批、分期地制造同一产品。

特点:分批地生产相同的产品,生产呈周期性重复。如机床制造、电机制造等属于成批生产。成批生产又可按其批量大小分为小批量生产、中批量生产、大批量生产三种类型。其中,小批量生产和大批量生产的工艺特点分别与单件生产和大量生产的工艺特点类似;中批量生产的工艺特点介于小批生产和大批生产之间。

(3)大量生产

定义:全年中重复制造同一产品。

特点:产量大、品种少,大多数工作是长期重复的进行某个零件的某一道工序的加工。例如,汽车、拖拉机、轴承等的制造都属于大量生产。

生产类型的划分除了与生产纲领有关外,还应考虑产品的大小及复杂程度,见表1.1。各种生产类型工艺过程的主要特点见表1.2。

表1.1 各种生产类型的规范

生产类型		零件的年生产纲领(件/年)		
		重型机械	中型机械	小型机械
单件生产		<5	<20	<100
成批生产	小批生产	5~100	20~200	100~200
	中批生产	100~300	200~500	500~5 000
	大批生产	300~1 000	500~5 000	5 000~50 000
大量生产		>1 000	>5 000	>50 000

表 1.2 各种生产类型工艺过程的主要特点

工艺过程特点	生产类型		
	单件生产	成批生产	大批量生产
工件的互换性	一般是配对制造,没有互换性,广泛用钳工修配	大部分有互换性,少数用钳工修配	全部有互换性;某些精度较高的配合件用分组选择装配法
毛坯的制造方法及加工余量	铸件用木模手工造型;锻件用自由锻;毛坯精度低,加工余量大	部分铸件用金属模;部分锻件用模锻;毛坯精度中等,加工余量中等	铸件广泛采用金属模机器造型,锻件广泛采用模锻以及其他高生产率的毛坯制造方法,毛坯精度高,加工余量小
机床设备	通用机床、数控机床或加工中心	数控机床加工中心或柔性制造单元;设备条件不够时,也采用部分通用机床、部分专用机床	专用生产线、自动生产线、柔性制造生产线或数控机床
夹具	多用标准附件,极少采用夹具,靠划线及试切法达到精度要求	广泛采用夹具或组合夹具,部分靠加工中心一次安装	广泛采用高生产率夹具,靠夹具及调整法达到精度要求
刀具与量具	采用通用刀具和万能量具	可以采用专用刀具及专用量具或三座标测量机	广泛采用高生产率刀具和量具,或采用统计分析法保证质量
对工人的要求	需要技术熟练的工人	需要一定熟练程度的工人和编程技术人员	对操作工人的技术要求较低,对生产线维护人员要求有高的素质
工艺规程	有简单的工艺路线卡	有工艺规程,对关键零件有详细的工艺规程	有详细的工艺规程

1.1.2 机械加工工艺过程的组成

如图 1.1 所示,机械加工工艺过程是由一个或若干个顺序排列的工序组成的,而工序又可分为若干个安装、工位、工步和走刀,毛坯就是依次通过这些工序的加工而变为成品的。

1. 工 序

工序是指一个或一组工人,在一个工作地点对一个或同时对几个工件所连续完成的那一部分工艺过程。区分工序的主要依据,是工作地点(或设备)是否变动和完成的那部分工艺内容是否连续。如图 1.2 所示的零件,孔需要进行钻孔和铰孔,如果一批工件中,每个工件都是在一台机床上依次地先钻孔,而后铰孔,则钻孔和铰孔就构成一个工序。如果将整批工件都是先进行钻孔,然后整批工件再进行铰孔,这样钻孔和铰孔就分成两个工序了。

工序不仅是组成工艺过程的基本单元,也是制订工时定额、配备工人、安排作业和进行质量检验的依据。

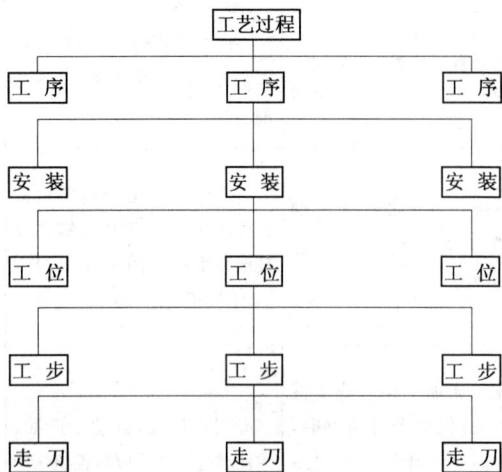

图 1.1 机械加工工艺过程的组成

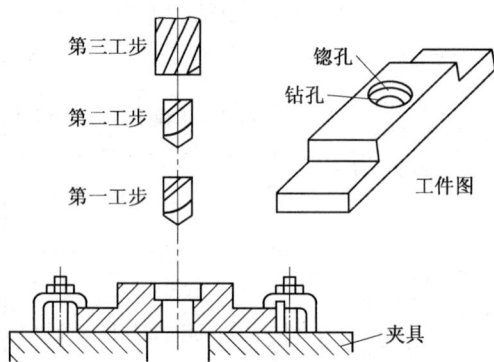

图 1.2 零件

2. 安装与工位

工件在加工前,在机床或夹具上先占据一正确位置(定位),然后再夹紧的过程称为装夹。工件(或装配单元)经一次装夹后所完成的那一部分工艺内容称为安装。在一道工序中可以有一个或多个安装,工件加工中应尽量减少装夹次数,因为多一次装夹就多一次装夹误差,而且增加了辅助时间。因此生产中常用各种回转工作台、回转夹具或移动夹具等,以便在工件一次装夹后,可使其处于不同的位置加工。为完成一定的工序内容,一次装夹工件后,工件(或装配单元)与夹具或设备的可动部分一起相对刀具或设备固定部分所占据的每一个位置,称为工位。图1.3所示为一种利用回转工作台在一次装夹后顺序完成装卸工件、钻孔、扩孔和铰孔四个工位加工的实例。

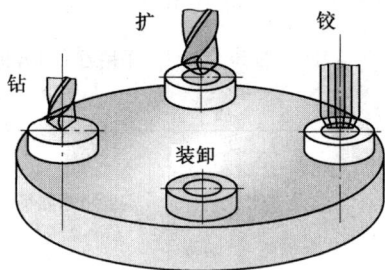

图 1.3 多工位加工

3. 工 步

在加工表面、切削刀具、切削速度和进给量都不变的情况下所完成的那部分工序,称为工步。工步是构成工序的基本单元。

为了提高生产率,常常用几把刀具同时加工几个表面,这样的工步称为复合工步,如图 1.4 所示。

4. 走 刀

走刀(又称工作行程)是指刀具相对工件加工表面进行一次切削所完成的那部分工作。每个工步可包括一次走刀或几次走刀。如图1.5所示,通过两次走刀,将 $\phi85$ 轴加工成 $\phi65$ 的轴,最后形成阶梯轴的过程。

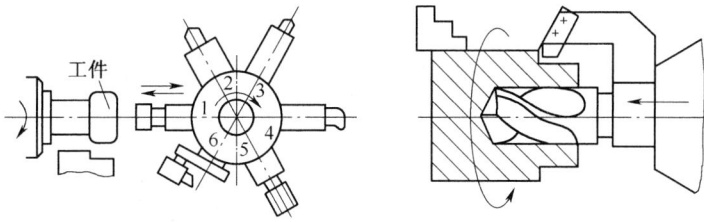

图1.4　复合工步

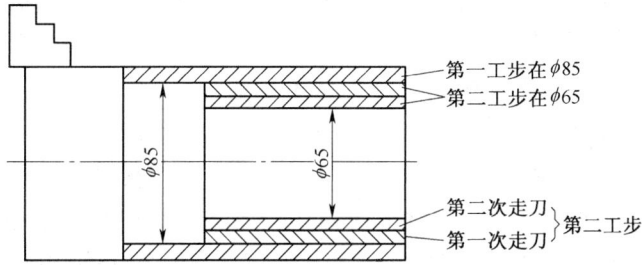

第一工步在φ85

第二工步在φ65

第二次走刀 }第二工步

第一次走刀

图1.5　以棒料制造阶梯轴(单位:mm)

图1.6是一个带半封闭键槽阶梯轴两种生产类型的工艺过程实例,从中可看出各自的工序、安装、工位、工步、走刀之间的关系。

图1.6　工艺过程实例

1.1.3　机械加工工艺规程的作用及制定原则

1.1.3.1　机械加工工艺规程的作用

1. 工艺规程是指导生产的主要技术文件,是指挥现场生产的依据

对于大批大量生产的工厂,由于生产组织严密,分工细致,要求工艺规程比较详细,才能便于组织和指挥生产。对于单件小批生产的工厂,工艺规程可以简单些。但无论生产规模大小,都必须有工艺规程,否则生产调度、技术准备、关键技术研究、器材配置等都无法安排,生产将陷入混乱。同时,工艺规程也是处理生产问题的依据,如产品质量问题,可按工艺规程来明确各生产单位的责任。按照工艺规程进行生产,便于保证产品质量、获得较高的生产效率和经济效益。

2. 工艺规程是生产组织和管理工作的基本依据

首先,有了工艺规程,在新产品投入生产之前,就可以进行有关生产前的技术准备工作。例如为零件的加工准备机床,设计专用的工、夹、量具等。其次,工厂的设计和调度部门根据工艺规程,安排各零件的投料时间和数量,调整设备负荷,各工作地按工时定额有节奏地进行生产等,使整个企业的各科室、车间、工段和工作地紧密配合,保证均衡地完成生产计划。

3. 工艺规程是新建或改(扩)建工厂或车间的基本资料

在新建或改(扩)建工厂或车间时,只有依据工艺规程才能确定生产所需要的机床和其他设备的种类、数量和规格,车间的面积,机床的布局,生产工人的工种、技术等级及数量,辅助部门的安排。

但是,工艺规程并不是固定不变的,它是生产工人和技术人员在生产过程中的实践的总结,它可以根据生产实际情况进行修改,使其不断改进和完善,但必须有严格的审批手续。

1.1.3.2　机械加工工艺规程制订的原则

工艺规程制订的原则是优质、高产、低成本,即在保证产品质量的前提下争取最好的经济效益。在制订工艺规程时应注意下列问题:

1. 技术上的先进性

在制订工艺规程时,要了解国内外本行业的工艺技术的发展水平,通过必要的工艺试验,积极采用先进的工艺和工艺装备。

2. 经济上的合理性

在一定的生产条件下,可能会出现几种能保证零件技术要求的工艺方案,此时应通过核算或相互对比,选择经济上最合理的方案,使产品的能源、材料消耗和生产成本最低。

3. 有良好的劳动条件

在制订工艺规程时,要注意保证工人操作时有良好而安全的劳动条件。因此,在工艺方案上要注意采用机械化或自动化措施,以减轻工人繁杂的体力劳动。

1.1.4　机械加工工艺规程的类型

1. 机械加工工艺过程卡片

它是以工序为单位说明一个零件全部加工过程的工艺卡片。这种卡片包括零件各个工序的名称、工序内容,经过的车间、工段,所用的机床、刀具、夹具、量具,工时定额等,主要用于单件小批生产以及生产管理中,如表 1.3 所示。

表 1.3　机械加工工艺过程卡片

(工厂名)	机械加工工艺过程卡片	产品名称及型号			零件名称			零件图号				
		材料	名　称		毛坯	种　类		零件质量(kg)		毛重		第　页
			牌　号			尺　寸				净重		共　页
			性　能		每料件数			每台件数		每批件数		
工序号	工序内容			加工车间	设备名称及编号		工艺装备名称及编号			技术等级	时间定额(min)	
							夹具	刀具	量具		单件	准备—终结
更改内容												
编制		抄写			校对		审核			批准		

2. 机械加工工艺卡

它是以工序为单位,详细说明零件的机械加工工艺过程,其内容介于工艺过程卡片和工序卡片之间。它是用来指导工人进行生产和帮助车间干部和技术人员掌握整个零件加工过程的一种主要工艺文件,广泛用于成批生产和单件小批生产中比较重要的零件或工序,如表 1.4 所示。

表 1.4　机械加工工艺卡

(工厂名)	机械加工工艺卡片	产品名称及型号			零件名称			零件图号				
		材料	名　称		毛坯	种　类		零件重量(kg)		毛重		第　页
			牌　号			尺　寸				净重		共　页
			性　能		每料件数			每台件数		每批件数		
工序	安装	工步	工序内容	同时加工零件数	切削用量				设备名称及编号	工艺装备名称及编号	技术等级	时间定额(min)
					背吃刀量(mm)	进给量(mm/r或mm/min)	转速(r/min)或双行程数(min)	切削速度(mm/min)		夹具　刀具　量具		单件　准备—终结
更改内容												
编制		抄写			校对		审核			批准		

3. 机械加工工序卡

用来具体指导工人操作的一种最详细的工艺文件,卡片上要画出工序简图,注明该工序的加工表面及应达到的尺寸精度和粗糙度要求、工件的安装方式、切削用量、工装设备等内容,如表1.5所示。

表1.5 机械加工工序卡

(工厂名)	机械加工工序卡片	产品名称及型号		零件名称	零件图号	工序名称	工序号	第 页
								共 页
(画工序简图处)				车 间	工 段	材料名称	材料牌号	力学性能
				同时加工件数	每料件数	技术等级	单件时间(min)	准备—终结时间(min)
				设备名称	设备编号	夹具名称	夹具编号	工作液
			更改内容					

工步号	工步内容	计算数据(mm)			走刀次数	切削用量				工时定额(min)			刀具、量具及辅助工具				
		直径或长度	进给长度	单边余量		背吃刀量(mm)	进给量(mm/r或mm/min)	转速(r/min)或双行程数(min)	切削速度(mm/min)	基本时间	辅助时间	工作地服务时间	工步号	名称	规格	编号	数量

编制		抄写		校对		审核		批准	

1.1.5 机械加工工艺规程制订的依据与步骤

1. 制订依据

制订工艺规程时,必须依据如下原始资料:

(1)产品图样及技术条件,如产品的装配图及零件图。

(2)产品的工艺方案,如产品验收质量标准、毛坯资料等。

(3)产品零部件工艺路线表或车间分工明细表,以了解产品及企业的管理情况。

(4)产品的生产纲领(年产量),以便确定生产类型。

(5)本企业的生产条件。为了制订的工艺规程切实可行,一定要了解和熟悉本企业的生产条件,如毛坯的生产能力、工人的技术水平以及专用设备与工艺装备的制造能力、企业现有设备状况等。

(6)有关工艺标准,如各种工艺手册和图表,还应熟悉本企业的各种企业标准和行业标准。

(7)有关设备及工艺装备和资料。对于本工艺规程选用的设备和工艺装备应有深入地了解,如规格、性能、新旧程度和现有精度等。

(8)国内外同类产品的有关工艺资料。

工艺规程的制订,要经常研究国内外有关工艺资料,积极引进适用的先进的工艺技术,不断提高工艺水平,以获得最大的经济效益。

2.制订步骤

(1)计算零件的生产纲领、确定生产类型。

(2)分析产品装配图样和零件图样,主要包括零件的加工工艺性、装配工艺性、主要加工表面及技术要求,了解零件在产品中的功用。

(3)确定毛坯的类型、结构形状、制造方法等。

(4)拟订工艺路线,包括选择定位基准、确定各表面的加工方法、划分加工阶段、确定工序的集中和分散的程度、合理安排加工顺序等。

(5)确定各工序的加工余量,计算工序尺寸及公差。

(6)选择设备及工艺装备。

(7)确定切削用量及计算时间定额。

(8)填写工艺文件。

在制订工艺规程的过程中,往往要对前面已初步确定的内容进行调整,以提高经济效益。在执行工艺规程的过程中,可能会出现前所未料的情况,如生产条件的变化,新技术、新工艺的引进,新材料、先进设备的应用等,都要求及时对工艺规程进行修订和完善。

1.1.6 制订工艺规程主要解决的问题

制订工艺规程时,主要解决零件图的工艺分析、毛坯的选择以及工位基准的选择等问题。

1.1.6.1 零件的工艺性分析

1.分析研究产品的零件图样和装配图样

在编制零件机械加工工艺规程前,首先应研究零件的工作图样和产品装配图样,熟悉该产品的用途、性能及工作条件,明确该零件在产品中的位置和作用;了解并研究各项技术条件制订的依据,找出其主要技术要求和技术关键,以便在拟订工艺规程时采取适当的措施加以保证。

工艺分析的目的,一是审查零件的结构形状及尺寸精度、相互位置精度、表面粗糙度、材料及热处理等的技术要求是否合理,是否便于加工和装配;二是通过工艺分析,对零件的工艺要求有进一步的了解,以便制订出合理的工艺规程。

如图1.7所示的汽车钢板弹簧吊耳,使用时,钢板弹簧与吊耳两侧面是不接触的,所以建议吊耳内侧的粗糙度可由原来的设计要求 $Ra3.2$ 改为 $Ra12.5$。这样在铣削时可只用粗铣不用精铣,减少铣削时间。

再如图1.8所示的方头销,其头部要求淬火硬度55~60HRC,所选用的材料为T8A,该零件上有一孔 $\phi2H7$ 要求在装配时配作。由于零件长度只有15 mm,方头部长度仅有4 mm,如用T8A材料局部淬火,势必全长均被淬硬,配作时,$\phi2H7$ 孔无法加工。若建议材料改用20Cr进行渗碳,便能解决问题。

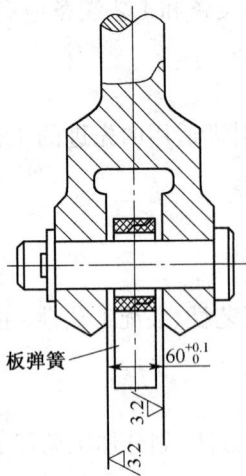

图 1.7　汽车钢板弹簧吊耳(单位:mm)

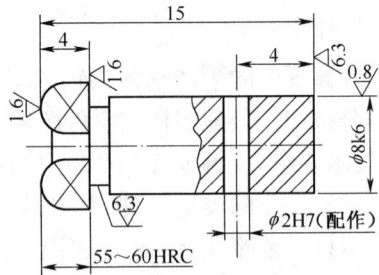

图 1.8　方头销(单位:mm)

2. 机械加工对零件结构的要求

(1)便于装夹

零件的结构应便于加工时的定位和夹紧,装夹次数要少。图 1.9(a)所示零件,拟用顶尖和鸡心夹头装夹,但该结构不便于装夹。若改为图 1.9(b)结构,则可以方便地装置夹头。

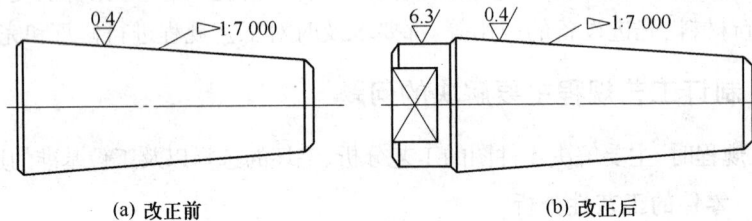

(a) 改正前　　　　　　　　　　(b) 改正后

图 1.9　便于装夹的零件结构示例

(2)便于加工

零件的结构应尽量采用标准化数值,以便使用标准化刀具和量具。同时还应注意退刀和进刀,要易于保证加工精度要求,减少加工面积及难加工表面等。表 1.6 所示为便于加工的零件结构示例。

表 1.6　零件机械加工工艺性示例

序号	工艺性不好的结构 A	工艺性好的结构 B	说　明
1			结构 B 键槽的尺寸、方位相同,则可在一次装夹中加工出全部键槽,以提高生产率
2			结构 A 的加工不便引进刀具

序号	工艺性不好的结构 A	工艺性好的结构 B	说　明
3			结构 B 的底面接触面积小,加工量小,稳定性好
4			结构 B 有退刀槽保证了加工的可能性,减小刀具(砂轮)的磨损
5			加工结构 A 上的孔,钻头容易引偏或折断
6			结构 B 避免了深孔加工,节约了零件材料,紧固连接稳定可靠
7			结构 B 凹槽尺寸相同,可减少刀具种类,减少换刀时间

（3）便于数控机床加工

被加工零件的数控工艺性问题涉及面很广,下面结合编程的可能性与方便性来作工艺性分析。

编程方便与否常常是衡量数控工艺性好坏的一个指标。例如图 1.10 所示某零件经过抽象的尺寸标注方法,若用 APT 语言编写该零件的源程序,要用几何定义语句描述零件形状时,将遇到麻烦,因为 B 点及其直线 OB 难于定义。解决此问题需要迂回,即先过 B 点作一平行于 L_1 的直线 L_3 并定义它,同时还要定义出直线 AB,方能求出 L_3 与直线 AB 交点 B,进而定义 OB。否则要进行机外手工计算,这是应该尽量避免的。由此看出,零件图样上尺寸标注方法对工艺性影响较大。为此对零件设计图

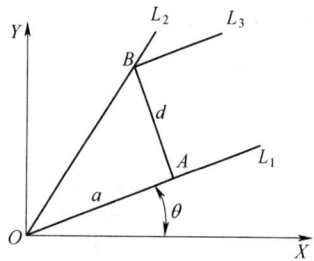

图 1.10　工艺性差的尺寸标注

样应提出不同的要求,凡经数控加工的零件,图样上给出的尺寸数据应符合编程方便的原则。

零件的外形、内腔最好采用统一的几何类型或尺寸,这样可以减少换刀次数,还有可能应用控制程序或专用程序以缩短程序长度。例如图 1.11(a)所示,由于圆角大小决定着刀具直径大小,很容易看出工艺性好坏。所以应对一些主要的数控加工零件推荐规范化设计结

构及尺寸。图 1.11(b)表明应尽量避免用球头刀加工(此时 $R=r$),一般考虑为 $d=2(R-r)$。此外,有的数控机床有对称加工的功能,编程时对于一些对称性零件,如图 1.12 所示的零件,只需编其半边的程序,这样可以节省许多编程时间。

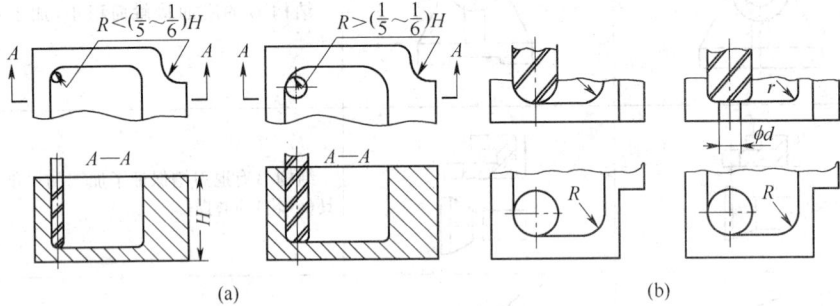

图 1.11　数控工艺性劣对比

(4)便于测量

设计零件结构时,还应考虑测量的可能性与方便性。图 1.13 所示,要求测量孔中心线与基准面 A 的平行度。如图 1.13(a)所示的结构,由于底面凸台偏置一侧而平行度难于测量。在图 1.13(b)中增加一对称的工艺凸台,并使凸台位置居中,则测量大为方便。

3. 装配和维修对零件结构工艺性的要求

零件的结构应便于装配和维修时的拆装,如图

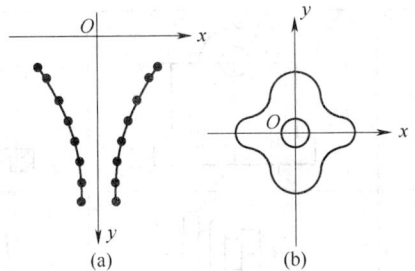

图 1.12　对称性零件图例

1.14 所示。其中(a)左图结构无透气口,销钉孔内的空气难于排出,故销钉不易装入。改进后的结构如(a)右图。在图(b)中为保证轴肩与支承面紧贴,可在轴肩处切槽或孔口处倒角。图(c)为两个零件配合,由于同一方向只能有一个定位基面,故图(c)左图不合理,而右图为合理的结构。在图(d)中,左图螺钉装配空间太小,螺钉装不进。改进后的结构如图(d)右图。

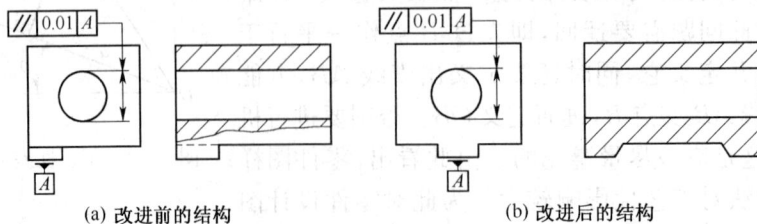

(a) 改进前的结构　　　　　　　　(b) 改进后的结构

图 1.13　便于测量的零件结构实例

图 1.15 为便于拆装的零件结构示例。在图(a)左图中,由于轴肩超过轴承内圈,所以轴承内圈无法拆卸。图(b)所示为压入式衬套。若在外壳端面设计几个螺孔,如图(b)右图所示,则可用螺钉将衬套顶出。

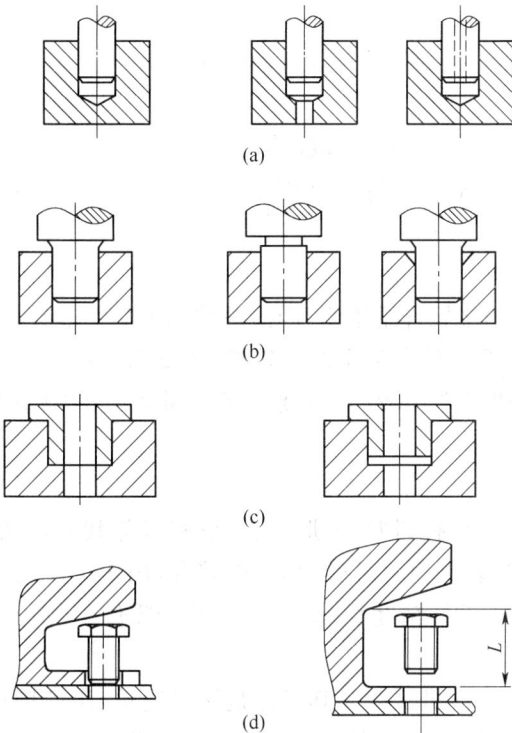

图 1.14　便于装配的零件结构实例

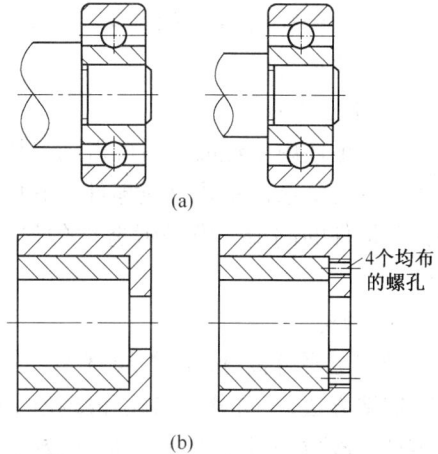

图 1.15　便于拆卸的零件结构实例

4. 技术要求分析

零件的技术要求主要有：

(1)加工表面的形状精度(包括形状尺寸精度和形状公差)。

(2)主要加工表面之间的相互位置精度(包括距离尺寸精度和位置公差)。

(3)加工表面的粗糙度及其他方面的表面质量要求。

(4)热处理及其他要求。

通过对零件技术要求的分析，就可以区分主要表面和次要表面。上述四个方面均要求较高的表面,即为主要表面,要采用各种工艺措施予以重点保证。在对零件的结构工艺性和技术要求分析后,对零件的加工工艺路线及加工方法就形成一个初步的轮廓,从而为下一步制订工艺规程作好准备。

若在工艺分析时发现零件的结构工艺性不好,技术要求不合理或存在其他问题时,可对零件设计提出修改意见,并经设计人员同意和履行规定的批准手续后,由设计人员进行修改。

1.1.6.2　毛坯选择

毛坯种类的选择不仅影响毛坯的制造工艺及费用,也与零件的机械加工工艺和加工质量密切相关。为此需要毛坯制造和机械加工两方面的工艺人员密切配合,合理地确定毛坯的种类、结构形状,并绘出毛坯图。

1. 常见的毛坯种类

常见的毛坯种类分为铸造毛坯、锻造毛坯、型材、焊接毛坯和其他毛坯。

（1）铸造毛坯

对形状较复杂的毛坯，一般可用铸造方法制造。目前大多数铸件采用砂型铸造。对尺寸精度要求较高的小型铸件，可采用特种铸造，如永久型铸造、精密铸造、压力铸造、熔模铸造和离心铸造等。

（2）锻造毛坯

锻造毛坯由于经锻造后可得到连续和均匀的金属纤维组织，因此锻件的力学性能较好，常用于受力复杂的重要钢质零件。其中自由锻件的精度和生产率较低，主要用于小批生产和大型锻件的制造。模型锻造件的尺寸精度和生产率较高，主要用于产量较大的中小型锻件。

（3）型材

型材主要有板材、棒材、线材等。常用截面形状有圆形、方形、六角形和特殊截面形状。就其制造方法，又可分为热轧和冷拉两大类。热轧型材尺寸较大，精度较低，用于一般的机械零件。冷拉型材尺寸较小，精度较高，主要用于毛坯精度要求较高的中小型零件。

（4）焊接件

焊接件主要用于单件小批生产和大型零件及样机试制。其优点是制造简单、生产周期短、节省材料、减轻重量。但其抗振性较差，变形大，需经时效处理后才能进行机械加工。

（5）其他毛坯

其他毛坯包括冲压件、粉末冶金件、冷挤件、塑料压制件等。

2. 毛坯的选择原则

选择毛坯时应该考虑如下几个方面的因素：

（1）零件的生产纲领

大量生产的零件应选择精度和生产率高的毛坯制造方法，用于毛坯制造的昂贵费用可由材料消耗的减少和机械加工费用的降低来补偿。如铸件采用金属模机器造型或精密铸造；锻件采用模锻、精锻；选用冷拉和冷轧型材。单件小批生产时应选择精度和生产率较低的毛坯制造方法。

（2）零件材料的工艺性

例如材料为铸铁或青铜等的零件应选择铸造毛坯；钢质零件的形状不复杂，力学性能要求又不太高时，可选用型材；重要的钢质零件，为保证其力学性能，应选择锻造件毛坯。

（3）零件的结构形状和尺寸

形状复杂的毛坯，一般采用铸造方法制造，薄壁零件不宜用砂型铸造。一般用途的阶梯轴，如各段直径相差不大，可选用圆棒料；如各段直径相差较大，为减少材料消耗和机械加工的劳动量，则宜采用锻造毛坯。尺寸大的零件一般选择自由锻造，中小型零件可考虑选择模锻件。

（4）现有的生产条件

选择毛坯时，还要考虑本厂的毛坯制造水平、设备条件以及外协的可能性和经济性等。

(5)新技术的应用

随着机械制造技术的发展,毛坯制造方面的新工艺、新技术和新材料的应用也发展很快。如精铸、精锻、冷挤压、粉末冶金和工程塑料等在机械中的应用日益增加。采用这些方法大大减少了机械加工量,有时甚至可以不再进行机械加工就达到加工要求,其经济效益非常显著。我们在选择毛坯时应充分考虑,在可能的条件下,尽量采用。

3. 毛坯的形状及尺寸

毛坯的形状和尺寸主要是由零件组成表面的形状、结构、尺寸及加工余量等因素确定的,并尽量与零件相接近,以达到减少机械加工的劳动量,力求达到少或无切削加工。但是,由于现有毛坯制造技术及成本的限制,而且产品零件的加工精度和表面质量要求愈来愈高,所以,毛坯的某些表面仍需留有一定的加工余量,以便通过机械加工达到零件的技术要求。

毛坯尺寸与零件图样上的尺寸之差称为毛坯余量。铸件公称尺寸所允许的最大尺寸和最小尺寸之差称为铸件尺寸公差。毛坯余量与毛坯的尺寸、部位及形状有关。如铸造毛坯的加工余量,是由铸件最大尺寸、公称尺寸(两相对加工表面的最大距离或基准面到加工面的距离)、毛坯浇注时的位置(顶面、底面、侧面)、铸孔的尺寸等因素确定的。对于单件小批生产,铸件上直径小于30 mm和铸钢件上直径小于60 mm的孔可以不铸出。而对于锻件,若用自由锻,当孔径小于30 mm或长径比大于3的孔可以不锻出。对于锻件应考虑锻造圆角和模锻斜度。带孔的模锻件不能直接锻出通孔,应留冲孔连皮等。

毛坯的形状和尺寸的确定,除了将毛坯余量附在零件相应的加工表面上之外,有时还要考虑到毛坯的制造、机械加工及热处理等工艺因素的影响。在这种情况下,毛坯的形状可能与工件的形状有所不同。例如,为了加工时安装方便,有的铸件毛坯需要铸出必要的工艺凸台,如图1.16所示,工艺凸台在零件加工后一般应切去。又如车床开合螺母外壳,它由两个零件合成一个铸件,待加工到一定阶段后再切开,以保证加工质量和加工方便,如图1.17所示。

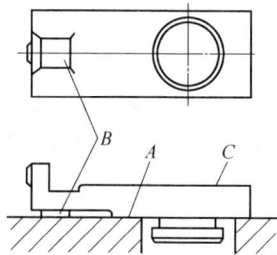

图 1.16　工艺凸台

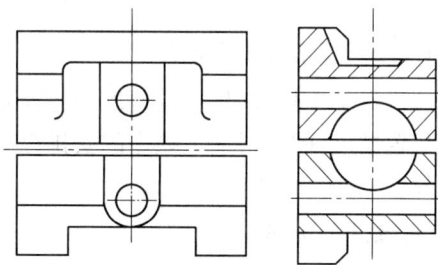

图 1.17　车床开合螺母壳示意图

有时为了提高生产率和加工过程中便于装夹,可以将一些小零件多件合成一个毛坯,如图1.18所示的滑键为锻件,可以将若干零件先合成一件毛坯,待两侧面和平面加工后,再切割成单个零件。如图1.19所示为垫圈类零件,也应将若干零件合成一个毛坯,毛坯可取一长管料,其内孔直径要小于垫圈内径。车削时,用卡盘夹住一端外圆,另一端用顶尖顶住,这时可车外圆、车槽,然后用卡盘夹住外圆较长的一部分用ϕ16 mm的钻头钻孔,这样就可以分割成若干个垫圈零件。

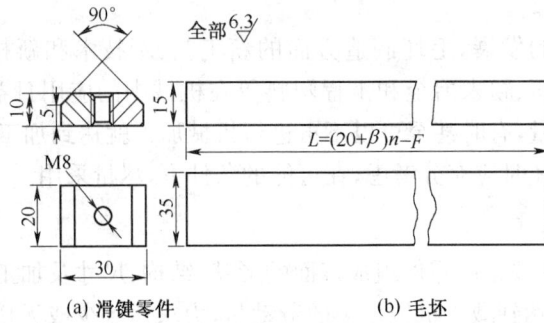

图 1.18　滑键零件及毛坯(单位:mm)

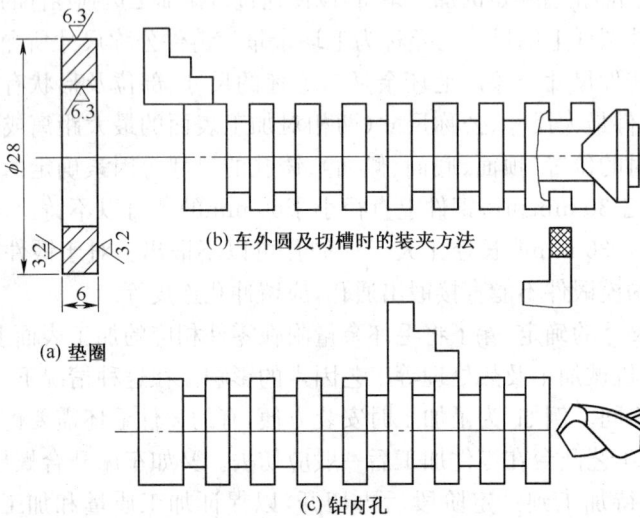

图 1.19　垫圈的整体毛坯及加工(单位:mm)

1.1.6.3　基准与工件定位

制订机械加工规程时,定位基准的选择是否合理,将直接影响零件加工表面的尺寸精度和相互位置精度,同时对加工顺序的安排也有重要影响。定位基准选择不同,工艺过程也将随之而异。

1. 基准及其分类

所谓基准是用来确定生产对象上几何要素间的几何关系所依据的那些点、线、面。基准根据功用不同可分为设计基准和工艺基准两大类。

(1)设计基准

所谓设计基准是指设计图样上采用的基准。图 1.20(a)所示的钻套轴线 $O-O$ 是各外圆表面及内孔的设计基准;端面 A 是端面 B、C 的设计基准;内孔表面 D 的轴心线是 $\phi40\ h6$ 外圆表面的径向跳动和端面 B 的端面跳动的设计基准。同样,图(b)中的 F 面是 C 面和 E 面的设计基准,也是两孔垂直度和 C 面平行度的设计基准;A 面为 B 面的距离尺寸及平行度设计基准。

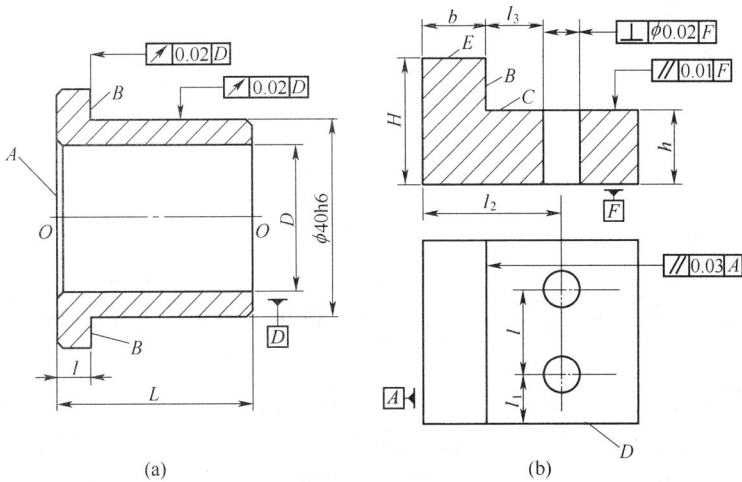

图 1.20　基准分析示例(单位:mm)

作为设计基准的点、线、面在工件上有时不一定具体存在,例如表面的几何中心、对称线、对称面等,而常常由某些具体表面来体现,这些具体表面称为基面。

(2)工艺基准

所谓工艺基准是在机械加工工艺过程中用来确定本工序的加工表面加工后尺寸、形状、位置的基准。工艺基准按不同的用途可分为工序基准、定位基准、测量基准和装配基准。

①定位基准

在加工中用作定位的基准称为定位基准。例如,将图 1.20(a)所示的零件的内孔套在心轴上加工 $\phi 40$ h6 外圆时,内孔中心线即为定位基准。加工一个表面时,往往需要数个定位基准同时使用。如图 1.20(b)所示的零件,加工内孔时,为保证对 F 面的垂直度,要用 F 面作为定位基准;为保证 l_1、l_2 的距离尺寸,用 D、A 面作为定位基准。

定位基准是由技术人员编制工艺规程时确定的。作为定位基准的点、线、面在工件上也不一定存在,但必须由相应的实际表面来体现。这些实际存在的表面称为定位基面。

②测量基准

测量时采用的基准称为测量基准。例如图 1.20(a)中,以内孔套在心轴上去检验 $\phi 40$ h6 外圆的径向跳动和端面 B 的端面跳动,内孔中心线为测量基准。

③装配基准

装配时用来确定零件或部件在产品中相对位置时所用的基准称为装配基准。图 1.20(b)所示的支承块,底面 F 为装配基准。

④工序基准

在工序图上用来确定本工序的加工表面加工后的尺寸、形状、位置的基准,称为工序基准。如图 1.21(a)所示,A 为加工面,母线至 A 面的距离 h 为工序尺寸,位置要求 A 面对 B 面的平

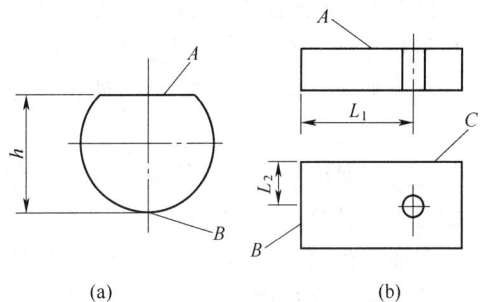

图 1.21　工序基准及工序尺寸

行度。所以母线 B 为本工序的工序基准。

有时确定一个表面就需要数个工序基准。如图 1.21(b)所示,内孔为加工表面,要求其中心线与 A 面垂直,并与 B 面及 C 面保持距离 L_1、L_2,因此表面 A、B 和 C 均为本工序的工序基准。

2. 工件定位及要求

(1)工件定位的概念

机床、夹具、刀具和工件组成了一个工艺系统。工件加工面的相互位置精度是由工艺系统间的正确位置关系来保证的。因此加工前,应首先确定工件在工艺系统中的正确位置,即工件的定位。

而工件是由许多点、线、面组成的一个复杂的空间几何体。当考虑工件在工艺系统中占据一正确位置时,是否将工件上的所有点、线、面都列入考虑范围内呢?显然是不必要的。在实际加工中,进行工件定位时,只要考虑作为设计基准的点、线、面是否在工艺系统中占有正确的位置。所以工件定位的本质,是使加工面的设计基准在工艺系统中占据一个正确位置。

工件定位时,由于工艺系统在静态下的误差,会使工件加工面的设计基准在工艺系统中的位置发生变化,影响工件加工面与其设计基准的相互位置精度,但只要这个变动值在允许的误差范围以内,即可认定工件在工艺系统中已占据了一个正确的位置,即工件已正确的定位。

(2)工件定位的要求

工件定位的目的是为了保证工件加工面与加工面的设计基准之间的位置公差(如同轴度、平行度、垂直度等)和距离尺寸精度。工件加工面的设计基准与机床的正确位置是工件加工面与加工面的设计基准之间位置公差的保证;工件加工面的设计基准与刀具的正确位置是工件加工面与加工面的设计基准之间距离尺寸精度的保证。所以工件定位时有以下两点要求:一是使工件加工面的设计基准与机床保持正确的位置;二是使工件加工面的设计基准与刀具保持正确的位置。下面分别从这两方面进行说明:

①为了保证加工面与其设计基准间的位置公差(同轴度、平行度、垂直度等),工件定位时应使加工表面的设计基准相对于机床占据一正确的位置。

如图 1.22(a)所示零件,为了保证外圆表面 $\phi40$ h6 的径向圆跳动要求,工件定位时必须使其设计基准(内孔轴线 $O-O$)与机床主轴回转轴线 $O-O$ 重合。对于图 1.22(b)所示零件,为了保证加工面 B 与其设计基准 A 的平行度要求,工件定位时必须使设计基准 A 与机床工作台的纵向直线运动方向平行。孔加工时为了保证孔与其设计基准(底面 F)的垂直度要求,工件定位时必须使设计基准 F 面与机床主轴轴心线垂直,如图 1.22(c)所示。

②为了保证加工面与其设计基准间的距离尺寸精度,工件定位时,应使加工面的设计基准相对于刀具有一正确的位置。

表面间距离尺寸精度的获得通常有两种方法:试切法和调整法。

试切法是通过试切—测量加工尺寸—调整刀具位置—试切的反复过程来获得距离尺寸精度的。由于这种方法是在加工过程中,通过多次试切才能获得距离尺寸精度,所以加工前

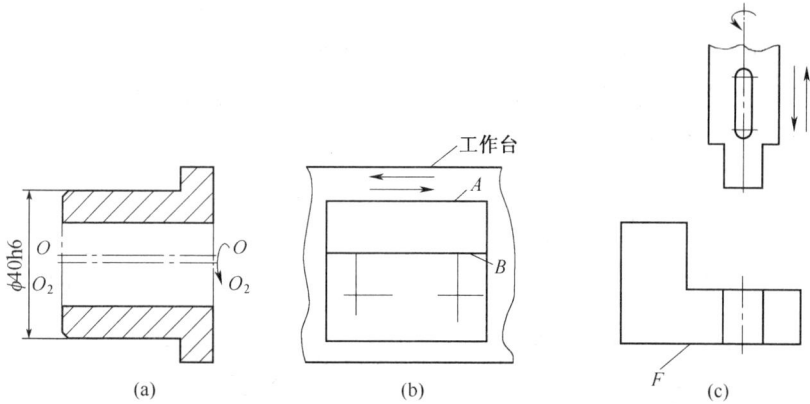

图 1.22　工件定位的正确位置示例

工件相对于刀具的位置可不必确定。例如图 1.23(a)中为获得尺寸 l,加工前工件在三爪自定心卡盘中的轴向定位置可以不必严格规定。试切法多用于单件小批生产中。

调整法是一种加工前按规定的尺寸调整好刀具与工件相对位置及进给行程,从而保证在加工时自动获得所需距离尺寸精度的加工方法。这种加工方法在加工时不再试切,生产率高,其加工精度决定于机床、夹具的精度和调整误差,用于大批量生产。图 1.23 中示出了按调整法获得距离尺寸精度的两个实例。图 1.23(b)是通过三爪反装和挡铁来确定工件和刀具的相对位置;图 1.23(c)是通过夹具中的定位元件与导向元件的既定位置来确定工件与刀具的相对位置。

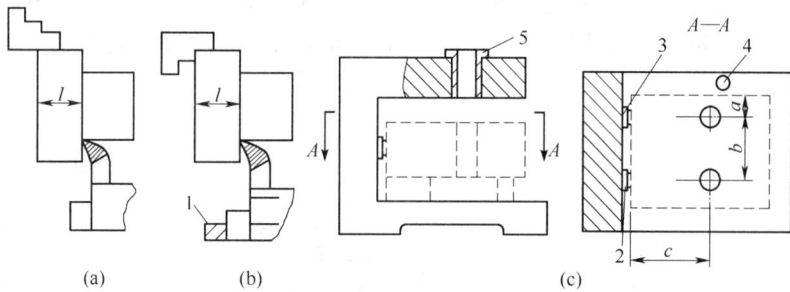

图 1.23　获得距离尺寸精度的方法实例
1—挡铁;2,3,4—定位元件;5—导向元件

3. 工件定位的方法

工件定位的方法有三种:

(1)直接找正法定位

直接找正法定位是利用百分表、划针或目测等方法在机床上直接找正工件加工面的设计基准使其获得正确位置的定位方法。如图 1.24 所示,零件在磨床上磨削内孔,若零件的外圆与内孔有很高的同轴度要求,此时可用四爪单调卡盘装夹工件,并在加工前用百分表等控制外圆的径向圆跳动,从而保证加工后零件外圆与内孔的同轴度要求。

这种方法的定位精度和找正的快慢取决于找正工人的水平,一般来说,此法比较费时,多用于单件小批生产或要求位置精度特别高的工件。

（2）划线找正法定位

划线找正法定位是在机床上使用划针按毛坯或半成品上待加工处预先划出的线段找正工件，使其获得正确的位置的定位方法，如图1.25所示。此法受划线精度和找正精度的限制，定位精度不高。主要用于批量小，毛坯精度低及大型零件等不便于使用夹具进行加工的粗加工。

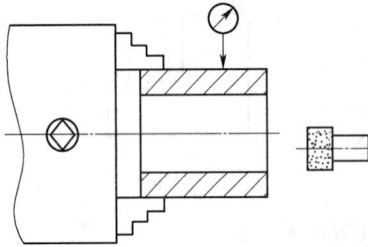

图1.24 直接找正法示例　　　　图1.25 画线找正法示例

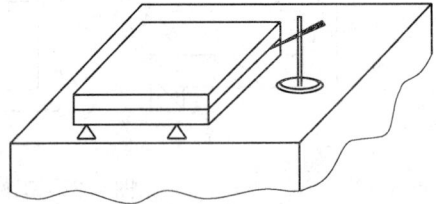

（3）使用夹具定位

夹具定位是直接利用夹具上的定位元件使工件获得正确位置的定位方法。由于夹具的定位元件与机床和刀具的相对位置均已预先调整好，故工件定位时不必再逐个调整。此法定位迅速、可靠，定位精度较高，广泛用于成批生产和大量生产中。

如图1.26所示为套筒钻孔的工序图及其钻夹具。钻孔时，应首先借助于夹具体1的底面 A_1 及钻套2的内孔 A_2 实现钻模在机床上的定位，并用机床公用螺栓夹紧在机床工作台面上；然后工件以孔基准 S_1 和端面 S_2 为定位基准放在心轴3的 J_1 及 J_2 表面上定位，并借助于快换垫圈4，用螺母5夹紧工件；最后将刀具插入钻套2的导向套孔 A_2 便可进行钻削加工。

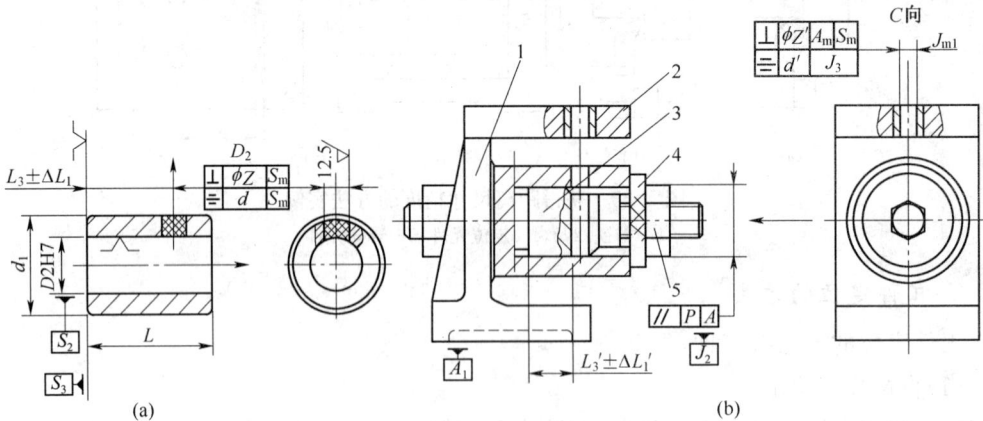

图1.26 钻模夹具的工作原理
1—夹具体；2—钻套；3—心轴；4—块换垫圈；5—螺母

如此，同一批工件在夹具中便可取得确定位置。显然本工序所要求的与基准直接联系的距离尺寸 $L_3\pm\Delta L_1$（单位为 mm）及位置公差 ϕZ（单位为 mm）主要靠夹具来保证的。

图1.27所示为套筒铣槽工序图及铣夹具。铣削前，应借助于夹具体1的底面 A_1 及两

个定位健 2 的公共侧面 A_2 与铣床工作台及中央 T 形槽结合而实现夹具与机床的定位,依靠 T 形螺栓将夹具夹紧在机床上;然后工件以外圆基准 S_1 和孔基准 S_2 为定位基准放在 V 形块 3 及支承 4 上定位并夹紧;最后通过对刀块 5 及塞尺 6 对刀后,便可进行铣削加工。

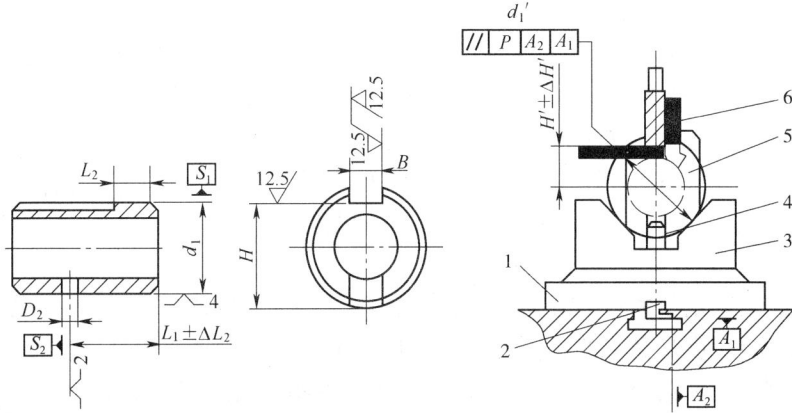

图 1.27 铣床夹具的工作原理
1—夹具体;2—定位键;3—V 形块;4—支承;5—对刀块;6—塞尺

同理,该同批零件在夹具中可获得确定位置。显然本工序中与基准相联系的距离尺寸 H,主要由夹具来保证的。

综合上述分析可知,欲保证工件加工面的位置精度要求,工艺系统各环节之间必须保证如下的正确几何关系:

①使工件与夹具具有确定的相互位置。

②使机床与夹具具有确定的相互位置。

③使刀具与夹具具有确定的距离尺寸联系。

所以,机床夹具是能使同一批工件在加工前迅速进行装夹并使工件相对于机床、刀具具有确定位置且在整个加工过程中保持上述位置关系的一种工艺装备。

1.2 夹具设计基础

1.2.1 工件在夹具中的定位

工件加工时,必须要保证工件相对于夹具的正确几何位置关系,这一操作过程称为"定位"。定位机构的任务是确定所装配部件的正确位置,保证工序的加工精度(位置尺寸精度和位置精度)要求。

1.2.1.1 定位原理

工件在夹具中的定位实质就是解决工件相对于夹具应占有的准确几何位置问题。如果工件是一个刚性较大的物体,可以看作是一个自由刚体,它在空间直角坐标系中有 6 个独立活动的可能性。其中有 3 个是沿坐标轴方向的移动,另外 3 个是绕坐标轴的转动,这种独立活动的可能性称为自由度,活动可能性的个数就是自由度的数目。

用 X、Y、Z 分别表示沿三个坐标轴 x、y、z 方向的移动自由度,用 α、β、γ 分别表示绕三个坐标轴 x、y、z 的转动自由度,这就是工件在空间的 6 个自由度。如图 1.28 所示。

要使工件在某方向有确定的位置,就必须限制该方向的自由度,当工件的 6 个自由度均被限制后,工件在空间的位置就唯一地被确定下来,而每个自由度可以用相应的点支承来加以限制,用 6 个点支承就可以完全确定工件的空间位置。这就是工件的六点定位原则。

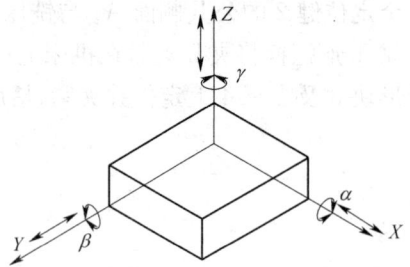

图 1.28　未定位工件的 6 个自由度

工件在夹具中定位的目的是为了保证工件的工序加工精度要求,所以限制影响工件工序加工精度的自由度是必须的。但有些不影响工序加工精度要求的自由度在夹具设计时也需要加以限制。在夹具设计中,点对工件自由度的限制可由点支承来实现。

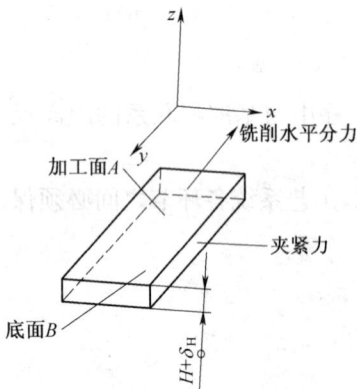

图 1.29　对自由度的限制

如图 1.29 所示的工件,铣削平面 A,保证工序尺寸 $H_{0}^{+\delta H}$。影响该工序尺寸的自由度是 Z、X 和 Y,必须加以限制。同时,为了避免加紧力引起工件产生移动和转动,也需要限制 X 和 Z;为了防止工件由于受到铣削水平分力的作用而沿 y 轴移动,同样还需限制 Y。

对于影响工件工序加工精度要求必须要限制的自由度,工件的工序尺寸和位置精度往往几项并存,应逐一分析每项加工要求所需限制的自由度,然后加以综合,剔除重复限制的自由度,从而确定必须限制的自由度数目。如果已分析限制的自由度数目达到 6 个,就不需再分析那些不影响工序加工精度要求的自由度的限制;如果自由度数目少于 6 个,就要根据工件具体加工所受的各种力及其他要求分析需要限制的自由度,然后综合两类自由度,确定出工件工序加工需要限制的自由度总数目。当然,工件的 6 个自由度不一定都要加以限制,对工件加工精度要求及其他要求不产生影响的自由度是可以不限制的。

在分析工件定位时,有的自由度是必须要加以限制的,而有的自由度要视具体情况而定。对于必须限制的自由度,在精度、硬度等方面有较为严格的要求;而对于视具体情况而定的自由度,限制就没有严格精度要求,对其要求就较低。

对于必须要加以限制的自由度,定位是有一定精度要求的,如果工件在某一方向的自由度被限制,就意味着工件在该方向可以保证获得较高的位置精度。但夹紧却不能做到这一点,所以说夹紧不等于定位。在分析限制自由度时,首先应该明确坐标系的建立,但不能想当然地将坐标原点和坐标轴建立在加工面或其轴线上。坐标系的建立应当考虑加工精度要求和工件实际定位面的情况。

图 1.30(a)为盘类零件定位时支承,图 1.30(b)为轴类零件定位时支承。可以看出,工件的形状不同,定位基准的不同,则定位支承点的分布方式也有所不同。支承点必须与工件

的定位基准始终保持紧密贴合,不得脱离,否则,就失去限制工件自由度的作用。在考虑定位支承点的定位作用时,可以不考虑力的影响。

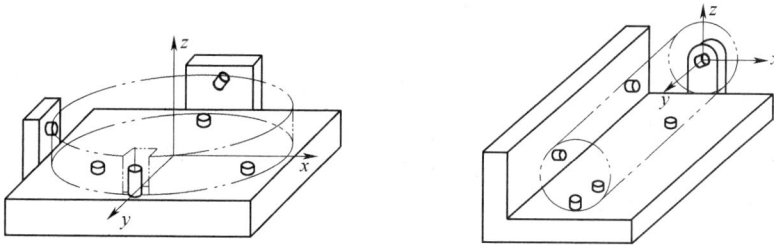

(a)盘类零件定位时支承   (b)轴类零件定位时支承

图 1.30   各类零件定位时支承

六点定位原则是工件定位的基本法则,用于实际生产时定位支承点都是有一定形状的几何体,这些用于限制工件自由度的几何体即为定位元件。它不完全是形式上所有的明显具体的点,而是需要从它的实际作用来判断其所能限制的几个自由度。表 1.7 为常用定位元件能限制的工件自由度。

表 1.7   常用定位元件能限制的工件自由度

工件定位基面	定位元件	定位简图	定位元件特点	限制的自由度
平面	支承钉			1,2,3——$\vec{Z},\hat{X},\hat{Y}$ 4,5——$\vec{X},\hat{Z}$ 6——$\vec{Y}$
	支承板			1,2——$\vec{Z},\hat{X},\hat{Y}$ 3——$\vec{X},\hat{Z}$
圆孔	定位销(心轴)		短销(短心轴)	$\vec{X},\vec{Y}$
			长销(长心轴)	$\vec{X},\vec{Y}$ $\hat{X},\hat{Y}$

续上表

工件定位基面	定位元件	定位简图	定位元件特点	限制的自由度
圆孔	锥销			$\vec{X},\vec{Y},\vec{Z}$
			1—固定销 2—活动销	$\vec{X},\vec{Y},\vec{Z}$ $\hat{X},\hat{Y}$
外圆柱面	定位套		短套	$\vec{X},\vec{Z}$
			长套	$\vec{X},\vec{Z}$ $\hat{X},\hat{Z}$
	半圆套		短半圆套	$\vec{X},\vec{Z}$
			长半圆套	$\vec{X},\vec{Z}$ $\hat{X},\hat{Z}$
	锥套			$\vec{X},\vec{Y},\vec{Z}$
			1—固定锥套 2—活动锥套	$\vec{X},\vec{Y},\vec{Z}$ $\hat{X},\hat{Z}$

续上表

工件定位基面	定位元件	定位简图	定位元件特点	限制的自然度
外圆柱面 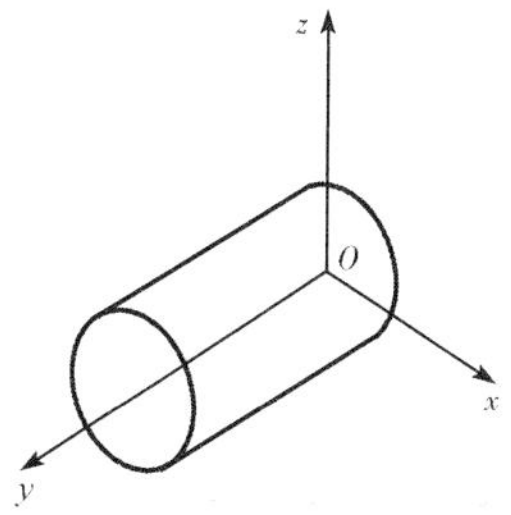	支承板或支承钉	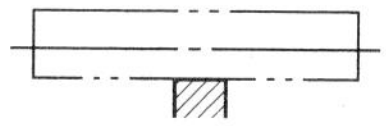	短支承板或支承钉	$\vec{z}$
		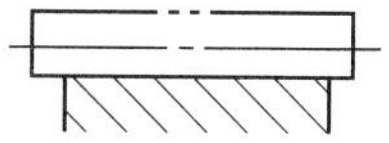	长支承板或两个支承钉	$\vec{z}, \hat{x}$
	V形块	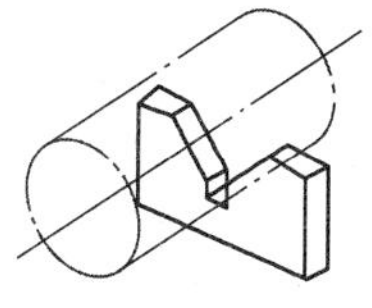	窄V形块	$\vec{x}, \vec{z}$
		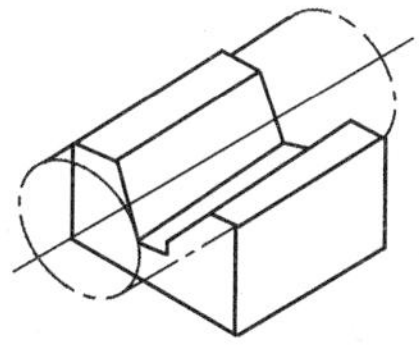	宽V形块	$\vec{x}, \vec{z}$ $\hat{x}, \hat{z}$

1.2.1.2 工件在夹具中的定位方式

根据夹具定位元件限制工件自由度的情况,将工件在夹具中的定位分为下列几种定位方式:

1. 完全定位

工件的6个自由度均被夹具定位元件所限制,使工件在夹具中处于完全确定的位置。

2. 不完全定位

根据工件加工精度要求不需限制的自由度没有被夹具定位元件限制或没有被全部限制的定位。

3. 欠定位

根据工件加工精度要求需要限制的自由度没有得到完全限制的定位。这种定位显然不能保证工件的加工精度要求,在工件加工中是绝对不允许的。但在夹具设计中,当工件上没有足够精确的定位面时,用定位元件定位就无法可靠保证工件在某方向的准确位置,此时就不能用定位元件限制工件在这些方向的自由度,这些自由度可以采用划线找正的方法加以限制。

4. 过定位

定位元件的一组限位面重复限制工件的同一个自由度的定位,这样的定位称为过定位。过定位可能导致定位干涉或工件装不上定位元件,进而导致工件或定位元件产生变形、定位误差增大,因此在定位设计中应该尽量避免过定位。但另一方面,过定位可以提高工件的局部刚度和工件定位的稳定性,所以当加工刚性差的工件时,过定位又是非常必要的,在精密加工和装配中也时有应用。

1.2.1.3 定位误差

由定位引起的同一批工件的设计基准在加工尺寸方向上的最大变动量,称为定位误差。造成定位误差的原因有两个:一个是由于定位基准与设计基准不重合,称为基准不重合误差;二是由于定位副制造误差而引起定位基准的位移,称为基准位移误差。

1. 基准不重合误差 ΔB

在调整法加工一批工件中,由于工序基准与调刀基准不重合,而导致工序基准有可能产生的最大位置变化量称作基准不重合误差,用符号"ΔB"表示。

如图 1.31 所示,刀具以支承钉 3 的支承面,即定位基准 E 面作调刀基准,一次调整好刀具位置,保证调刀尺寸 T 不变。而工序尺寸 A 的工序基准为 D 面。显然工序基准与调刀基准(定位基准)不重合,它们之间的尺寸为 $C\pm\delta C$。由于尺寸 $C\pm\delta C$ 是在本工序之前已加工好,因此在本工序定位中,对一批工件而言,其工序基准 D 相对于调刀基准(定位基准 E)有可能产生的最大位置变化量就是 $2\delta C$。因为工序基准的变化方向与工序尺寸 A 同向,所以这一位置变化会导致工序尺寸 A 产生 $2\delta C$ 的加工误差。这一加工误差就是由于基准不重合误差 ΔB 导致产生的定位误差 $\Delta dw'$,即:

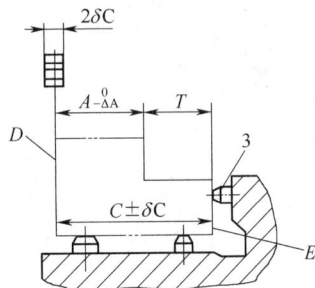

图 1.31　基准不重合误差

$$\Delta dw' = \Delta B = 2\delta C \tag{1.1}$$

基准不重合误差的大小就等于工件上从工序基准到调刀基准(定位基准)之间的尺寸误差累积。显然,基准不重合误差是由于工序基准选择不当引起的,可以通过不同的工序尺寸标注加以消除。

2. 基准位移误差 ΔY

调整法加工一批工件中,由于定位副制造误差和两者的配合间隙,使工作定位基准相对其理想位置发生位置移动,其有可能产生的最大位置移动量就称为基准位移误差,用符号"ΔY"表示。显然不同的定位方式和不同的定位副结构,其定位基准的移动量的计算方法是不同的。下面分析几种常见的定位方式产生的基准位移误差的计算方法。

(1)工件以平面定位

工件以平面为定位基准时,若平面为粗糙表面则计算其定位误差没有意义;若平面为已加工表面则其与定位基准面的配合较好,误差很小,可以忽略不计。即工件以平面定位时,$\Delta Y = 0$。

(2)工件以圆孔在圆柱销、圆柱心轴上定位或工件以外圆柱面在圆孔上定位

工件以圆孔在圆柱销、圆柱心轴上定位,其定位基准为孔的中心线,定位基面为内孔表面。如图 1.32 所示,设工件的圆孔为 $D_0^{\delta D}$,定位件的轴径尺寸为 $d_{-\delta d}^{0}$。由于定位副配合间隙的影响,会使工件上圆孔中心线(定位基准)的位置发生偏移,当孔的尺寸为最大值,轴径尺寸为最小值时,其中心的可能偏移量即基准位移误差 ΔY 最大。

$$\Delta Y = D_{max} - d_{min} = D_{min} + \delta D - d_{max} + \delta d = \delta D + \delta d + X_{min} \tag{1.2}$$

式中　X_{min}——设计时确定的定位销与定位孔的最小配合间隙,mm,其计算式公式为:

$$X_{\min}=D_{\min}-d_{\max}$$

（3）工件以外圆柱面在 V 形块上定位

工件以外圆柱面在 V 形块上定位时，其定位基准为工件外圆柱面的轴心线，定位基面为外圆柱面。

若不计 V 形块的制造误差，由于 V 形块的对中性则 $\Delta Y=0$（对称面水平方向上）。

由于工件基准面的形状和尺寸误差时，工件的定位基准会在对称面上产生偏移，如图 1.33 所示，当工序尺寸以 H1 标准，其定位误差可由下式计算

$$\Delta Y=O_1O_2=\frac{\delta d}{2}\ \frac{1}{\sin\left(\dfrac{d}{2}\right)} \tag{1.3}$$

式中 　δd——工件定位基面的直径公差，mm；

　　　α——V 形块的夹角。

ΔY 的误差变化方向在 V 形块的对称面上。

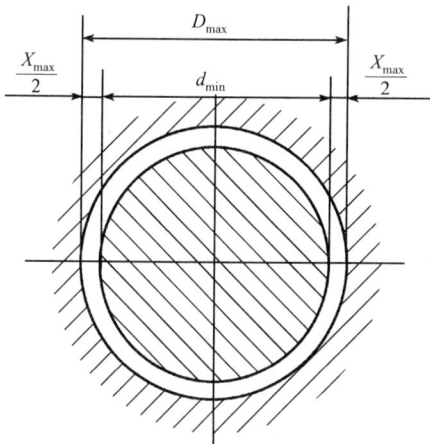

图 1.32　圆孔在圆柱销、圆柱心轴上定位

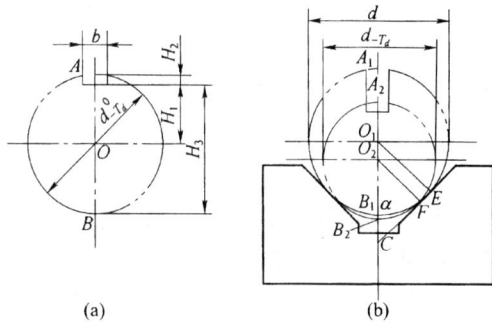

图 1.33　在 V 形块上定位的基准位移

从上述分析可知：基准不重合和基准位移是导致定位误差产生的原因。但基准不重合和基准位移均是通过导致工序基准发生位置变动，进而使工序尺寸产生加工误差。因此可以说，定位误差产生的根本原因是由于工序基准的位置变化，即定位误差均是由于工序基准位置变化而引起的。

基准位移误差是由于定位副制造误差及其配合间隙引起的，而基准不重合误差是由于工序基准选择不当产生的。在工件定位时，上述两项误差可能同时存在，也可能只有一项存在，但不管如何，定位误差应是两项误差共同作用的结果。这种由于基准不重合和基准位移的存在，而导致调整法加工一批工件时，工序尺寸（或位置精度）有可能产生的最大变化量被称为定位误差，用符号"Δd_w"表示，即：

$$\Delta d_w=\Delta B\cos\alpha+\Delta Y\cos\beta \tag{1.4}$$

式中 　α——基准不重合误差 ΔB 方向与工序尺寸方向间的夹角；

　　　β——基准位移误差 ΔY 方向与工序尺寸方向间的夹角。

利用上式计算定位误差称为误差合成法。当 ΔB 和 ΔY 是由同一误差因素产生的,这时称 ΔB 和 ΔY 关联。当 ΔB 和 ΔY 关联时:如果 $\Delta B\cos\alpha$ 和 $\Delta Y\cos\beta$ 方向相同,合成时取"$+$"号;如果 $\Delta B\cos\alpha$ 和 $\Delta Y\cos\beta$ 方向相反,合成时取"$-$"号。当两者不关联时,可直接采用两者的和叠加计算定位误差。

1.2.1.4 工件的夹紧

1. 对夹紧装置的基本要求

工件夹紧的目的是防止工件在切削力、重力、惯性力等的作用下发生位移或振动,以免破坏工件的定位。因此正确设计的夹紧机构应满足下列基本要求:

(1)夹紧力不应破坏工件的正确定位。

(2)夹紧装置要有足够的夹紧行程,以满足工件装卸空间的需要。

(3)夹紧时不应破坏工件表面,不应使工件超过允许范围的变形。

(4)能用较小的夹紧力获得所需的夹紧效果。

(5)工艺性好,在保证生产率的前提下结构应简单,便于制造、维修和操作;手动夹紧机构应具有自锁性能。

2. 夹紧力的确定

大小、方向和作用点是力的三要素。因此,夹紧力的大小、方向、作用点的确定就至关重要,它们直接影响着夹紧装置工作的各个方面。但作为夹紧力,由于其作用的目的不同,所以夹紧力是有所区别的。在确定夹紧力时,首先要考虑夹具的整体布局问题,其次要考虑加工方法、加工精度、工件结构、切削力等方面对夹紧力的不同需要。

(1)夹紧力方向的确定原则

夹紧力作用方向主要影响工件的定位可靠性、夹紧变形、夹紧力大小诸方面。选择夹紧力作用方向时应遵循下列原则:

①为了保证加工精度,主要夹紧力的作用方向应垂直于工件的主要定位基准,同时要保证工件其他定位面定位可靠。

②夹紧力的作用方向应尽量避开工件刚性比较薄弱的方向,以尽量减小工件的夹紧变形对加工精度的影响。

③夹紧力的作用方向应尽可能有利于减小夹紧力。

(2)夹紧力作用点的确定原则

夹紧力作用点选择包括作用点的位置、数量、布局、作用方式。它们对工件的影响主要表现在定位准确性和可靠性及夹紧变形;同时,作用点选择还影响夹紧装置的结构复杂性和工作效率。具体设计时应遵循下列原则:

①夹紧力作用点应正对定位元件定位面或落在多个定位元件所组成的定位域之内,以防止破坏工件的定位。

②夹紧力作用点应落在工件刚性较好的部位上,以尽量减小工件的夹紧变形。

③夹紧力作用点应尽量靠近工件被加工面,以便最大限度地抵消切削力,提高工件被加工部位的刚性,降低由切削力引起的加工振动。

④选择合适的夹紧力作用点的作用形式,可有效的减小工件的夹紧变形、改善接触可靠

性、提高摩擦系数、增大接触面积、防止夹紧元件破坏工件的定位和损伤工件表面等。

⑤夹紧力作用点的数量和布局应满足工件必须可靠定位的需要。

⑥夹紧力作用点的数量和布局应满足工件加工对刚性的需要,以减小工件的受力变形和加工振动。

(3)夹紧力大小的确定原则

加工过程中,工件受到切削力、离心力、惯性力及重力等的作用,理论上夹紧力的作用应与上述力(力矩)的作用相平衡。但是切削力的大小和方向在加工过程中是变化的,因此夹紧力的大小只能进行粗略的估算。估算的方法如下:

①找出对夹紧最不利的瞬时状态,估算此状态下所需的夹紧力。

②为了简便,只考虑主要因素在力系中的影响,略去次要因素在力系中的影响。

③根据工件状态,列出力(力矩)的平衡方程式,解出夹紧力的大小,还应适当考虑安全系数。

夹紧力的大小主要影响工件定位的可靠性和工件的夹紧变形以及夹紧装置的结构尺寸和复杂性。因此,夹紧力的大小应当适中。辅助(定位)夹紧力的大小一般以能保证工件可靠定位即可。附加夹紧力应以能保证工件局部刚性、避免加紧变形为实际原则。在实际设计中,确定基本夹紧力大小的方法有两种:经验类比法和分析计算法。

用分析计算法计算夹紧力时,实质上是解静力平衡的问题:首先以工件为受力体进行受力分析,受力分析时,一般只考虑切削力和工件重力。然后建立静力平衡方程求出理论夹紧力 F_L。最后还要考虑到实际加工过程的动态不稳定性,需要将理论夹紧力再乘上一个安全系数,就得出工件加工所需的实际夹紧力 F_j,即:

$$F_j = KF_L \tag{1.5}$$

式中 K——安全系数,一般取 $K=1.5\sim3$,小值用于精加工,大值用于粗加工。

1.2.2 机床夹具

机床夹具是机械加工工艺系统的一个重要组成部分。为保证工件某工序的加工要求,必须使工件在机床上相对刀具的切削或成形运动处于准确的相对位置。当用夹具装夹加工一批工件时,是通过夹具来实现这一要求的。而要实现这一要求,又必须满足三个条件:第一是一批工件在夹具中占有正确的加工位置;第二是夹具装夹在机床上的准确位置;第三是刀具相对夹具的准确位置。这里涉及了三层关系:零件相对夹具,夹具相对于机床,零件相对于机床。工件的最终精度是由零件相对于机床获得的。所以"定位"也涉及到三层关系:工件在夹具上的定位,夹具相对于机床的定位,而工件相对于机床的定位是间接通过夹具来保证的。工件定位以后必须通过一定的装置产生夹紧力把工件固定,使工件保持在准确定位的位置上。否则,在加工过程中因受切削力、惯性力等力的作用而发生位置变化或引起振动,破坏了原来的准确定位,无法保证加工要求。

1.2.2.1 机床夹具的概念

在机械加工过程中,为了保证加工精度,固定工件,使之占有确定位置以接受加工或检测的工艺装备统称为机床夹具,简称夹具。

在机床上加工工件时,必须用夹具装好夹牢工件。将工件装好,就是在机床上确定工件相对于刀具的正确位置,这一过程称为定位。将工件夹牢,就是对工件施加作用力,使之在已经定好的位置上将工件可靠地夹紧,这一过程称为夹紧。机床夹具的作用就是将工件定位,以使工件获得相对于机床和刀具的正确位置,并把工件可靠地夹紧。

1.2.2.2 机床夹具的分类

机床夹具的种类很多,形状千差万别。为了设计、制造和管理的方便,往往按某一属性进行分类。

机床夹具可根据其使用范围,分为通用夹具、专用夹具、组合夹具、通用可调夹具和成组夹具、随行夹具等类型。通用夹具具有一定的通用性,在一定范围内无需调整或稍加调整就可用于装夹不同的工件。专用夹具是针对某一种工件的某一个工序而专门设计的,其通用性差,是夹具设计研究的主要对象,通常可以设计得结构紧凑,操作方便、迅速。组合夹具是由一套完全标准化的元件,根据零件的加工要求拼装而成的夹具。通用可调夹具和成组夹具的特点是夹具的部分元件可以更换,部分装置可以调整,以适应不同零件的加工。随行夹具是一种在自动线或柔性制造系统中使用的夹具。

机床夹具还可按其所使用的机床和产生加紧力的动力源等进行分类。根据所使用的机床可将夹具分为车床夹具、铣床夹具、钻床夹具(钻模)、镗床夹具(镗模)、磨床夹具和齿轮机床夹具等。根据产生加紧力的动力源可将夹具分为手动夹具、气动夹具、液压夹具、电动夹具、电磁夹具和真空夹具等。

1.2.2.3 机床夹具的组成

机床夹具的种类和结构虽然繁多,但它们的组成均可概括为下面四个部分:

1.定位装置

定位装置的作用是使工件在夹具中占据正确的位置,如图 1.34 所示的件 1。

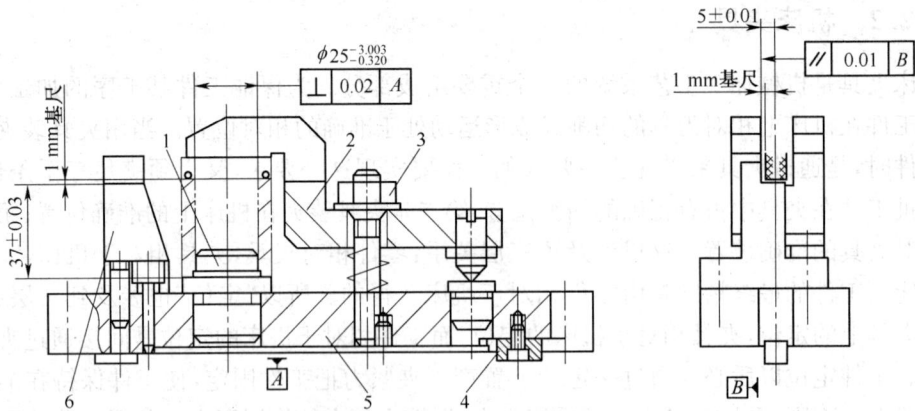

图 1.34　套筒铣槽夹具(单位:mm)

1—定位元件;2—夹紧元件;3—螺钉;4—定位键;5—夹具体;6—对刀块

2.夹紧装置

夹紧装置的作用是将工件压紧夹牢,保证工件在加工过程中受到外力作用时不离开已经占据的正确位置,如图1.34所示的件2和件3。

3.夹具体

夹具上的所有组成部分,需要通过一个基础件使其连接成为一个整体,这个基础件称为夹具体,如图1.34所示的件5。

4.其他装置或元件

用夹具安装工件时,一般都用调整法加工。如为了调整刀具的位置,在夹具上设有确定刀具(如铣刀等)位置或引导刀具(孔加工用刀具)方向的元件。此外按照加工要求,有些夹具上还设有其他装置,如分度装置、连接元件等,在图1.34中件4是保证机床和夹具正确位置的元件。

1.2.2.4　机床夹具设计

1.对机床夹具的基本要求

对机床夹具的基本要求可总括为四个方面:

(1)稳定地保证工件的加工精度。机床夹具的首要任务是保证加工精度,特别是保证被加工工件的加工与定位面之间以及被加工表面相互之间的位置精度。

(2)提高机械加工的劳动生产率。使用夹具后可减少划线、找正等辅助时间,且易于实现多件、多工位加工。

(3)结构简单,有良好的结构工艺性和劳动条件。

(4)应能降低工件的制造成本。

当然,以上要求在某些时候是会产生矛盾,相互冲突。需要抓住加工零件所要的工艺要求,达到最好的效果。比如,钻模的设计通常侧重于生产率的要求,镗模车夹具等则侧重于加工精度的要求了。

2.机床夹具设计步骤与方法

(1)专用夹具设计的基本要求

①保证工件的加工精度:选择合适的定位方案、夹紧方案、刀具导向方式,并进行误差分析。

②提高生产率,降低成本:应尽量采用各种快速、高效结构,如多件夹紧、联动夹紧等;尽量使夹具结构简单、容易制造、以降低夹具制造成本。

③操作方便,工作安全,能减轻工人劳动强度:采用气动、液压等夹紧装置;夹具操作位置应符合操作工人的习惯,必要时应有安全保护装置。

④便于排屑:排屑积集在夹具中,会影响正确的定位;切屑带来的大量热量会引起夹具和工件的热变形,影响加工质量;切屑的清扫又会增加辅助时间,降低工作效率。切屑积集严重时,还会损伤刀具或造成工伤事故。

⑤有良好的结构工艺性:应便于制造、检验、装配、调整、维修等。

(2)一般步骤

第一步,研究原始资料,明确设计要求。

熟悉零件图和装配图、零件的工艺规程,充分了解本工序的加工内容、技术要求等;收集有关机床、刀具、夹具等方面的资料。

第二步,确定夹具方案,绘制夹具结构草图。

首先根据定位基准和六点定位原理,确定工件的定位方法并选择相应的定位元件;其次确定引导装置或对刀装置;第三要确定工件的夹紧方法,设计夹紧机构;第四,确定其他元件或装置的结构形式;第五,确定夹具体结构形式;第六,确定夹具总体轮廓。

第三步,绘制夹具总图,标注有关尺寸及技术要求。

首先要确定视图关系,应尽可能少。主视图应取操作者实际工作位置;其次,比例尽量取 1∶1,有利于审图;第三,用双点划线画工序图;第四,依次画定位元件、对刀元件、夹紧元件、其他元件、夹具体;第五,标上尺寸、技术要求。

第四步,绘制零件图。

对夹具总图中的非标准件均应绘制零件图,零件图视图的选择应尽可能与零件在总图上的工作位置相一致。

(3)几个重要问题

①夹具设计的经济性分析。除了从保证加工质量的角度考虑外,还应作经济性分析,以确保所设计的夹具在经济上合理。

②成组设计思想的采用。

③夹具总图上尺寸及技术条件的标注。夹具总图上应标注以下内容:

a. 夹具外形轮廓尺寸。

b. 与夹具定位元件、导向元件及夹具安装基准面有关的配合尺寸、位置尺寸及公差。

c. 夹具定位元件与工件的配合尺寸。

d. 夹具导向元件与刀具的配合尺寸。

e. 夹具与机床的连接尺寸及配合。

f. 其他重要尺寸。

④夹具结构工艺性分析。在分析夹具工艺性时,应重点考虑以下问题:

a. 夹具零件的结构工艺性。

b. 夹具最终精度保证方法。

c. 夹具的测量与检验。

⑤夹具的精度分析。影响被加工零件位置精度的误差因素主要有三个方面:定位误差、夹具制造与装夹误差和加工过程误差。

3. 各类机床夹具

(1)钻床夹具(钻模)

①钻模类型

钻模类型有固定式钻模、回转式钻模、翻转式钻模、盖板式钻模、滑柱式钻模。固定式钻模是加工中钻模相对于工件的位置保持不变。回转式钻模具有分度装置。翻转式钻模可翻转,在多个方向上钻孔,适用于重量较轻的中小件。盖板式钻模没有夹具体,结构简单,多用于加工大型工件上的小孔。滑柱式钻模是一种具有升降模板的通用可调整钻模,适用孔垂直度和孔心距要求不高的中小型工件。手动滑柱式钻模结构由钻模板、滑柱、夹具体、传动和锁紧机构组成,这些结构已标准化并形成系列。

②钻模设计要点

钻套是引导刀具的元件,用以保证孔的加工位置,并防止加工过程中刀具的偏斜。钻套分为固定钻套(直接压入,位置精度高)、可换钻套、快换钻套以及特殊钻套(斜面)。钻套孔基本尺寸采用刀具最大极限尺寸,钻套孔与刀具配合采用基轴制。

对于钻套高度,如果采用较大的,导向性好,但摩擦较大;如果采用过小的,导向性能差。一般采用 $H = (1 \sim 2.5)d$,d 为孔径。

关于钻套与工件距离,当工件材料为铸铁时,采用 $h = (0.5 \sim 0.7)d$;当工件材料为钢时,$h = (0.7 \sim 1.5)d$;当工件在斜面上钻孔时,$h = (0 \sim 0.2)d$;当工件位置精度要求较高时,采用 $h = 0$。

③钻模板(用于安装钻套)

钻模板与夹具体的连接方式:固定式、铰链式、分离式、悬挂式。固定式钻模板直接固定在夹具体上,结构简单,精度较高。铰链式钻模板通过铰链与夹具体相连接,铰链处存在间隙,因而精度不高,工件装卸方便。分离式钻模板可拆卸,方便工件装卸。悬挂式钻模板悬挂在主轴上,随主轴一起靠近或离开工件,它与夹具体的相对位置由滑柱来保证,多与组合机床的多轴头联用。

④夹具体

一般不设定位或导向装置,可直接利用钻套找正并用压板压紧(或在夹具体上设置耳座用螺栓压紧)。

(2)镗床夹具(与钻床夹具相似)

①镗模布置形式

镗模布置形式有单面前导向、单面后导向和双面前后导向三种。单面前导向是镗杆与主轴刚性连接。单面后导向通孔(<60 mm)、盲孔,镗杆与主轴刚性连接。双面前后导向采用镗杆与主轴浮动连接,镗孔精度由夹具(镗模)保证,不受机床精度影响,装卸方便,应用于大批量生产中。

②镗套类型

镗套用于引导镗杆。根据其在加工中是否运动可分为固定式镗套和回转式镗套两类。

③镗模支架与夹具体

镗模支架不允许安装夹紧机构或承受夹紧力。

(3)铣床夹具

铣床夹具主要用于加工零件上的平面、键槽、缺口及成形表面等。按不同的进给方式,铣床夹具可分为直线进给式、圆周进给式、仿形进给式三种类型。铣床设计要点包括以下几个方面:

①夹具总体结构

a. 铣削加工的切削力较大,又是断续切削,加工中易引起振动,夹具的受力元件要有足够的强度和刚度。

b. 夹紧力应足够大。

c. 要求有较好的自锁性能。

d. 多件加工,联动夹紧。

②对刀装置

主要由对刀块和塞尺构成,用以确定夹具与刀具的相对位置。常用的对刀块有:

a. 高度对刀块:加工平面时对刀。

b. 直角对刀块:加工键槽或台阶面时对刀。

c. 成形对刀块:加工成形表面时对刀。

塞尺用于检查刀具与对刀块之间的间隙,以避免刀具与对刀块直接接触。

③夹具体

铣床夹具的夹具体要承受较大的切削力,因此要有足够的强度、刚度和稳定性。铣床夹具通常通过定位键与铣床工作台 T 形槽的配合来实现夹具在机床上的定位。

(4)车床夹具

车床主要用于加工零件的内、外圆柱面、圆锥面、回转成形面、螺纹以及端平面等,各种表面都是围绕机床主轴的旋转轴线形成的,根据这一加工特点和夹具在机床上安装的位置,将车床夹具分为以下两种基本类型:

①安装在车床主轴上的夹具

这类夹具中,除了各种卡盘、顶尖等通用夹具或其他机床附件外,往往根据加工的需要设计各种心轴或其他专用夹具,加工时夹具随机床主轴一起旋转,切削刀具作进给运动。

②安装在滑板或床身上的夹具

对于某些形状不规则和尺寸较大的工件,常常把夹具安装在车床滑板上,刀具则安装在车床主轴上作旋转运动,夹具作进给运动。加工回转成形面的靠模属于此类夹具。

车床夹具的设计特点包括以下四个方面:

a. 因为整个车床夹具随机床主轴一起回转,所以要求它结构紧凑,轮廓尺寸尽可能小,重量要尽量轻,重心尽可能靠近回转轴线,以减小惯性力和回转力矩。

b. 应有消除回转中的不平衡现象的平衡措施,以减小震动等不利影响。一般设置配置块或减重孔消除不平衡。

c. 与主轴连接部分是夹具的定位基准,应有较准确的圆柱孔(或圆锥孔),其结构形式和尺寸,依照具体使用的机床而定。

d. 为使夹具使用安全,应尽可能避免有尖角或凸起部分,必要时回转部分外面可加防护罩。夹紧力要足够大,自锁可靠。

1.2.3 装配焊接夹具

装配焊接夹具也称焊接工装夹具,它是将焊件准确定位和可靠夹紧,便于焊件进行装配和焊接、保证焊件结构精度方面要求的工艺装备。在焊接生产过程中,纯粹焊接所需要的工时较少,大部分时间是用于备料、装配及其他辅助的工作,因此,在现代焊接生产中积极推广和使用与产品结构相适应的工装夹具,对提高产品质量,减轻工人的劳动强度,加速焊接生产实现机械化、自动化进程。

1.2.3.1 装配焊接夹具的作用

(1)准确、可靠的定位和夹紧,可以减轻甚至取消下料和装配时的划线工作。减小制品的尺寸偏差,提高了零件的精度和可换性。

(2)有效地防止和减小焊接变形,从而减轻了焊接后的矫正工作量,达到减少工时消耗和提高劳动生产率的目的。

(3)能够保证最佳的施焊位置,焊缝的成形性优良,工艺缺陷明显降低,焊接速度提高,可获得满意的焊接接头。

(4)采用工艺装备,实现以机械装置取代装配零部件的定位、夹紧及工件翻转等繁重的工作,改善工人的劳动条件。

(5)可以扩大先进工艺方法和设备的使用范围,促进焊接结构生产机械化和自动化的综合发展。

1.2.3.2 装配焊接夹具设计的基本要求

(1)工装夹具应具备足够的强度和刚度。夹具在生产中投入使用时要承受多种力度的作用,所以工装夹具应具备足够的强度和刚度。

(2)夹紧的可靠性。夹紧时不能破坏工件的定位位置,保证产品形状、尺寸符合图样要求。既不能允许工件松动滑移,又不使工件的拘束度过大而产生较大的拘束应力。

(3)焊接操作的灵活性。使用夹具生产应保证足够的装焊空间,使操作人员有良好的视野和操作环境,使焊接生产的全过程处于稳定的工作状态。

(4)便于焊件的装卸。操作时应考虑制品在装配定位焊或焊接后能顺利的从夹具中取出,还要制品在翻转或吊运使不受损害。

(5)良好的工艺性。所设计的夹具应便于制造、安装和操作,便于检验、维修和更换易损零件。设计时还要考虑车间现有的夹紧动力源、吊装能力及安装场地等因素,降低夹具制造成本。

1.2.3.3 装配焊接夹具组成

一个完整的装配焊接夹具,一般由定位器、夹紧机构和夹具体三部分组成。

1. 零件的定位及定位器

(1)零件的定位

在焊接生产中,为了调整和控制不可避免产生的焊接应力和变形,有些自由度是不必要限制的,故可采用不完全定位的方法。在焊接夹具设计中,按加工要求应限制的自由度而没有被限制的欠定位是不允许的。而选用两个或更多的支撑点限制一个自由度的方法称为过定位,过定位容易位置变动,夹紧时造成工件或定位元件的变形,影响工件的定位精度,过定位也属于不合理设计。

主要定位基准:有3个支承点,限制了零件的3个自由度,通常选择零件上最大表面作为主要定位基准。

导向定位基准:有2个支承点,限制了零件的2个自由度,通常选择零件上最长的表面作为导向定位基准。

止推定位基准:有1个支承点,限制零件最后1个自由度,通常选择零件上最短、最窄的表面作为止推定位基准。

(2)定位基准的选择

定位基准的选择是定位器设计中的一个关键问题,选择定位器时应注意以下几点:

①定位基准应尽可能与焊件起始基准重合,以便消除由于基准不重合造成的误差。

②应选用零件上平整、光洁的表面作为定位基准。

③定位基准夹紧力的作用点应尽量靠近焊缝区。

④可根据焊接结构的布置、装配顺序等综合因素考虑。

⑤应尽可能使夹具的定位基准统一。

(3)定位器及其应用

定位器在使用时,可根据工件的结构形式和定位要求进行选择,大致分类如下:

①平面定位用定位器

挡铁是一种应用较广且结构简单的定位元件。除用于平面定位外,也常利用挡铁对板焊结构或型钢结构的端部进行边缘定位。形式有:固定式挡铁、可拆式挡铁、永磁式挡铁和可退出式挡铁。

支承钉和支承板主要用于平面定位。对于固定式支承钉,又分为平头支承钉、球头支承钉、带花纹头的支承钉。对于可调式支承钉,用于零件表面未经加工或表面精度相差较大,而又需以此平面做定位基准时。对于支承板定位,适用于零件的侧面和顶面定位。

②圆孔定位用定位器

利用零件上的装配孔、螺钉或螺栓孔及专用定位孔等作为定位基准时多采用定位销定位。定位销一般按过渡配合或过盈配合压入夹具体内,其工作应根据零件上的孔径按间隙配合制造。形式有固定式定位销、可换式定位销、可拆式定位销和可退出式定位销四种。

③外圆表面定位用定位器

生产中,圆柱表面的定位多采用 V 形块。V 形块上两斜面的夹角 α 一般选用 $60°$、$90°$、$120°$ 三种,焊接夹具中 V 形块的两斜面夹角多为 $90°$。形式有固定式 V 形块、调整式 V 形块和活动式 V 形块三种。

2. 零件的夹紧机构

夹紧机构的作用是保持零件的准确定位和防止零件经装配和焊接过程中因受力和翻转而发生位移。

(1)夹紧机构的特点

选用夹紧机构的核心问题是如何正确施加夹紧力,即确定夹紧力的大小、方向和作用点三个要素。

夹紧力方向的确定:夹紧力的方向一般垂直于主要定位基准,使这一表面与夹具定位件的接触面积最大。夹紧力的方向应尽可能与零件的重力和所受外力的方向相同,使所需设计的夹紧力最小,因此主要定位基准的位置最好是水平的。

夹紧力作用点的确定:作用点应位于零件的定位支承上或几个支承所组成的定位平面内,以防止支承反力与夹紧力或支承反力与重力形成力偶造成零件的位移和偏转。作用点应安置在零件刚性最大的部位上,必要时,可将单点夹紧改为双点夹紧或适当增加夹紧接触面积。

夹紧力大小的确定:当焊件在夹具上具有翻转或回转动作时,夹紧力要足以克服重力和惯性力的影响,保持夹具夹紧焊件的牢固性。需要在夹具上实现弹性支承变形时,夹紧装置就应具有使零件获得预定反变形量所需的夹紧力。夹紧力要足以应付焊接过程热应力引起的拘束应力。夹紧力应能克服零件因备料、运输等造成的局部变形,以便于顺利装配。

(2)对夹紧机构的基本要求

①夹紧作用准确,处于夹紧状态时应能保持自锁,保证夹紧定位的安全可靠。

②夹紧动作迅速,操作方便省力,夹紧时不应损坏零件表面质量。

③夹紧件应具备一定的刚性和强度,夹紧作用力应是可调的。

④结构力求简单,便于制造和维修。

(3)常用的夹紧机构

①楔形夹紧器

楔形夹紧器是一种最基本、最简单的夹紧机构。工作时,主要通过斜面移动所产生的压力夹紧工件。

自锁条件为,斜楔的升角 α 应小于斜楔与工件、斜楔与夹具体之间的摩擦角之和,即:

$$\alpha < \psi_1 + \psi_2 \tag{1.6}$$

设计时,手动夹紧时 $\alpha = 6° \sim 8°$。当斜楔动力源由气压或液压提供时,可将斜楔升角 α 适当扩大。当斜楔角为 $15° \sim 30°$ 时为非自锁式楔形夹紧器。

斜楔的夹紧行程可按下式确定:

$$h = s \tan \alpha \tag{1.7}$$

加大斜楔升角或制成双斜面斜楔,可减小夹紧时斜楔的行程,提高生产效率。

②螺旋夹紧器

螺旋夹紧器一般由螺杆、螺母和主体三部分组成,配合使用的有压块、手柄等。使用时,通过螺杆与螺母的相对旋动达到夹紧工件的目的。为防止对零件表面产生压伤和位移,可在螺杆的端部装有可摆动的压块。

为克服螺旋夹紧器夹紧动作缓慢、辅助时间长和工作效率不高的缺点,可以采用旋转式螺旋夹紧器、铰接式夹紧器和快撤式夹紧器等快速夹紧的结构形式。

③偏心轮夹紧器

偏心轮是指绕一个与几何中心相对偏移一定距离的回转中心而旋转的零件。偏心轮夹紧器是由偏心轮或轮的自锁性能来实现夹紧作用的夹紧装置。夹紧动作迅速,特别适用于尺寸偏差较小、夹紧力不大及很少振动情况下的成批大量生产。

圆偏心轮在任何位置都能自锁的条件为:

$$2e/D \leqslant f \tag{1.8}$$

式中 e——偏心距;

D——圆偏心轮直径($D = 2R$);

f——圆偏心轮与零件摩擦系数,一般取 $0.1 \sim 0.15$。

生产中多采用 $f = 0.15$,此时偏心距应为 $e < 0.075D$。

④杠杆夹紧器

这是一种利用杠杆作用原理,使原始力转变为夹紧力的夹紧机构。杠杆夹紧器夹紧动作迅速,可起到增力作用,但自锁能力较差,受振动时易松开,所以常用气压或液压作夹紧力源或与其他夹紧元件组成复合夹紧机构。

（4）气动与液压夹紧器

气动夹紧器：气动夹紧器具有夹紧动作迅速，夹紧力稳定并可调节，结构简单，操作方便，不污染环境及有利于实现程序控制操作等特点。

液压夹紧器：液压夹紧器工作平稳，夹紧力大，有较好的过载能力。但需要一套专用的液压动力装置，而且系统密封要求高，制造成本也高。

（5）磁力夹紧器

磁力夹紧器是借助磁力吸引铁磁性材料的零件来实现夹紧的装置。按磁力来源分为永磁式夹紧器、电磁式夹紧器；按工作性质分为固定式夹紧器、移动式夹紧器。

（6）专用夹具

专用夹具是指具有专一用途的焊接工装夹具装置，是针对某种产品的装配与焊接需要而专门制作的。专用夹具的组成基本上是根据被装焊零件的外形和几何尺寸，在夹具体上按照定位和夹紧的要求，安装了不同的定位器和夹紧机构。

（7）组合夹具

组合夹具是由一些规格化的夹具元件，按照产品加工的要求拼装而成的可拆式夹具。对于品种多、变化快、批量少，且生产周期短的生产场合，采用拼装灵活、可重复使用的组合夹具大有好处。

组合夹具按照基本元件的连接方式不同，可分为两大系统：

①槽系统：组合夹具的元件之间主要依靠槽来进行定位和紧固。

②孔系统：组合夹具的元件之间主要依靠孔来进行定位和紧固。

组合夹具中按照元件的功用不同可分为基础件、支承件、定位件、导向件、压紧件、紧固件、合成件及辅助件等8个类别。

3. 夹 具 体

夹具体是夹具的基本件，它既要把夹具的各种元件、机构、装置连接成一个整体，而且还要考虑工件装卸的方便。因此，夹具体的形状和尺寸主要取决于夹具各组成件的分布位置、工件的外形轮廓尺寸以及加工的条件等。在设计夹具体时应满足以下基本要求：

（1）具有足够的强度和刚度。

（2）结构简单、轻便，在保证强度和刚度前提下结构尽可能简单紧凑，体积小、质量轻，并便于工件装卸。

（3）安装稳定牢靠。

（4）结构的工艺性好，便于制造、装配和检验。

（5）尺寸要稳定且具有一定精度。

（6）清理方便。

1.2.3.4 装配焊接夹具设计

1. 设计前的准备

夹具设计的原始资料包括夹具设计任务单、工件图样及技术条件、工件的装配工艺规程、夹具设计的技术条件和夹具的标准化和规格化资料，包括国家标准、工厂标准和规格化结构图册等内容。

2. 设计的步骤

第一步,确定夹具结构方案。

第二步,绘制夹具工作总图阶段。

第三步,绘制装配焊接夹具零件图阶段。

第四步,编写装配焊接夹具设计说明书。

第五步,必要时,还需要编写装配焊接夹具使用说明书,包括机具的性能、使用注意事项等内容。

3. 夹具结构工艺性

(1)对夹具良好工艺性的基本要求。整体夹具结构的组成,应尽量采用各种标准件和通用件,制造专用件的比例应尽量少,减少制造劳动量和降低费用。各种专用零件和部件结构形状应容易制造和测量,装配和调试方便,便于夹具的维护和修理。

(2)合理选择装配基准。装配基准应该是夹具上一个独立的基准表面或线,其他元件的位置只对此表面或线进行调整和修配;装配基准一经加工完毕,其位置和尺寸就不应再变动,因此,那些在装配过程中自身的位置和尺寸尚须调整或修配的表面或线不能作为装配基准。

(3)结构的可调性。经常采用的是依靠螺栓紧固、销钉定位的方式,调整和装配夹具时,可对某一元件尺寸较方便地修磨。还可采用在元件与部件之间设置调整垫圈、调整垫片或调整套等来控制装配尺寸,补偿其他元件的误差,提高夹具精度。

(4)维修工艺性。进行夹具设计时,应考虑到维修方便的问题。

(5)制造工装夹具的材料。

1.3 转向架典型零件加工

我国动车组转向架采用 CRH 系列,分为动力和非动力系列转向架。CRH 系列高速动车组转向架是分别与日本川崎重工、法国阿尔斯通公司、德国西门子公司及 BSP 公司共同合作开发的新型高速转向架。这些转向架融合集成了当今世界的先进转向架技术,具有很强的综合性能。高速动车组动力转向架一般由下列主要部分组成:

构架——是转向架的骨架,是安装各种零部件的载体,承受和传递垂向力和水平力。

轮对——轮对直接向钢轨传递列车重量和动作用力。通过轮对的回转实现列车在钢轨上的运行。动力轮对还通过轮轨间的黏着产生牵引力,制动力也通过轮对实现。

轴箱及定位装置——是联系构架和轮对的活动"关节",它除了保证轮对能自由回转外,还能通过其定位装置使轮对适应线路条件,相对于构架前后、左右活动。

弹簧悬挂装置——用来保证一定的轴重分配,缓和轮轨冲击作用,是保证列车/车辆运行平稳性等动力学性能的重要装置。一般由弹簧、阻尼器及连接部件组成。

牵引装置——即车体与转向架的连接装置,用以传递车体与转向架之间的垂向力和水平力,同时保证车体与转向架之间的回转运动。

基础制动装置——由制动缸传来的力,经杠杆系统增大若干倍后,传给闸瓦或闸片,通过制动盘或车轮踏面,对列车施行制动。

驱动机构——对于动力转向架,将牵引电动机的功率,通过齿轮减速装置传给轮对。

下面只对车轴、车轮,轴箱和构架的加工工艺进行阐述。

非动力转向架与动力转向架组成结构基本一致,但没有牵引电机和驱动装置。

1.3.1 车轴加工工艺

1.3.1.1 轴类零件的功用、结构特点及技术要求

轴类零件是机器中经常遇到的典型零件之一。它主要用来支承传动零部件,传递扭矩和承受载荷。轴类零件是旋转体零件,其长度大于直径,一般由同心轴的外圆柱面、圆锥面、内孔和螺纹及相应的端面所组成。根据结构形状的不同,轴类零件可分为光轴、阶梯轴、空心轴和曲轴等。

轴的长径比小于 5 的称为短轴,大于 20 的称为细长轴,大多数轴介于两者之间。

轴用轴承支承,与轴承配合的轴段称为轴颈。轴颈是轴的装配基准,它们的精度和表面质量一般要求较高,其技术要求一般根据轴的主要功用和工作条件制定,通常有以下几项:

1. 尺寸精度

起支承作用的轴颈为了确定轴的位置,通常对其尺寸精度要求较高(IT5~IT7)。装配传动件的轴颈尺寸精度一般要求较低(IT6~IT9)。

2. 几何形状精度

轴类零件的几何形状精度主要是指轴颈、外锥面、莫氏锥孔等的圆度、圆柱度等,一般应将其公差限制在尺寸公差范围内。对精度要求较高的内外圆表面,应在图纸上标注其允许偏差。

3. 相互位置精度

轴类零件的位置精度要求主要是由轴在机械中的位置和功用决定的。通常应保证装配传动件的轴颈对支承轴颈的同轴度要求,否则会影响传动件(齿轮等)的传动精度,并产生噪声。普通精度的轴,其配合轴段对支承轴颈的径向跳动一般为 0.01~0.03 mm,高精度轴(如主轴)通常为 0.001~0.005 mm。

4. 表面粗糙度

一般与传动件相配合的轴径表面粗糙度为 $Ra2.5$~$Ra0.63$,与轴承相配合的支承轴径的表面粗糙度为 $Ra0.63$~$Ra0.16$。

1.3.1.2 车轴毛坯和材料

1. 车轴毛坯

轴类零件可根据使用要求、生产类型、设备条件及结构,选用棒料、锻件等毛坯形式。对于外圆直径相差不大的轴,一般以棒料为主。而对于外圆直径相差大的阶梯轴或重要的轴,常选用锻件,这样既节约材料又减少机械加工的工作量,还可改善机械性能。

根据生产规模的不同,毛坯的锻造方式有自由锻和模锻两种。中小批生产多采用自由锻,大批大量生产时采用模锻。

2. 车轴材料

轴类零件应根据不同的工作条件和使用要求,选用不同的材料并采用不同的热处理规范(如调质、正火、淬火等),以获得一定的强度、韧性和耐磨性。

45钢是轴类零件的常用材料,它价格便宜,经过调质(或正火)后,可得到较好的切削性能,而且能获得较高的强度和韧性等综合机械性能,淬火后表面硬度可达45~52 HRC。

40Cr等合金结构钢适用于中等精度而转速较高的轴类零件,这类钢经调质和淬火后,具有较好的综合机械性能。

轴承钢GCr15和弹簧钢65 Mn,经调质和表面高频淬火后,表面硬度可达50~58 HRC,并具有较高的耐疲劳性能和较好的耐磨性能,可制造较高精度的轴。

1.3.1.3 车轴加工工艺分析

一般采用中心孔作为定位基准,以实现基准统一的方案。在单件小批生产中,钻中心孔工序常在普通车床上进行。在大批量生产中常在铣端面钻中心孔专用机床上进行。

中心孔是轴类零件加工全过程中使用的定位基准,其质量对加工精度有着重大影响。所以必须安排修研中心孔工序。修研中心孔一般是在车床上用金刚石或硬质合金顶尖加压进行。

对于空心轴,为了能使用顶尖孔定位,一般采用带顶尖孔的锥套心轴或锥堵。若外圆和锥孔需反复多次、互为基准进行加工,则在重装锥堵或心轴时,必须按外圆找正或重新修磨中心孔。

轴上的花键、键槽等次要表面的加工,一般安排在外圆精车之后,磨削之前进行。因为如果在精车之前就铣出键槽,在精车时由于断续切削而易产生振动,影响加工质量,又容易损坏刀具,也难以控制键槽的尺寸。但也不应安排在外圆精磨之后进行,以免破坏外圆表面的加工精度和表面质量。

在轴类零件的加工过程中,应当安排必要的热处理工序,以保证其机械性能和加工精度,并改善工件的切削加工性。一般毛坯锻造后安排正火工序,而调质则安排在粗加工后进行,以便消除粗加工后产生的应力及获得良好的综合机械性能。淬火工序则安排在磨削工序之前。

对于7级精度、表面粗糙度$Ra0.8$~$Ra0.4$的一般传动轴,其典型工艺路线是:正火—车端面钻中心孔—粗车各表面—精车各表面—铣花键、键槽—热处理—修研中心孔—粗磨外圆—精磨外圆—检验。

1.CRH2型动车组转向架车轴

CRH2型动车组转向架车轴按照JIS E 4501《铁道车辆—车轴强度设计》进行设计,按JIS E 4502标准进行生产。为提高车轴的疲劳安全性,采用高频淬火热处理和滚压工艺。

为了在保证强度的同时减轻质量,轮对的车轴采用空心车轴,镗孔径ϕ60 mm,材料为S38C,轴颈直径ϕ130 mm,经过超声波探伤检测。空心车轴使超声波探头可以直接穿过该通孔,使探伤容易便利,动力车轴与非动力车轴如图1.35和图1.36所示。两种车轴的各部尺寸如表1.8所示。

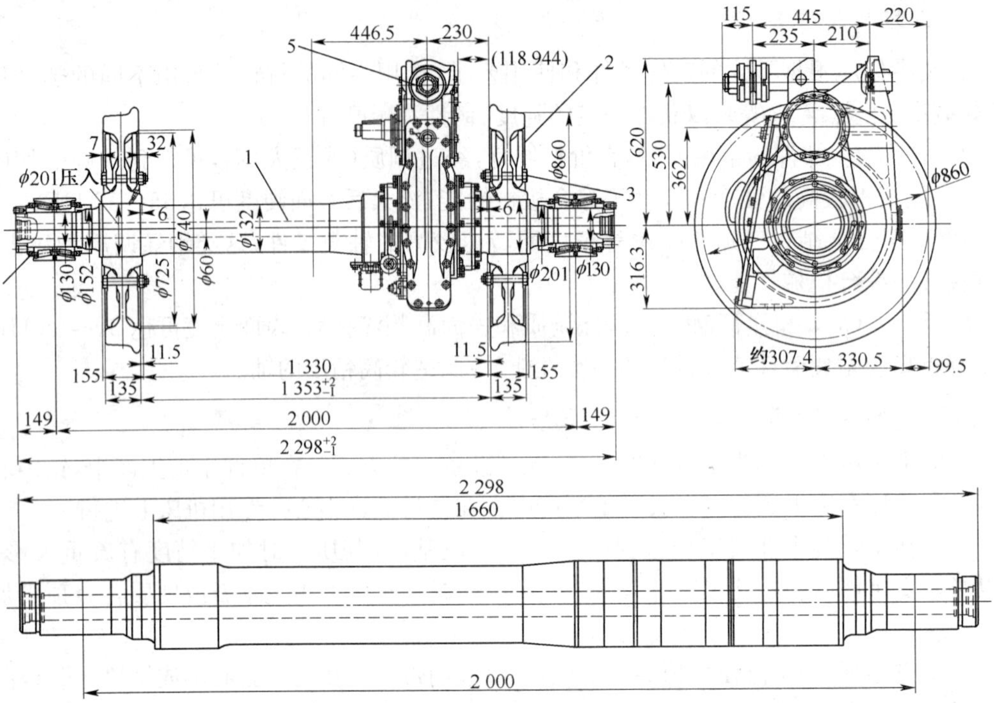

图 1.35　动力车轴组成(单位:mm)

1—车轴;2—车轮;3—轮盘式制动盘;4—轴承盖总成;5—驱动装置

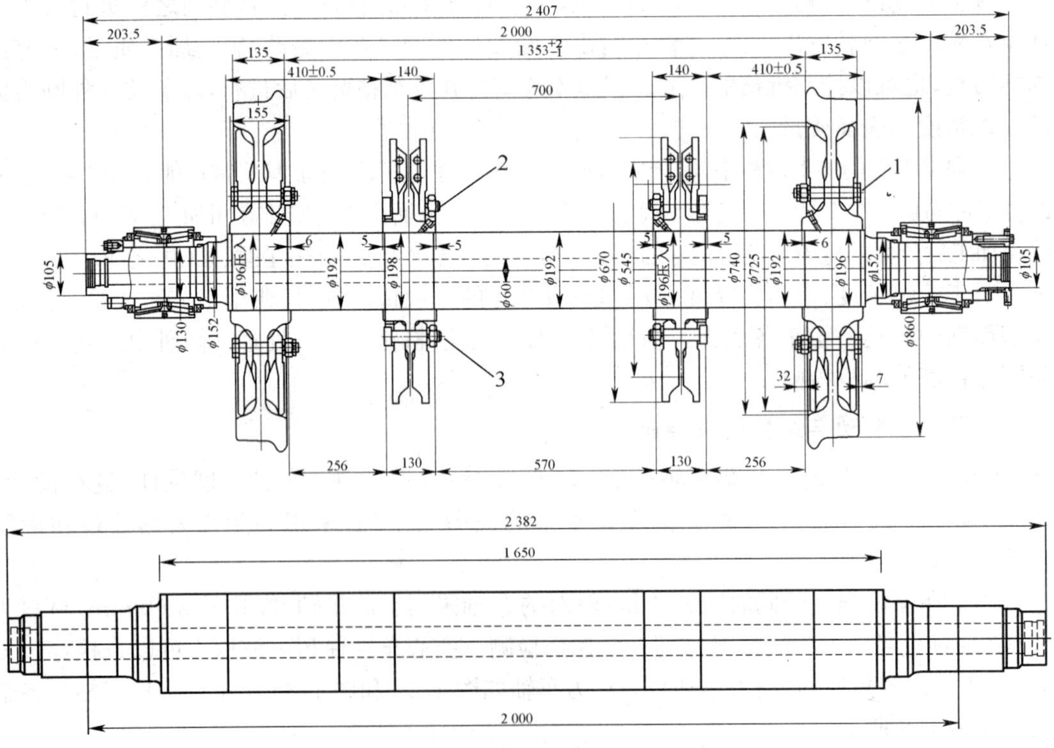

图 1.36　非动力车轴组成(单位:mm)

1—轮盘式制动盘;2—轴盘式制动盘;3—制动盘座

表 1.8　CRH2 型动车组转向架车轴尺寸　　　　　单位:mm

顺　号	名　称	动力车轮	非动力车轮
1	车轴总长	2 298	2 382
2	轴颈直径	ϕ130	
3	轴径中心距	2 000	
4	轴身直径	ϕ182	ϕ192

在拖车转向架中,两车轴均为非动力轴,非动力轴上安装有外径 ϕ 670 mm、厚度97 mm的二分割锻钢制的轴盘式制动盘。制动盘由制动盘环和盘毂组成,制动盘与盘毂通过螺栓、垫块和弹性套等连接,制动盘毂与车轴为过盈配合。

在对车轴进行机械加工时,必须满足规定的公差和表面质量要求,轴轮座公差为0.24~0.265 mm,制动盘座公差为 0.254~0.285 mm。加工表面尤其是接合处不得存在任何刀痕。加工过程不得造成会促使正常使用期间形成疲劳裂纹或变形的残余应力。在车轴表面上能够测量到的残余应力的最大值在处于拉伸时不得超过100 MPa,对车轴表面残余应力的测量应根据标准 EN 13261 进行。车轴毛坯机械加工主要工艺过程如下:

(1)毛坯以外圆定位,在双面铣床上粗铣两端面。

(2)以内孔定位,在卧式镗床上粗、精镗两堵头孔,刮两端面。

(3)在压床上压入两端专用堵头。

(4)以两堵头上的中心孔定位,在车轴仿形车床上半精车轴颈、防尘座、轮座、制动盘座和轴身。

(5)以轮座面定位,精铣两端面,保证车轴长度尺寸。

(6)以轮座面定位,在组合机床上对端面孔加工,分别经钻孔、扩孔、攻丝三个工位。

(7)修研中心孔,以中心孔定位,精车轴颈、防尘座、轮座、制动盘及轴肩圆弧角。

(8)磨轮座,制动盘座。

(9)滚压轮座、制动盘座、轴身及过渡圆弧。

(10)精磨防尘座、轴颈。

(11)交验。

2. CRH5 型动车组车轴

CRH5 型动车组车轴分为动力车轴和非动力车轴。车轴为空心轴,中空直径为 ϕ65 mm,材质为 30NiCrMoV12 钢,依据 UNI 6787—71 标准加工制造(UNI 6787—71 是用于铁路轮对的、具有高疲劳强度和韧性特性的、调质的特殊合金钢锻造轴的标准)。车轴设计标准为 EN 13103《铁路设施—轮对和转向架—非主动轴—设计方法》、EN13104《铁路设施—轮对和转向架—主动轴—设计方法》和 UIC 811—1《国际铁路联盟标准—机车车辆用车轴供货技术条件》等标准。

CRH5 型动车组动力转向架为二轴转向架,其中一根为动力车轴,另一根为非动力车轴。非动力转向架上两根车轴均为非动力车轴。在动力转向架上,非动力车轴装在转向架的外端,动车轴装在转向架的内端,接受悬在车体上的电机通过万向轴传来的动力。

动车轴由轴箱轴承座、轮座、两个制动盘座、齿轮轴承座和轴身组成,总长 2 180 mm,如

图 1.37（a）所示；非动力车轴由轴箱轴承座、轮座、三个制动盘座和轴身组成,总长 2 180 mm,如图 1.37(b)所示。新轴和维修后车轮和制动盘的安装座的直径和公差见表 1.9、表 1.10。

如果在车轮或制动盘拆卸过程中发生损坏,可以将安装座直径尺寸减小为表 1.10 中所规定的最低容许值。

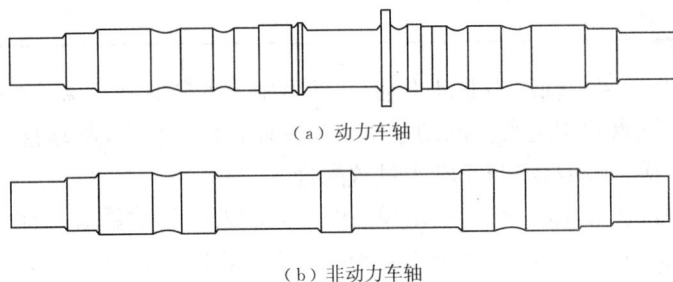

（a）动力车轴

（b）非动力车轴

图 1.37　车轴

表 1.9　新轴轮座、制动盘座直径尺寸及其公差

安装方法	直径(mm)	公差(mm)	
		最小	最大
车轮座	ϕ192	+0.240	+0.265
侧制动盘座	ϕ194	+0.254	+0.285
中心制动盘座	ϕ196	+0.254	+0.285

表 1.10　维修后车轮、制动盘安装座直径尺寸及其公差

安装方法	直径(mm)	公差(mm)	
		最小	最大
车轮座	ϕ189	+0.240	+0.265
侧制动盘座	ϕ191	+0.254	+0.285
中心制动盘座	ϕ193	+0.254	+0.285

在对车轴进行机械加工时,除了需要满足规定的公差和表面质量要求外,加工表面尤其是接合处不得存在任何刀痕。加工过程不得造成会促使正常使用期间形成疲劳裂纹或变形的残余应力。在车轴表面上能够测量到的残余应力的最大值在处于拉伸时不得超过 100 MPa,对车轴表面残余应力的测量应根据欧洲铁路标准 EN13261 进行。

1.3.2　车轮加工工艺

1. 车轮加工的基本要求

动车组制造用的车轮毛坯均为半成品,需要加工轮毂孔及内侧端面才可与车轴组装成轮对。如图 1.38 所示,轮毂孔的直径尺寸 d 多采用与车轴轮座选配,保证有 0.1～0.25 mm 的过盈量,以满足轮对压装技术要求为准来决定。

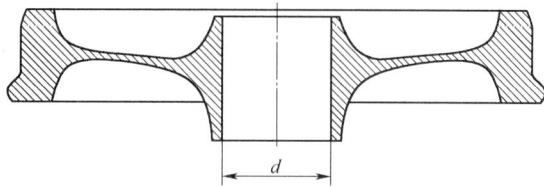

图 1.38　车轮断面图

高速列车轻型车轮加工较为严格,必须满足下列要求:

(1)要求踏面及辐板均应进行仿形加工,用样板检查圆弧角,局部间隙<0.5 mm。

(2)车轮加工后,应做静平衡试验,许用静不平衡量≤50 g·m。

(3)轮毂孔表面粗糙度 Ra<3.2,圆柱度≤0.02,圆度≤0.025,圆锥方向应有利于压装配合连接强度。

2. 车轮轮毂孔的加工方法

车轮轮毂孔的加工方法因设备不同而不同,具体如下:

如果采用普通立式车床加工,需用内径百分表或千分表测量孔径,加工精度为 H7~H8,粗糙度为 Ra5~Ra6.3,公差带一般在0.1 mm左右。

如用专用的内圆磨头精加工轮毂孔,公差带控制在0.02 mm,可以实现轮、轴组装互换。内表面粗糙度可稳定达到 32 μm。

使用的设备是将 C512A 型立式车床改为立式内圆磨床。以专用内圆磨头取代原 C512A 型立式车床的刀台,这样磨头具有旋转、纵向、横向三种运动,便于磨削轮毂孔。又为了适应轮轴压装需要,轮毂孔表面粗糙度不宜过小,故应把原纵向机械丝杠走刀装置换为液压走刀装置,适当加快走刀速度即可磨出适合压装的粗糙度。

如果用数控机床加工,需要根据事先编好程序进行工作。工件与刀具间的相对位置和进给速度均已明确规定,数据反馈值与指令值比较,当它们之间的差值为零时,即达到实际值与规定值相等。至于工件材料硬度变化、刀具磨损、发热等因素的变化以及在工件上得到的实际位移值是不考虑的,如图1.39(a)所示。

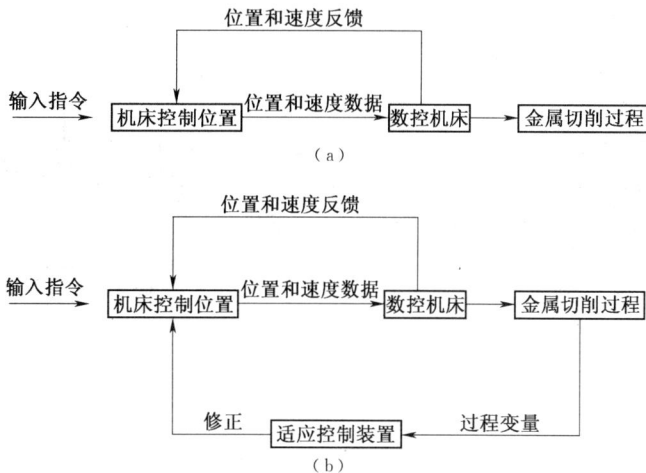

图 1.39　普通数控机床加工框图

图 1.39(b)是适应控制数控机床加工示意图,它在数控系统中引入一个附加的反馈回路,这个反馈回路对另一些随机性的过程变量,如毛坯余量的不均匀性、工件及刀具材料性质的变化、刀具磨损引起的几何参数的变化、切深的变化、刀具的变形等提供检测信息。这些信息可通过各种传感器取得。所取得的过程变量数据经过适应控制装置处理,转换为反馈数据,并综合到机床控制装置的输出中去,从而到达顺应客观条件变化而进行调节的目的。

1.3.3　轴箱加工工艺

箱体类零件是机器及其部件的基础件,它将机器及其部件中的轴、轴承、套和齿轮等零件按一定的相互位置关系装配成一个整体,并按预定传动关系协调其运动。因此,箱体的加工质量不仅影响其装配精度及运动精度,而且影响到机器的工作精度、使用性能和寿命。

动车组轴箱装置是连接轮对与构架的活动关节,除了传递各个方向的力和振动外,轴箱还保证轮对能够适应线路状况而相对于构架上下跳动和左右横动。下面以 CRH2 型动车组轴箱为例进行说明。

轴箱是连接轮对与构架的重要零部件。CRH2 型动车组采用轴箱与转臂一体式结构,其目的是为了简化结构、降低自重、便于组装和维护检修。

1.3.3.1　轴箱装置的组成

1. 结构组成

CRH2 型动车组轴箱装置包括轴箱体、轴箱压盖、轴箱前盖、轴箱后盖、轴承单元、橡胶弹性定位节点、轴温检测器及橡胶盖等部件,如图 1.40 所示。

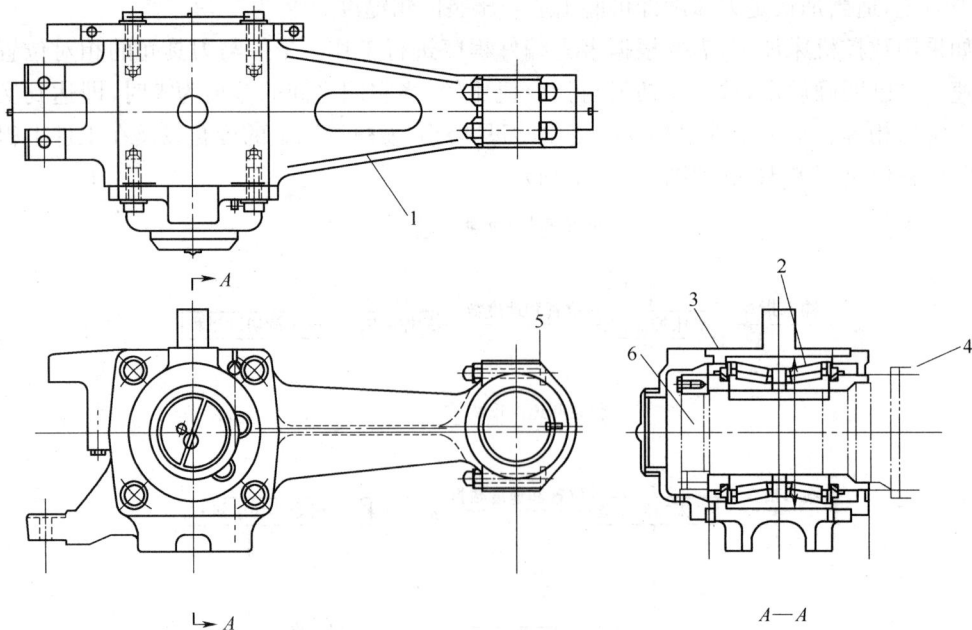

图 1.40　轴箱装置的组成
1—轴箱体;2—轴承;3—前盖;4—后盖;5—支撑橡胶结点;6—橡胶盖

（1）轴箱体组成

轴箱体为钢结构，材质采用铸钢 SC450(JIS G 5101)。箱体内安装轴承，其顶部用于安装轴箱弹簧，轴箱转臂的另一端通过压盖与橡胶弹性定位节点连接，构成轮对的定位装置。轴箱内的轴承外圈通过轴箱前后端盖来定位。轴箱前盖采用铝合金铸件 AC4CH-T6(JIS H 5202)。轴箱后盖采用铝合金板材 A5083P-O(JIS H 4000)或者铝合金锻造材料 A5083FD-O(JIS H 4051)，采用上下分体的结构，用螺栓连接组装。

轴箱支撑橡胶压板的材质采用铸钢 SC450(JIS G 5101)或钢材 S45C(JIS G 4051)或钢板 SS400(JIS G 3101)，与轴箱体进行一体机械加工，为了一体使用这两个部件，进行打印标记管理。

在前盖的前端开口部分装有橡胶盖，防止水、灰尘的侵入。前盖的开口部分是为了进行车轴的探伤作业而设置的。

轮对轴箱与定位转臂采用跨接的形式，定位转臂通过 4 个 M20 的螺栓与压盖连接，定位转臂跨落入轴箱外部的槽内。若需更换轮对，只需松开 4 个 M20 的螺栓和接地线等，便可使轮对轴箱与转向架分离。

（2）轴箱前盖

为降低转向架簧下重量，前盖采用了高纯度铝合金铸件材料。为防止铝制材料与钢铁零件接触面产生电化学腐蚀，需要在接合面进行特殊涂装。

前盖底部有一孔，用于排出车轴超声波探伤时使用的润滑油。通常情况下前盖的孔用螺栓塞住，以防运行时灰尘进入转速计和接地装置。

（3）轴箱后盖

轴箱后盖采用上下分体结构，为锻钢材料，先上下形成完整的挡圈后，再与轴箱通过螺栓连接。轴箱后盖设有防尘结构的双重迷宫槽。

（4）橡胶弹性定位节点

轴箱与构架连接的一端为橡胶弹性定位节点，用以传递轮对与构架之间的牵引力和制动力。橡胶弹性定位节点作为一系悬挂装置的主要部件之一，将在一系悬挂部分详细叙述。

（5）轴承组

CRH2 转向架采用双列圆锥滚子轴承组，为油脂润滑，采用轻接触式的双唇自密封结构。

轴承组由外圈、双列圆锥滚子、保持架、内圈、防止磨损的隔板、油封、油封圈和后盖等组成，为预加润滑脂的全密封型单元轴承。

轴承规格见表 1.11，轴承采用树脂保持架，轴承在出厂前已注入 NERITA2858 型高速列车轴承专用润滑脂。

轴承寿命的计算根据 JIS B 1518 标准，在最大轴重 14 t 时，满足 5×10^6 km 行驶距离要求。

（6）轴承温度检测器

各个车轴箱体的侧面设置有对车轴轴承状态进行监视的轴承温度检测装置。具有当轴承温度达到一定值以上时，温度保险丝就熔断并发出轴温异常通知的功能。装置的规格如下所示：动作温度 165～155 ℃；内置温度保险丝的设定温度 144 ℃。

表 1.11　CRH2 轴承规格表

轴承形式	密封双列圆锥滚子轴承
名称	2E-CRI-2677T2LLXCS770PX1/L552S17
主要尺寸(mm)	130×230×150×160 (内径×外径×内圈幅×外圈幅)
额定基本动负荷(N)	920 000
额定基本静负荷(N)	1 670 000
油封	轻接触密封
保持架	树脂制保持架
润滑脂	NERITA2858

2. 轴箱定位装置

轴箱定位装置又称为轴箱的弹簧悬挂装置,采用转臂式定位。一系悬挂圆弹簧置于转臂安装座上,转臂通过橡胶节点安装在侧架上。定位转臂是该装置中的骨架,是轮对轴箱与构架的联系纽带,为减小定位节点刚度对一系垂向刚度的附加影响,定位转臂选择尽可能长。

采用轴箱定位装置,其特点是便于轴箱支撑刚性的选择(可以在上下、前后、左右方向独立选择),能够在设定规格时兼顾高速运行的稳定性、乘坐舒适度以及曲线通过性能;实现轻量化;部件数量较少;便于轴箱支撑装置的分解和组装;无滑动部分,免维护。

(1)定位基准的选择

箱体定位基准的选择,直接关系到箱体上各个平面与平面之间,孔与平面之间,孔与孔之间的尺寸精度和位置精度要求是否能够保证。在选择基准时,首先要遵守"基准重合"和"基准统一"的原则,同时必须考虑生产批量的大小,生产设备、特别是夹具的选用等因素。

①粗基准的选择

粗基准的作用主要是决定不加工面与加工面的位置关系以及保证加工面的余量均匀。

箱体零件上一般有一个(或几个)主要的大孔,为了保证孔的加工余量均匀,应以该毛坯孔为粗基准(如主轴箱上的主轴孔)。箱体零件上的不加工面主要考虑内腔表面,它和加工面之间的距离尺寸有一定的要求,因为箱体中往往装有齿轮等传动件,它们与不加工的内壁之间的间隙较小,如果加工出的轴承孔端面与箱体内壁之间的距离尺寸相差太大,就有可能使齿轮安装时与箱体内壁相碰。从这一要求出发,应选内壁为粗基准,但这将使夹具结构十分复杂,甚至不能实现。考虑到铸造时内壁与主要孔都是同一个泥芯浇注的,因此实际生产中常以孔为主要粗基准,限制 4 个自由度,而辅之以内腔或其他毛坯孔为次要基准面,以达到完全定位的目的。

②精基准的选择

箱体零件精基准的选择一般有两种方案。一种是以装配面为精基准。它的优点是对于孔与底面的距离和平行度要求，基准是重合的，没有基准不重合误差，而且箱口向上，观察和测量、调刀都比较方便。但是在镗削中间壁上的孔时，由于无法安装中间导向支承，而不得不采用吊架的形式。这种吊架刚性差，操作不方便，安装误差大，不易实现自动化，故此方案一般只能适用于无中间孔壁的简单箱体或批量不大的场合。

针对上述采用吊架式中间导向支承的问题，采用箱口向下的安装方式，以箱体顶面和顶面上的两个工艺孔为精基准。在镗孔时，由于中间导向支承直接固定在夹具上，使夹具的刚度提高，有利于保证各支承孔的尺寸和位置精度。并且工件装卸方便，减少了辅助时间，有利于提高生产率。但是这种定位方式也有不足之处，如箱口向下无法观察和测量中间壁上孔的加工情况；以顶面和两个工艺孔作为定位基准，要提高顶面和孔的加工要求；加工基准与装配基准不重合需要进行尺寸链的计算，或采用装配时用修刮尾座底板的办法来保证装配精度。

（2）轴箱定位装置

①轴箱定位装置特点

动车组轴箱定位装置为转臂式定位。一系悬挂圆弹簧置于转臂安装座上，转臂通过弹性橡胶节点安装在侧架上，如图 1.41 所示，其中（a）为实物图，（b）为结构图。定位转臂是该装置中的骨架，是轮对轴箱与构架的联系纽带，为减小定位节点刚度对一系垂向刚度的附加影响，定位转臂选择尽可能长，实际选择为500 mm。

该轴箱定位方式具有以下特点：

a. 便于轴箱支撑刚性的选择（可以在上下、前后、左右方向独立选择），能够在设定规格时兼顾高速运行的稳定性、乘坐舒适度、以及曲线通过性能。

b. 利于实现轻量化，适应高速运行。

c. 零部件数量较少，结构简化，提高可靠性。

d. 便于轴箱支撑装置的分解和组装。

e. 无滑动部分，免维护。

轴箱定位装置的主要构成部件有轴箱支撑橡胶、轴弹簧、轴弹簧座、防振橡胶、调节板、吊装用具、绝缘罩与挡板、防尘盖、防雪罩和轴减振器。

②轴箱定位装置组成

a. 轴箱弹性橡胶

CRH2 型动车组转向架的橡胶弹性定位节点为金属—橡胶硫化的弹性元件，如图 1.42 所示。其芯轴固定在构架的定位座上，外套及芯轴橡胶与轴箱转臂连接，提供轮对轴箱装置的纵向（x）、横向（y）定位刚度。轮对与构架间的横向及纵向相对位移依靠节点橡胶套的变形实现，是直接影响车辆运行稳定性和曲线通过性能最主要的悬挂件。

该定位橡胶销套的各向定位参数对转向架的运行性能起决定性作用。其弹性参数以安装入转臂橡胶套座的工作状态为测量基准，经过动力学计算和优化确定。

CRH2 型动车组转向架的轴箱定位橡胶销套考虑到负荷载重量的增加，采用了大于在日本原型车转向架中使用的规格尺寸。

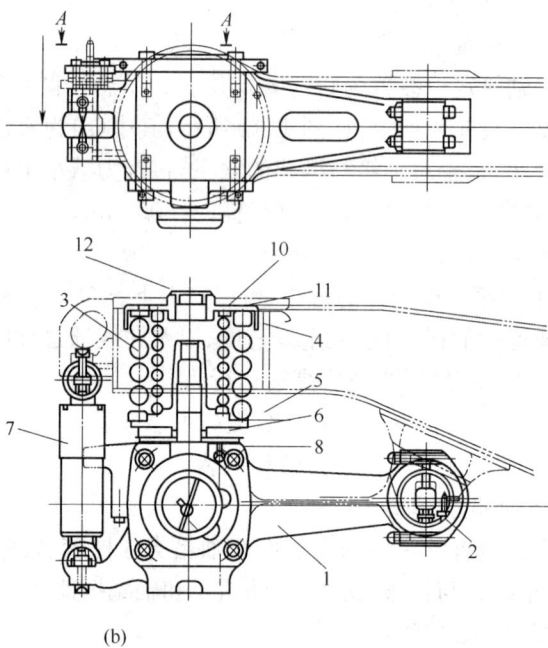

图 1.41　轴箱定位装置组成

1—轴箱体；2—轴箱橡胶定位结点；3—圆弹簧；4—圆弹簧座（上）；5—圆弹簧座（下）；6—防振橡胶；
7—油压减振器；8—调整板；9—悬吊用具；10—绝缘罩；11—挡板；12—防尘盖

b. 圆弹簧

在箱体上部，安装圆弹簧。圆弹簧采用由外簧和内簧构成的双重弹簧，所有车型均使用一种弹簧。外簧的材质采用 SUP9A 或者 SUP11A，内簧的材质采用 SUP9 或者 SUP9A（均为 JIS G 4801）。当对弹簧作用最大负荷（相当于车厢满员载荷的 1.3 倍）时，弹簧的修正应力设计为 686 MPa（70 kgf/mm²）以下。

圆弹簧组传递垂直方向的力,通过调整垫片调整圆弹簧组使每个车轮的载荷均匀。

轴箱弹簧装置包括一个圆弹簧组(由内、外圈弹簧组成)、弹簧座(上、下)、橡胶座、绝缘座。内、外弹簧的旋向相反。轴箱弹簧组结构如图1.43所示。

图1.42 橡胶弹性定位节点

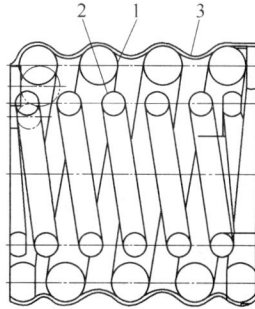

图1.43 轴箱弹簧组
1—外圈弹簧;2—内圈弹簧;3—防雪罩

轴箱弹簧为双圈钢螺旋弹簧,弹簧的材质为符合JIS G4801标准的SUP9A或SUP11A型弹簧钢。

为了应对动车组雨雪天气的运行环境,在轴箱弹簧外设计了防雪罩,采用热缩材料,可明显改善轴箱弹簧的工作条件,减缓天气因素对弹簧的腐蚀作用。

c. 弹簧夹板

为了便于转向架的组装,设置上下弹簧夹板,使圆弹簧组保持在规定的预压缩高度,并保证转向架构架和轴箱之间的正位。下弹簧夹板上设置了螺纹,以方便弹簧组与转向架的组装、分解和调整。夹板材质采用钢材S45C(JIS G 4051)。

d. 防振橡胶垫

插在圆弹簧座(下)和轴箱体之间,橡胶垫为上下硫化粘结钢板结构,用以吸收转向架的高频振动。

e. 绝缘罩与垫片

为了实现转向架构架与轮对间电气性绝缘的目的,将绝缘罩设置在圆弹簧与圆弹簧座(上)之间,以免漏电电流通过轴箱轴承而对轴承产生电腐蚀。

为了避免绝缘罩与圆弹簧直接接触而发生破损,向圆弹簧与绝缘罩之间插入不锈钢材质的垫片。

f. 轴箱垂向油压减振器

在构架与轴箱之间,与每组轴箱弹簧各并联了一个垂向油压减振器,构成一系悬挂的阻尼元件。该液压减振器的主要作用是防止转向架以较高的频率点头振动。减振器型号为OD42090-1,具体结构如图1.44所示。

减振器使用的金属材料是按照日本工业规格(JIS)来制定的。密封垫采用了高级合成橡胶,工作油(减振器油)采用了优质的矿物油,具备了适合油减振器功能的特点。并且,活塞杆表面进行研磨之后,使用了硬质的铬合成镀金。

暴露在轴减振器外部的部分,全部进行了防腐处理,并全部涂上了油漆。

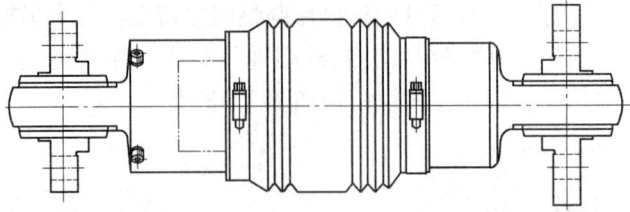

图 1.44　轴箱垂向减振器

g. 调节板

作为调节车辆之间的重量差,以及转向架内圆弹簧载荷的不平衡的目的,将调节板插入轴箱体和防振橡胶之间。通过拔出和插入调节板进行高度调整,使得 1 台转向架 4 处位置的圆弹簧高度达到规定的尺寸。

空车时,为了轴箱体和转向架框基准面之间的间隔达到要求,在轴箱体和防振橡胶之间插入调节板。因为轴弹簧在轴箱体的上面,所以通过从转向架框上部向上拉轴弹簧来插入调整板。卸下转向架框弹簧帽上部的防尘帽子,从上面插入弹簧控制螺栓,拧进轴弹簧座(下)上切开的螺丝扣中。以便吊起轴弹簧座(下),使轴箱体之间产生缝隙,从而插入调整板。并且,利用油压工具吊起轴弹簧座(下),以便提高操作性。

h. 吊装用具

为了在吊起转向架时,使轮对与转向架构架一体起吊而安装了吊装用具。吊装用具的结构是挂在轴箱总成的后盖突出部分的。同时,防止在转向架拆卸时轴箱弹簧伸长而损伤垂向减振器。

i. 防尘盖

在圆弹簧座(上)的开口部位安装了防尘盖,防止水、灰尘的侵入。该开口部是在对圆弹簧进行压下时、插入螺栓而设计的。

j. 防雪罩

为了防止冰雪进入圆弹簧,影响振动性能,在圆弹簧的外侧安装了防雪罩。对圆弹簧采用热收缩型橡胶罩覆盖。此外,对指定位置的轴箱,需设有安装同步发电机及测速传感器的结构座。

1.3.3.2　轴箱体零件加工工艺分析

1. 工艺路线的安排

轴箱要求加工的表面很多。在这些加工表面中,平面加工精度比孔的加工精度容易保证,箱体中主轴孔(主要孔)的加工精度、孔系加工精度就成为工艺关键问题。因此,在工艺路线的安排中应注意三个问题:

(1)工件的时效处理

箱体结构复杂,壁厚不均匀,铸造内应力较大。由于内应力会引起变形,因此铸造后应安排人工时效处理以消除内应力,减少变形。一般精度要求低的箱体,可利用粗、精加工工序之间的自然停放和运输时间,得到自然时效的效果。但自然时效需要的时间较长,否则会影响箱体精度的稳定性。对于特别精密的箱体,在粗加工和精加工工序间还应安排一次人工时效,迅速充分地消除内应力,提高精度的稳定性。

(2)安排加工工艺的顺序时应先面后孔

由于平面面积较大,定位稳定可靠,有利于简化夹具结构,减少安装变形。从加工难度来看,平面比孔加工容易。先加工平面,把铸件表面的凹凸不平和夹砂等缺陷切除,再加工分布在平面上的孔时,对便于孔的加工和保证孔的加工精度都是有利的。因此,一般均应先加工平面。

(3)粗、精加工阶段要分开

箱体均为铸件,加工余量较大,而在粗加工中切除的金属较多,因而夹紧力、切削力都较大,切削热也较多。粗加工后,工件内应力重新分布也会引起工件变形,因此,对加工精度影响较大。为此,把粗、精加工分开进行,有利于把已加工后由于各种原因引起的工件变形充分暴露出来,然后在精加工中将其消除。

2. 主要表面的加工

(1)箱体的平面加工

箱体平面的粗加工和半精加工常选择刨削和铣削加工。

刨削箱体平面的主要特点是:刀具结构简单,机床调整方便,在龙门刨床上可以用几个刀架,在一次安装工件中,同时加工几个表面,于是,经济地保证了这些表面的位置精度。

箱体平面铣削加工的生产率比刨削高。在成批生产中,常采用铣削加工。当批量较大时,常在多轴龙门铣床上用几把铣刀同时加工几个平面,既保证了平面间的位置精度,又提高了生产率。

(2)主轴孔的加工

由于主轴孔的精度比其他轴孔精度高,表面粗糙度值比其他轴孔小,故应在其他轴孔加工后再单独进行主轴孔的精加工(或光整加工)。

(3)孔系加工

箱体的孔系,是有位置精度要求的各轴承孔的总和,其中有平行孔系和同轴孔系两类。

平行孔系主要技术要求是各平行孔中心线之间,以及孔中心线与基准面之间的尺寸精度和平行精度。根据生产类型的不同,可以在普通镗床上或专用镗床上加工。

单件小批生产箱体时,为保证孔距精度主要采用划线法。为了提高划线找正的精度,可采用试切法,虽然精度有所提高,但由于划线、试切、测量都要消耗较多的时间,所以生产率仍很低。

坐标法加工孔系,许多工厂在单件小批生产中也广泛采用,可以较大地提高其坐标位移精度。

必须指出,采用坐标法加工孔系时,原始孔和加工顺序的选定是很重要的。因为,各排孔的孔距是靠坐标尺寸保证的。坐标尺寸的积累误差会影响孔距精度。如果原始孔和孔的假定顺序选择得合理,就可以减少积累误差。

成批或大量生产箱体时,加工孔系都采用镗模。孔距精度主要取决于镗模的精度和安装质量。虽然镗模制造比较复杂,造价较高,但可利用精度不高的机床加工出精度较高的工件。因此,在某些情况下,小批生产也可考虑使用镗模加工平行孔系。

同轴孔系的主要技术要求是各孔的同轴度精度。成批生产时,箱体的同轴孔系的同轴度大部分是用镗模保证,单件小批生产中,在普通镗床上用以下两种方法进行加工:

①从箱体一端进行加工

加工同轴孔系时,出现同轴度误差的主要原因是:

a. 当主轴进给时,镗杆在重力作用下,使主轴产生挠度而引起孔的同轴度误差;

b. 当工作台进给时,导轨的直线度误差会影响各孔的同轴度精度。

对于箱壁较近的同轴孔,可采用导向套加工同轴孔。对于大型箱体,可利用镗床后立柱导套支承镗杆。

②从箱体两端进行镗孔

一般是采用"调头镗"使工件在一次安装下,镗完一端的孔后,将镗床工作台回转180°,再镗另一端的孔。具体办法是:加工好一端孔后,将工件退出主轴,使工作台回转180°,用百(千)分表找正已加工孔壁与主轴同轴,即可加工另一孔。

"调头镗"不用夹具和长刀杆,镗杆悬伸长度短,刚性好。但调整比较麻烦和费时,适合于箱体壁相距较远的同轴孔。

1.3.4　构架加工工艺

动车组构架一般采用焊接结构,无论是动力转向架还是非动力转向架均采用由铸件和钢板组装成传统的H形构架形式。

转向架构架主要由侧梁、横梁、纵向辅助梁、空气弹簧支撑梁、定位臂和齿轮传动装置座等组成,侧梁的中部为凹形。动力转向架构架和非动力转向架构架可通过安装托架实现互换性。转向架构架在焊接组装后、进行退火处理。图1.45和图1.46分别示出了动力、非动力转向架构架。

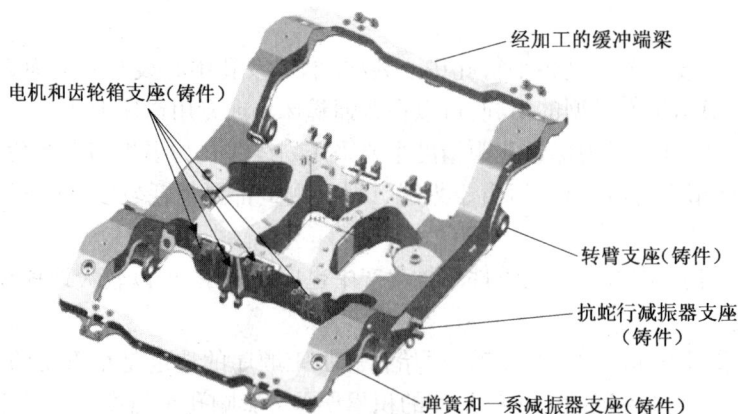

(a) 正面

图　1.45

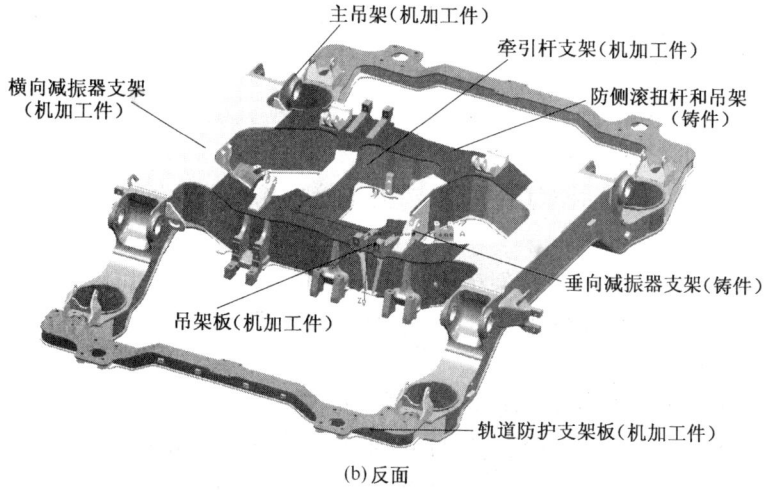

(b) 反面

图 1.45　动力转向架构架组成三维图

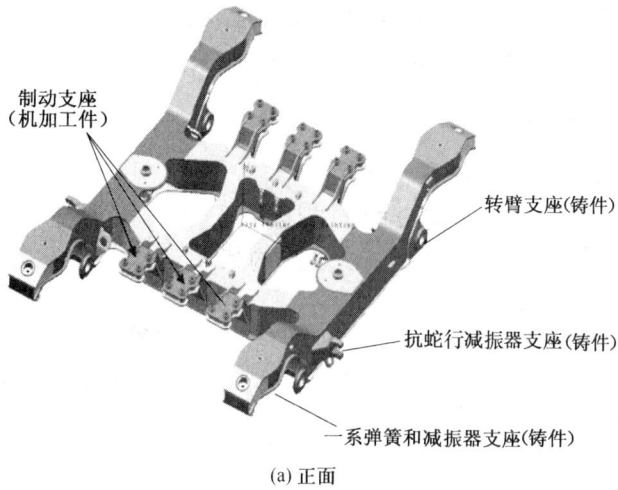

(a) 正面

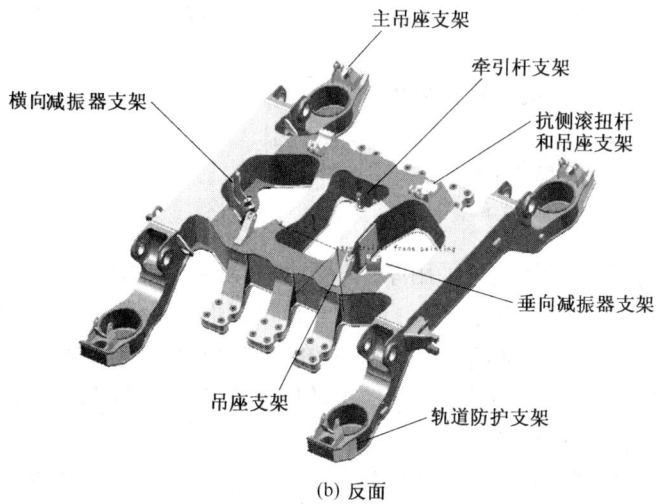

(b) 反面

图 1.46　非动力转向架构架组成三维图

动力转向架为两端带端梁的框形构架,非动力转向架为 H 形构架。使用的材料为钢板
(EN 10025)和铸件(ISO 3755)。

1.3.4.1 构架组成

构架主要由如下部件组成:

(1)两个侧梁结构。提供空气弹簧的支撑,连接抗蛇行减振器和横向减振器,组装一系
转臂托架。

(2)两个横梁结构。动力转向架横梁是牵引电机安装支架,同时也是齿轮箱反应杆支
架;拖车转向架横梁是闸瓦托吊座安装支架。两种转向架的横梁均是牵引杆、架车点以及垂
向减振器和抗侧滚扭杆安装支架。

(3)两个连接横梁的纵向辅助梁。安装横向减振器。

(4)构架的四个端部(如可能采用铸件)。安装一系弹簧和减振器。

(5)两个缓冲端梁(仅动力转向架)。安装单元制动机和排障器(排障器只用于 Mc 车 A
端转向架上)。

(6)其他(如可能,使用铸件)。转向架构架上还有一系减振器支架,一系套管支架,电机
和齿轮箱(只用于动力转向架),抗蛇行减振器和 ARB 支架。

1.3.4.2 构架的加工

1. 采用高速龙门铣床加工

采用高速龙门铣床,加上必要的工艺装备可
以加工全部平面和横向缓冲器圆柱孔,加工构架
的高速龙门铣床如图 1.47 所示。

加工工艺过程如下:

(1)划线。

(2)铣弹簧导柱支座。

(3)划线。

图 1.47 高速龙门铣床

(4)铣横梁闸瓦托吊座、横梁制动吊座、端梁制动吊座、端梁闸瓦托吊座、吊杆托架外层
各面,铣空气弹簧座孔。

(5)铣吊杆托架、电动机吊杆托架平面。

(6)划线。

(7)电焊各座,钻孔,最后检查。

2. 典型构架加工

CRH3 型动车组初始件大量采用厚钢板全加工而成,并要求 30 mm 以上厚钢板加工前
对工件进行 100%连续超声波探伤。工件加工后表面必须清洁不能有影响焊接的油污,
CRH3 型动车组所有工件全部采用无冷却液的干式切削加工完成,加工过程中采用风冷。
构架等关键件加工后要求 100%检测。动车及拖车构架加工具体方法如下:

(1)构架加工前的装夹

动车和拖车构架在专用的构架装夹测量装置上完成的。该装置能够将设备上的构架及其
加工夹具模拟在构架装夹测量装置上完成,确保构架装夹在设备外进行和在设备上进行的状

态是一样,并且该装置具有实现构架与夹具装夹后是否正位的测量功能。通过使用多块磁力表进行找正,保证构架无变形装夹,从而保证了构架加工精度要求,其装夹如图 1.48 所示。

（a）装夹前的准备　　　　　　　　　　（b）装夹过程中

图 1.48　构架加工前的装夹

（2）构架的加工

构架加工是在数控落地镗床上完成的,采用一次装夹干式切削完成所有加工工作,钻头和镗刀全部为内冷刀具,加工过程中刀具采用风冷。加工夹具与弯板立面采用快速定位液压夹紧,并采用探针确定加工程序零点,构架的加工如图 1.49 所示。

（a）构架装夹结束　　　　　　　　　　（b）构架加工

图 1.49　构架的加工

构架轴箱定位座处的螺纹孔采用挤压成形攻丝工艺。攻丝前采用专用润滑脂涂在直径 188 mm 底孔内再进行攻丝,如图 1.50 所示。

采用双钩天车完成构架及其加工夹具的翻转工作,如图 1.51 所示。

（3）工件 3D 检测

动拖车构架加工后采用双悬臂 3D 测量机进行尺寸精度检查。该设备能够实现双悬臂不同步同时对工件进行检测,并实现工件一次放置完成 6 面的所有尺寸测量工作,测量效率高,如图 1.52 所示。

图 1.50　攻丝

图 1.51　翻转

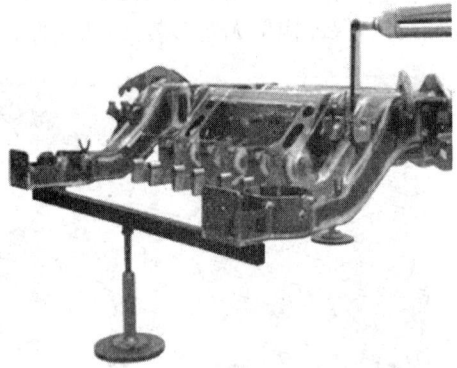

图 1.52　工件 3D 检测

1.4　转向架典型零件加工设备

1.4.1　车轮加工专用设备

在高速运行条件下,由于车轮质量不均匀、车轮偏心及滚动圆不圆等将引起很大的附加动作用力,对车辆的运行安全性、平稳性及轮轨磨耗会带来不利影响。因此,对高速车轮的制造质量及加工精度提出了更高的要求。

图 1.53 所示为我国首台数控不落轮车床。该台型号为 UGL-15CNC 数控不落轮车床是武汉重型机床有限公司与意大利 SAFOP 公司联合研制生产的,它是我国首台达到国际领先水平的轨道车轮加工设备。该机床可在不拆卸车辆任何部件的情况下,完成车辆轮对的修复。由于装备有先进的数控技术,该机床可自动完成轮对踏面直径及磨损型面的测量、最佳切削量的测量确定,并将全部加工过程的数据输入中央计算机,极大地提高了轮对的检修效率。

图 1.53　数控不落轮车床

深穴滚动体加工设备如图 1.54 所示,工作原理:工件放到定位块上,由 V 形铁 1 自动定心,轴线方向由 V 形铁上的挡铁定位,夹紧气缸 2 向下移动,夹紧工件;加工动力头 3 由气缸 4 推动做进给运动,加工刀具 5 在电机 6 的带动下做旋转运动加工穴孔。滚动体两端同时加工,以便提高工作效率。加工时,两端穴孔的同轴度误差对滚动体工作应力分布的影响不大,可以忽略。夹具中压力夹紧气缸中的压力,与工件定位夹紧力有关,可以计算出来。加工结束,由限位开关 7 控制气动阀换位,气缸 4 后退,刀具退出加工,夹紧气缸 2 后移,取出工件。重复上述工序过程,夹紧气缸 2 和进给气缸 4 可通过气动阀联合控制。

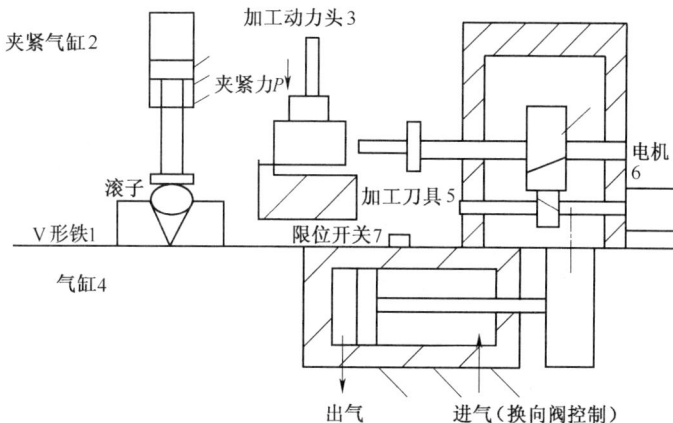

图 1.54　加工深穴设备示意图

1.4.2　车轮加工数控改造

普通型的车轮车床采用模板式的电触点仿形,加工效率不高,轮型单一,不易修改和增加新轮型。按此方法加工出来的车轮精度不高,电触点仿形装置经常发生故障,可靠性不强。其中采用的微型开关构成的触指灵敏性差,需要经常维修。随着高速动车组的投运,对车轮轮型和精度都有了更高的要求。只有通过数控改造才能更好地满足高速动车组车轮加工的需要。

下面以普通型车轮车床的数控改造为例进行说明。

1. 车床改造方案

车轮车床的数控改造,主要是将原机床刀架的电触点仿形方式改为数控方式,将机床进给系统的机电配置进行重新设计。该机床为双刀架结构,左右刀架分别加工左右车轮,可以同时加工也可单独加工。因此两个刀架分别采用一套数控系统,每套数控系统控制两个轴 x 和 z,两轴联动进行插补。纵横向的进给运动由交流伺服电机驱动,通过滚珠丝杠传动。伺服电机上带有内置编码器,数控系统与伺服电机构成位置半闭环控制。x 轴和 z 轴上分别设有硬限位和参考点、急停限位组合开关。

数控机床加工零件时必须首先确定机床坐标系,x 坐标不作任何变动,即 x 轴的正方向为刀具横向离开工件的方向。而 z 坐标不同,因为机床有左右刀架之分,z 轴的正方向为左右刀架相反,左刀架为刀具向床头箱的方向,右刀架为刀具向尾座的方向,这样,在本机床上左右刀架才可以用同一程序格式,完成左右车轮轮缘踏面形状的加工。机床坐标系的设定如图 1.55 所示。

2. 车轮加工操作过程

该机床采用两把机夹刀,加工内侧面的为副刀,加工轮缘踏面的为主刀。在加工之前,左右刀架都必须先进行对刀,以确定加工轮对的起始点。该机床采用的是手动对刀,方法是将刀架开到轮对的内侧面,用副刀靠近内侧面 A 点,以刚刮下铁屑为好。这时在事先选好的程序下采用自动方式运行程序即可。根据计算,刀架会按程序自动运行到轮型加工的起

始点 Q,这时主刀按照轮形坐标编制的程序开始加工踏面,当到达轮缘的顶点 C 时,要进行快速换刀,换成副刀接着加工轮缘和内侧面。下面以右刀架为例进行说明,如图 1.56 所示。

机床俯视图

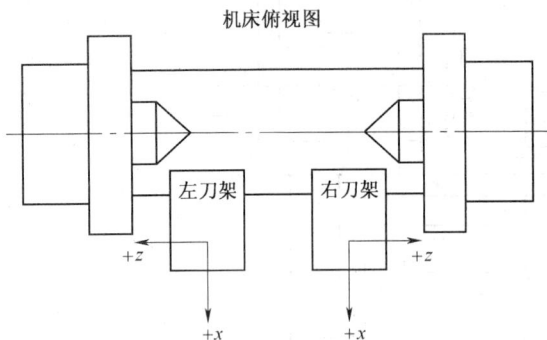

图 1.55　机床坐标系的设定

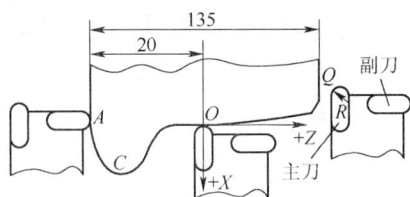

图 1.56　车轮加工示意图(单位:mm)

同一规格的轮缘踏面宽度不尽相同,它有一随机公差值 K, K 值的设定也必须根据不同的轮缘规格而设置。例如,LM 型 K 值的变化范围是 $0\sim7$,当轮宽为 135 时 $K=0$,当轮宽为 142 时 $K=7$。这样,随不同轮对宽度变化的差值在自动加工时计入踏面外形的 18 直线段处。Q 点在 Z 方向的坐标值已由程序根据对刀点计算好,而 Q 点在 x 方向的坐标值与其参考点 R_3 的值密切相关。也可以说轮对加工后的直径值准不准,取决于 R_3 值的调整和确定。左右刀架的程序是通用的,但因参考点的限位开关位置不可能完全一致,R_3 的值也常常不同,需分别调整。一旦调好后就不用动了。操作者在操作前,首先要测量车轮的直径和车轮的宽度,根据机床的切削深度以及表面光洁度等确定加工次数,将车轮加工后所要达到的直径值输入到参数 R_1 中,将车轮宽度的值输入到参数 R_2 中。选好程序,对刀后按动启动按钮即可。

1.5　计算机辅助制造简介

1.5.1　CAM 概述

1.5.1.1　CAM 的结构与特点

1. CAM 定义及特点

计算机辅助制造(Computer Aided Manufacturing,简称 CAM)是指通过直接或间接地把计算机与工厂生产设备联系起来,实现用计算机系统去规划、管理和控制制造厂的生产过程。或者说,计算机辅助制造就是将计算机引入生产过程的各个环节。

众所周知,在机械制造过程中,被加工的机械零件是各式各样的,零件加工的批量也各不相同。尤其是小批量生产,其加工准备时间长,机床使用效率低。据统计,一个零件在车间里的平均停留时间中,只有 5% 的时间在机床上,而用来切削加工的时间只占零件在机床上停留时间的 30%。由此可见,零件在机床上的切削时间只占零件在车间停留时间的 15%。因此,减少零件在车间的流通时间,以及减少零件在机床上的装卸、调整、测量、等待切削的时间,是提高车间的加工效率和经济效益的主要途径。

使用数控机床及加工中心等先进装备虽然可以提高机床的使用效率,但由于零件在机床上的实际等待时间及在车间的停留时间与生产管理、调度、零件的传送和装卸方法等诸多因素有关,使机床使用效率难于发挥出来。采用计算机对制造过程实行管理和控制,可以提高生产效率,确保产品质量,从而进一步提高生产过程的自动化水平。

一个完整的 CAM 系统从许多方面控制着制造过程。根据机械加工的要求,CAM 系统应具有如下特点。

(1)适应性或者叫做柔性:即系统能在较大范围内适应加工对象的变化。

(2)灵活性:系统在结构上应具有灵活性,可以由小到大逐步发展,且在发展过程中尽量节省一次性的大规模投资。

(3)可靠性:系统愈大则可靠性要求愈高。

(4)高效率:它充分体现了 CAM 技术的优点,提高效率的主要措施是减少零件在车间里的留停时间和在机床上等待切削的时间。

(5)较高的经济效益:在较短时间内,CAM 系统的经济效益也许不明显,但随着生产的发展将会愈来愈显著。

2. CAM 系统的结构

一个工厂或车间的 CAM 系统是很复杂的,为了便于研究和发展,通常把整个 CAM 系统划分成一系列具有特定功能的分系统。分系统还可以进一步分成更小的分系统或称为子系统.每个分系统都具有系统的各种属性,且各个分系统之间既相互独立又相互联系。因此,一个大规模的 CAM 系统包含有二级或三级计算机分级结构,这些计算机用来监控许多单个过程的工作。一台小型(或微型)计算机负责一个单个过程,一台中型(或小型)计算机监控一群小型(或微型)计算机,从而监控整个 CAM 系统的工作。这样做的好处是,可以将庞大而复杂的任务分解成一个较小的问题,以便由小到大逐步解决。这样的 CAM 系统具有较大的灵活性. 可靠性高,并且便于分阶段发展和扩充。

图 1.57 所示为一个工厂的 CAM 系统的分级结构,该结构框图自上而下分为三层,最顶层是全系统的管理中心,负责安排全厂的生产计划和经营管理。第二层按生产过程分成三项主要任务,即财务管理、工程分析与设计以及生产管理与控制。财务管理部分可利用中心计算机的终端进行工作。工程分析与设计部门可设置另一台计算机来进行分析计算及设计绘图等工作。底层是基础级,通常采用各种控制机、小型计算机、微型计算机、各种控制器等,它们负责收集信息、处理检测数据、执行上一级计算机送来的命令、直接控制生产过程。例如切削加工、零件运送、装配和检验等。

由于任务分散到基层的较小的计算机中,而各台计算机之间既有相对的独立性,又能互相联系,因而这种分级结构方式与把大量工作集中到一台计算机来完成相比,具有更大的灵活性和可靠性。同时当一台计算机发生故障时,只是影响局部的工作,不会造成全面停工。此外,在构成系统时,可使各台计算机之间互相监视和支援。例如一台控制机出现了故障,相邻的计算机可以立即检测出这个故障,并应急地把故障机的工作暂时接替下来。虽然控制性能会有所下降,但不致使生产中断,待到故障排除后再恢复使用。这样一来系统的可靠性就进一步提高了。

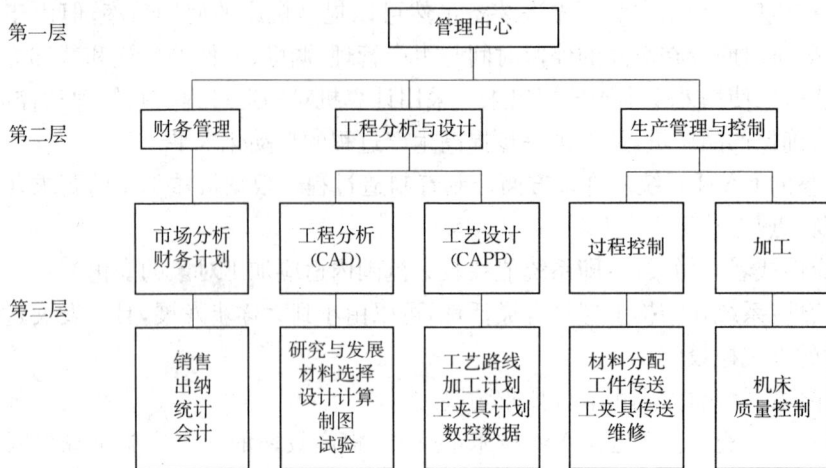

图 1.57　CAM 系统分级结构框图

第一层　管理中心

第二层　财务管理　工程分析与设计　生产管理与控制

市场分析 财务计划｜工程分析 (CAD)｜工艺设计 (CAPP)｜过程控制｜加工

第三层

销售 出纳 统计 会计｜研究与发展 材料选择 设计计算 制图 试验｜工艺路线 加工计划 工夹具计划 数控数据｜材料分配 工件传送 工夹具传送 维修｜机床 质量控制

3. CAM 系统的类型与功能

CAM 系统有用于生产管理的 CAM 软件系统和用于机械加工的 CAM 系统两种。

(1)用于生产管理的 CAM 软件系统用于生产管理的 CAM 软件系统与 CAD 相连接,用来计划、协调、处理生产过程中的各种问题,是一个专门管理信息的系统。一般来说,它应具有下列功能。

①解决生产规划及生产调度等最优化问题。

②制定作业计划。根据 CAD 的结果确定工艺方案,制定各项加工作业时间和加工的技术指导书等。

③程序编制。确定在各个机床上零件的加工路线,选定刀具及工夹具,编制数控程序等。

④工夹具计划。根据上述信息作出工夹具设计图,编制出工夹具配备表等。

⑤仓库及设备管理。

(2)用于机械加工的 CAM 系统

用于机械加工的 CAM 系统,其基础是用计算机控制机床对零件进行加工。现代的 CAM 系统是将产品设计信息转变为加工制造信息,控制产品的加工、装配、检验、试车、包装直到发货等全过程,以及与此有关的生产管理和生产调度。在传统机械加工生产方式中,大量生产采用自动线来解决,而多品种、小批量生产主要借助于各种数控机床加工。而在 CAM 系统中,一般的数控机床是不能完全符合要求的,用于 CAM 系统的数控机床应当具备如下的功能:

①能与上级机交换信息,构成分级结构系统,以便实施管理和控制。

②具有监控机能,适应于自动化工作和无人化操作。

③具有通用性,而且可靠性要求比普通数控装置高。

目前用于构成 CAM 系统的加工装置主要有三种类型:

(1)计算机数控(CNC)。CNC 与普通数控(NC)不同,NC 用专用计算机进行控制。因此,计算机制成后,其控制功能就难以改变了。而 CNC 系统是用一台小型(或微型)通用计算机来控制,它的控制是依靠系统程序实现的。因此,它具有良好的柔性。

(2)直接数控(DNC)。DNC 也称为群控,可简单地理解为用一台计算机直接管理和控制一群数控系统,从而实现了机床群加工过程的信息自动化。

(3)柔性制造系统(FMS)。FMS 适合于多品种、中小批量的生产。它是一个完全自动化的加工过程。

CAM 涉及很多制造方面的领域,除上述提到的 CNC、DNC 和 FMS 外,还包括 NC 技术、机器人技术(Robot)、成组技术(GT)、计算机辅助工艺规程设计(CAPP)等等。

4. CAD/CAM 软件简介

(1)Pro/ENGINEER 简介

Pro/ENGINEER 是美国 PTC 公司开发的计算机辅助设计和制造软件。PTC(Parametric Technology Corporation)公司成立于 1985 年,从事参数化建模软件的研究并于 1988 年开发出了 Pro/ENGINEER V10 软件。经过多年的发展,目前已经发布了 Pro/ENGINEER Wildfire 版本。Pro/ENGINEER Wildfire 版本与以前版本相比有三大创新。

第一,全新的用户接口,它能让用户只需接受很少培训即可快速掌握。它非常强调人性化设计,通过一个更大的建模区域、简单的视图操作控制、较少的鼠标移动以及增强型颜色模式,可提高用户的舒适感。它增强了图形预览功能,并用一个更自然的特征工具栏代替了对话框,使用户能更直接地使用关键的特征控件,从而使图形建模更容易,即使对于复杂零件也如此。

第二,在已获得广泛认可的功能和性能优势的基础上,Wildfire 为工程师和设计师提供了创新技术,这些技术远远优于参数化系统或过时的混合系统所提供的技术。包括交互式曲面设计、逆向工程、实时图片渲染等,从而可进一步改进产品设计的视觉效果。

在仿真、优化和功能集成方面,该系统集成了机械动力学,改进了结构和热传导研究,简化了行为建模技术的应用。这些改进使用户能更有效地建立设计,且无需重复建立模型。

第三,网络通信使用户可以无缝地访问 PTC 的协同工作软件包——Wind Chill,并可以和其他 Pro/ENGINEER 用户同等地交换产品生命周期数据。而在以前,用户必须使用不同的应用软件和不同的用户界面来建立、交换和管理数据,这些没有价值的数据移动和交换的步骤导致了流程的不连续。通过把互联网直接集成到 Pro/ENGINEER 的体系结构中,用户能够在一个无缝环境中操作,他们能平滑地从独立工作方式转变到与其他人合作方式,再转变到使用基于 Wind Chill 来进行项目协作、组件库管理以及产品数据管理。

PTC 系列软件不但包括在工业设计和机械设计等方面的多项功能,而且包括对大型装配体的管理、功能仿真、制造、产品数据管理等。Pro/ENGINEER 的特点及主要模块如下:

①全相关性。Pro/ENGINEER 的所有模块都是全相关的。这就意味着在产品开发过程中某一处进行的修改,能够扩展到整个设计中,同时自动更新所有的工程文档,包括装配体、设计图纸以及制造数据。全相关性鼓励在开发周期的任一点进行修改,却没有任何损失,并使并行工程成为可能,所以能够使开发后期的一些功能提前发挥作用。

②基于特征的参数化造型。Pro/ENGINEER 使用用户熟悉的特征作为产品几何模型的构造要素,这些特征是一些普通的机械对象。通过给这些特征设置参数(不但包括几何尺寸,还包括非几何属性),很容易进行多次设计迭代,实现产品开发。

③数据管理。为了实现在较短的时间内开发更多的产品,必须允许多个学科的工程师同时对同一产品进行开发。数据管理模块的开发研制,正是专门用于管理并行工程中同时进行的各项工作,由于使用了 Pro/ENGINEER 独特的全相关性功能,因而使之成为可能。

④装配管理。Pro/ENGINEER 的基本结构能够使用户利用一些直观的命令,例如"匹配""插入""对齐"等很容易地把零件装配起来,同时保持设计意图。高级装配功能支持大型复杂装配体的构造和管理,这些装配体中零件的数量不受限制。

⑤易于使用。提供了逻辑选项和默认选项功能,同时还提供了简短的菜单描述和完整的在线帮助,使得容易学习和使用。

(2)Pro/ENGINEER 主要模块

①Pro/DESIGNER。它是工业设计模块的一个概念设计工具,能够使产品开发人员快速、高效地进行设计。可以生成高精度的曲面几何模型,并能够直接传送到机械设计和原型制造中。

②Pro/DETAIL。它由于具有广泛的标注尺寸、公差和产生视图的能力,因而扩大了 Pro/ENGINEER 生成设计图纸的功能,这些图纸遵守 ANSI、ISO、DIN 和 JIS 标准。

③Pro/ASSEMBLY。它用来构造和管理大型复杂的模型,这些模型包含的零件数目不受限制。装配体可以按不同的详细程度来表示,从而使工程人员可以对某些特定部件或者子装配体进行研究,同时在整个产品中使设计意图保持不变。

④Pro/MFG。它扩展了完全关联的 Pro/ENGINEER 环境,使其包含了铣、车、线切割以及轮廓线加工等制造过程,生成加工零件所需的加工路线并显示其结果,通过精确描述加工工序提供 NC 代码。

⑤Pro/MOLDESIGN。它为模具设计师和塑料制品工程师提供使用方便的工具来创建模腔的几何外形,产生模具模芯和腔体,产生精加工的塑料零件和完整的模具装配体文件。

⑥Pro/CHECK。通过对 NC 操作进行仿真来帮助制造工程人员优化制造过程,减少废品和再加工。在加工和操作开始以前,帮助用户检查干涉情况,验证零件切削的各种关系。

⑦Pro/NCPOST。它允许制造工程师开发和维护任意型号的 CNC 设备和 NC 后处理器。

⑧Pro/PDM。它专门用于管理 Pro/ENGINEER 完全关联的环境和第三方 CAD 数据及文档信息。Pro/PDM 允许同时进行修改,识别潜在的冲突,协调集成引起的变化,支持真正的并行产品开发。

⑨Pro/DEVELOP。它是软件开发的工具。通过修改用户界面,自动匹配最终用户任务,集成 Pro/ENGINEER 和自制或第三方应用软件,使企业实现 Pro/ENGINEER 客户化。

⑩Pro/INTERFACE for STEP。它能够使设计人员把产品数据按 ISO10303 或者"STEP"标准输入到 Pro/ENGINEER 中以及从 Pro/ENGINEER 中输出。ISO10303 或者"STEP"是复杂的 CAD、CAM 和 CAE 系统之间的几何和非几何数据转换的国际标准。

(3)UG NX 软件简介

UG NX 是美国 Unigraphics Solutions(简称 UGS)公司的 PLM 产品的核心组成部分。UGS 公司是美国一家全球著名的 MCAD 供应商。UG 软件为汽车与交通、航空航天、日用消费品、通用机械以及电子工业等领域通过其虚拟产品开发(VPD)的理念提供多级化的、集成的、企业级包括软件产品与服务在内的完整解决方案。UG 软件从 19 版开始改为 NX10 版本，2005 年 10 月正式发布 NX4 版本。

NX4 提供了一套从概念到制造的统一的解决方案套件，应用程序无缝地集成在一起，在一个可管理的产品开发环境中传播产品和设计制造流程信息的更改。NX 的基于系统的建模工具使得工程师能管理复杂的产品关系，辅助配置控制，更改管理和完成系统平台工程。这使得公司或组织能将产品开发从组件和装配设计中分离出来，而放入从上到下的概念设计中，同时应用系统工程方法。

NX4 在很多方面作了较大幅度的改进。NX4 的可管理的开发环境由 Teamcenter 驱动，它是一个开放式 PLM 基础，确保为每个 NX 应用程序提供最本质的、核心的数据管理能力。这使得用户可以获取并管理所有在产品定义流程期间生成的信息和知识。可管理的开发环境提供一套规模可伸缩的解决方案，其范围从简单的文档管理到工程工作流程管理、可重复的数字化验证、多站点集成管理、需求管理和制造工艺规划。UG NX 的主要特点如下：

①灵活性的建模方式。采用复合建模技术，将实体建模、曲面建模、线框建模、显示几何建模及参数化建模融为一体。

②参数驱动，形象直观，修改方便。

③曲面设计以非均匀有理 B 样条曲线为基础，可用多种方法生成复杂曲面，功能强大。

④良好的二次开发环境，用户可用多种方式进行二次开发。

⑤知识驱动自动化(KDA)，便于获取和重新使用知识。

UG NX 功能非常之强大，涉及工业设计与制造的各个层面，是业界最好的工业设计软件包之一。UG NX 整个系统由大量的模块所构成，可以分为四大模块，即 Gateway 模块、CAD 模块、CAM 加工模块和 CAE 模块。

Gateway 模块是 UG NX 的基础模块，它仅提供一些最基本的操作，如新建文件、打开文件，输入/输出不同格式的文件、层的控制和视图定义等，是其他模块的基础。

CAD 模块拥有很强的 3D 建模能力，这早已被许多知名汽车厂家及航天工业界各高科技企业所肯定。CAD 模块又由许多独立功能的子模块构成，常用的模块有：Modeling(建模)模块、Drafting(制图)模块、Assemblies(装配)模块、MoldWizards(模具设计)和 ShapeStudio(工业设计)模块等。

CAE 模块包含 3 个常用子模块：Structures(结构分析)模块、Motion(运动分析)模块和 Mold Flow Adviser(注塑流动分析)模块。使用该模块可以帮助模具设计人员确定注塑模的设计是否合理，可以检查出不合适的注塑模几何体并予以修正。

CAM 加工模块根据建立起的 3D 模型生成数控代码，用于产品的加工，其后处理程序支持多种类型的数控机床。CAM 模块提供了众多的加工模块，如车削、固定轴铣削、可变轴铣削、切削仿真、线切割等。

CAM 加工模块包括 CAM 基础、后置处理、车加工、型芯和型腔铣削、固定轴铣削、清根切削、可变轴铣削、顺序铣切削、制造资源管理系统、切削仿真、线切割、图形刀轨编辑器、机床仿真、Nurbs(B 样条)轨迹生成器等子模块。其中，型芯和型腔铣削模块，提供了粗加工单个或多个型腔的功能，可沿任意形状走刀，产生复杂的刀具路径。当检测到异常的切削区域时，它可修改刀具路径，或者在规定的公差范围内加工型腔或型芯。固定轴铣削与可变轴铣削模块用于对表面轮廓进行精加工。在可变轴铣削中,可对刀轴与投射矢量进行灵活控制,从而满足复杂零件表面轮廓的加工要求,生成 3 轴至 5 轴数控机床的加工程序。此外,它们还可控制顺铣和逆铣切削方式,按用户指定的方向进行铣削加工,对于零件中的陡峭区域和前道工序没有切除的区域,系统能自动识别并清理这些区域。顺序铣切削模块可连续加工一系列相接表面,用于在切削过程中需要精确控制每段刀具路径的场合,以保证各相接表面光顺过渡。其循环功能可在一个操作中连续完成零件底面与侧面的加工,可用于叶片等复杂零件的加工。

加工基础模块包含以下加工类型:

①点位加工:可产生点钻、扩、镗、铰和攻螺纹等操作的刀具路径。

②平面铣:用于平面轮廓或平面区域的粗精加工,刀具平行于工件底面进行多层铣削。

③型腔铣:用于粗加工型轮廓或区域。它根据型腔的形状,将要切除的部位在深度方向上分成多个切削层进行层切削,每个切削层可指定不同的切削深度。切削时刀轴与切削层平面垂直。

④固定轴曲面轮廓铣削:它将空间的驱动几何投射到零件表面上,驱动刀具以固定轴形式加工曲面轮廓。主要用于曲面的半精加工与精加工。

⑤可变轴曲面轮廓铣:与固定轴铣相似,只是在加工过程中可变轴铣的刀轴可以摆动,可满足一些特殊部位的加工需要。

⑥顺序铣:用于连续加工一系列相接表面,并对面与面之间的交线进行清根加工。

⑦车削加工:车削加工模块提供了加工回转类零件所需的全部功能,包括粗车、精车、切槽、车螺纹和打中心孔。

⑧线切割加工:线切割加工模块支持线框模型程序编制,提供了多种走刀方式,可进行 2～4 轴线切割加工。

⑨后置处理模块包括图形后置处理器和 UG 通用后置处理器,可格式化刀具路径文件,生成指定机床可以识别的 NC 程序,支持 2～5 轴铣削加工、2～4 轴车削加工和 2～4 轴线切割加工。其中,UG 通用后置处理器可以直接提取内部刀具路径进行后置处理,并支持用户定义的后置处理命令。

1.5.1.2 数控系统及其工作过程

数控起源于 1950 年美国麻省理工学院(MIT)对飞机零件进行仿形加工。所谓数控(Nu-merical Control,简称 NC)就是用数字形式表示加工指令的一种自动控制方式。数控技术首先从机床自动化过程中产生的,它是综合机械加工技术、自动控制、检测技术、计算技术和微电子技术而形成的一门边缘科学,也是当今世界上机械制造业的高技术。在机械工业中提起数控,人们自然会想到数控(NC)机床加工,这是由于目前数控设备仍然较集中于金属切削加工方面,它已成功地用于车、钻、铣、镗、磨等机床,并从数控单台机床发展成为数控加工中心。

实现机械制造业的自动化,数控技术是重要的技术基础之一。例如在 CAD/CAM 中对零件进行程序的自动描述,对工件参数和刀具参数的处理,都是以数控技术为基础的;在工业机器人的技术中,90% 以上的内容离不开数控技术。由 NC 发展到工厂自动化(FactoryAutomation,简称 FA)是制造技术、自动化技术、信息技术和管理技术等相互渗透和发展的过程。在准备开发 FA 和面向计算机集成制造(CIM)时,都要衡量一下本身的数控技术基础。

1. 数控系统的组成

数控系统一般由三个基本部分组成,即指令程序、控制装置以及机床和其他被控件。

(1)指令程序

指令程序是一组详尽的使机床实施各顺序步骤的命令集合这些命令指示机床该向哪个方向运动,以什么样的参数运动以及插补类型等。程序以数字编码形式记录在某种可被控制单元翻译的输入介质上。目前国内常用的输入介质是 254 mm 宽的八单位的穿孔纸带。它的代码形式根据国际通用标准有两种,即 EIA 和 ISO 标准。我国规定采用 ISO 代码作为国内通用标准,但 EIA 代码也有应用。

(2)控制装置

控制装置是数控系统的中枢,它由输入装置、控制器、运算器和输出装置所组成。控制装置接受指令程序,并将指令程序加以变换和处理后控制机床的动作。输入装置接受纸带读入机送来的纸带代码,并将它转换成适当的信息送到各有关的寄存器寄存,作为控制和运算的依据;控制器用来协调和控制数控装置各部分的工作,使机床按规定的要求协调地动作;运算器接受控制器的命令及时对输入的几何信息进行插补运算,并向输出装置发出进给脉冲;输出装置的作用是,根据控制器的命令接受运算器的输出脉冲,经过功率放大驱动机床产生所要求的运动。

目前市场上所售的现代数控系统都是以一台微型计算机作为控制装置。这种形式的数控系统就是所谓的计算机数控(CNC)。数控系统中还有一个起控制作用的部件,即控制台。控制台可以看成是机床的一部分。操作人员可以通过控制台来控制机器的停开,更换刀具(有的 NC 系统具有刀具自动更换器),以及工件夹紧和拆卸等工作。

(3)机床和其他被控件

机床和其他被控件是数控系统中的被控制对象,即数控系统的执行部分。其作用是将控制装置发来的脉冲信号转变为机床部件的运动,使工作台或刀架精确定位或按预期的轨迹作严格的相对运动。机床是数控系统的主体,它由工作台、主轴、马达及控制器组成,此外还有刀具、夹具以及其他辅助设备等。

2. 数控系统的工作过程

利用 NC 机床进行零件加工时,最重要的一环就是编程人员根据零件图纸编制加工源程序,把这个源程序穿成数控纸带,利用光电输入机读入(或采用其他介质输入),从而产生数控加工的控制信息,控制机床的整个加工过程。在机械加工中应用数控,必须按以下步骤进行。

(1)制定工艺规程

制定工艺规程主要是确定工艺流程,同时还需列出完成这一加工所需的机床种类。

(2)零件编程

当确定出哪些加工工序是要由 NC 系统来完成时,就可以进行 NC 零件编程了。编程时,要计算出刀具运动轨迹的坐标值。零件编程有两种方法:手工零件编程和计算机辅助零件编程。手工零件编程中,机械加工指令以零件程序清单形式编制好,它是机械加工过程中切削刀具与工件之间必须遵循的相对位置的一系列指令的集合。在计算机辅助零件编程中,很多由手工完成的繁杂的计算工作转由计算机来完成。这种方法尤其适合于几何形状复杂、加工步骤多的零件编程。在零件编程阶段,用计算机作辅助手段可大大节省编程时间,其效率比手工编程提高数倍至数十倍。零件越复杂,其技术经济效果越显著。

(3)准备穿孔纸带

程序编好后,把它穿在纸带上。计算机先把零件程序进行编译,经过必要的计算,把这些程序指令转换成机床运动指令,然后由计算机控制一台穿孔设备穿出纸带。

(4)穿孔纸带校验

纸带穿好后需进行校验。有时纸带可通过校核程序来检查,利用校核程序把各种刀具的运动用绘图机绘制出来,经程序检验后,纸带上的大部分错误可以及时发现。严格的纸带检验是在机床上进行零件的试加工时进行,纸带在正式使用之前要作三次这样的试加工。一般试加工使用的工件材料是硬质泡沫塑料或塑料。

(5)生产

NC 工序的最后一步便是实际生产,在此之前首先准备原材料、制订和准备加工所需的卡具、夹具以及对工件调定 NC 机床等。一切准备就绪后,就可以把 NC 纸带装入读带机开始正式生产。操作人员的工作就是装上毛坯,定好刀具相对工件的位置。然后 NC 机床就可以完成所要求的动作。

1.5.1.3　数控系统运动控制方式

为了完成机械加工过程,工件和刀具总要作相对运动。在 NC 中有三种基本的运动控制形式,即点位控制,直线控制和轮廓控制。

1. 点位控制

图 1.58 为点位控制系统,控制系统只能控制刀具从一个位置精确地移动到另一个位置,而对如何完成这一动作(即以什么样的路径、多大的速度把刀具移到指定点)显得并不重要。因为在移动过程中不作任何加工,移动的轨迹和路线只影响生产率。一旦刀具到达指定位置,就在该处开始机械加工动作。点位控制系统是机床控制中最简单的一种。例如钻孔和点焊就可利用点位控制来实现。

2. 直线控制

直线控制系统可以控制切削刀具以某一速度沿某一主轴线方向移动。它不仅要控制两相关点的位置,还要控制一个坐标方向的刀具移动速度和轨迹。因此很适合于完成方形工件加工的铣削加工过程的控制,如图 1.59 所示。由于这种控制系统不能组合两个及两个以上的运动,因此,它不适合有角度的加工操作过程。

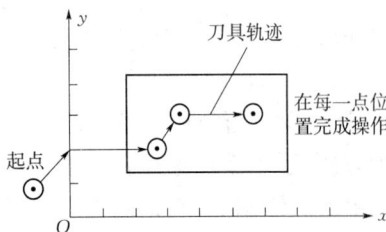

图 1.58　点位控制系统

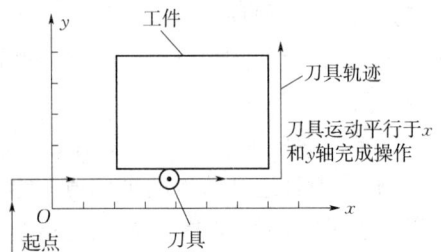

图 1.59　直线控制系统

3. 轮廓控制

轮廓控制是最复杂、最具适应性,因而也是最昂贵的一种机床控制形式。它能同时对两个及两个以上的坐标轴进行连续控制,加工时不仅要控制起点和终点,而且要控制整个加工过程的刀具轨迹和速度。由于切削刀具的路线是连续控制的。因此,轮廓控制也叫连续轨迹控制,如图1.60所示。轮廓控制能加工出任何方向的直线、平面、曲线,也能加工出圆曲线、圆锥曲线以及各种能用数学方式定义的图形。一般来说,铣削和车削中仿形控制应用较多。

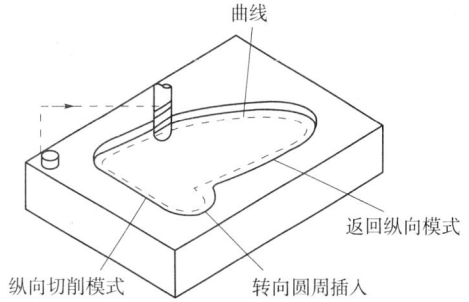

图1.60 轮廓(连续轨迹)控制系统

在轮廓控制系统上加工一个具有曲线轨迹的零件时,刀具的速度和进给方向必须随曲线的形状而作连续地变化。实际上,这种曲线是用许多非常短的直线段近似组合而成的。对机床来说,只要依次完成这些短线的加工,就可以得到接近于实际曲线形状的工件。这种加工曲线与实际曲线之间的最大误差可以通过控制每小段直线的长度来控制。

1.5.1.4 计算机在数控系统中的应用

数控技术的发展在很大程度上依赖于计算的发展。事实上,如果没有计算机辅助编程,对于许多零件来说就无法实现零件编程。此外,利用计算机交互图形与声音编程技术可以改进和完善NC零件编程技术。在传统数控中存在着以下问题:

(1)手工零件编程易出错,难以获得最佳加工工序。

(2)控制系统不能在机械加工过程中改变刀具速度和进给量,生产率没有充分发挥出来。

(3)穿孔纸带易磨损、撕裂,纸带读入机易出现故障,缺乏可靠性。

(4)控制器的控制特性不易改变,缺乏灵活性。

(5)不能及时向管理方面提供有关操作性能的信息。

基于上述问题,人们试图不断改进数控技术,在数控控制器中采用电子计算机,使数控技术得到进一步发展。

1968年左右,直接数控(DNC)首先被采用作为计算机控制系统。DNC采用的是用一台大型计算机来控制一组分散的NC机床。在我国常称之为计算机群控。1970年左右,市场上首次推出计算机数控(CNC)系统。CNC是用一台小型或微型计算机来控制一台机床。自适应控制(AC)系统采用模拟计算机控制,在加工过程中,首先测量一个或多个过程变量(如切削力、温度和功率等),然后控制进给速度或(和)主轴转速,以补偿加工变量的变化。

1. 计算机数控(CNC)

计算机数控(Computerized Numerical Control,简称CNC)是一个由具有存储能力的计算机执行部分或全部基本数字控制功能的NC系统。CNC机床外形与传统的NC机床非常相似,零件程序在开始输入时与NC机床一样,使用穿孔纸带读入机。它们的不同点在于:传统的NC在批量加工中,每加工一个零件,穿孔纸带都要重复地通过纸带读入机。而使用CNC时,零件程序一次性输入,然后存储在计算机内存中,控制零件的加工。与NC相比,

CNC更具灵活性和计算能力。图1.61所示为CNC系统的一般配置图。

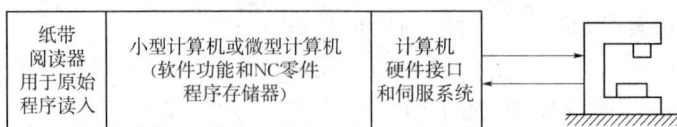

图1.61　CNC系统的一般配置

与NC相比,CNC具有以下优点:

(1)可靠性高:读带机仅需一次将零件编程纸带输入到计算机内存之中,提高了系统的可靠性。因为读带机是被公认为最易出故障的部件。

(2)可在机床上编辑纸带:这样,NC纸带在机床上试用时就可随时进行修正,并对刀具轨迹、速度和进给量进行优化。

(3)CNC可把由英制单位的纸带自动转换到国际单位。

(4)有较大的柔性:这是优于NC的突出特点。这种柔性使得人们方便地更新控制内容和方法(如新的插值表),而成本较低,延长了CNC系统的使用。

(5)向用户提供编好的子程序:这是一些专用子程序,用户可以调用这些子程序来完成零件的某些加工过程,而不需用户自己编制上述程序。这些程序一般都采用宏子程序形式存放在CNC存储器中。

(6)CNC更适合于工厂计算机化制造系统,在此基础上,发展到直接数控(DNC)。

CNC的主要功能包括:控制机床;加工中补偿;改进编程与操作性能;诊断。其中某些功能通常是NC不能或者很难完成的。

(1)控制机床。这是CNC系统最基本的功能之一。也就是说通过计算机接口与伺服系统将零件程序指令转换为机床的运动。CNC也可以方便地将各种控制特性加入到"软连接"的控制器中。当然有些控制功能,如圆形插值,如果用具有固定接线的"硬连接"电路来完成,可能比用计算机软件来完成效率更高,基于这一点,已研制成两种类型的CNC:即混合CNC和直接CN。

在混合CNC中,控制器是由软连接计算机和硬连接逻辑电路组成。硬连接部分主要完成进给量和圆形插值等操作。而其他功能则由计算机来完成。这是因为硬连接电路可以更高的效率完成某些功能,硬连接电路通用性强,价格较低。此外,使用硬连接电路,可以把计算机从完成这些功能的繁杂计算中解放出来,这样可以降低对计算机性能的要求。

直接CNC系统是由一台计算机来完成所有NC功能。唯一的硬连接元件就是计算机与机床,以及机床与控制台的接口板。插值刀具方位的反馈及其他功能均由计算机软件来完成。因此,直接CNC使用的计算机要比混合CNC的功能要强。

(2)过程补偿。这是与机床控制紧密相关的功能。它包括能使加工过程中机床运动的变化与误差得到动态修正与补偿。补偿的主要内容有:对过程中的检验仪表或传感器感受到的错误进行调整;当使用检验传感器来检验工件的参考位置时,可以对轴的位置进行重新计算;根据刀具半径和长度调整偏差;对转速和进给量进行自适应控制;对给定刀具进行寿命估计。

（3）改进编程及操作性能。软连接控制器的柔性使编程和操作更加方便。例如：在机床上编辑零件加工程序，使程序得到修正和优化；图形显示刀具轨迹以验证纸带；圆、抛物线及立方插值；支持英制与公制转换；为用户提供各种功能子程序；手工数据输入以及多种程序存储等。

（4）诊断。NC 机床是一个复杂而昂贵的系统。由于其复杂性，增加了其零部件失效的危险性，而零部件一旦失效就要使系统停机。由于 NC 价值昂贵，必须尽量减少 NC 非工作时间。为此，要求 CNC 系统具有诊断功能，以便协助维护人员进行维护和修理。诊断子系统应具有的功能：第一，应能很快找到停机事故的原因，使维修人员很快加以修复；第二，对将要失效的零件给出警告信号，以便维修人员尽快更换失效零件；第三，要求系统有一定数量的备件，当某一零件损坏后，诊断子系统自动断开有故障的部件，并自动将备用件更换上去。这样，修复工作可在不停机的情况下完成。

2. 直接数控

直接数控（Direct Numerical Control，简称 DNC）是由一台计算机直接连接并实时控制一个制造系统中的许多机床，如图 1.62 所示。一个 DNC 系统一般包括四个基本部分：中央计算机；大容量存储器；远程通信线路（在计算机系统与远程设备之间进行数据传送的线路）；机床。

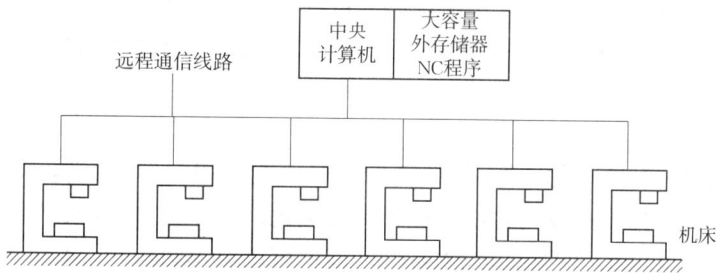

图 1.62 DNC 系统的构成

在 DNC 中没有纸带输入器，当需要时，计算机从存储器中调出零件程序，并把它送到所需的机床中去。同时计算机还接受由机床反馈的数据。这种双路信息流是实时的，即每个机床需要的指令必须立即满足。同样，计算机随时准备接收来自机床的反馈信息，并作出相应的响应。DNC 的显著特点是计算机可以为多台分散着的机床提供实时服务。一个大型计算机可以控制 100 台分散的机床。

DNC 系统与 CNC 系统相比较，显著特点是无纸带运转，CNC 中可以不使用数控纸带，而将编程工作、信息纸带的处理和文字打印等功能都转移到 DNC 的主计算机中去。DNC 系统还可以把车间内各个 NC 机床之间，通过调度和运转控制而联系在一起，它可以掌握整个系统的加工和完成情况，便于实现加工物件的传送，便于采用工业机器人进行上下料，便于各种自动检测设备的连接，以适应于大规模的数控加工。DNC 系统具有 NC 和 CNC 均不能完成的特有功能：

（1）不用 NC 纸带，所有编程工作、信息纸带处理和文字打印等功能均由主计算机来完成。

（2）可存储 NC 零件程序。DNC 存储器通常由一个主存储器和一个辅助存储器所组成。主存储器存放经常使用的 NC 程序。最为典型的存储介质是磁盘。辅助存储器存放那些不常用的 NC 程序。辅助存储器的存储介质可以是磁带或磁盘等。

(3)进行数据采集、处理与报告。其目的是为了监视工厂里的生产,数据采集的范围从产品数量、刀具使用情况、机床利用情况到其他影响车间生产的诸多因素。这些数据必须经过计算机处理,然后向管理人员报告这些工厂正常运行所需要的信息。最近几年来,DNC 数据采集范围已从原来机床扩展到目前的整个工厂里的各个加工中心。

(4)通信。各子系统之间的通信对 DNC 系统的运行来说十分重要,在 DNC 系统中最基本的通信联系是在以下几个系统之间进行:中央计算机—机床;中央计算机—NC 零件编程终端;中央计算机—大容量存储器。

此外,还需在 DNC 系统与以下附属系统之间建立通信联系:

DNC 系统—计算机辅助设计(CAD);DNC 系统—车间现场控制系统;DNC 系统—全部数据处理计算机;DNC 系统—远程维护诊断系统。

3. 自适应控制加工系统(AC)

自适应控制(Adaptive Control,简称 AC)加工最初是基于代表当时技术水平的模拟控制装置。如今,AC 使用以微型计算机为基础的控制,通常与目前的 CNC 系统集成在一起。对于一个机械加工来说,自适应控制就是对某些输出的过程变量进行测量,并根据测量结果来控制主轴转速或进给量。在 AC 中所控制的过程变量主要是主轴挠度或作用力、转矩、切削温度、振幅以及功率消耗等。AC 加工系统能以更高的效率操作机床。AC 的两种类型如下。

(1)自适应控制优化

这种类型的 AC 有明确的性能指标,例如生产率或是切削单位金属体积的费用等。自适应控制的目标是使操作速度与进给性能指标最优化。大多数自适应控制优化系统都希望使材料切削率与刀具磨损率的比值最大,用 IP 表示该比值,则有:

$$IP = f(MRR/TWR)$$

式中　MRR——材料切削率;
　　　TWR——刀具磨损率。

由于目前的测量技术还不能测出刀具的磨损率的直线值,因此在加工过程中 IP 实际上不能进行监控。

(2)自适应控制约束(ACC)

实际生产中的自适应控制约束是对某些测量的加工变量给予约束限制,其目标是使系统中操作所测得的进给量或速度值等于或低于约束限制值。自适应控制约束系统包括:装在主轴上测量刀具偏移(切削力)的传感器;测量主轴电机电流的传感器,用于显示功率消耗;用于系统操作的控制单元与显示通道;连接自适应控制系统与现有 NC 或 CNC 控制单元之间的接口硬件等。

自适应控制约束系统的典型应用是以 NC 车床进行靠模加工或仿形铣床加工,通常是在 NC 机床上连接一个 AC 控制器,以进给量作为控制变量,以刀具切削力和功率作为测量变量。图 1.63 表示以刀具作为测量加工过程变量的典型自适应控制加工系统的操作简图。当工件硬度或切削深度增加使切削力也增加时,则应通过降低进给量予以补偿,反之,增加

动车组转向架机械加工

进给量以增加金属切削率。该图还显示了空隙越过特性,即监视刀具的切削力以及决定刀具是从空隙中越过,还是切削金属,通常这是由刀具切削力的下限值感受到的。

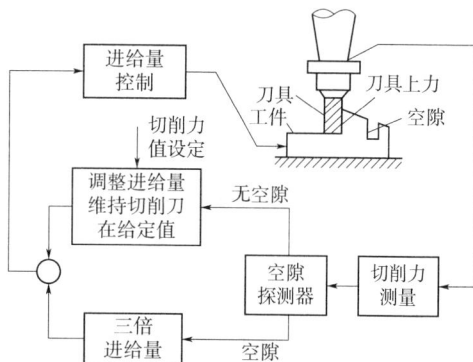

图 1.63　自适应控制系统的操作简图

当实际刀具切削力低于下限值时,控制器就可以认为刀具目前正在通过空隙,一旦感受到空隙,那么刀具就以二倍或三倍于先前的进给量尽快通过,当刀具接触到金属时进给量又回到切削力控制状态时的值。目前几乎所有的 AC 系统都是第二种类型的自适应控制约束。

AC 加工目前已成功地应用于铣、钻、攻丝、磨及镗等加工,同时,也在车削加工方面得到了应用。AC 加工的优点如下。

①提高生产率:提高生产率是研制和采用自适应控制的目的。由于可以根据工件形状、材料、刀具磨损情况进行在线调节(指不停机调节),因而使得机器在某一工作条件下能获得最大金属切削率。

②延长刀具寿命:这是由于进给量的调节,可以防止刀具的过载,这样就减少了崩刀的可能性。

③保证零件的尺寸公差:切削力的限度不是根据刀具和主轴挠度的最大允许值来确定,而是根据工件的尺寸公差来确定,这样,零件就可避免因超过尺寸公差而报废。

④减轻了操作人员的负担,易于零件编程:对于一般 NC,程序员必须确定出刀具可能遇到的最坏的工作状态的参数,因此,需将程序反复调好几次才行。AC 的零件编程中,刀具进给量等参数的选择留给控制单元来完成,因此对某一工件所需的编程时间可以减少,所需的程序调试次数也将减少。

1.5.2　成组技术

1.5.2.1　成组技术基本原理

成组技术(Group Technology,简称 GT)本身是一门制造科学。它利用零件在设计和制造上存在着的相似性,把具有相似性的零件分成一组,即零件组。国内外对成组技术比较一致的定义是:将企业生产的多种产品、部件和零件,按照特定的相似性准则(分类系统)分类归组,并在分类的基础上完成产品生产的各个环节,从而实现产品设计、制造工艺和生产管理工作的合理化。成组技术可应用于机械制造业的各个环节中。例如产品设计,零件编程等。

所谓零件的相似性可从两方面看:即零件在产品中所起作用的相似性与其相对应的结构特征的相似性。后者可以直接由零件图来确定。结构特征相似性又可划分为结构、材料和工艺三个类别,其中每一类别又可进一步细分为若干个更具体的内容。上述各种相似之间既有区别又有联系。根据其依存关系又可把它们分为一次相似性(设计特征相似,如几何形状、尺寸大小等)和二次相似性(制造特征相似,如零件加工过程的先后次序等)。其相互关系如图 1.64 所示。

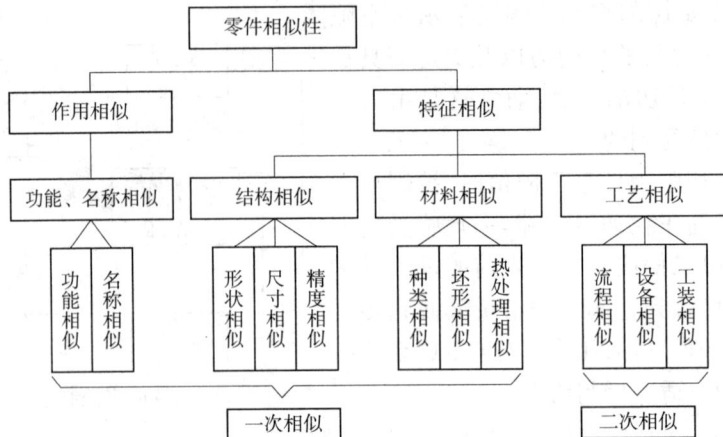

图 1.64 零件的相似性

不同机械产品中多种零件之间存在着大量的相似性,这是制定零件分类系统以及在零件的设计、制造和管理过程中实施成组技术的客观基础。根据对德国 26 个不同类型工厂中45 000种零件的统计分析,任何机械产品均可分为 A、B、C 三类零件,各类零件的特点见表 1.12。

表 1.12 各类零件的特点

类别	名称	复杂性	再用性	单件价格	品种出现率	备注
A	特殊件	高	低	大	5%～10%	关键零件
B	相似件	较高	较高	较大	70%左右	易于应用成组技术
C	标准件	低	高	小	20%～25%	专业化生产

1.5.2.2 零件的分类和编码

所谓零件分类编码系统是指按相似性将零件进行分类,并据此对零件进行编码的一套系统。对零件进行分类,首先要分析每一个零件的设计特征和制造特征,这些特征可借助于零件代码系统来识别。目前在世界各地已经发展了许多种零件分类编码系统,有些已经进入了商业使用阶段。零件分类编码系统可以分为以下三种类型:

(1)以零件设计特征为基础的系统,用于设计检索及促进设计标准化;

(2)以零件制造特征为基础的系统,用于计算机辅助工艺规程编制、刀具设计以及其他与产品有关的内容;

(3)以零件设计特征和制造特征为基础的系统,是以上两种类型的综合。

零件的设计特征有:基本外部形状;基本内部形状;长度直径比;材料类型;零件功能;主要尺寸;次要尺寸;公差;表面粗糙度。零件的制造特征有:主要加工过程;次要加工过程;主要尺寸;长度直径比;表面粗糙度;机床;操作次序;生产时间;批量大小;年产量;所需夹具;切削刀具。下面我们分别介绍三种零件分类和编码系统。

1. Opitz 分类系统

这种零件分类编码系统是由德国 Aachen 大学 H. Opitz 提出的。在成组技术领域中它代表着一种开创性的工作,是最著名的分类编码系统。Opitz 编码系统使用下列数字系列:

123456789ABCD

基本代码由 9 位数字组成, 也可以再增加 4 位代码扩展到 13 位。每个位数上可以是 0～9 中的任何一个数。前 9 位数用来传送设计和制造信息, 如图 1.65 所示。图中前 5 位数 (12345) 称为形状代码, 第一位表示零件是旋转体或非旋转体, 同时表明了零件的总体形状和比例关系, 前 5 位代码的具体内容如图 1.66 所示, 用于描述零件的基本设计特征。后 4 位数 (6789) 构成增补代码, 代表一些对制造有用的特征, 如尺寸、材料、毛坯形状和精度等。增加的 4 位代码 (ABCD) 称为辅助代码, 用于识别生产操作的类型和顺序, 可由用户根据自己的特殊需要来设计安排。

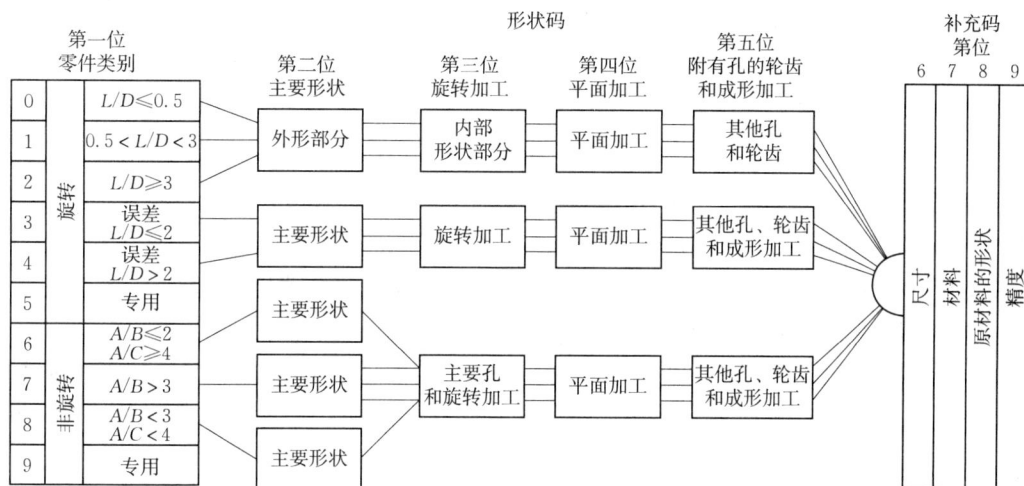

图 1.65　Opitz 系统的基本结构

图 1.66　Opitz 系统中一位至二位的形状代码

例如,已知零件如图 1.67 所示,要求运用 Opitz 系统做出零件的前 5 位代码(形状代码)。零件的总长度和直径之比 $L/D=15$,故第一位代码为 1;零件形状是向两端收缩的,并在一端带有螺纹,故第二代码为 5;由于零件带有通孔使第三位代码为 1;零件不需要进行平面加工,也没有附加孔或轮齿,所以第四、五位代码都为 0。完整的 Opitz 系统形状代码是 15100。为了加上增补代码,我们还需要适当选择从 6 位到 9 位的数来表示零件的尺寸、材料、毛坯形状及精度等。

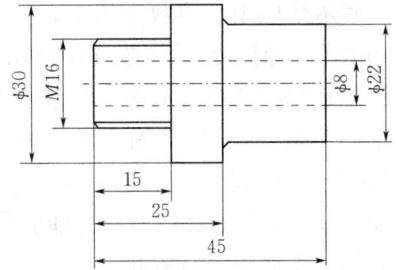

图 1.67　用 Opitz 系统做出形状代码的工件实例(单位:mm)

2. MICLASS 系统

MICLASS(即 Metal Institute Classification system 的简称)是由 TNO(即荷兰应用科学研究协会)组织发展起来的。它首先出现在欧洲,1974 年以后传入美国。开发 MICLASS系统的目的是使大量的设计、生产、管理活动自动化和标准化。其中包括:工程绘图的自动化;按类别进行图纸检索;工艺流程的标准化;工艺规程编制的自动化;挑选需要在特别机床组加工的零件;以及机床投资分析等。

MICLASS 系统的类别代码可以从 12 位数到 30 位数。前 12 位数是对任何零件都适用的通用代码。后 12 位到 18 位代码可以供一些企业专门使用。例如,较大的尺寸、计件的时间和成本、操作结果等都可以包括在这 18 位附加代码中。前 12 位 MI-CLASS 代码表示的零件特征如下:

　　1 位——主要形状;

　　2 位和 3 位——形状要素;

　　4 位——形状要素的设置;

　　5 位和 6 位——主要尺寸;

　　7 位——尺寸比;

　　8 位——附加尺寸;

　　9 位和 10 位——公差代码;

　　11 位和 12 位——材料代码。

MICLASS 系统独有的特点之一就是能够以交互方式应用计算机对零件进行编码。给零件分类编码时,首先由计算机提出一系列问题,然后由用户回答。问答的多少取决于零件的复杂程度。通常一个简单的零件需要 7 个问答即可。对于普通零件一般需要 10 到 20 个问答。根据用户的回答,计算机给零件一个代码。

3. CODE 系统

CODE 系统是由密执安州的 Ann Arbor 加工数据系统公司(MDSI)开发并销售的一种零件分类编码系统。该系统一般常用于工程设计中检索零件设计数据,但有时也用于加工工艺规程编制、工具设计、库存控制及外购等。

CODE 系统的代码由 8 位组成,每一位数字有 16 种可能的值(0~9 及 A~F)这些值用于描述设计和制造的特征。其中第 1 位数表示零件的基本几何尺寸,称为 CODE 系统的代码主段,它用于区别零件是圆柱体,还是方块体或平板件,或是其他形状。其余 7 位数所表示的意义取决于第 1 位数的值,这 7 位数组成了一个链式结构,因此,CODE 系统具有混合结构的特点。

第 2 位和第 3 位数提供了有关零件基本几何尺寸和主要加工工艺的信息。第 4、5、6 位数代表较次要的制造信息,如螺纹、凹槽及狭槽等。第 7 位和第 8 位数代表零件的总体尺寸(如旋转零件的直径和长度)。

1.5.3 计算机辅助工艺规程设计

传统的工艺规程的编制是由人工完成的。一个工艺规程方案是否合理,在很大程度上取决于编制者的经验和判断。然而,由于工艺人员的水平和经验不同,因而,同一个零件的工艺规程往往会是不同的,到底哪个方案最优也就很难定论。目前,制造业所使用的工艺规程中,有很大一部分不是最优的。为此,近几年来,人们开始总结和研究工艺规程编制中的经验和规律,并把它编制成计算机程序,使之可以根据零件的不同特征,自动给出零件的工艺规程。计算机辅助工艺规程设计(CAPP)系统为使制造工程师们从大量日常事务性工作中解脱出来,提供合理的、协调的、最优的零件加工工艺规程。

目前 CAPP 已经发展了两种形式:即检索式 CAPP 系统(亦称作变型系统)和再生式 CAPP 系统。

1.5.3.1 检索式 CAPP 系统

检索式 CAPP 是一种建立在零件分类码系统和 GT 技术基础上的计算机辅助工艺规程设计方法。在这种方法中,零件首先被编成零件组,根据制造特性的不同来区分它们。每一零件组建立一个标准化加工工艺规程,然后储存到计算机中。当需要加工该零件组的新零件时,再从计算机中调出。为了组成计算机文件系统,当加工新零件时,能够迅速完成检索过程得到理想的加工工艺规程,这里需要配置一些相应的零件分类和编码系统。有时计算机储存的标准加工工艺规程并不完全适合待加工的零件,还需要对标准工艺方案进行修改。

对于一批新零件,所选定的机床加工路线可能是相同的,但每一机床上所需要的具体操作内容并不相同,完整的工艺规程系统必须包括具体的操作规程和零件加工所经过的机床路线。由于工艺规程功能存在这种变型,故 CAPP 系统有时又被称作"变型系统"。

图 1.68 所示检索式 CAPP 系统的信息流程图。其工作过程是:用户在计算机终端输入零件代码后,CAPP 程序就开始查询零件组原始文件,如果文件中存在完全相同的代码,标准机床路线和操作规程就会从各自的存储文件中显示给用户。用户可以对得到的标准工艺规程进行检查,并允许做必要的修改,使之完全适合于新零件的加工。最后用户可以把结果从打印机上按适当的

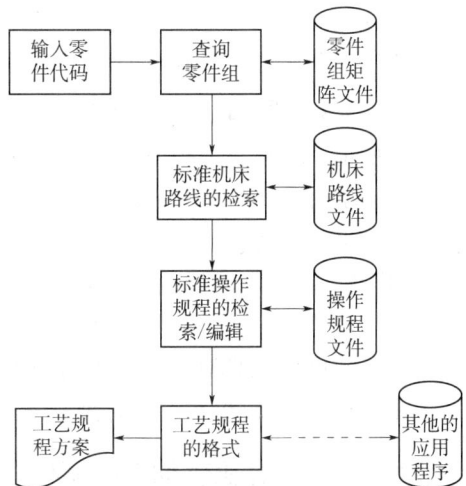

图 1.68 检索式 CAPP 系统的信息流程图

格式打印出来。

如果在计算机存储文件中找不到相应的代码,则用户可以用一个相似的零件代替,以得到所需的加工工艺规程。一旦我们把对应于某种新设计的零件代码的工艺规程方案输,入计算机它即成为这种零件类别的一个新的标准工艺规程。图 1.68 中,机床路线文件与操作规程文件分开,是为了强调说明这种机床路线方案可以用于许多不同零件组和零件代码系统。在机床路线文件中将比在操作规程文件中更容易找到所需的目标。也有某些 CAPP 检索系统只设一种文件系统,它同时具有以上两种功能。

工艺规程方案的设计还可以利用其他的应用程序,其中包括计算加工状态、工作规范和合乎规定的成本的程序。有了成本标准,再去计算产品总成本,确定产品价格就更方便了。

目前,已经发展了多种检索式 CAPP 系统,比如 MIPLAN,它属于 MICLASS 中的一种,还有计算机辅助制造国际公司研制的 CAPP 系统,由 MDSI 研制的 COMCAPPV 等等。下面我们将以 MIPLAN 为例来说明该系统。

MIPLAN 是一套通用 CAPP 系统,是由马萨丘塞斯沃索姆(Massachusetts,Waltham)的工业技术研究机构研制的。它基本上属于检索式 CAPP 系统,只不过另外增加几项功能。MIPLAN 系统内部由几个对话式的模块组成。

系统操作时,有以下四种方式可供选择,用户只需选择其中一种,即可得到新零件的加工工艺规程。

第一种方式:用户输入零件代码,由计算机在存储文件中检索出标准工艺规程,供用户进行编辑。用户可选择使用 MICLASS 对话式零件分类和编码系统。

第二种方式:通过输入零件号(而不是输入零件代码),由计算机在存储文件中检索出标准工艺规程。同样,如果有必要,用户仍可对所得到的标准工艺规程进行编辑修改。

第三种方式:仅仅使用存储在计算机中的原始材料,也可以得到所需要的工艺规程方案。这种方法以代码处理系统为基础,用户通过对与机床和工艺规程有关的原始文件进行挑选,把有用的部分组合起来,并进行必要的修改,以满足新零件的特殊需要。

第四种方式:当用户不能通过计算机一次得到全部完整的新操作工艺规程时,亦可只得到工艺规程的一部分,待继续完成,直到最后得到完整的工艺规程方案。

用以上四种方式得到新零件的加工工艺规程后,可由计算机将结果打印出来。

1.5.3.2 再生式 CAPP 系统

所谓再生式工艺规程设计,就是系统输入工件的综合性描述后不再需要人的任何帮助,而由计算机自动产生工艺规程方案。它通过计算机运用一系列算法规则,通过各种各样的技术和逻辑判断,最后产生加工工艺规程方案。再生式 CAPP 系统是在分析零件的几何形状、材料及其他影响零件加工过程的因素的基础上,通过综合处理,用合成法设计零件的最优加工工艺。

理想的再生式 CAPP 系统可适用于任何零件加工,但在实际应用中,目前其适用范围还远不是那样广泛,仅仅在一些有限的制造加工范围内得到了某种程度的发展。

1.5.4 计算机辅助 NC 编程

在数控机床上加工零件时,一般首先需要编写零件加工程序,然后将零件加工程序输入数控装置,经过计算机的处理与计算,发出各种控制指令,控制数控机床的运动与辅助动作,自动完成零件的加工。当改变加工对象时,只需重新编写零件加工程序,而机床本身则不需要进行调整就能把零件加工出来。

这种根据被加工零件的图纸及其技术要求、工艺要求等切削加工的必要信息,按数控系统所规定的指令和格式编制的数控加工指令系列,就是数控加工程序。要在数控机床上进行加工,数控加工程序是必需的。制备数控加工程序的过程称为数控加工程序编制,简称数控编程(NC Programming)。它是数控加工中的一项极为重要的工作。

1.5.4.1 NC 编程内容和步骤

NC 编程不仅应保证加工出符合图纸要求的合格工件,而且应使数控机床的功能得到合理的应用与充分的发挥,以使数控机床能安全可靠、高效地工作。NC 加工程序的编制过程是一个比较复杂的工艺决策过程。因此,在 NC 编程之前,程序员应充分了解所用的数控机床的规格、性能、数控机床所具备的功能及编程指令格式等。如图 1.69 所示,NC 编程的内容和步骤如下。

(1)零件的工艺性分析。如第一章所述,检查零件图纸的正确性和完整性,分析零件图中的技术要求,审查零件选用的材料,分析零件结构的工艺性等。

(2)确定机械加工工艺过程。根据零件的形状、几何尺寸及技术要求,对零件的加工工艺进行分析,确定零件的机械加工工步顺序及切削用量等工艺参数。

(3)刀位轨迹数值计算。根据零件的形状、尺寸及其机械加工工艺过程的要求,在适当坐标系上计算零件轮廓和刀具运动轨迹的坐标值,如几何元素的起点、终点、圆弧的圆心、几何元素的交点或切点等坐标尺寸,有时还需要根据这些数据计算刀具中心轨迹的坐标尺寸,并按数控系统最小设定单位将上述坐标尺寸转换成相应的数字量,以这些坐标值作为 NC 编程的尺寸。

(4)编写 NC 加工程序清单。根据加工顺序、刀具运动轨迹、切削用量、刀具号码、刀具补偿要求及辅助动作,按照机床数控系统使用的指令代码及程序格式要求,编写零件加工程序清单,并需要进行初步的人工检查,必要时进行反复修改。

(5)NC 程序输入。可通过键盘、穿孔纸带、磁带或其他介质流程图将 NC 程序的输入到机床数控系统中去。近年来,许多数控机床都采用各种计算机通用的输入方式实现加工程序的输入。因此,只需要在普通计算机上编辑好加工程序,就可以直接传送到数控机床的数控系统中。

(6)NC 程序校验和试切削。通常所要加工的工件材料都比较昂贵,因此,编制的 NC 程序必须事先经过进一步的校验和试切削才能用于正式加工。一般的方法是将 NC 加工程序输入到数控装置进行机床的空运转检查。对于平面轮廓工件,可以用笔代替刀具,用坐标纸代替工件,在数控机床上进行空运行绘图。对于空间曲面零件,可以用木料、蜡或塑料等廉价材料的试件进行试切,以检查机床刀具运动轨迹与动作的正确性。

在具有图形显示的数控机床上,用图形的静态显示或动态显示则更为方便。静态显示

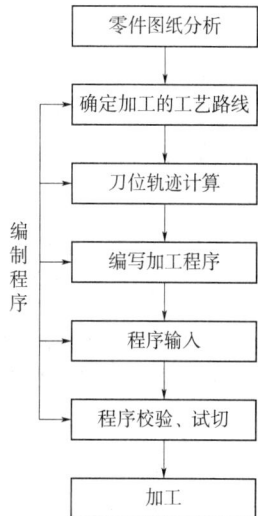

图 1.69　数控编程

就是在机床坐标轴锁住的状态下形成的运动轨迹,而动态显示则是模拟刀具和工件的加工过程。当发现错误时,应分析错误的性质及其产生的原因,或修改程序,或调整刀具补偿尺寸,直到符合图纸规定的精度要求为止。

NC 编程可以分为手工编程和自动编程两类。手工编程是指编制零件 NC 加工程序的各个步骤,即从零件图纸分析、机械加工工艺的确定、计算刀位轨迹坐标数据、编写零件的 NC 加工程序,直至程序的检验,均由人工来完成。而自动编程则是借助于计算机协助人们完成 NC 加工程序的编制。

1.5.4.2 手工 NC 编程

手工 NC 编程基本上由人工完成 NC 程序编制的各个阶段的任务,按照数控机床的指令格式和程序结构,根据加工要求逐行写出每一个程序段,组成零件的数控程序。然后打印出程序清单或用键盘输入到数控装置中去。在进行手工 NC 编程之前,必须明确以下基本概念。

1. 数控编程几何基础

(1)机床坐标系

机床坐标系是机床上固有的坐标系,它用于确定被加工零件在机床中的坐标、机床运动部件的特殊位置(如换刀点、参考点)以及运动范围(如行程范围、保护区)等。机床坐标系采用 ISO 统一标准的右手直角坐标系,如图 1.70 所示。用 X、Y、Z 分别表示三个坐标轴的正方向,用 A、B、C 分别表示绕 X、Y、Z 轴的旋转,其转动的正方向用右手螺旋定则确定。当机床运动多于 X、Y、Z 三个坐标时,则用 U、V、W 表示平行于 X、Y、Z 轴的第二组直线运动坐标轴,如果还有第三组直线运动,则分别用 P、Q、R 来表示。如果机床还有第二组回转运动,可用 D、E 命名。标准规定:数控机床的主轴与机床坐标系的 Z 轴重合或平行。各种数控机床的坐标系可参见有关的标准规定。

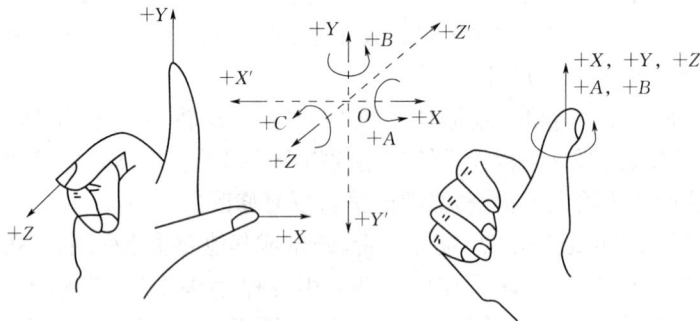

图 1.70 右手直角坐标系

在编程时,为了方便和统一,无论在加工中是刀具运动,还是被加工工件移动,一般都假定被加工工件相对静止不动,而刀具在运动,并同时规定刀具远离工件的方向作为坐标轴的正方向。

(2)机床零点与参考点

机床坐标系的原点称为机床零点。机床零点是机床上的一个固定点,由机床制造厂确定。它是工件坐标系、编程坐标系以及机床参考点的基准点。机床零点通常设在主轴前端面的中心,Z 轴与主轴平行,为纵向进刀方向;X 轴与主轴垂直,为横向进刀方向。

数控机床的参考点是用于机床工作台或滑板与刀具相对运动的增量测量系统进行定标和控制的点。参考点的位置是由每个运动轴上的挡铁和限位开关精确地预先确定好的。因此,参考点对机床零点的坐标是一个固定的已知数。在数控机床加工过程中,首先接通机床总开关和控制系统开关,然后机床从任一位置返回参考点,挡铁打开参考点开关,测量系统置零,即测量系统标定。之后,刀具开始移动进行工件加工。绝大多数数控机床都采用增量式测量系统,需要返回参考点。而对于装有绝对测量系统的数控机床,由于具有坐标轴的精确坐标值,并能随时读出,故不需要参考点。

(3)工件坐标系和工件零点

NC 编程时,编程尺寸都按工件坐标系的尺寸确定。工件坐标系是为确定工件几何图形上各几何要素(点、直线、圆弧等)的位置而建立的坐标系,工件坐标系的原点即工件零点。选择工件零点的原则是能将工件图上的尺寸方便地转化为编程的坐标值和提高加工精度,故一般选在工件图中的设计基准上,选择能使工件方便地装卡、测量和检验的位置,选择在尺寸精度和粗糙度要求比较高的工件表面上。车削工件零点一般放在工件的右端面或左端面,而且与主轴中心线重合的地方。铣削工件零点一般设在工件外轮廓的基角点上。进刀深度方向的工件零点大多数取在工件表面。

(4)编程零点

编程零点是编程坐标系的零点,即程序零点。对于简单零件来说,工件零点就是编程零点,即编程坐标系就是工件坐标系。因此,编程尺寸按工件坐标系中的尺寸确定。而对于形状特别复杂的零件,需要几个程序或子程序。为了编程方便和减少许多坐标值的计算,编程零点就不一定设在工件零点上,而设在便于程序编制的位置。

(5)绝对尺寸与增量尺寸

零件图上尺寸的标注分为绝对尺寸和增量尺寸。绝对尺寸标注的零件尺寸,是从工件坐标系的原点进行标注的(即坐标值);增量尺寸标注的某点零件尺寸,是相对它前一点的位置增量进行标注的,即零件上后一点的位置是以前一点为零点进行标注的。当对零件的轮廓就攻进行编程时,要将图纸上的尺寸换算成点的坐标值。如果选用的工件零点、编程零点位置不同,采用的尺寸标注方式不同(绝对尺寸或增量尺寸),其点的坐标值也不同。

2. 数控标准

数控加工程序中所用的各种代码,如坐标尺寸值、坐标系命名、数控准备机能指令、辅助动作指令、主运动和进给速度指令、刀具指令以及程序和程序段格式等方面都已制订了一系列的国际标准,我国也参照相关国际标准制定了相应的国家标准,这样极大地方便了数控系统的研制、数控机床的设计、使用和推广。但是在编程的许多细节上,各国厂家生产的数控机床并不完全相同。因此,编程时还应按照具体机床的编程手册中的有关规定来进行。

在数控机床的零件加工程序中,以前广泛采用数控穿孔纸带作为加工程序信息输入介质,常用的标准纸带有五单位和八单位两种,数控机床多用八单位纸带。虽然现在不用纸带作为输入介质了,但纸带上表示信息的八单位二进制代码标准仍然使用。

数控代码标准有美国电子工业协会(EIA)制定的 EIA RS—244 和国际标准化协会

(ISO)制定的 ISO—RS840 两种标准。目前,国际上大都采用 ISO 代码。由于计算机技术的飞速发展及其在数控技术中的应用,绝大多数数控系统采用通用计算机编码,并提供与通用微型计算机完全相同的文件格式,保存和传送数控加工程序,因此,纸带被现代化的信息介质所取代。

3. 程序结构

零件加工程序由主程序和子程序组成,子程序还可以有多级嵌套。无论是主程序还是子程序,都是由若干个按规定格式书写的程序段(Block)组成。每个程序段由按一定顺序和规定排列的"程序字"也叫"功能字",简称"字"(Word)组成。字是由表示地址的英文字母或特殊文字和数字组成。字是表示某种功能的代码符号,也称为指令代码,或指令、或代码。如 G01、X2500 001、F1000 等三个字分别表示直线插补指令、X 向尺寸字 2 500 001 mm 和进给速度指令 1 000 mm/min。

程序段(Block)有多种格式,如固定顺序格式、分隔符顺序格式、字地址格式等。目前最常用的格式是字地址格式。字地址格式的优点是程序段中所包含的信息可读性高,便于人工编写修改,为数控系统解释执行数控加工程序提供了一种便捷的方式。程序段中的地址字符和符号的二进制编码为带有特征的 ASCII 码。字地址格式如下:

NxxxxGxxX±xxxx. xxxY±xxxx. xxxFxxSxxTxxMxxLF

每个程序段的开头是程序段的序号,以字母 N 和若干位数字表示;接着一般是准备机能指令,由字母 G 和两位数字组成;而后是坐标运动尺寸,如 X、Y、Z 等代码指定运动坐标尺寸;在工艺性指令中,F 代码为进给速度指令,S 代码为主轴转速指令,T 为刀具号指令,M 代码为辅助机能指令,LF 为程序段结束符号。字地址格式中常用的地址字及其意义如表 1.13 所示。

表 1.13 地址字符

地址字	意　义
A、B、C	绕 X、Y、Z 轴旋转的旋转角度尺寸字
D、E	绕特殊坐标轴旋转的旋转轴角度尺寸字或第 3 进给速度制定功能
F、S、T	进给速度指定功能、主轴速度功能、刀具功能
G	准备功能,其后有 3 位数字
H	永不指定或刀具补号参数
I、J、K	未指定或插补参数
L、O	不指定,或子程序号代码、程序号代码
M	辅助功能
N	程序段序号
P、Q	与 X、Y 轴平行的第 3 移动坐标尺寸字
R	Z 轴的快速运动尺寸或与 Z 轴平行的第 3 移动坐标尺寸字
U、V、W	与 X、Y、Z 轴平行的第 2 移动坐标尺寸字
X、Y、Z	主坐标轴 X、Y、Z 移动坐标尺寸字

4. 程序段中功能字

(1) 程序段序号

它是程序段中最前面的字,由字母 N 和其后 3 位或 4 位数字组成,用来表示程序执行的顺序、程序段的显示和检索。

(2) 准备功能字

准备功能也叫 G 功能,由字母 G 和其后 3 位数字组成。G 功能是基本的数控指令代码,用于指定数控装置在程序段内准备某种功能。G 功能的具体内容可参考国际标准化组织规定的 G 代码。

(3) 坐标字

坐标字也称尺寸字,用来给定机床各坐标轴的位移量还方向。坐标字由坐标的地址代码、正负号、绝对值或增量值表示的数值等三部分组成。坐标的地址代码为 X、Y、Z、U、V、W、P、Q、R、I、J、K、A、B、C、D、E 等。坐标的数量由插补指令决定;数值部分为正值时,"+"号可以省略;数值带小数点时,小数点前一位的单位为 mm,不适用小数点时,以系统分辨率(或脉冲当量)为单位;数值的位数由数控系统规定。

(4) 进给功能字

进给功能也称 F 功能,表示刀具相对与工件的运动速度。进给功能字由字母 F 和其后的几位数字组成。进给速度制定方法有多种,现在常用的制定方法有直接制定法和时间倒数制定法。直接制定法是在 F 后面按照规定的单位直接写出要求的速度,单位为 mm/min。时间倒数制定法表明 F 后面的数字是刀具以一定的进给速度走完编程轨迹所用时间的倒数,单位为 $\min^{-1}$。

(5) 主轴转速功能字

主轴转速功能字也称 S 功能,用以设定主轴速度。它由字母 S 和其后的几位数字组成,S 功能的指定方法现在一般采用直接指定法,即在 S 后面直接写上要求的主轴转速,单位为 r/min;当主轴在恒线速度指定时,单位为 m/min。

(6) 刀具功能字

刀具功能字也称 T 功能,是在更换刀具时用来指定刀具号和刀具相对长度补偿。刀具功能由字母 T 和其后的几位数字组成。不同的数控系统有不同的指定方法和含义。

(7) 辅助功能字

辅助功能字也称 M 功能,用它指定主轴的启停、冷却液通断等规定的辅助功能(数控系统具有的开关量功能)。它由字母 M 和其后的二位数字组成。此外,还有许多开关量功能的设定,由 PLC 程序设计解决。

(8) 程序段结束符

程序段的末尾必须有一个程序结束符号,ISO 标准中的程序段结束符号为 LF,EIA 标准中为 CR。为了简化起见,有的系统用"*"";"或其他符号表示。

此外,根据需要,程序段中还会有插补参数 I、J、K,补偿参数 D、H 代码等。现在许多数控系统所使用的程序段中还增加了"文字型 G 代码指令",例如,SIEMENS 系统的 CIP 指令,表示通过中间点的圆弧插补指令,即三点定圆插补指令。

5. 手工 NC 编程举例

孔加工包括钻孔、扩孔、铰孔、攻螺纹和镗孔等,一般可以在数控钻床和镗床在进行,也可以在铣床、车床和加工中心上完成。大部分数控钻床和镗床是点位控制的,当然,也可以通过连续控制实现。点位控制只要求定位准确,而与移动路线无关。编程时主要从效率上考虑使加工路线尽可能最短。

编制孔加工 NC 程序时没有复杂的数值计算,只有增量/绝对坐标值的换算等工作,数学处理简单。孔的直径由刀具保证,孔位尺寸的控制精度可以在一个分辨率(或脉冲当量)之内。而实际的孔位精度取决于数控系统和机械系统的精度。在编制孔加工 NC 程序时,为了提高加工精度和效率,应注意以下几点:

(1)工件坐标系、增量/绝对值输入的选择应与工件图纸标注方法一致,这样不但减少尺寸换算工作,而且容易保证加工的精度。

(2)注意提高对刀精度。换刀点选在容易测量和不能发生碰撞的地方,在空间允许的情况下,换刀点可安排在加工点的上方。

(3)使用刀具长度补偿功能。在刀具修磨后,只需改变设置的偏移量,而不用改变程序。

(4)在孔加工量很大时,使用固定循环、子程序和镜像功能,可以简化编程。

下面通过实例说明手工 NC 编程过程。

如图 1.71 所示,用固定循环编制孔加工程序。

用固定循环进行孔加工首先要了解每个固定循环指令的功能。本例中通孔选择 G81 指令。不通孔选择 G82 指令,G82 指令有孔底暂停。接着要考虑坐标系,初始平面和参考平面、换刀点的位置及 G98/G99 的使用。其次要掌握固定循环指令格式,在使用 G90/G91 时,正确地写出 Z、R 后面坐标值/增量值。最后合理选择切削用量和加工工艺参数等。孔加工程序段及含义见表 1.14。

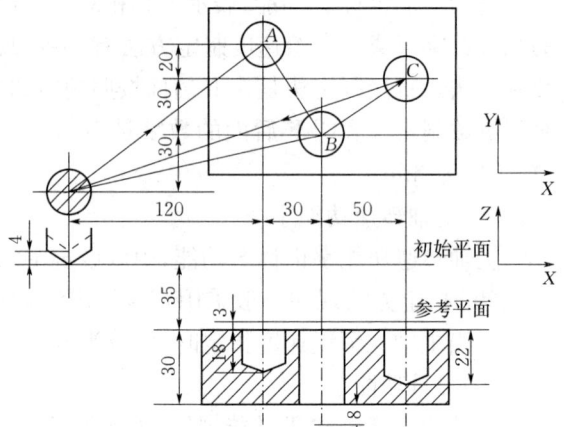

图 1.71 用固定循环编制孔加工程序(单位:mm)

表 1.14 孔加工程序段及含义

程序段	含　义
O 0001;	程序号
N1G92X0 Y0 X0;	设定工件坐标系
N2G90G00 Z250 0 T11 M06;	在 Z 方向快速移动到换刀点,换刀
N3G43Z0 H01 S600 M03 M08;	进给到初始平面、加长度补偿、主轴正转、开冷却液
N4G99G82 X120 0 Y80 0 Z−53 0 R−32 0 P2000F100;	用 G82 固定循环加工 A 孔,孔底暂停 2 s,加工后返回到参考平面

续上表

程序段	含 义
N5G81X150 0 Y30 0 Z−73 0;	用 G81 固定循环加工 B 孔,加工后返回到参考平面
N6G98G82 X200 0 Y60 0 Z−57 0 P2000;	用 G82 固定循环加工 C 孔,孔底暂停 2 s,加工后返回到参考平面
N7G00X0 Y 0 H00 M05 M09 M30;	快速返回到原点,撤销长度补偿,程序结束

1.5.4.3　自动 NC 编程

对于点位加工或几何形状不太复杂的平面零件,数控编程计算比较简单,程序段不多,采用手工编程即可实现。但对于轮廓形状由复杂曲线组成的平面零件,特别是空间复杂曲面零件,数值计算则相当繁琐,工作量大,容易出错,且很难校对。采用手工编程已不能满足要求了。为了缩短生产周期,提高数控机床的利用率,有效地解决各种模具及复杂零件的加工问题,必须采用自动编程方法。

当 NC 机床出现不久,人们就开始了对自动编程方法的研究,随着计算机技术和算法语言的发展,首先提出了用语言程序的方法实现自动编程。经过不断的发展,现在已经出现了多种成熟的图形交互自动编程系统。数控自动编程通常分为两步处理:第一步是刀具中心相对于零件运动的轨迹,这部分处理不涉及具体 NC 机床的指令格式和辅助功能,因此具有通用性;第二步是针对具体 NC 机床的功能产生控制指令的后处理程序,后处理程序是图通用的。由此可见,经过数控系统处理后输出的程序才是控制 NC 机床的零件加工程序。

自动编程具有编程速度快、周期短、质量高、使用方便等一系列优点。与手工编程相比,可提高编程效率数倍甚至数十倍。零件越复杂,其技术经济效益越显著,特别是能编制手工编程无法完成的程序。

现在国际上流行的数控自动编程语言有上百种,其中流传最广、影响最深、最具有代表性的是美国 MIT 研制的 APT(Automatically Programmed Tools,简称 APT)系统。APT 系统已经从 1955 年推出的第一版,发展到上世纪 70 年代的第四版。APT 系统可适用于曲线自动编程,3~5 坐标立体曲面自动编程,自由曲面自动编程等。由于 APT 系统语言词汇丰富、定义的几何元素类型多,并配有多种后处理程序,通用性好。因此,在世界范围内获得广泛应用。在 APT 系统的基础上,世界有些国家也各自发展了各具特色的数控语言系统,如德国的 EXAPT、日本的 FAPT 和 HAPT、法国的 IFAPT、意大利的 MODAPT、我国的 SKC 和 ZCX 等。我国发布的 NC 机床自动编程语言标准(JB112—1982)也采用了 APT 的词汇语法,国际标准化组织 ISO1985 年发布的 NC 自动编程语言(ISO 4342—1985)也是以 APT 语言为基础的。

1. APT 自动编程系统

APT 自动编程系统分成 APT 语言编写的零件源程序、通用计算机以及编译程序(也称系统软件)三个组成部分,如图 1.72 所示。零件源程序不同于我们在手工编程时用 NC 指令代码写出的加工程序,它不能直接控制数控机床,只是加工程序计算机预处理的输入程序。对于零件源程序,经过计算机进行输入翻译、数值计算以及后处理后成为 NC 加工程序。编译程序的作用是使计算机具有处理零件源程序和自动输出具体机床加工程序的能力。因为用数控语言编写的零件源程序,计算机是不能直接识别和处理的,必须根据具体的数控语言、计算机语言(高级语言或汇编语言)以及具体机床的指令,事先给计算机编好一套能处理零件源程序的编译程序,将这种数控编程软件存入计算机中,计算机才能对输入的零件源程序进行翻译、计算并执行根据具体数控机床的控制系统所编写的后处理程序,最终形成加工程序。

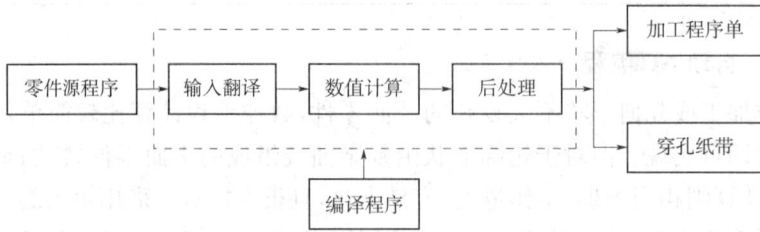

图 1.72　APT 自动编程系统信息处理过程

计算机在处理零件源程序时分三个阶段:翻译阶段、数值计算阶段和后处理阶段。

翻译阶段即语言处理阶段。它按源程序的顺序,将每一个符号依次阅读并进行处理。首先分析语句的类型,当遇到几何定义语句时,则转入几何定义处理程序。根据几何特征关键字,判断是哪种类型的几何定义方式,然后再处理成标准的形式,并按其数值信息求出标准参数。例如,点的标准参数为 X、Y、Z 三个坐标值,对于直线 $AX+BY=C$,标准参数为 A、B、C;对于圆 $(X-X_0)^2+(Y-Y_0)^2=R^2$,标准参数为 X_0、Y_0、R。根据几何单元名字将其几何类型和标准参数存入单元信息表,供计算阶段使用。对于其他语句也要处理成信息表的形式。另外,在编译阶段,还要进行二进制和十进制转换和语法检验等项工作。

数值计算阶段的工作类似于手工编程时的基点和节点坐标数据的计算。其主要任务是处理连续运动语句,求出刀具位置数据并以刀具位置文件的形式加以存储。对于其他的语句也要以规定的形式处理并存储。

后处理阶段是按计算阶段的信息,生成符合具体数控机床要求的零件加工程序。生成的加工程序可以通过计算机通信接口直接传送至 CNC 系统予以调用,也可以通过屏幕进行图形显示或由绘图机绘出图形,用自动绘出的刀具运动轨迹图形,可以检验数据输入的正确性,以便加工程序编制人员分析错误的性质并予以修改。

2. 图形交互自动编程系统

APT 语言编程的优点是程序简单、走刀控制灵活。但由于开发得比较早,受到当时的条件限制,虽然经过多次改进,仍有许多不便之处,例如,采用语言定义几何形状不易描述复杂的几何图形,缺乏对零件形状和刀具运动轨迹的直观显示,难以和 CAD 数据库及 CAPP 系统有效地连接,很难做到高度的自动化和集成化。为此,世界各国都在开发三维设计、分析、NC 加工一体化的自动编程系统。例如 CATIA、EUCLID、Solid Works、INTERGRAPH、MasterCAM、Cimatron CAD/CAM、PowerMILL、CAXEME 以及前面介绍的 Pro/Engineer 和 UG 等系统。

图形交互自动编程建立在 CAD/CAM 的基础上。这种编程方法具有速度快、精度高、直观性好、使用方便和便于检查等优点。因此,这种方法是复杂零件普遍采用的数控编程方法。图形交互自动编程主要分三个步骤,即几何造型、刀具走刀路经的生成和后处理。

几何造型是利用 CAD/CAM 软件的图形编辑功能交互地进行图形构建、编辑、曲线和曲面造型等工作,将被加工部位的几何图形准确地绘制在计算机屏幕上,并在计算机内自动形成零件图形数据库。这相当于 APT 语言编程中,用几何定义语句定义零件几何图形的过程。其不同点在于图形交互自动编程不是用语言,而是用计算机交互绘图的方法,将零件的图形数据输入到计算机中,作为下一步刀具轨迹计算的依据。而 APT 语言编程过程中, APT 系统将根据加工要求提取这些数据,进行分析判断和必要的数学处理,以形成加工的刀具位置数据。

图形交互自动编程的刀具轨迹的生成是面向屏幕上的图形交互进行的。首先调用刀具路径生成功能,然后根据屏幕提示,用光标选择相应的图形目标,点取相应的坐标点,输入所需的各种参数。软件系统将自动从图形中提取编程所需的信息进行分析判断,计算节点数据,并将其转换为刀具位置数据,存入指定的刀位文件中或直接进行后处理并生成数控加工程序,同时在屏幕上模拟显示出零件图形和刀具运动轨迹。

后处理的目的是形成各种机床所需的数控加工程序文件。由于各种机床使用的控制系统不同,其数控加工程序指令代码及格式也有不同。为此,系统软件通常为各种数控系统设置一个后处理用的数控指令对照表文件。在进行后处理之前,编程人员应根据具体数控机床指令代码及程序的格式事先编辑好这个文件,然后,后处理软件利用这个文件,经过处理,输出符合数控加工格式要求的 NC 加工文件。

3. 数控程序的检验与仿真

数控程序的编制过程和工艺过程编制相似,具有经验性和动态性,在程序编制过程中出错是经常发生的。为此,必须认真检查和校验数控加工程序,通常还要进行首件试切加工。这种试切过程往往要冒一定的风险,稍有不慎,就会发生事故,或者损坏刀具,甚至撞坏机床。因此,当数控程序编制完成后,要对数控加工程序进行检验。随着计算机技术的发展,现在可以利用计算机仿真模拟系统进行数控加工程序的模拟,从软件上实现零件的试切过程,将数控程序的执行过程在计算机屏幕上显示出来。检验人员可以在屏幕上看到零件的连续逼真的加工过程,利用这种视觉检验方式,可以很容易发现刀具和工件之间的碰撞及其他错误的程序指令。数控仿真可采用刀位轨迹仿真法和虚拟加工法两种。

刀位轨迹仿真法是最早采用的图形仿真检验方法,一般在后处理之前进行。通过读取刀位数据文件检查刀具位置计算是否正确,加工过程中是否发生过切,所选刀具、走刀路线、进退刀方式是否合理,刀位轨迹是否正确,刀具与约束面是否发生干涉与碰撞等。由于这种仿真是在后处理之前进行的,因此,可以脱离具体的数控系统环境进行。该方法是目前比较成熟有效的仿真方法,应用比较普遍,例如 PowerMILL 软件中的刀位轨迹仿真就是采用的这种方法。

虚拟加工法是应用虚拟现实技术实现加工过程的仿真技术。该方法主要解决在加工过程中实际加工环境和工艺系统之间的干涉碰撞问题和运动关系。虚拟加工法和刀位轨迹仿真法不同,虚拟加工法能够利用多媒体技术实现虚拟加工,不仅只解决刀具与工件之间的相对运动仿真,而且更重视对整个工艺系统的仿真。虚拟仿真软件一般直接读取数控程序,逐段翻译,并模拟执行加工,再利用 OpenGL 等三维真实感图形显示技术,模拟整个工艺系统的状态。同时,还可以在一定程度上模拟加工过程中的声音等。

有关数控编程技术的其他内容,由于篇幅有限,不能深入叙述。如果需要,读者可以参考其他有关书籍。

复习思考题

1. 解释机械加工工艺过程、工艺规程、工序、工位、工步和走刀。
2. 简述机床夹具设计要点。
3. 简述装配焊接夹具设计的基本要求。
4. 何谓六点定位原理?何谓工件定位?
5. 简述对工件定位的要求,并举例说明。
6. 工件在夹具中的定位方式有哪几种?各种定位方式的含义是什么?
7. 参考图 1.33,如果用 H2,H3 标注,定位误差分别是多少,哪种标注合理?
8. 轴箱体为上下分体式时其加工工艺应考虑什么问题?
9. 简述非动力空心车轴的加工工艺过程。
10. 参考图 1.37,简述车轮加工工艺过程。
11. 简述构架加工工艺过程。
12. CAM 系统分为哪两种类型?
13. 数控系统由哪几部分构成?简述各部分的作用及数控系统的工作过程。
14. 检索式 CAPP 系统和再生式 CAPP 系统之间有何不同?
15. 简述 NC 编程内容和步骤。
16. 简述 APT 自动编程系统信息处理过程。

第2章

动车组转向架组装

2.1 机械装配基本知识

机械产品往往由成千上万个零件组成,装配就是把加工好的零件按一定的顺序和技术连接到一起,成为一部完整的机械产品,并且可靠地实现产品设计的功能。装配处于产品制造所必需的最后阶段,产品的质量(从产品设计、零件制造到产品装配)最终通过装配得到保证和检验,因此,装配是决定产品质量的关键环节。研究制订合理的装配工艺,采用有效的保证装配精度的装配方法,对进一步提高产品质量有着十分重要的意义。

2.1.1 机械装配的基本概念

根据规定的技术要求,将零件或部件进行配合和连接,使之成为半成品或成品的过程,称为装配。机器的装配是机器制造过程中最后一个环节,它包括装配、调整、检验和试验等工作。装配过程使零件、套件、组件和部件获得一定的相互位置关系,所以装配过程也是一种工艺过程。

为保证有效地进行装配工作,通常将机器划分为若干能进行独立装配的装配单元。

零件是组成产品的最小单元,机械装配中,一般先将零件装成套件、组件和部件,然后再装成产品。

套件是在一个基准零件上,装上一个或若干个零件而构成,它是最小的装配单元。套件中唯一的基准零件用于连接相关零件和确定各零件的相对位置。为套件而进行的装配称套装。套件的主要部分因工艺或材料问题,可分别制造,但在以后的装配中可作为一个零件,不再分开,如双联齿轮。

组件是在一个基准零件上,装上若干套件及零件而构成。组件中唯一的基准零件用于连接相关零件和套件,并确定它们的相对位置。为形成组件而进行的装配称组装。组件中可以没有套件,即由一个基准零件加若干个零件组成,它与套件的区别在于组件在以后的装配中可拆,如机床主轴箱中的主轴组件。

部件是在一个基准零件上,装上若干组件、套件和零件而构成。部件中唯一的基准零件用来连接各个组件、套件和零件,并决定它们之间的相对位置。为形成部件而进行的装配称部装。部件在产品中能完成一定的完整的功用,如机床中的主轴箱。

在一个基准零件上,装上若干部件、组件、套件和零件就成为整个产品。同样在一个产品中只有一个基准零件,作用与上述相同。为形成产品的装配称总装。如卧式车床便是以床身作基准零件,装上主轴箱、进给箱、溜板箱等部件及其他组件、套件、零件构成。

2.1.2 机械装配基本工作内容

1. 清　洗

主要目的是去除零件表面或部件中的油污及机械杂质。

2. 连　接

装配中的连接方式通常有两类:可拆连接和不可拆连接。可拆连接指在装配后可方便拆卸而不会导致任何零件的损坏,拆卸后还可方便地重装,如螺纹连接、键连接等。不可拆连接指装配后一般不再拆卸,若拆卸往往损坏其中的某些零件,如焊接、铆接等。

3. 调　整

调整包含平衡、校正、配作等。平衡指对产品中旋转零、部件进行平衡,包括静平衡和动平衡,以防止产品使用中出现振动。校正指产品中各相关零、部件间找正相互位置,并通过适当的调整方法,达到装配精度要求。配作指两个零件装配后固定其相互位置的加工,如配钻、配铰等。也有为改善两零件表面结合精度的加工,如配刮、配研及配磨等。配作一般需与校正调整工作结合进行。

4. 检验和试验

产品装配完毕,应根据有关技术标准和规定,对产品进行较全面的检验和试验工作,合格后方准出厂。

装配工作除上述内容外,还有油漆、包装等。

2.1.3 机械装配精度

2.1.3.1 装配精度

装配精度指产品装配后几何参数实际达到的精度,一般包含如下内容:

1. 尺寸精度

指相关零、部件间的距离精度及配合精度。如某一装配体中有关零件间的间隙;相配合零件间的过盈量;卧式车床前后面顶尖对床身导轨的高度等。

2. 位置精度

指相关零件的平行度、垂直度、同轴度等。如卧式铣床刀轴与工作台面的平行度,立式钻床主轴对工作台面的垂直度,车床主轴前后轴承的同轴度等。

3. 相对运动精度

指产品中有相对运动的零、部件间在运动方向及速度上的精度。如滚齿机滚入垂直进给运动和工作台旋转中心的平行度,车床拖板移动相对于主轴轴线的垂直度,车床进给箱的传动精度等。

4. 接触精度

指产品中两配合表面、接触表面和连接表面间达到规定的接触面积大小和接触点的分布情况。如齿轮啮合、锥体配合及导轨之间的接触精度等。

2.1.3.2 影响装配精度的因素

机械产品及其部件均由零件组成。各相关零件误差的累积将反映于装配精度。因此，产品的装配精度首先受到零件(特别是关键零件)的加工精度的影响。零件间的配合与接触质量影响到整个产品的精度，尤其是刚度及抗振性。因此，提高零件间配合面的接触刚度也有利于提高产品装配精度。另外，零件在加工和装配中因热应力等所引起的变形对装配精度也会产生很大的影响。

零件精度是影响产品装配精度的首要因素。而产品装配中装配方法的选用对装配精度也有很大的影响，尤其是在单件小批量生产及装配要求较高时，仅采用提高零件加工精度的方法往往不经济和不易满足装配要求，而通过装配中的选配、调整和修配等手段(合适的装配方法)来保证装配精度非常重要。

总之，机械产品的装配精度依靠相关零件的加工精度和合理的装配方法共同保证。

2.1.4 装配方法

机械的装配首先应当保证装配精度和提高经济效益。相关零件的制造误差必然要累积到封闭环上，构成了封闭环的误差。因此，装配精度越高，则相关零件的精度要求也越高。这对机械加工很不经济，有时甚至是不可能达到加工要求的。所以，对不同的生产条件，采取适当的装配方法，在不过高的提高相关零件制造精度的情况下来保证装配精度，是装配工艺的首要任务。

在长期的装配实践中，人们根据不同的机械、不同的生产类型条件，创造了许多巧妙的装配工艺方法，归纳起来有互换装配法、选择装配法、修配装配法和调整装配法四种。现分述如下：

2.1.4.1 互换装配法

互换装配法就是在装配时各配合零件不经修理、选择或调整即可达到装配精度的方法。根据互换的程度不同，互换装配法又分为完全互换装配法和不完全互换装配法两种。

1. 完全互换装配法

这种方法的实质是在满足各环经济精度的前提下，依靠控制零件的制造精度来保证的。

在一般情况下，完全互换装配法的装配尺寸链按极大极小法计算，即各组成环的公差之和等于或小于封闭环的公差。

完全互换装配法的优点：

(1)装配过程简单，生产率高。

(2)对工人技术水平要求不高。

(3)便于组织流水作业和实现自动化装配。

(4)容易实现零部件的专业协作、成本低。

(5)便于备件供应及机械维修工作。

由于具有上述优点,所以,只要当组成环分得的公差满足经济精度要求时,无论何种生产类型都应尽量采用完全互换装配法进行装配。

2. 不完全互换装配法

如果装配精度要求较高,尤其是组成环的数目较多时,若应用极大极小法确定组成环的公差,则组成环的公差将会很小,这样就很难满足零件的经济精度要求。因此,在大批量生产的条件下,就可以考虑不完全互换装配法,即用概率法解算装配尺寸链。

不完全互换装配法与完全装配法相比,其优点是零件公差可以放大些从而使零件加工容易、成本低,也能达到互换性装配的目的。其缺点是将会有一部分产品的装配精度超差。这就需要采取补救措施或进行经济论证。

2.1.4.2 选择装配法

在成批或大量生产的条件下,对于组成环不多而装配精度要求却很高的尺寸链,若采用完全互换法,则零件的公差将过严,甚至超过了加工工艺的现实可能性。在这种情况下可采用选择装配法。该方法是将组成环的公差放大到经济可行的程度,然后选择合适的零件进行装配,以保证规定的精度要求。

选择装配法有三种:直接选配法、分组装配法和复合选配法。

1. 直接选配法

由装配工人从许多待装的零件中,凭经验挑选合适的零件通过试凑进行装配的方法。这种方法的优点是简单,零件不必先分组,但装配中挑选零件的时间长,装配质量取决于工人的技术水平,不宜于节拍要求较严的大批量生产。

2. 分组装配法

在成批大量生产中,将产品各配合副的零件按实测尺寸分组,装配时按组进行互换装配以达到装配精度的方法。采用分组装配法时应注意以下几点:

(1)为了保证分组后各组的配合精度和配合性质符合原设计要求,配合件的公差应当相等,公差增大的方向要相同,增大的倍数要等于以后的分组数。

(2)分组数不宜多,多了会增加零件的测量和分组工作量,并使零件的贮存、运输及装配等工作复杂化。

(3)分组后各组内相配合零件的数量要相符,形成配套。否则会出现某些尺寸零件的积压浪费现象。

分组装配法适用于配合精度要求很高和相关零件一般只有两三个的大批量生产中。例如滚动轴承的装配等。

3. 复合选配法

复合选配法是直接选配与分组装配的综合装配法,即预先测量分组,装配时再在各对应组内凭工人经验直接选配。这一方法的特点是配合件公差可以不等,装配质量高,且速度较快,能满足一定的节拍要求。发动机装配中,气缸与活塞的装配多采用这种方法。

2.1.4.3 修配装配法

在单件生产和成批生产中,对那些要求很高的多环尺寸链,各组成环先按经济精度加工,在装配时修去指定零件上预留修配量达到装配精度的方法。

由于修配装配法的尺寸链中各组成环的尺寸均按经济精度加工,装配时封闭环的误差会超过规定的允许范围。为补偿超差部分的误差,必须修配加工尺寸链中某一组成环。被修配的零件尺寸叫修配环或补偿环。一般应选形状比较简单,修配面小,便于修配加工,便于装卸,并对其他尺寸链没有影响的零件尺寸作修配环。修配环在零件加工时应留有一定量的修配量。

生产中通过修配达到装配精度的方法很多,常见的有以下三种:

1. 单件修配法

这种方法是将零件按经济精度加工后,装配时将预定的修配环用修配加工来改变其尺寸,以保证装配精度。

2. 合并修配法

这种方法是将两个或多个零件合并在一起进行加工修配。合并加工所得的尺寸可看作一个组成环,这样减少了组成环的环数,就相应减少了修配的劳动量。

合并修配法由于零件要对号入座,给组织装配生产带来一定麻烦,因此多用于单件小批生产中。

3. 自身加工修配法

在机床制造中,有一些装配精度要求,是在总装时利用机床本身的加工能力,"自己加工自己",可以很简捷地解决,这就是自身加工修配法。

修配装配法的特点是各组成环零、部件的公差可以扩大,按经济精度加工,从而使制造容易,成本低。装配时可利用修配件的有限修配量达到较高的装配精度要求,但装配中零件不能互换,装配劳动量大(有时需拆装几次),生产率低,难以组织流水生产,装配精度依赖于工人的技术水平。修配装配法适用于单件和成批生产中精度要求较高的装配。

2.1.4.4 调整装配法

在成批大量生产中,对于装配精度要求较高而组成环数目较多的尺寸链,也可以采用调整法进行装配。调整装配法与修配装配法在补偿原则上是相似的,只是它们的具体做法不同。调整装配法也是按经济加工精度确定零件公差的。由于每一个组成环公差扩大,结果使一部分装配件超差。故在装配时用改变产品中调整零件的位置或选用合适的调整件以达到装配精度。

调整装配法与修配装配法的区别是,调整装配法不是靠去除金属,而是靠改变补偿件的位置或更换补偿件的方法来保证装配精度。

根据补偿件的调整特征,调整装配法可分为可动调整装配法、固定调整装配法和误差抵消调整装配法三种。

1. 可动调整装配法

用改变调整件的位置来达到装配精度的方法,叫做可动调整装配法。调整过程中不需拆卸零件,比较方便。

采用可动调整装配法可以调整由于磨损、热变形、弹性变形等所引起的误差,所以它适用于高精度和组成环在工作中易于变化的尺寸链。

2. 固定调整装配法

固定调整装配法是在尺寸链中选择一个零件(或加入一个零件)作为调整环,根据装配精度来确定调整件的尺寸,以达到装配精度的方法。常用的调整件有轴套、垫片、垫圈和圆环等。

在固定调整装配法中,调整件的分级及各级尺寸的计算是很重要的问题,可应用极大极小法进行计算。计算方法请参考有关文献。

3. 误差抵消调整装配法

误差抵消调整装配法是通过调整某些相关零件误差的方向,使其互相抵消。这样各相关零件的公差可以扩大,同时又保证了装配精度。

2.1.5　机械装配工艺规程设计

1. 制定装配工艺过程的基本原则

(1)保证产品的装配质量,以延长产品的使用寿命。

(2)合理安排装配顺序和工序,尽量减少钳工手工劳动量,缩短装配周期,提高装配效率。

(3)尽量减少装配占地面积。

(4)尽量减少装配工作的成本。

2. 制订装配工艺规程的步骤

(1)研究产品的装配图及验收技术条件。

①审核产品图样的完整性、正确性。

②分析产品的结构工艺性。

③审核产品装配的技术要求和验收标准。

④分析和计算产品装配尺寸链。

(2)确定装配方法与组织形式。

①装配方法的确定主要取决于产品结构的尺寸大小和重量,以及产品的生产纲领。

②装配组织形式有固定式装配和移动式装配。固定式装配是全部装配工作在一固定的地点完成。适用于单件小批生产和体积、重量大的设备的装配。移动式装配是将零部件按装配顺序从一个装配地点移动到下一个装配地点,分别完成一部分装配工作,各装配点工作的总和就是整个产品的全部装配工作。适用于大批量生产。

(3)划分装配单元,确定装配顺序。

①将产品划分为套件、组件和部件等装配单元,进行分级装配。

②确定装配单元的基准零件。

③根据基准零件确定装配单元的装配顺序。

(4)划分装配工序。

①划分装配工序,确定工序内容(如清洗、刮削、平衡、过盈连接、螺纹连接、校正、检验、试运转、油漆、包装等)。

②确定各工序所需的设备和工具。

③制定各工序装配操作规范,如过盈配合的压入力等。

④制定各工序装配质量要求与检验方法。

⑤确定各工序的时间定额,平衡各工序的工作节拍。

(5)编制装配工艺文件。

2.2 轮对组装

轮对是车辆走行部的重要部件,承受着车辆的全部载荷,决定着车辆的运行速度。它的质量状况直接危及行车安全。因此要求做到承受车辆与线路间相互作用的全部载荷及冲击;与钢轨形成黏着产生牵引力或制动力;轮对滚动使车辆前进运行;同时,能圆滑滚动并坚固耐用,以确保列车运行安全、平稳。

轮对由两个车轮、制动盘(轮盘和轴盘)和一根车轴组成。动车组列车轮对分为动力轮对(M 轮对)和拖车轮对(T 轮对),M 轮对一侧安装齿轮箱装置,而 T 轮对则安装两套及以上制动盘。其中,两个车轮、各车制动盘要求同类型和同材质。

车轴与车轮、制动盘是通过压装方法来实现过盈配合连接的。它利用过盈量产生半径方向的接触面压力,并依靠由该面压力产生的摩擦力来传递扭矩和轴向力。由于过盈配合两个相配合的接触面上不能粘贴应变片,因此用热装法及冷装法时难以对其压力状态进行测定,对整个组装过程的压力状态更难以进行跟踪研究,轮对组装后的质量不能保证,目前尚未用于轮对组装。压装法能根据压力机自动记录器及压力表所示的曲线和压力大小来鉴定连接的可靠程度,因此在车辆制造中轮对的过盈配合连结均采用压装法。图 2.1 和图 2.2是 CRH1 型动车组轮对压装总成。

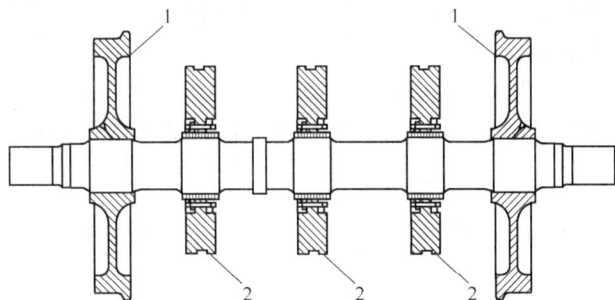

图 2.1 CRH1 型动车组拖车轮对

1—车轮;2—制动盘

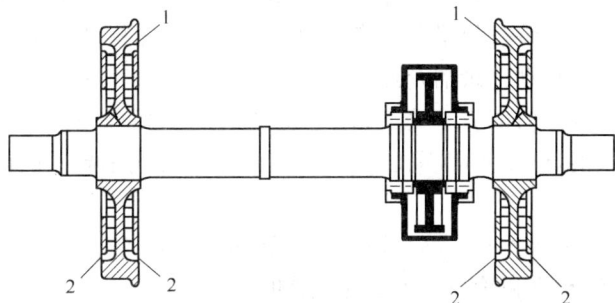

图 2.2 CRH1 型动车组动车轮对

1—车轮;2—制动盘

2.2.1 轮对组装的技术要求

1. 总体要求

同一车轴上应组装同型号、同材质、同厂家生产的车轮及同型号、同材质、同厂家生产的制动盘。

同一车轴上组装的两个车轮轮辋宽度差≤2 mm。

轮对组装后轮对两踏面间的电阻应不大于 0.01 Ω。

轮对组装后应在轴端面按有关规定刻打组装责任单位标记、组装年月日等钢印。

2. 轮座(盘座)和轮毂孔(盘毂孔)加工及选配技术要求

轮对组装时,轮毂孔(盘毂孔)及轮座(盘座)宜在相同环境下同温 8 h 后进行测量、选配和组装。

轮毂孔(盘毂孔)和轮座(盘座)的直径应在规定极限尺寸范围内,并且同一车轴上两端的轮座直径差不大于 3 mm,盘座直径差不大于 2 mm。

除另有规定外,轮座(盘座)加工后的圆度为 0.02 mm,圆柱度为 0.05 mm,其大端应在内侧。

轮座(盘座)的终加工可以采用磨削或滚压工艺。采用滚压工艺作为终加工时,轮座(盘座)终车削加工表面粗糙度 Ra 上限值为 3.2 μm 后方可进行滚压加工,经磨削或滚压加工后表面粗糙度 Ra 上限值为 1.6 μm。

轮座与轮毂孔采取过盈配合,过盈量为轮座直径的 0.08%~0.15%。

除另有规定外,其轮毂孔(盘毂孔)加工后的圆度为 0.02 mm,圆柱度为 0.05 mm,且大端应在内侧;轮毂孔(盘毂孔)内表面粗糙度 Ra 上限值为 6.3 μm。

车轮轮毂孔加工后,轮毂孔与轮毂内、外侧端面的过渡圆弧半径均为 3 mm。

3. 车轮(制动盘)与车轴压装技术要求

轮对压装前,轮座(盘座)表面及轮毂孔(盘毂孔)内表面应洁净,均匀涂抹植物油,不允许采用桐油。

压装车轮(制动盘)时,车轴纵向中心线与压力机活塞中心线保持一致,并平行压入。

车轮(制动盘)压装时应采取保护措施,防止轴颈碰伤及轴颈端部蹾粗。

轮轴组装最终压力按轮毂孔径计算,每 100 mm 的压装力在 343~588 kN 之间。

制动盘毂与盘座的压装过盈量及最终压力应符合产品图样和技术文件的要求。

轮对组装压力机的自动记录器及压力表应保持作用良好。在压装过程中,自动记录器的压力表与压力曲线的压力值应一致。如不一致时,以压力曲线的压力值为准,允许压力曲线数值小于压力表数值,但相差应不大于 49 kN。由于注油沟槽导致的压装曲线局部压力下降不考虑。

轮对压装后,如压装压力曲线不合格(小于规定的最小压装力或过盈量不足者除外),将车轮退下后,在原有的轮座和轮毂孔表面无拉伤时,允许在不加工修理的情况下重新压装一次,再次压装的压力曲线合格者可装车使用,两次压装的压力曲线合并保存。

4. 轮对组装后工艺尺寸要求

同一轮对两车轮直径差≤0.3 mm；

轮位差≤0.1 mm；

内侧距(1353±1) mm；

盘位差≤2 mm；

轮对内侧距任意三处相差≤1.0 mm；

两车轮残余静不平衡位置相位差180°±5°；

两制动盘残余静不平衡位置相位差180°±5°；

两车轮滚动圆相对于轴中心线径向圆跳动≤0.3 mm。

2.2.2 轮对组装工艺

轮对组装工艺流程以带有两个制动盘的轮对为基础进行分析，整个组装过程分为制动盘的组装和车轮的组装两部分。下面用以全自动轮对组装压装机为例，分别叙述两个组装工艺流程。

2.2.2.1 制动盘压装工艺流程

1. 吊 装

首先把车轴吊到上料支架上，如图2.3所示。

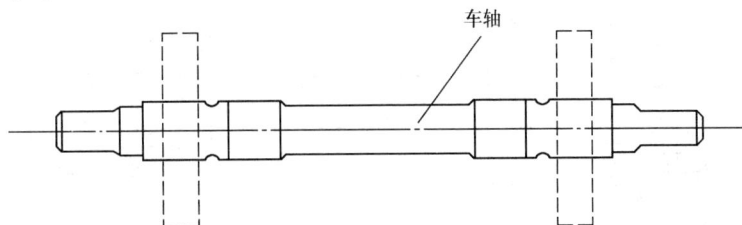

图2.3 吊装车轴

2. 套制动盘

用吊车把左、右制动盘分别套到车轴上，如图2.4所示。

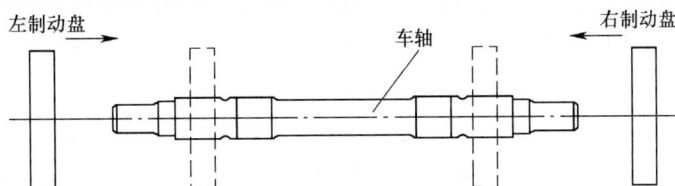

图2.4 套制动盘示意图

3. 上 料

把套好制动盘的车轴吊到压装机的小车V形铁支架上，应保证车轴基本与V形铁支架对称。

4. 压装制动盘

制动盘压装过程由控制系统控制自动完成。

（1）检测车轴全长

检测系统开始测量车轴的全长，根据设定的两制动盘内侧距由控制系统计算出压头应走的距离，以便控制压装机完成压装过程，如图2.5所示。此时，左、右摆锤均伸出，两摆锤顶在车轴的两端。

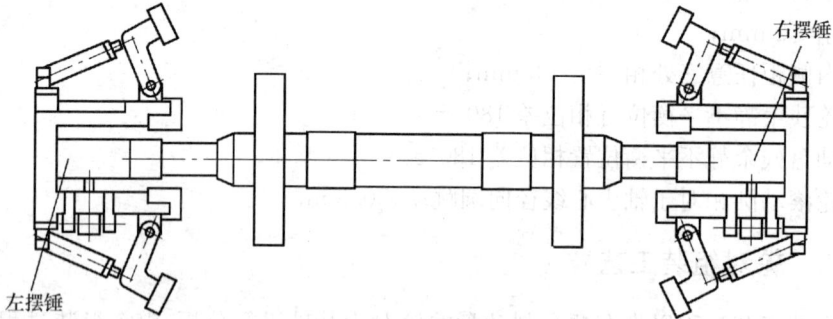

图 2.5　检测车轴全长示意图

（2）压右侧制动盘

此时左摆锤张开，右摆锤收回；左加长块在上，右加长块落下，如图2.6所示。

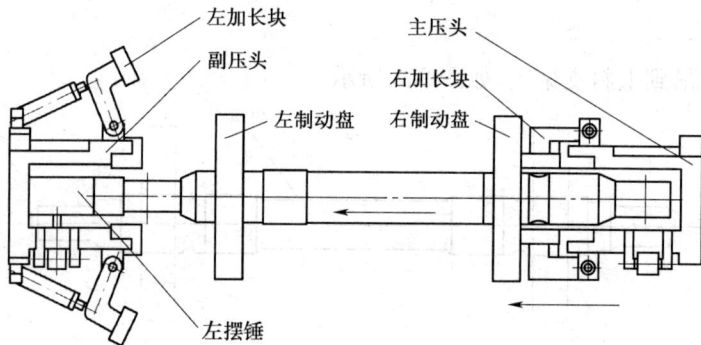

图 2.6　压右制动盘示意图

在压装的过程中，左摆锤应作用在车轴的左端面上，并把车轴定住位，使之不能向左移动；同时，右加长块的压装面作用在右制动盘上。这样，主压头向左移动时，将直接推动右制动盘向前移动，右制动盘将直接被压装到车轴上。

（3）复位

右侧制动盘压装完成后，设备要恢复至起始状态，为左侧制动盘的压装做准备。首先主油缸换向快速退回，小车退回到起始状态，如图2.7所示。随后右加长块张开，左加长块落下，右摆锤伸出，左摆锤收回。

同理，压左制动盘步骤完全一样。

2.2.2.2　车轮压装工艺流程

1. 套车轮

小车沿纵向导轨移动到上、下料工位，用吊车将两车轮套装到车轴上，如图2.8所示。

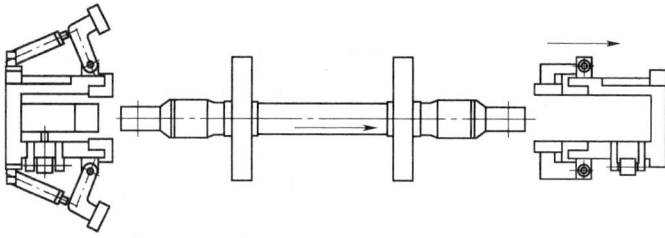

图 2.7　压完右制动盘复位示意图

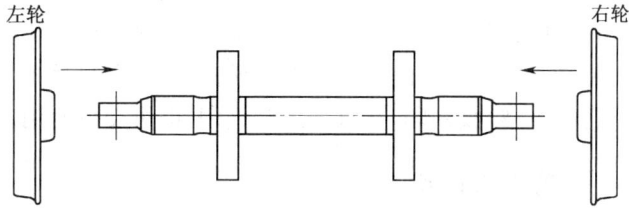

图 2.8　套轮示意图

2.上　料

两侧的车轮套装完成后,小车沿纵向导轨移动到压装工位,系统检测设备状态是否正确。

3.压右轮

左摆锤伸出,右摆锤收回;左、右加长块均张开,小车处在原始位置。否则将停止压装,系统报警,如图 2.9 所示。

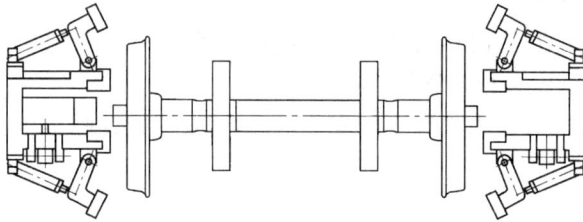

图 2.9　压右轮前状态示意图

在压装的过程中,左摆锤应作用在车轴的左端面上,并把车轴定住位,使之不能向左移动;同时,主压头的压块作用在右车轮上。这样,主压头向左移动时,将直接推动右车轮向前移动,右车轮将直接被压到轴上,如图 2.10 所示。

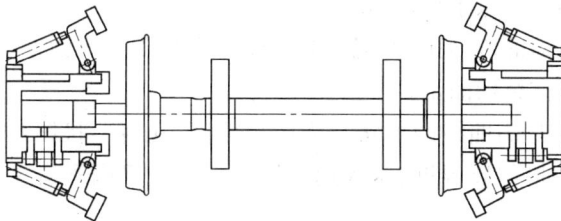

图 2.10　压右轮示意图

4. 复　　位

右车轮压装完成后,设备要恢复至起始状态,为左车轮的压装做准备。首先主油缸换向快速退回,轮对和小车也一起退回到起始位置;随后,右摆锤升起,左摆锤落下。

同理,压左车轮步骤完全一样。

轮对装好后,应测量轮对内侧距和轮位差,并检查压入力大小和压力曲线是否合格。对于合格的轮对,应在压力曲线纸带上写下轮对号、组装日期、组装人员名单,以便日后检查用。

最后,轮对需进行动平衡试验,应满足动平衡要求,否则按规定偏心旋削轮辋内侧调整。除车轮踏面及制动盘外,其余表面均应涂清油,制动盘除两侧摩擦面及安装面外,其余部分涂红色油漆。轮对与制动盘组装合格的均应涂打防松标记,即可最后检查验收,在规定的轴端部分的扇形面内刻打检查、验收钢印,并打上组装钢印,即可交付使用。

2.2.3　轮对组装的质量评价

轮对压装时,由于无法从外表来观察轮轴的结合情况及出现的各种缺陷,需要通过压力表指示的终点压力与自动记录器绘出的压力曲线来判明轮轴连接质量,只有终点压力及压力曲线符合规定要求才认为是合格的。因此,终点压力及压力曲线是鉴定轮对组装质量的两个标准。

压力曲线是反映车轮压装到车轴上时压装力沿着接触面长度的变化过程。理想的压力曲线是在全部压装过程中其压力均匀上升,并具有略为上凸的形状。不合格的压力曲线是在曲线上某段压力变化不均。陡跳的压力曲线是在曲线上某点压力突变。

2.2.3.1　终点压力计算

终点压力按轮毂孔直径计算,直径每 100 mm 的终点压力最小为 343 kN(35 t),最大为 588 kN(60 t),并据此规定各种轮型的终点压力。

车轮压装过程中,随着压力机压力的变化,自动记录器指针画出压力曲线。压力曲线理论长度计算公式如下:

$$L=(l+a-k-r)i \tag{2.1}$$

式中　L——压力曲线的理论长度,mm;

　　　l——轮毂孔长度,mm;

　　　a——伸出轮毂外端的轮座部分长度,mm;

　　　k——压装锥形部分长度,mm;

　　　r——轮毂孔内侧边缘半径,mm;

　　　i——自动记录器的传动比,即记录器圆筒行程与压力机活塞行程之比,其数值根据记录器具体结构而定。

终点压力的大小和压力曲线的形状与表面粗糙度、几何形状偏差、测量尺寸的准确性、材料的机械性能、润滑油、组装温度、压入速度以及过盈量等因素有关。对于这几个方面的影响,下面分别叙述。

过盈量对于压力的影响极大。一般情况下,压力与过盈量成正比关系,过盈量的选取是轮轴连接质量的关键因素。

表面粗糙度对压力曲线的影响主要在于：压装时由于孔轴配合表面的高低不平层被挤平，有效过盈量相应减少，压力也随之下降，故当表面粗糙度值较小时，压力的波动较小。

几何形状偏差主要是指圆柱度误差、母线误差的直线度误差和圆度误差。由于这些偏差的存在，在轮轴配合表面每一点上的尺寸都不相等，因而沿连接长度每一横截面的每一方向的过盈量也都不相等。当轮座与轮毂孔在连接长度上的圆柱度相差过大时，使过盈量沿轴向的变化增大，致使一部分长度上过盈量过大，将产生局部塑性变形，产生终点压力反而下降的现象。由于母线的直线度的影响，当轮座具有鼓形度、而轮毂孔具有鞍形度时，压力将减小很多；当轮座具有鞍形度，轮毂孔具有鼓形度时，压力将增加；当轮座和轮毂孔同时具有鞍形度或鼓形度时，压力可能增加或者减少。由于圆度误差的存在，对同一孔和轴虽然在同一横截面上测量直径时，选取的方向不同，所得的过盈量也不同。当圆度较大时，往往会得到与实际偏差较大的过盈量，从而使终点压力不符合规定，并且过大的圆度甚至会造成局部过盈量过大而发生塑性变形，而另一个局部可能没有达到紧配合。由于这些偏差的存在，在计算过盈量时必须以轮轴连接长度中点横截面上任一对方向互相垂直的直径的平均值作为孔轴实际尺寸。

测量尺寸的准确性主要是指测量工具的精确程度，同时测量过程中要避免人为的误差。

材料的机械性能影响问题是由于终点压力的最大值是根据材料的比例极限来确定的，车轴材料的比例极限比车轮材料高，所以常常根据车轮材料的比例极限来确定，即在最大的终点压力作用下，车轮材料表面层不会发生塑性变形。当材料的机械性能能够达到设计要求时，便能保证轮轴的连接质量。

润滑油的影响在于压装时为防止轮轴卡住、擦伤、降低摩擦系数，油的性质、涂油量以及涂抹均匀程度对组装压力都有影响。现在一般用纯植物油作润滑剂。

轮轴连接质量的影响因素错综复杂，对其进行质量评价只能是按照终点压力及压力曲线是否符合规定要求来判定是否合格。

2.2.3.2　轮对组装压力曲线图

(1)压力曲线图应均匀平稳上升，其曲线投影长度不小于理论长度的80%，起点陡升不应超过98 kN，曲线不应有跳动，如图2.11(a)、图2.11(b)所示。

(2)压力曲线中部不应有下降，平直线长度不应超过该曲线投影长度的10%，平直线的两端均应圆滑过渡，如图2.11(c)所示。

(3)压力曲线末端平直线长度不应超过该曲线投影长度的15%，如图2.11(d)所示。曲线末端下降的长度不应超过该曲线投影长度的10%，如图2.11(e)所示。压装力的下降值不应超过按该轮毂孔直径计算的最大压装力的5%，如曲线末端平直和下降同时存在，而压装力下降数值又不超过规定时，其合并长度不应超过该曲线投影长度的15%，如图2.11(f)所示。

(4)压力曲线的最高点压装力，不应大于按该轮毂孔直径计算的最大压装力数值；曲线终点的最小压装力，不应小于按该轮毂孔直径计算的最小压装力数值，如图2.11(g)、图2.11(h)、图2.11(i)所示。

(5)压力曲线开始上升的一点与终点处的一点(按该轮毂孔直径计算的最小压装力数值的一点)连成一直线，压装力曲线应全部在此直线以上。

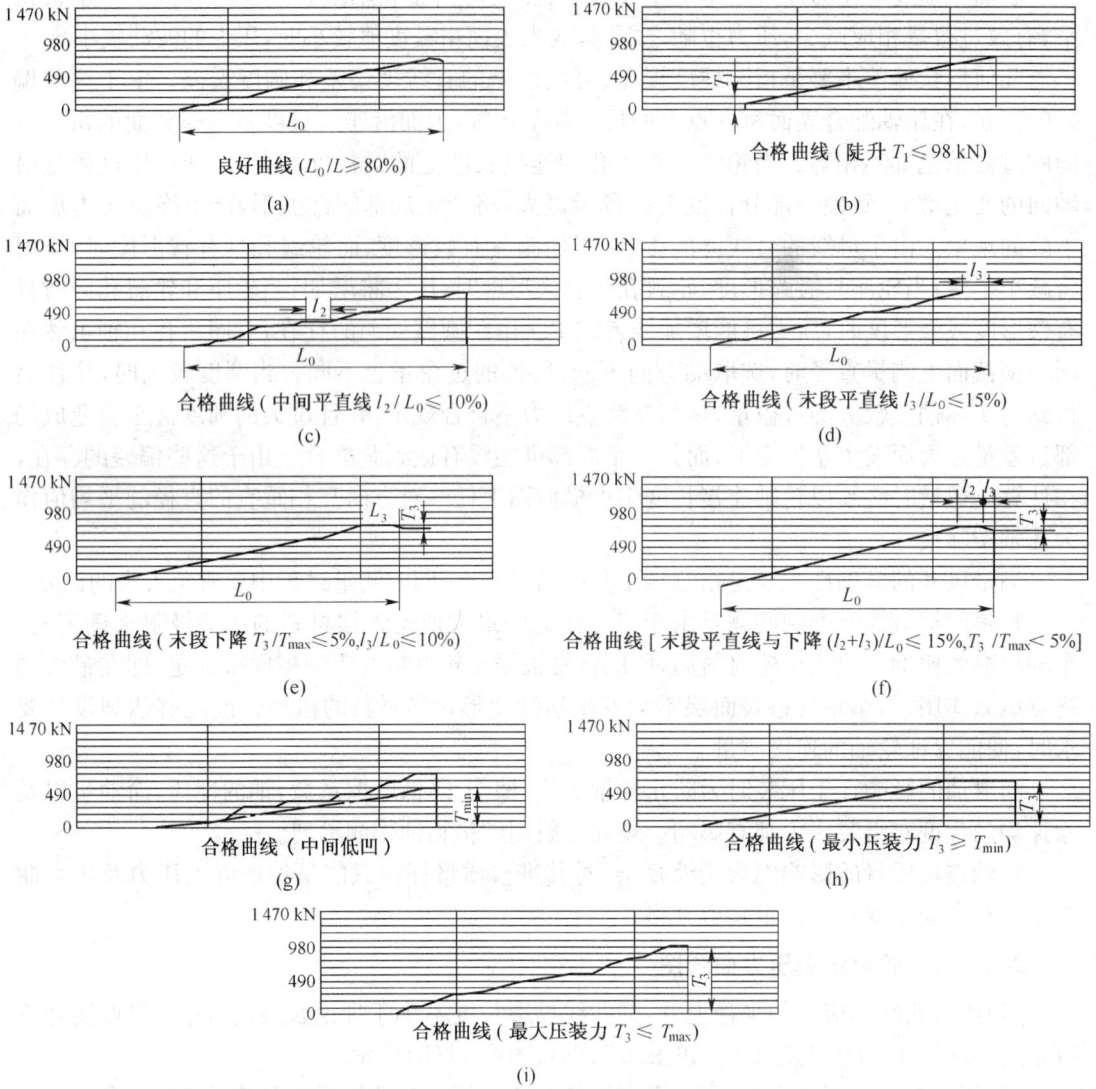

图 2.11 合格的压力曲线

(6)轮对组装后如因压力曲线不合格时,在原轴原孔的表面无损伤的情况下,允许重装一次;如超过规定最大压装力数值时应加工,达到质量要求后,允许压装一次;第一次组装小于规定的最小压装力数值或过盈量不足时,均不得重装。允许重装的轮对,第一次组装不合格的压力曲线图表与第二次组装合格的压力曲线图表应合并保存。

不合格的压力曲线如图 2.12 所示,图(a)为各段平直线总和过长;图(b)为曲线过短;图(c)为陡升过大;图(d)为末段平直线过长;图(e)为末端下降线过长;图(f)为末段平直线和末端下降线过长;图(g)为中间凹下;图(h)为中间平直线过长;图(i)为中间下降、跳动;图(j)为压装力过小;图(k)为压装力过大。

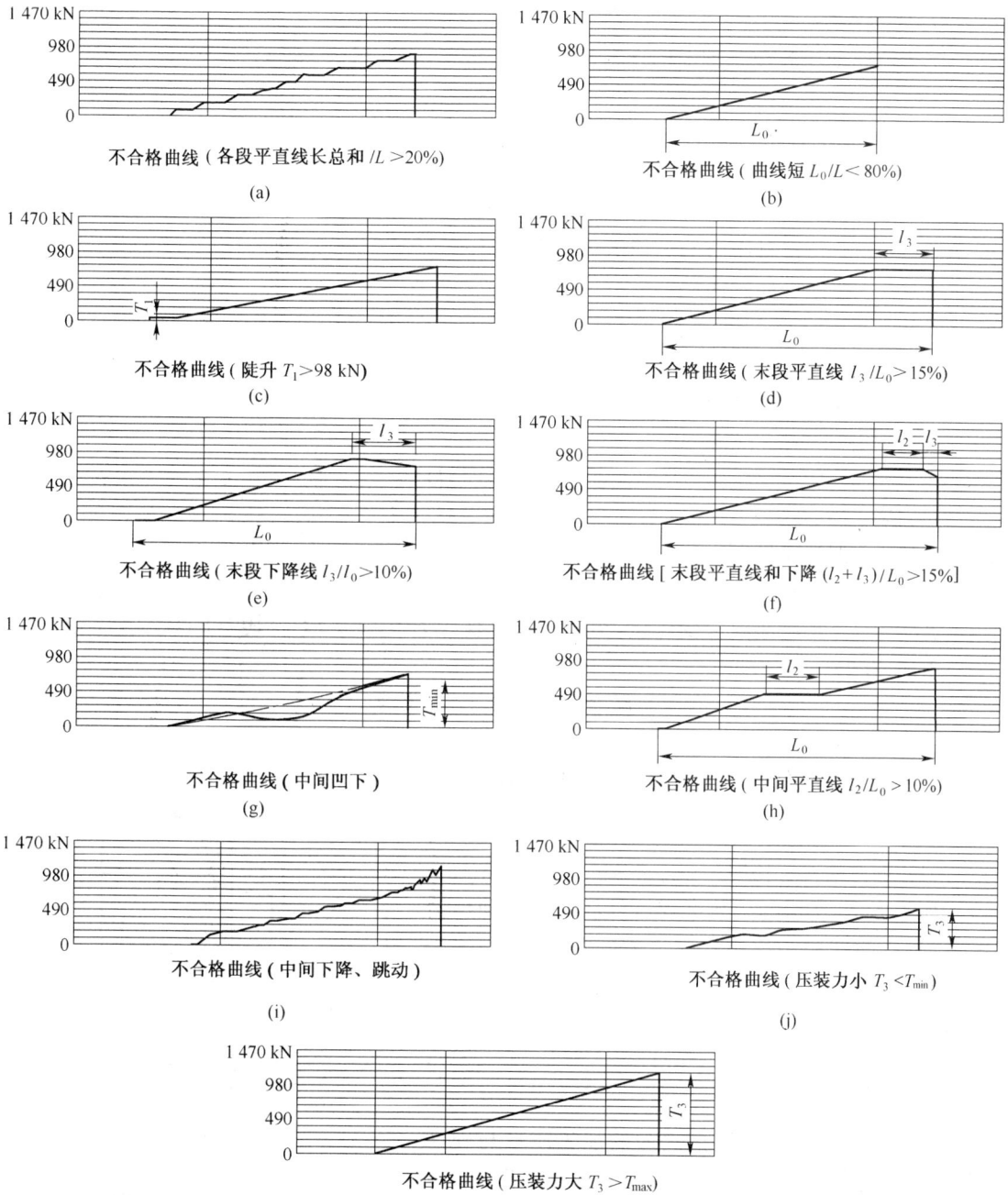

不合格曲线（各段平直线长总和 /L >20%）

(a)

不合格曲线（曲线短 $L_0/L < 80\%$）

(b)

不合格曲线（陡升 $T_1 > 98$ kN）

(c)

不合格曲线（末段平直线 $l_3/L_0 > 15\%$）

(d)

不合格曲线（末段下降线 $l_3/l_0 > 10\%$）

(e)

不合格曲线 [末段平直线和下降 $(l_2+l_3)/L_0 > 15\%$]

(f)

不合格曲线（中间凹下）

(g)

不合格曲线（中间平直线 $l_2/L_0 > 10\%$）

(h)

不合格曲线（中间下降、跳动）

(i)

不合格曲线（压装力小 $T_3 < T_{min}$）

(j)

不合格曲线（压力力大 $T_3 > T_{max}$）

(k)

图 2.12　不合格的压力曲线

2.2.3.3　压力曲线陡跳工艺分析

由于在现行生产中，车轮与车轴的连接方式是过盈压配合，需要将车轮用大吨位的压力匀速压装在车轴上，从而使车轮和车轴牢固地连接在一起。为了保证连接质量，下面对压力曲线陡跳的原因进行分析。

1. 计算公式

车轮匀速地压装在车轴上的压力

$$H = N\mu \tag{2.2}$$

式中　N——接触表面的正压力；

　　　μ——接触表面的平均摩擦系数。

$$N = PS \tag{2.3}$$

式中　P——单位接触压力的平均值；

　　　S——接触表面的面积。

$$S = \pi DL_x \tag{2.4}$$

式中　D——车轴轮座直径；

　　　L_x——接触表面长度。

根据应力和应变的关系式

$$P = E\varepsilon = E\frac{\Delta D}{D} \tag{2.5}$$

式中　E——弹性模量；

　　　ε——应变；

　　ΔD——车轴轮座直径变化量，实际生产中取 $\Delta D = C_1 L_x + C_2$，其中 C_1、C_2 为常数。

由式(2.2)～式(2.5)得：

$$H = \pi E\mu(C_1 L_x^2 + C_2 L_x) \tag{2.6}$$

E 通常看作常数。

由式(2.6)可见，压装力与接触表面长度有关。

2. 分　析

(1) 压力曲线合格时

如图 2.13 所示的压装过程，可以看出，在理想情况下，合格曲线应为连续均匀上升的曲线，这是因为当 μ 为常数时(E 也为常数)，依据式(2.6)，压装力可以表示为：

$$H = aL_x^2 + bL_x \tag{2.7}$$

式中　a、b——常数。

摩擦系数 μ 取决于连接表面的加工质量与硬度以及压装时接触表面上油膜的黏度，还取决于压装速度和接触平均压力，在正常生产状态下，这些因素均处于稳定。所以这时得出的压力曲线即为合格曲线。

(2)压力曲线出现陡跳时

此时，压装力产生突变，意味着压装力的变化量 ΔH 不均匀。当接触长度变化为 ΔL_x 时，依据式(2.6)，ΔH 可近似表示为

$$\Delta H = \mu(c\Delta L_x^2 + d\Delta L_x) \tag{2.8}$$

式中　c、d——常数。

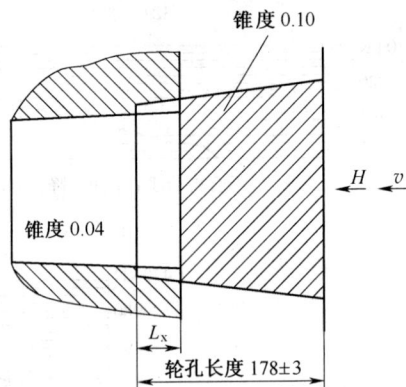

图 2.13　压装过程示意图(单位:mm)

因为实际生产中压装过程为匀速运动,压装速度为某一定值,即 ΔL_x 可看作是一定值。所以式(2.8)又可表示为

$$\Delta H = \mu k \qquad (2.9)$$

式中 k ——常数。

从式(2.9)可以看出,只有 μ 发生变化,压力曲线才出现陡跳。

综上所述,轮轴加工质量及轮轴材质是影响 μ 突变的主要因素。所以轮对压力曲线陡跳取决于轮轴的制造工艺。采用先进的工艺设备、科学的工艺参数及管理,压力曲线陡跳就会被控制在理想状态。

2.3 轴 箱 组 装

2.3.1 轴箱组装方法

轴箱组装是把滚动轴承轴箱组装到轮对的轴上。滚动轴承内圈以一定的过盈量紧密配合在轴颈上。轴承与轴颈的配合有热配合、楔套配合和压配合三种方法。

1. 热配合

热配合是将轴承内圈用电炉、油槽或感应加热器加热(100～130 ℃)膨胀后,直接套装在轴颈上,冷却后则与轴颈紧密结合。热配合的轴承装卸方便,但对轴颈的加工精度要求较高,组装时需要选配内圈。圆柱轴承多采用这种配合方法,如206型和209型转向架轴箱的组装。

2. 楔套配合

楔套配合是利用装于轴颈和内圈之间的楔套(推卸套)来紧固的。楔套外表面的锥度与轴承内孔的锥度一样,两者密贴,轴承与轴颈的紧固程度是用楔套的行程来决定的。这种配合方式可以使轴颈加工公差范围较宽,组装时不需要选配。但如果楔套锥度不准确,楔套与轴承配合不密贴,有可能导致内圈崩裂或松转。另外多了楔套这个零件,轴承结构及加工也较复杂。球面轴承多采用楔套配合。

3. 压配合

压配合是在常温下用油压机将轴承直接压装在轴颈上。但在压装过程中,容易使轴颈表面擦伤或磨损,因此压装的轴承不宜经常拆卸。货车用圆锥轴承的内圈与滚子是不可分离的,因此只能用压配合方法装配,动车组转向架轴箱的组装亦如此。

下面以 CRH1 型动车组为例介绍轴箱组装。

2.3.2 轴箱体组装

CRH1 型动车组轴箱体由铸钢制成,前盖由铝合金制成,以此来达到减重的目的。

轴箱体组成分为轴箱体和压盖两部分,轴箱体和压盖之间有橡胶定位节点,装配后的组件安装在转向架的构架上。

前盖一般用来安装速度传感器。后盖设有迷宫式结构以防止雨水及尘埃等侵入。

前盖上设有车轮踏面修正和旋削时使用的橡胶盖。橡胶盖上有吸潮器,吸潮器能防止

轴承温度上升引起的压力增加及防止漏油。

另外,轴箱体的侧面设置有对轴承状态进行监视的轴承温度传感器。当轴承温度达到一定值以上时,温度保险丝就会熔断并发出轴温异常报警。传感器规格如下:

(1)动作温度:(165±10)℃(温度斜线5℃/min)。

(2)内置温度保险丝的设定温度:144℃。

2.3.3 轴承组装

2.3.3.1 轴承的结构

CRH1型动车组轴承为外径ϕ230 mm、内径ϕ130 mm的自密封式双列圆锥滚子轴承。为润滑脂方式,使用的油脂商标为"SHELL NERITA2858"。

轴承单元的结构如图2.14所示。轴承由外圈、内圈组合件、通孔、油封、前盖、后盖、隔板构成。为内部封入油脂的自密封型轴承单元。

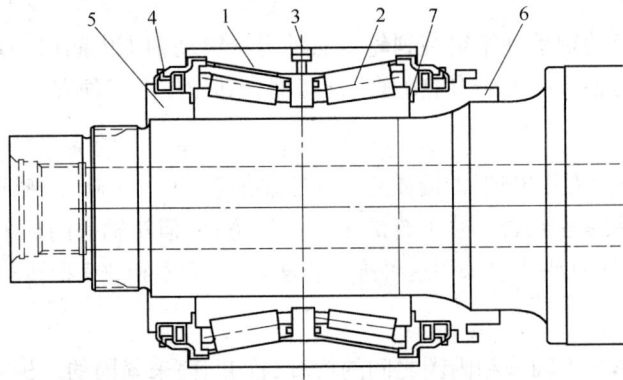

图2.14 轴承单元结构图
1—外圈;2—滚子;3—通孔;4—油封(密封装置);5—前盖;6—后盖;7—隔板

2.3.3.2 轴承组装时的注意事项

在轴承组装时,应当注意保持轴承清洁、防锈、防受冲击。详细注意事项如下所示。

1. 保持清洁

在使用轴承之前不要打开其包装。

在无杂物和尘埃的清洁场所进行轴承的处理和作业。

工作台上应铺油纸或尼龙垫等,不可让尘埃等粘附在轴承上。

组装时使用的工具须清洗并洁净保管。

须擦拭压入轴承的轴颈及轴箱体内壁的尘埃后洁净保管。

使用清洁的棉布擦拭,不可用棉纱。

2. 防 锈

轴承组装时,为防止组装人员的手汗使轴承生锈,须戴清洁的手套。

当只能用手组装轴承时,须先将手洗净并涂抹优质矿油后再进行组装。

3. 防受冲击

轴承组装时应避免其跌落,勿受冲击。

因跌落而受伤的轴承不得再使用。

4. 关于轴承的保管

轴承的保管场所,应避开潮湿的环境,尽可能选择清洁少尘,无直射阳光的场所。

在仓库中,应保管在至少高出地面 30 cm 以上的场所。

2.3.3.3 轴承单元的安装

1. 轴承单元的安装工具

在轴承单元的安装或拆卸之前,必须准备好所有的工具辅助材料。使用的具有代表性的工具如下:

(1)装卸工具

运输工具:叉车或者吊车等。

清洗工具:清洗装置(摇动式或者喷射式)或者高压喷射清洗装置,中性清洗剂,汽油。

一般工具:扭矩扳手,单手锤(1.5/4 磅),塑料锤,扳手(单口、双口、活络扳手、套筒扳手),钢丝钳,螺丝刀,尖嘴钳,锉刀等。

(2)压入工具

脱拔工具:油压冲压装置或者 RCT 轴承专用油压式装卸装置,导向套筒,嵌入套筒,脱拔用冲头,脱拔用套筒,定位规,手动式扳手,油压扭矩扳手(包括旋紧用扳手)。

检查工具:卡规,千分尺,气缸规,$\phi130$ mm 及 $\phi230$ mm 块规,1/100 mm、1/1 000 mm 千分表,磁性座,丝规等。

加、涂抹油脂工具:油脂定量加脂装置,油脂密封台,密封用连接器。

保养工具:密封盒压入/脱拔冲压台、轴承支持环、密封盒压入夹具、密封盒脱拔夹具或者脱卸用杆、回丝、机油、定位规、油砥石、砂纸、压入用润滑剂、快干性防锈粘接剂、刷子、指定油脂等。

2. 车轴的检查

在车轴上压装轴承单元前,必须检查车轴的轴颈部位是否符合图纸要求的尺寸及精度。新制的车轴,须根据轮轴的检验记录表来检查。

每个轴号的测定记录(检验记录表)必须作为内圈和后盖过盈量的确认数据保管。

具体的检查项目如下:

(1)外观检查

清洗车轴轴颈部位的表面,检查有无有害锈迹、伤痕、毛刺、变形等。

有缺陷的位置,须用油砥石、砂纸等完全打磨去除。

如果轴肩部等涂有防锈剂(JINKI),须充分去除。

(2)尺寸测定部位

测量轴颈部位及轴肩的配合部位的直径尺寸、圆度、同轴度,圆周上的 1、2、3、4 的 4 点可用卡规或者千分尺沿轴方向来测定 4 个部位,如图 2.15 所示。

轴端螺纹孔用丝规检查,如图2.16所示。

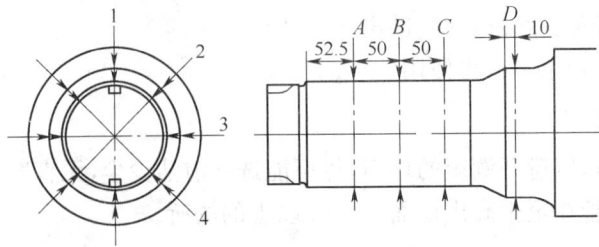

图2.15 车轴尺寸测定部位(单位:mm)

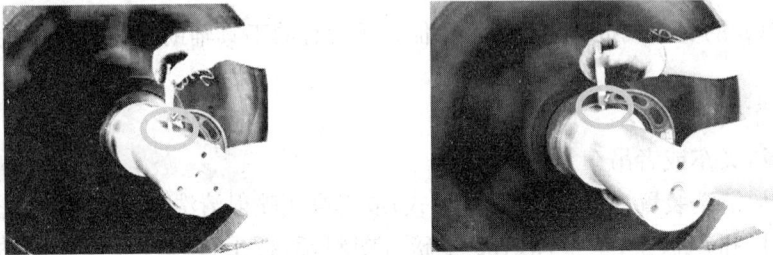

图2.16 车轴尺寸测定要领

3. 轴承单元压入的顺序

(1)准备压入用所必需的工具有:油压冲压装置或者RCT轴专用油压式装卸装置,油压式扭矩扳手,链式框架,起重架或者吊车,手动式扳手,单手锤,塑料锤,铅锤,钢丝钳,45 N·m(450 kgf·cm)预置型扭矩扳手,压入用润滑剂(MORIPESUTO300等),快干性防锈黏接剂(JINKI101等),附带磁性座1/100 mm千分表,洁净的回丝及油纸,轴承脱卸专用夹具(导向套筒,嵌入套筒)以及其他必要的工具等。

(2)检查车轴是否合格。

(3)将车轴清洗净后,在与轴肩部位及轴后盖的配合部位涂抹不含铅化合物的快干性防锈黏接剂(JINKI101等),如图2.17所示。

图2.17 快干性防锈黏接剂

(4)为防止轴承压入时卡住,须在如图2.18所示车轴及配合部位均匀涂抹润滑剂(MORIPESUTO300等)。

(5)在车轴轴端安装导向套筒,如图2.19所示。压装过盈量值见表2.1。

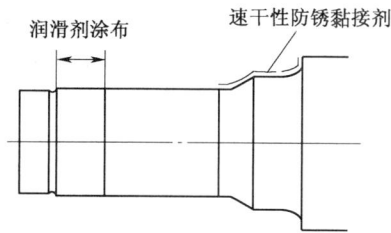

图 2.18　快干性黏接剂,润滑剂的涂抹要领

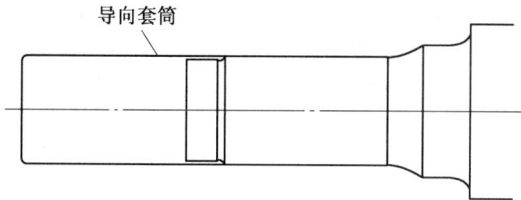

图 2.19　套筒安装

表 2.1　压装过盈量值(mm)

内圈	0.043～0.093
后盖	0.100～0.165
前盖	0.043～0.103

（6）把轴承单元安装在导向套筒上。使得轴承单元的后盖在车轮侧,将其安装在导向套筒上。为了防止内圈衬垫的脱落,插在轴承内圈上的草纸板在压装前不拆下。

（7）把内置套筒装置在导向套筒上,压入轴承,如图 2.20 所示。

把油压装置的最大压力最终增强,设置成推力（350 kN）。设置内置套筒,让油压缸动作。同时要观察压入中的压力表的动作,并记录压入力。最后,压入后,让后盖和轴肩紧密连结,增加推力,如图 2.21 所示。压装力按表 2.2 执行。

图 2.20　轴承装入准备

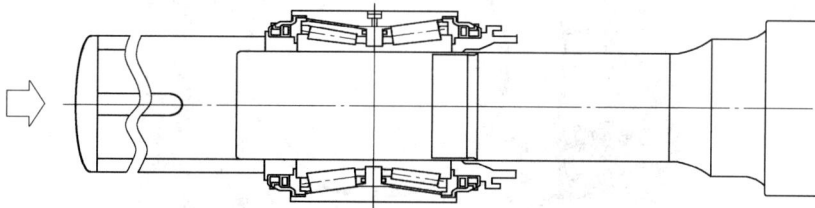

图 2.21　压入状况模式图

表 2.2　压入力,增推力

压入力(kN)	80～220(参考值)
增推力(kN)	350

（8）拆下内置套筒及导向套筒。

（9）测量轴承的轴向间隙。

首先把保持架安装在外圈外径面上,把千分表的尖端放到轴端,如图 2.22 所示。其次

把外圈往外侧拉的同时使其动摇,滚子稳定后在指针的摇动稳定的地方把千分表的指针对准"0"。再把外圈往里侧推的同时使其动摇,在千分表的指针稳定的地方读取数值(组装后的轴向间隙为:150～620 μm)。当轴向间隙达到规定值的时候涂上 JINKI 10(黏接剂)。轴向间隙没有达到规定值的时候,把轴承拔出,调查原因。

(10)装上轴端螺母,如图 2.23 所示。

把轮轴放置在轮轴固定装置上,用手旋扭轴端螺母,但接触到外盖时,设置紧固扳手,用油压转矩扳手完全扭紧(轴端螺母:M12,扭矩 1 960～2 940 N·m)。扭紧后,把挡圈和轴端螺母的螺栓孔对上。若轴端螺母与挡圈孔对不上,可借助于手动式扳手,一边用手锤往扭紧方向敲打,一边把键或螺栓孔对上。把挡圈放入车轴键槽,用 3 根特殊螺栓拧紧进行固定(特殊螺栓:M12,扭矩 294 N·m)。最后使用铁丝对特殊螺栓进行防松,如图2-24所示。

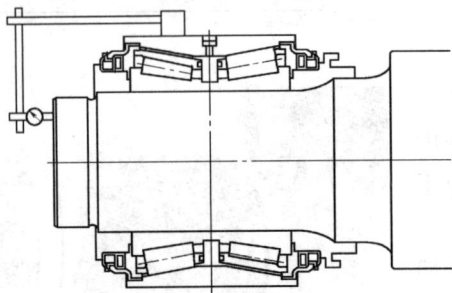

图 2.22 轴向间隙测量要领　　　　图 2.23 轴端螺母安装示意图

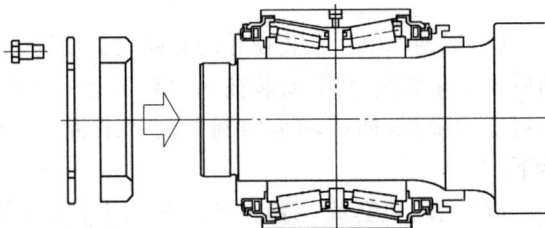

图 2.24 内置后的轴承外观

2.3.3.4 轴承单元的分解与组装

1. 分解前检查

轴箱体拆下后,用手让轴承外圈左右动作,通过与其他的轴承状态加以比较,检查轴承的旋转情况、轴承部件的损伤、轴端螺母的松弛等。对发现有异常的轴承,应进行记录,在分解后的检查时,详细地进行调查,找出其原因。

首先检查外观,对轴承的外观,对油封,后盖及其他部件等的损伤进行检查。其次检查旋转情况,用手旋转轴承的外圈,同时调查轴承的旋转情况。注意旋转的圆滑度等,确认轴承有无异常。最后检查轴向间隙,用手把轴承的外圈前后动作,对于发现有异常的部分,测量轴承轴向间隙,做好记录。此外,此时还应对轴端螺母有无松缓等进行调查。

2. 分解作业

把轴承单元从车轴拔出,在把轴承的各零部件进行分解前,必须准备的工具有:轴承专用油压式拆装装置或油压挤压装置,拔出用套筒,手动式扳手,轴承支持环,油封拔出夹具或拆卸用杠杆式起钉器(VAR),油封拔出挤压台以及锤子等。

3. 轴承单元的拆卸顺序

(1)去除止转器的铁丝,松缓特殊螺拴,取下挡圈,如图 2.25 所示。

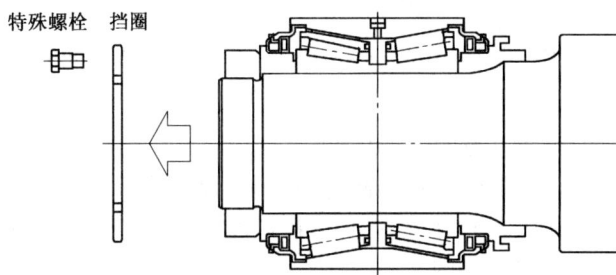

图 2.25　止转器拆卸模式图

(2)使用手动式扳手,松缓并取下轴端螺母,如图 2.26 所示。

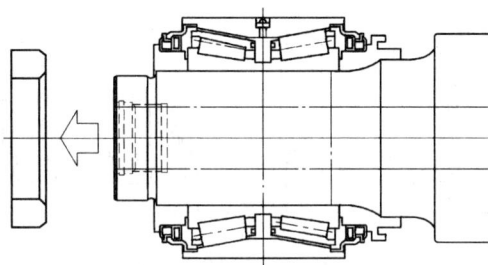

图 2.26　取下轴端螺母

(3)取下车轴轴端的插头,如图 2.27 所示。

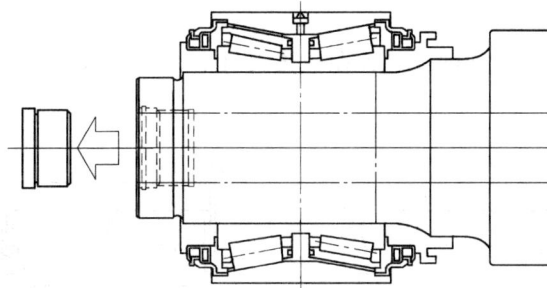

图 2.27　取下轴端插头模式图

(4)安装拔取套筒,使用油压拔取装置,慢慢地拔出轴承。轴承单元的拉拔力是压入时的 1.5 倍左右,如图 2.28 所示。

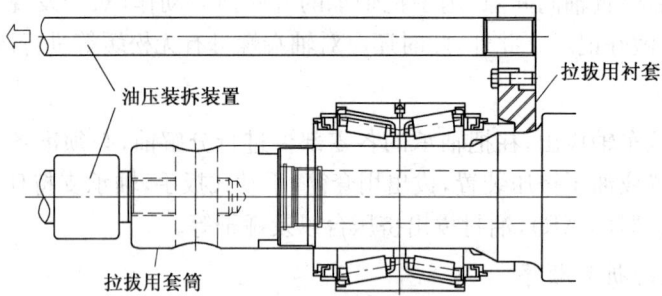

图 2.28 轴承拉拔

(5)要注意不要从拉拔用套筒上丢下前盖及后盖,完整地取下轴承单元。

4. 轴承的分解顺序

(1)把油封拉拔夹具设置在密封盒的内侧。

(2)把设置拉拔夹具的一侧装置在下侧,把外圈放置在轴承支持环上。

(3)把轴承放置在挤压台,用油压推夹具。拉拔油封后,卸下内圈。此时,要注意不要让外圈轨道面及滚子转动面受伤,如图 2.29 所示。

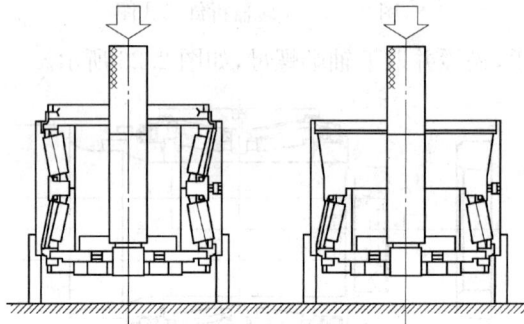

图 2.29 油封拆卸方法

(4)相反一侧的油封也采取相同要领拔出。此时,要注意不要让夹具及滚子转动面与外圈轨道面接触而受伤。

注:分解后的油封都要全部废弃。

(5)为使抛油环在下面,把前盖装置在拉拔夹具上,如图 2.30 所示。

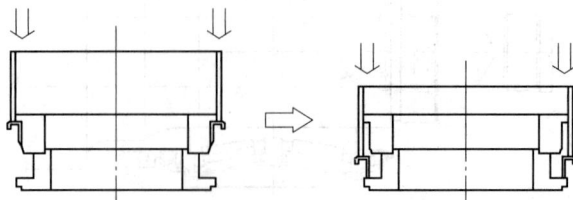

图 2.30 抛油环拆卸模式图(前盖)

(6)安装抛油环顶推夹具,用油压顶推夹具,拔取抛油环,如图2.31所示。

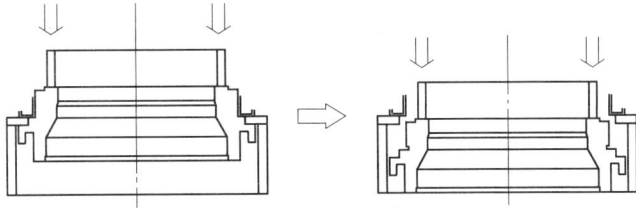

图2.31 抛油环拆卸模式图(后盖)

(7)后盖侧的抛油环也采取相同要领拉拔。

(8)卸下的抛油环都要废弃。

5. 清 洗

分解后的轴承可以用清洗机把轴承单元零部件及轴箱一起进行清洗。此时,轴承还应该作为精确清洗而使用轴承专用的清洗机清洗,使用中性洗涤剂。

引进新的清洗装置后,采用粗清洗、精确清洗二个步骤的清洗方式,使用中性洗涤剂的高压式喷射清洗装置。精确清洗层应经常保持正常。

如图2.32所示,清洗时应防止堆积在托板上的滚子的转动面接触而受到损伤。此外,为了防止内圈,外圈,衬垫的系列号码不一致,需要对内置前的轴承进行排列。

图2.32 轴承清洗方法

6. 检查及防锈

为了让轴承及单元零部件能再次使用,在清洗后应确认是否有的损伤、缺陷及异常的磨耗。

此外,根据使用状况,因薄片、蹭脏、电气腐蚀、撞伤痕迹等,各种零部件的表面会产生损伤。通过外观检查,判断其是否可以再利用。

(1)检查项目

轴承检查项目见表2.3。

(2)尺寸检查

轴承尺寸检查处的图面尺寸和管理基准值,见表2.4。

表 2.3 轴承检查项目

部位名称	检查部位	检查项目
轴承	外圈外径面	侵蚀磨耗、蠕动及其他
	外圈轨道面	电气腐蚀、蹭脏、变色、压痕及其他
	外圈密封镶嵌结合部	受伤、缺欠及其他
	内圈内径面	线伤、蠕动及其他
	内圈大端面	侵蚀磨耗、蠕动及其他
	滚子转动面	电气腐蚀、蹭脏、变色及其他
	滚子大径侧端面	咬住、磨耗及其他
	保持架	裂缝、磨耗、打伤及其他
后盖	后盖密封滑动部	磨耗、打伤及其他
	后盖内径面镶嵌结合部	线伤、蠕动及其他
	与轴承内圈的接触面	侵蚀、磨耗、蠕动及其他
前盖	前盖内径面及两侧面	咬住、侵蚀磨耗及其他
	前盖密封滑动部	磨耗、打伤及其他
油封		油封在分解后全部废弃
隔板		隔板在分解后全部废弃
其他		RCT轴承的外圈,内圈组装及衬垫没有互换性,因此,即使是同一厂家的轴承,也一定要对上产品号码后再使用,因此,上述零部件有缺陷的话,所有的轴承部件都要废弃;但是,油封,前盖,后盖可以互换使用

表 2.4 尺寸检查部位的图面尺寸和管理基准值 　　　　　单位:mm

项　　目		设计值(图面尺寸)	管理基准值
轴承	外径尺寸	$\phi 230_{-0.070}^{0}$	$\phi 230_{-0.078}^{+0.008}$
	内径尺寸	$\phi 130_{-0.025}^{-0.000}$	$\phi 130_{-0.031}^{+0.006}$
前盖	外径尺寸 (油封滑动部)	$\phi 170_{-0.063}^{0}$ (h8)	$\phi 170_{-0.063}^{0}$ (h8)
	内径尺寸	$\phi 130_{+0.035}^{0}$ (M7)	$\phi 130_{-0.044}^{+0.009}$
后盖	外径尺寸 (油封滑动部)	$\phi 170_{-0.063}^{0}$ (h8)	$\phi 170_{-0.063}^{0}$ (h8)
	内径尺寸	$\phi 152_{-0.040}^{0}$ (M7)	$\phi 152_{-0.050}^{+0.010}$
车轴	轴承镶嵌 结合部尺寸	$\phi 130_{+0.043}^{+0.068}$ (p6)	$\phi 130_{+0.043}^{+0.068}$ (p6)
	后盖镶嵌 结合部尺寸	$\phi 152_{+0.100}^{+0.125}$ (s6)	$\phi 152_{+0.100}^{+0.125}$ (s6)

（3）防锈

外观及尺寸检查结束后的轴承零部件及单元零部件，到再组装期间实施所规定的防锈措施，不让其生锈。

7. 轴承及单元的组装

下面对轴承及单元的组装方法进行介绍：

（1）在新部件油密封的主凸缘与防尘凸缘之间均匀地涂上指定的润滑油脂2～3g。

（2）把压入夹具放在前盖压入台的上面，在其上面设置抛油环。

（3）在抛油环上设置顶推夹具，用油压推顶顶推夹具，压入抛油环。

（4）在前盖压入台上设置后盖及抛油环，如图2.33所示。

（5）在抛油环设置顶推夹具，用油压推顶顶推夹具，压入抛油环，如图2.34所示。

（6）关于外圈，把润滑油脂渗入到洁净的碎纱，用碎纱在外圈上涂上薄薄的润滑油脂，把A列侧放置在作业台上。

（7）关于内圈，A列侧及B列侧分别使用润滑油脂封入装置，把指定的润滑油脂分别封入(50 ± 5)g，如图2.35所示。

（8）在上侧外圈上设置封入润滑油脂的A列侧内圈。

（9）在A列侧外圈上装载上油封，设置油封压入工具。

（10）通过挤压（油压或空气）压入A列侧油封。

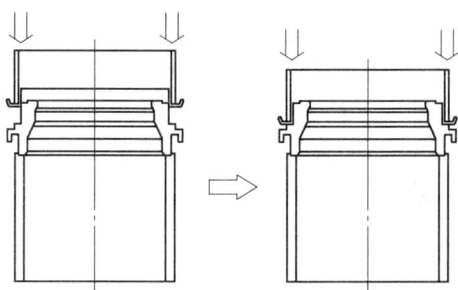

图2.33　抛油环后盖组装模式图　　　　图2.34　抛油环前盖组装模式图

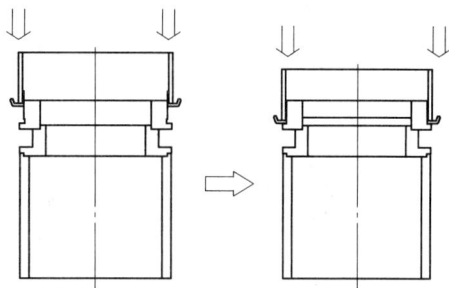

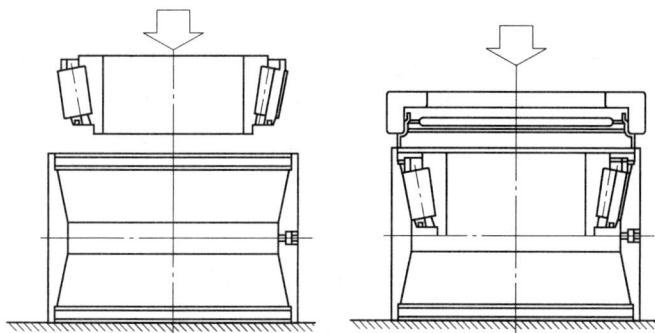

图2.35　轴承组装模式图（内圈A列）

（11）把轴承支持环设置在压入油封的A列侧外圈上，使之反转，把B列侧列为上侧。

（12）内圈小卡头外径和外圈内径部之间均匀地在圆周上封入(140 ± 5)g润滑油脂。

(13)把封入润滑油脂的 B 列侧内轮设置在(B 列侧)外圈上,如图 2.36 所示。

(14)用与 A 列侧相同的要领,把油封压入 B 列侧。

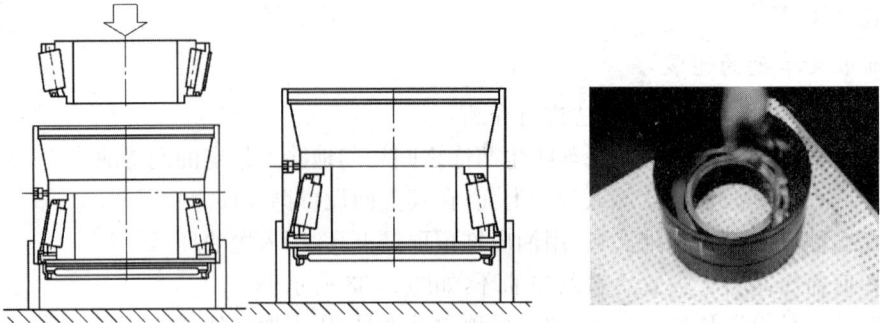

图 2.36　轴承组装模式图(内圈 B 列)

(15)以与 A 列侧相同的要领,把油封压入 B 列侧。

(16)拆下油封压入器具,一边旋转后盖,一边插入。

(17)在后盖上装载瓦楞纸板,把轴承从轴承支持环上卸下,把后盖作为下侧放置。

(18)在 A 列侧油封内径部一边旋转前盖一边插入。

(19)在前盖上面装载瓦楞纸板,用带子紧固轴承单元。轴承组装模式如图 2.37 所示。

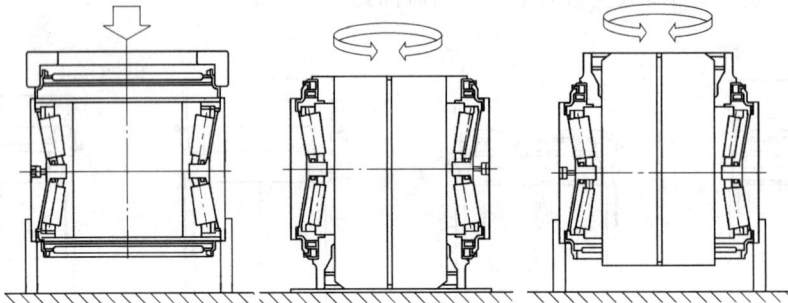

图 2.37　轴承组装模式图(后盖,前盖)

8.轴承单元的包装

当轴承以单元状态组装期间进行保管时,根据新零部件轴承,在上述作业后,盖上塑料袋,放入箱内,在防尘、防湿的环境下加以保管。

2.3.4　轴箱定位装置

1.轴箱定位装置需要满足的条件

(1)对稳定性和曲线通过性能而言,应能够自由地选择最匹配的轴箱纵、横向定位刚度。

(2)对垂向振动特性而言,需要能够自由选择最佳的轴箱垂向刚度。

(3)各部件应耐用,尽量避免因年久而发生特性的变化。

(4)零部件数量少,能够容易地进行组装、分解等保养工作。

2. 轴箱定位方式

轮对轴箱的定位装置为单侧转臂式,如图 2.38 所示。

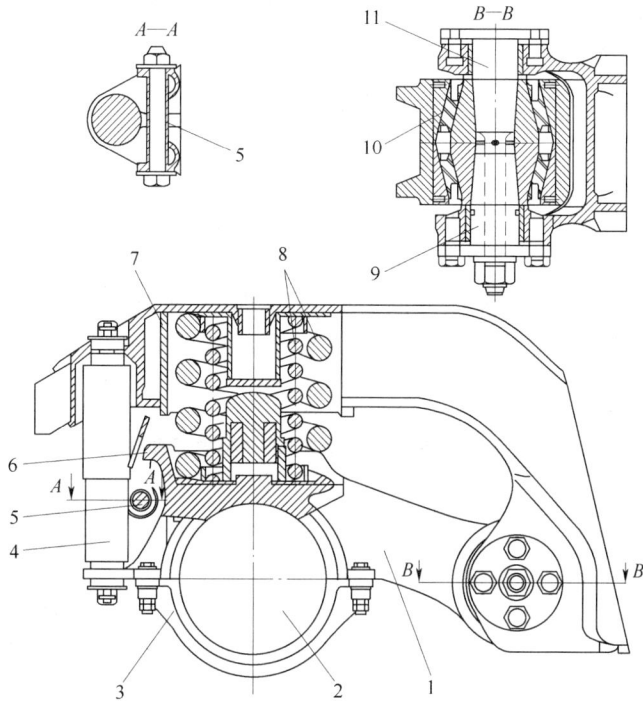

图 2.38 一系悬挂装置

1——系转臂;2—轴箱;3—底部压板;4——系减振器;5—止挡管;6—转臂凸台;
7—弹簧套;8—螺旋弹簧;9—锥形套;10—柱形橡胶套;11—锥形销

转臂式轴箱定位装置的特点是:无磨耗,利于维护;能实现不同的纵向和横向定位刚度。从而有效地抑制转向架的蛇行运动,以满足车辆横向运动性能的要求;由于转臂式是单侧式,轴箱弹簧又布置在轴箱顶部,所以可将单向轴箱油压减振器设置在另一侧(靠近构架侧梁外端部分),既便于减振器的安装,又可缩短构架长度。

3. 轴箱弹簧装置

轴箱体的上部,安装了轴箱弹簧(双圈螺旋弹簧组)。轴箱弹簧通用于动车转向架及拖车转向架。轴箱弹簧外安装了防雪和防尘的防雪罩。转向架构架的端部,用螺栓连接着用于整体转向架起吊连接轮轴和转向架构架的轮对提吊装置。

轴箱弹簧上、下夹板材料 25 钢。上夹板内侧还套上了防止电气腐蚀的绝缘罩,上部镶嵌了防尘帽。

空车时,为了轴箱体和转向架构架基准面之间的间隔达到规定的要求,在轴箱体和防振橡胶之间插入调整板。因为轴箱弹簧在轴箱体的上面,所以通过从转向架构架上部向上拉轴箱弹簧来插入调整板。卸下转向架构架上部的防尘帽,从上面插入弹簧工艺螺栓,拧进弹簧下夹板上切开的螺丝扣中,以便吊起轴箱弹簧下夹板,使轴箱体之间产生缝隙,从而插入调整板。并且,利用油压工具吊起轴箱弹簧下夹板,以便提高操作性。

4. 减 振 器

为了减少垂向的高频振动,在转向架框的弹簧棒与轴箱体之间,安装了一系减振器。减振器使用的金属材料是按照日本工业规格(JIS)来制定的。密封垫采用了高级合成橡胶,工作油(减振器油)采用了优质的矿物油,具备了适合油减振器功能的特点。活塞杆表面进行研磨之后,使用了硬质的铬合成镀金。暴露在轴减振器外部的部分,全部进行了防腐处理,并全部涂上了油漆。

2.4 典型转向架组装

下面介绍的转向架为 CRH2 型动车组使用的转向架,其动车转向架称为 SKMB-200,拖车转向架称为 SKTB-200,均为无摇枕转向架。主要参数如表 2.5 所示。下面说明其各部分的装配要领。

表 2.5 CRH2 型动车组转向架主要参数

转向架形式 项目	动车转向架 SKMB-200	拖车转向架 SKTB-200
转向架重量	7.50 t	一般转向架:6.87 t 车头转向架:6.95 t
固定轴距	2 500 mm	
车轮直径	860 mm(最小使用直径 790 mm)	
轴承中心间距	2 000 mm	
转向架最大长度	3 416 mm	一般转向架:3 416 mm 车头转向架:3 566 mm
转向架最大宽度	3 102 mm(至空气弹簧筒为止)	
空气弹簧左右间隔	2 460 mm	
空气弹簧有效直径	ϕ 520 mm	
驱动方式	平行万向节挠性轴连轴器、 1 级减速齿轮方式	
齿轮比	85:28=3.04:1	
车轴轴承	ϕ 1 300 密封复式圆锥滚珠轴承	
制动方式	空油变换、车轮侧盘盘片方式	空油变换、车轮侧盘盘片·轴盘片并用方式
锁紧装置	油压气缸:ϕ 45×2	油压气缸:ϕ 32×2
制动倍率	18.367(增压比)×2(摆杆比)=36.73	
闸瓦	烧结合金(锻钢盘片用)	
轴箱支持方式	轴梁方式	

2.4.1 轴箱的组装与要求

1. 使用轴箱体和压板紧固轴箱支撑橡胶

紧固力矩为 148 N·m (15 kgf·m)，如图2-39所示。

应确认轴箱体、压板的配合标记。轴箱支撑橡胶可以由压板销和轴箱支撑橡胶的孔定位。务必使轴箱支撑橡胶心轴的锥形部分位于轮对的相反侧。

2. 将轴箱体安装到装有轴承的轮对上

如图 2.40 所示，轴承表面涂润滑脂时（例如 Shell Nerita2858），应考虑温度情况，当气温较低时，应使得轴箱体温暖后（表面温度为 20 ℃左右）再进行作业。

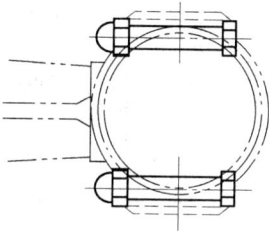

图 2.39　轴箱体与轴箱支撑橡胶

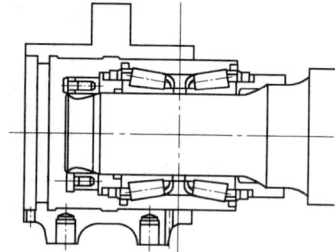

图 2.40　轴箱体与轴承的组装

3. 组装后盖

后盖配合面紧固力矩为 36 N·m (3.7 kgf·m)，如图 2.41 所示。在组装后盖之前，应确认配合标记。

4. 轴箱体和后盖连接

如图 2.42 所示，轴箱体和后盖连接时使用扳手型的力矩扳手，其紧固力矩：196 N·m (20 kgf·m)。

5. 安装前盖

将前盖与轴箱体紧固，如图 2.43 所示，紧固力矩取 196 N·m (20 kgf·m)。

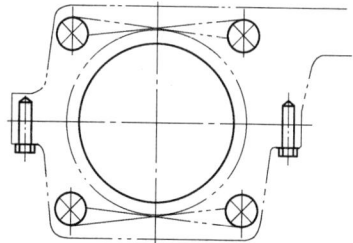

图 2.41　后盖的组装

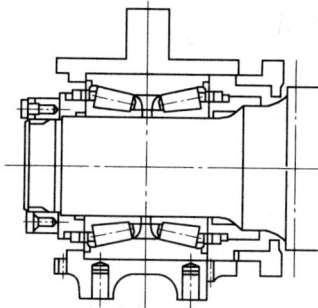

图 2.42　后盖与轴箱体的紧固

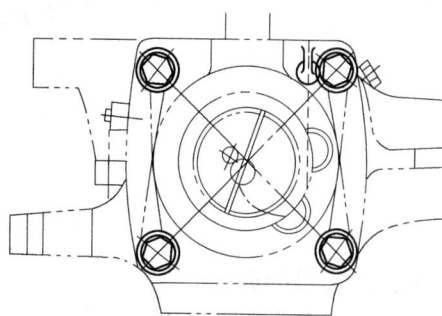

图 2.43　前盖与轴箱体的紧固

2.4.2 轴箱弹簧的组装

(1)将圆弹簧、绝缘罩、挡板放置在圆弹簧座上,如图 2.44 所示。

(2)放置圆弹簧压紧卡具(小直径特殊垫片)、压紧用螺栓,用手轻轻拧紧,如图 2.45 所示,向弹簧压紧用螺栓的螺纹部分涂二硫化钼等螺纹润滑剂。

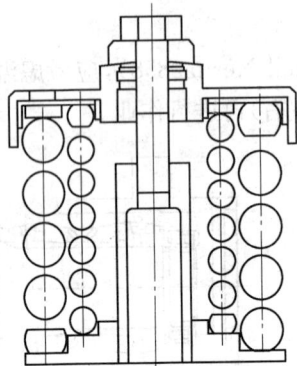

图 2.44 圆弹簧的安装

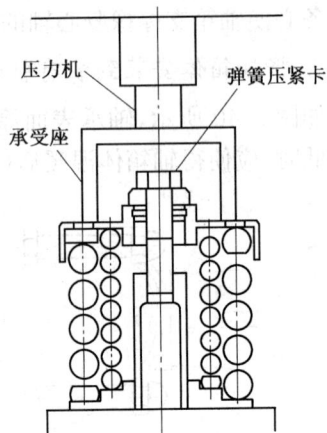

图 2.45 弹簧压紧

(3)将承受座放在圆弹簧座上,使用压力机压缩到相当于空车的高度,同时紧固圆弹簧压紧螺栓,在达到设定高度处轻轻紧固,如图 2.46 所示。

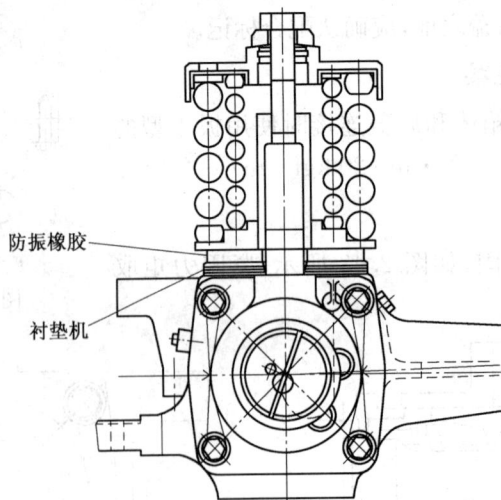

图 2.46 圆弹簧的组装

(4)卸除压力机的负荷。

(5)将装到轮对上的轴箱体基本保持水平,放置调整板、防振橡胶,然后放置在上述步骤中组装的圆弹簧装配件。

2.4.3　转向架的组装与要求

（1）将轮对大致对准轴距放置，缓慢放下转向架构架。

应确认轴箱体保持基本水平。当无法嵌入时，应再次确认轮对之间的轴距等。

（2）将转向架构架保持在即将放在圆弹簧组装件上的位置，确认轴箱支撑橡胶的心轴应切实嵌入转向架构架侧，如图 2.47 所示。

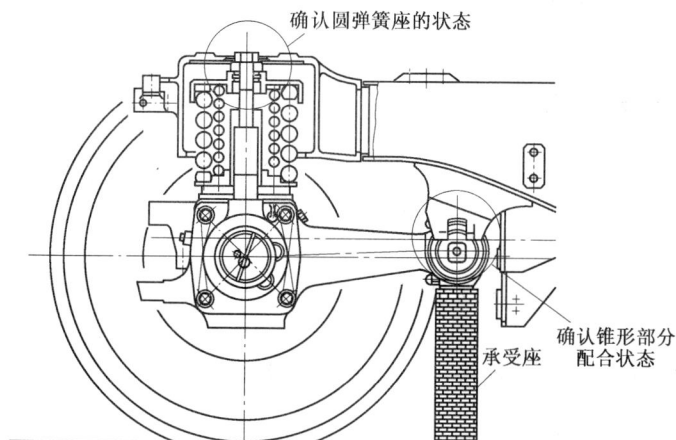

图 2.47　构架与轴箱的组装

（3）缓慢降下转向架构架，将轴箱支撑橡胶的心轴嵌入转向架构架的轴向支撑橡胶座的锥形部分。

注意事项：

如果不将弹簧压紧，则圆弹簧将升起、造成无法嵌入、或者可能造成锥形部分损伤，因此务必将弹簧压紧，使得圆弹簧成为相当于空车时的状态。

确认圆弹簧座上的突起部分应嵌入转向架构架。

当圆弹簧座上的突起部分没有嵌入时，应使用撬杠等微调至规定的位置。

（4）确认转向架构架侧梁上的阶梯形加工面（或者打标点）与车轮内侧面之间的间隔 AR，AL 的误差应在 1 mm 以内，如图 2.48 所示。

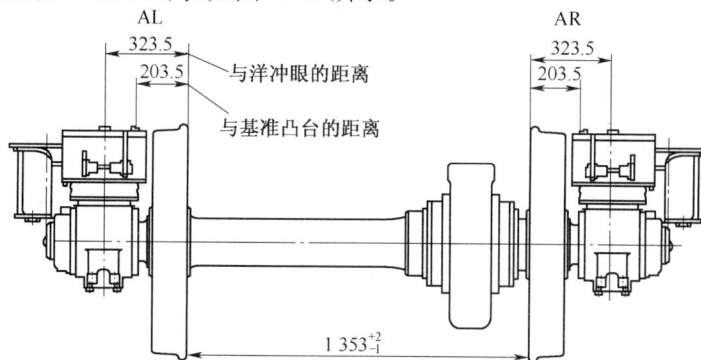

图 2.48　构架与轮对的标记确认

(5)使用碟形弹簧座、碟形弹簧(2片)以及六角螺栓将心轴固定在转向架构架上,如图2.49所示。

初始紧固力矩98 N·m(10 kgf·m),调整紧固力矩 78 N·m(8 kgf·m),确认紧固力矩为 69 N·m(7 kgf·m)。

在紧固时,作为锥形部分的配合方法,采用初始紧固力矩→紧固力矩。力矩确认时,确认紧固力矩请参见相关规定。

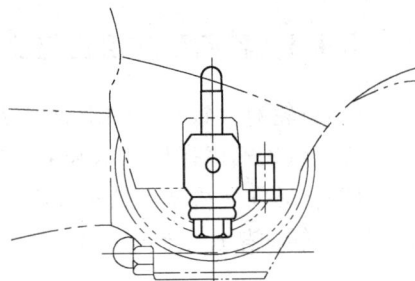

图2.49 碟形弹簧的固定

2.4.4 驱动装置—齿轮箱的安装

齿轮箱壳体由直接安装在轮轴上的锥形滚柱轴承支承。小齿轮轴位于齿轮箱中,由2个柱形滚珠轴承和4个点接触滚珠轴承支承。齿轮箱的外壳通过一个反应杆连接于转向架构架。

小齿轮轴和驱动轴的轴承采用迷宫式密封结构,每个迷宫结构上有一个通向齿轮箱集油槽的回油孔。

反应杆的两端各有一个弹性连接。使用2个穿过两个凸耳的高强度螺栓将反应杆与齿轮箱相连。

齿轮箱的延伸部分,是用来防止在反应杆连接发生故障时下齿轮箱出现转动。转向架构架上有一个对应支座用于连接反应杆,如图2.50所示。

具体安装如下:

(1)齿轮箱小齿轮轴上安装齿轮联轴节。

(2)转向架构架上安装齿轮箱吊座。

(3)安装齿轮箱的安全吊装隔板。紧固力矩为 412 N·m(42 kgf·m)。

(4)牵引电机小齿轮轴上安装齿轮联轴节。

(5)将牵引电机安装到转向架构架上。六角螺栓的紧固力矩:500 N·m(51 kgf·m),使转向架构架的电机吊座的机械加工面和牵引电机的毂头端面成一面地进行安装。

(6)连接齿轮联轴节。

2.4.5 其他部件的安装

1.车轮踏面清扫装置的安装

制动卡钳上部安装踏面清扫装置。紧固力矩为 40~50 N·m(4~5 kgf·m)。

2.制动器装置的安装

将制动卡钳安装在转向架构架上。紧固力矩为

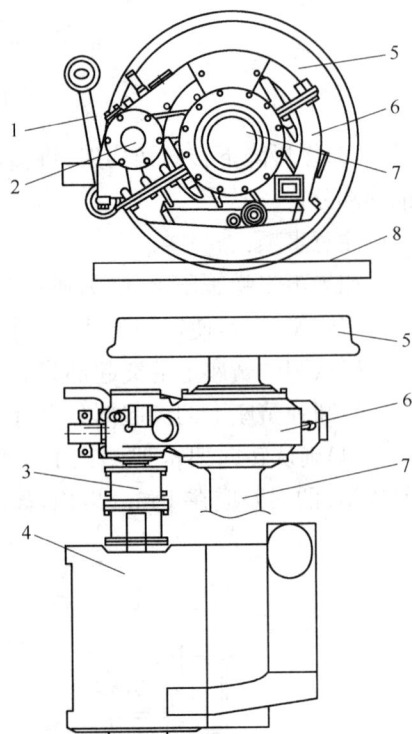

图2.50 驱动齿轮传动装置系统
1—反应杆;2—小齿轮轴;3—连轴器;
4—牵引电机;5—车轮;6—齿轮箱;
7—轮轴;8—上轨面

343 N·m（34.5 kgf·m）。

使转向架构架的制动吊座的机械加工面和制动器卡钳的毂头端面成一面地进行安装。

3. 增压气缸、增压气缸罩的安装

(1)将增压气缸安装在转向架构架上。紧固力矩为 103 N·m（10.5 kgf·m）。

(2)将增压气缸盖罩安装在转向架构架上。紧固力矩为 103 N·m（10.5 kgf·m）。

4. 差压阀的安装

将差压阀安装在差压阀座上。紧固力矩为 24.5 N·m（2.5 kgf·m）。

5. 横向挡的安装

将横向挡安装在转向架构架上。紧固力矩为 103 N·m（10.5 kgf·m）。横向挡的调整在落车后进行。

6. 调整棒托的安装

将调整棒托安装在转向架构架上。紧固力矩为 103 N·m（10.5 kgf·m）。调整棒托分左右件，要注意安装方向。

7. 抗蛇行减振器托架的安装

将抗蛇行减振器托架安装在转向架构架上。紧固力矩为 196 N·m（20 kgf·m）。

8. 轮对提吊组成的安装

在转向架构架上安装轮对提吊组成。紧固力矩为 103 N·m（10.5 kgf·m）。

9. 一系减振器的安装

在轴箱体和转向架构架之间安装一系减振器。紧固力矩为 90 N·m（9.15 kgf·m）。由于实施了防止错误安装的设计，如果方向安装错误，则不能安装。

10. 排障器（仅限首车前面转向架）的安装

(1)在轴箱体下面安装安装臂。紧固力矩为 196 N·m（20 kgf·m）。

(2)在安装臂上安装排障板托架。紧固力矩为 314 N·m（32 kgf·m）。

(3)在排障板托架上安装盖。紧固力矩为 13 N·m（1.3 kgf·m）。

(4)排障板托架上安装排障板。紧固力矩为 36 N·m（3.7 kgf·m）。排障板托架的高度调整在落车后进行。

2.4.6 转向架组装尺寸检查

(1)轴距尺寸的测量。

轴距尺寸的测量应在(2 500±1) mm(空车荷载时)，即左右误差 1 mm 以内，如图 2.51 所示。

(2)车轮对角线尺寸的测量。

规定标准为对角误差 1 mm 以内，如图 2.52 所示。

(3)A 尺寸(轴箱体—转向架构架之间)的测量。

轴箱体与转向架构架之间的测量为 49~52 mm(空车荷载时)。

使用调整板调节，使得 1 台转向架内的误差在 2 mm 以内(调整板的厚度最大为 21 mm)。

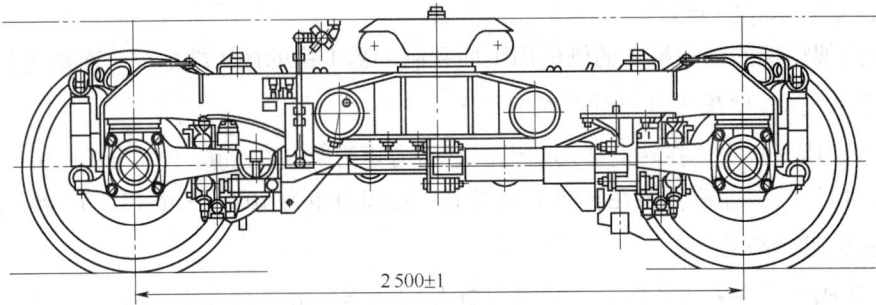

图 2.51　轴距尺寸的测量(单位:mm)

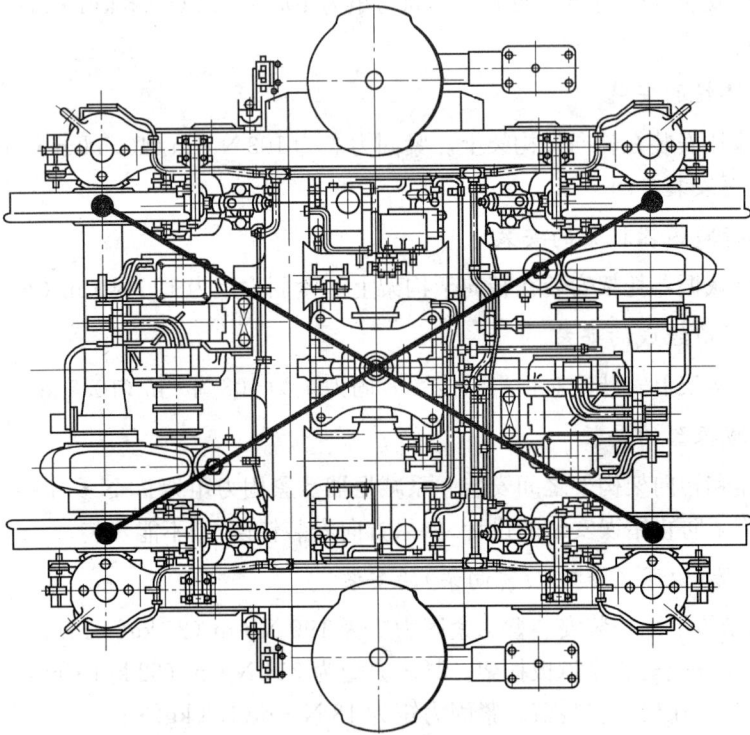

图 2.52　车轮对角线尺寸的测量

A 尺寸的最终调整在转向架安装完(放置车体)后进行,如图 2.53 所示。

(4)调整牵引电机轴与齿轮箱装置小齿轮轴之间的轴差。轴差的最终确认在落车后进行。

(5)进行横向挡的调整。

中心销与横向挡的间隔为 20~22 mm,最终确认在落车后进行,如图 2.54 所示。

(6)对前面转向架的排障板的高度进行调整。

距离轨道上平面 5~7 mm(空车载荷时),高度的最终确认在落车后进行,如图 2.55 所示。

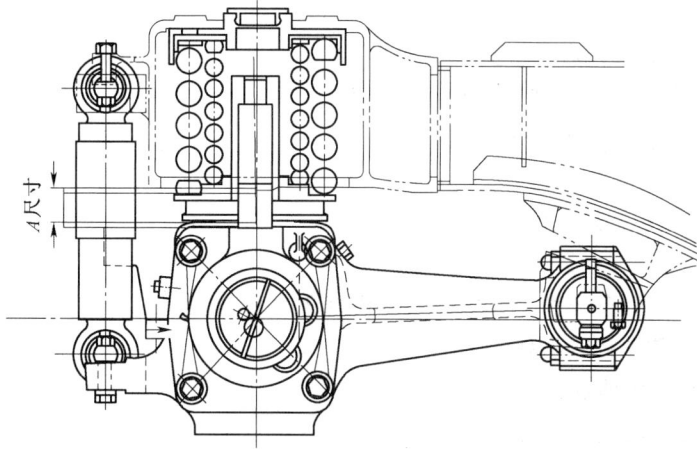

图 2.53　轴箱体与转向架构架之间的测量尺寸(A 尺寸)

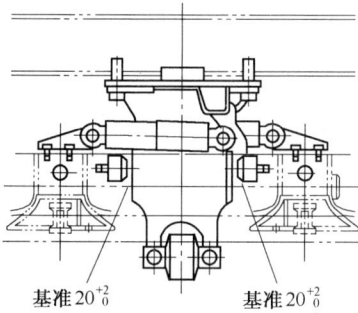

图 2.54　横向挡的调整(单位:mm)

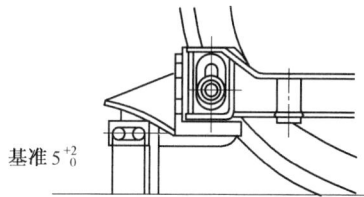

图 2.55　高度调整(单位:mm)

2.4.7　车体与转向架的上下关系尺寸检查

车体落至转向架后,需进行相关尺寸检查,以确保车辆的组装完好。

中心销及中心销安装部件与转向架构架安装部件的上下间隔:空车时检查标准 48 mm 以上。

车体车体枕梁及车体支撑梁安装部件与转向架构架安装部件的上下间隔,空车状态检查标准规定:转向架二横梁间以内为 53 mm 以上;其余部分为 68 mm 以上。

车体与车轮轮缘的上下间隔:空车状态检查标准规定 83 mm 以上。

此外,同一车辆在空车时端梁下端至轨面的高度差:前后 25 mm 以下,左右 15 mm 以下,对角 25 mm 以下。

转向架排障器橡胶高度,要求距轨面(10±2.5)mm。

复习思考题

1. 何谓装配? 通常将机器划分为哪些独立的装配单元?
2. 简述完全互换装配法的优点。

3. 选择装配法分为哪几种？其特点如何？

4. 修配装配法有哪几种？其特点如何？

5. 调整装配法分为哪几种？其特点如何？

6. 简述轮对组装的技术要求。

7. 简述制动盘组装工艺过程。

8. 简述车轮组装工艺过程。

9. 简述轮对组装的质量评价依据。

10. 各举二例说明合格和不合格的轮对组装压力曲线。

11. 轴箱组装方法有哪几种？

12. 简述轴承单元的压装工艺过程。

13. 简述转向架组装工艺过程。

14. 简述转向架组装后检查的尺寸及大小。

第3章

动车组车体零件冲压加工

3.1 概　　述

冲压加工是对金属进行压力加工的方法之一。它是利用安装在压力机上的模具对板材、带材、管材和型材等施加外力,使其产生塑性变形或分离,从而获得所需零件的加工方法,简称冲压。车体钢结构零件的制造,普遍采用冲压加工。冲压工艺是指冲压加工的具体方法和技术经验,冲压模具是指将毛坯材料加工成冲压零件的专用工具(俗称冲模)。

3.1.1　冲压加工的特点

与其他加工方法相比,冲压加工在技术和经济方面有以下特点:

(1)由于利用模具冲压成形,所以可获得其他加工方法所不能或难以制造的薄壁、形状复杂的零件。

(2)冲压件的尺寸精度由模具来保证,所以质量稳定,互换性好。

(3)冲压加工一般不需要加热毛坯,也不像切削加工那样,需要大量切削金属,所以它不但节能,而且节约金属材料。

(4)生产效率高。冲压加工是一种高效率的加工方法。普通压力机每分钟可生产几十件,而高速压力机每分钟可生产成百上千件。

(5)操作简便,便于实现生产的机械化和自动化。同时,其材料利用率较高,生产批量大时,产品的成本较低。

正因为冲压加工有如上优点,因此在工业生产上应用极广。在航空航天、机械、电子信息、交通、兵器、日用电器以及轻工等产业部门中,都占有相当的比重。在轨道车辆制造中,冲压也得到广泛的应用,如客车车体钢结构的大部分零件都是用冲压加工获得的。冲压的缺点主要表现在冲压加工时的噪声和振动比较大,会对周围环境和设备本身造成一定影响。

板料、模具和冲压设备是冲压生产的三要素。为了获得优质低价的冲压零件,必须提供优质的板料、先进的模具和性能优良的冲压设备,还应掌握板料的成形性能和变形规律。

动车组车体结构所用材料,主要有耐候钢、不锈钢和铝合金等。耐候钢是低合金高强度耐大气腐蚀钢的简称。国产耐候钢比普通碳素钢有较高的耐腐蚀性能。铜磷系耐候钢的耐腐蚀性,一般相当于普通碳素钢的 2 倍左右,在恶劣环境中相当于 2~3 倍;铜磷铬镍系耐候钢的耐腐蚀性相当于普通碳素钢的 2～3 倍,在恶劣环境中相当于 3 倍以上。客车车体用薄板较多,常选用耐腐蚀性能较好的铜磷铬镍系耐候钢,例如 09CuPTiRe、08CuPVRe、09CuPRe、08CuP、WSPA(09CuPCrNi)、10CrNiCuP 等耐候钢。

不锈钢是铬或铬镍含量较高的合金钢。20 世纪 60 年代初,日本选用不锈钢制造的列车在东京高速电气铁路系统中使用。我国于 1987 年采用奥氏体不锈钢(钢号为 0Cr18Ni9)制造不锈钢空调软卧车。1994～1996 年,还与韩国合作生产 30 辆不锈钢客车。采用不锈钢制造的车辆具有外表美观、寿命长和维修工作量少等优点。

车体承载结构使用铝合金始于 1952 年伦敦地铁车辆。目前,世界各国许多大城市的地铁车辆、干线高速车辆都采用铝合金制造车体。铝合金车体具有轻量化和防腐蚀的突出优点。

国外铁道车辆制造中所采用的材料是,底架、框架采用焊接强度高的 A7N01 材料,侧墙和端墙外板、框架采用具有良好焊接性、耐蚀性和机械性能的 A5083 材料,地板和顶板采用耐腐蚀性和工艺性好的 A5005 材料。在大型中空挤压型材中,对材料的挤压性、焊接性、强度、刚度方面都有综合性能的要求,可采用 A6005A 和 A7003 材料。

铝合金在我国轨道车辆上的应用已经进入了快速发展阶段,铝合金材料在地铁车辆、城市轨道车辆、客车以及动车组制造中已经得到越来越广泛的应用。

3.1.2 冲压加工的分类

在生产中,为了满足冲压零件形状、尺寸、精度、批量、原材料性能的要求,冲压加工的方法是多种多样的。概括起来,冲压加工可分为分离工序和成形工序两大类,如图 3.1 所示。

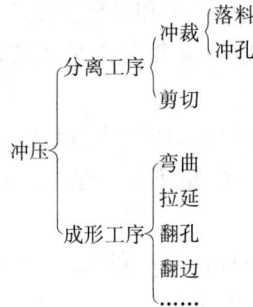

图 3.1　冲压加工的分类

分离工序是使冲压件沿一定轮廓线从板料上或型材上分离,同时保证分离断面的质量要求。分离工序又可分为落料、冲孔和剪切等工序,见表 3.1。

表 3.1　分离工序

工序名称	简　图	特点及应用范围
落　料	废料　　零件	用冲模沿封闭轮廓曲线冲切,冲下部分是零件,用于制造各种形状的平板零件

续上表

工序名称	简　图	特点及应用范围
冲　孔	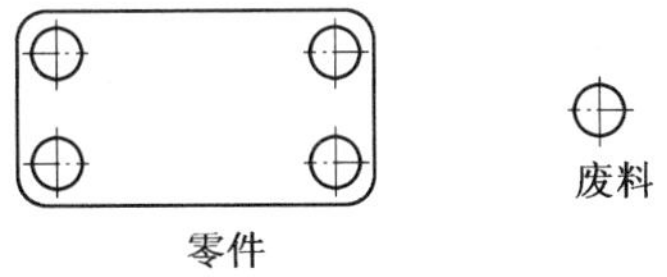 零件　　废料	用冲模沿封闭轮廓曲线冲切,冲下部分是废料
切　断	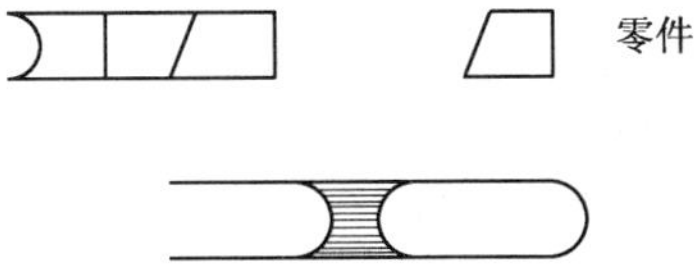 零件	用剪刀或冲模沿不封闭曲线切断,多用于加工形状简单的平板零件
切　边		将成形零件的边缘修切整齐或切成一定形状
剖　切	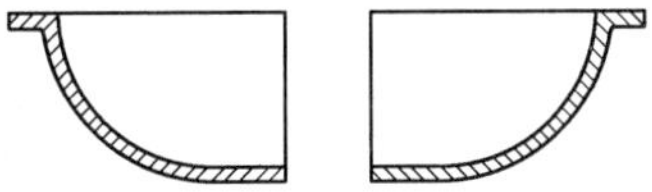	把冲压加工后的半成品切开成为两个或数个零件,多用于不对称零件的成双或成组冲压成形之后

　　成形工序是使板料在不破坏的条件下发生塑性变形,制成所需形状和尺寸的工件。成形工序可分为弯曲、拉深、翻孔、翻边等工序,见表 3.2。

　　为了进一步提高生产效率,保证产品质量,常将两道或两道以上的冲压工序工作合并成一个工序,称为复合工序。例如落料和冲孔、冲裁和拉深等。

表 3.2　部分成形工序

工序名称	简　图	特点及应用范围
弯　曲	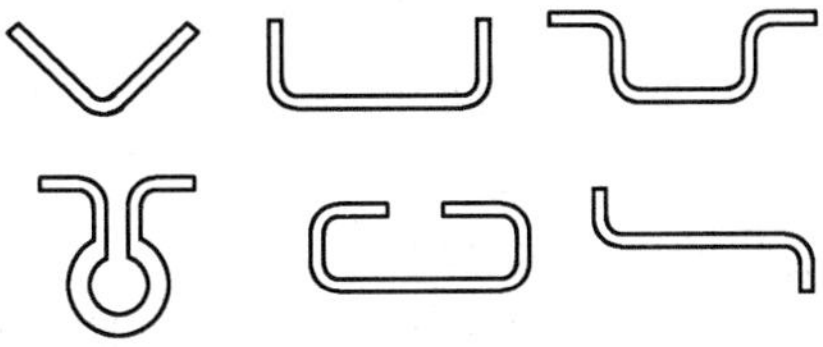	把板材沿直线弯成各种形状,可以加工形状较复杂的零件
卷　圆	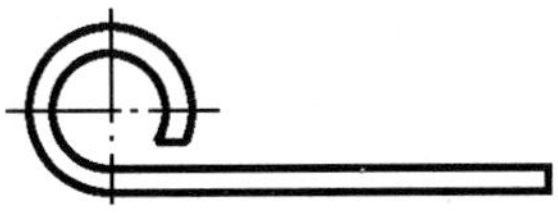	把板材端部卷成接近封闭的圆头,用以加工类似铰链的零件

续上表

工序名称	简　图	特点及应用范围
扭　曲		把冲裁后的半成品扭转成一定角度
拉　深		把板材毛坯制成各种空心的零件
变薄拉深		把拉深加工后的空心半成品进一步加工成为底部厚度大于侧壁厚度的零件
翻　孔		把预先冲孔的板材半成品上或未经冲孔的板料冲制成竖立的边缘
翻　边		把板材半成品的边缘按曲线或圆弧成形成竖立的边缘
拉　弯		在拉力与弯矩共同作用下实现弯曲变形,可得精度较好的零件

3.1.3　冲压设备

冲压设备是为冲压加工提供动力的设备。冲压设备的种类很多,概略地说可以分为剪机和压力机两大类。剪机是用来将板料切成一定宽度的条料,以供下一步冲压之用。剪机分成斜刃剪、平刃剪和圆盘剪等几种。压力机一般可分为机械压力机、液压压力机等类型。机械压力机在生产中用得最多,它包括曲柄压力机、摩擦压力机等。

车辆零件生产中曲柄压力机用得最广泛,其基本工作机构是曲柄连杆机构。利用曲轴、曲拐轴或偏心轴,把旋转运动通过连杆使滑块作往复运动进行冲压工作。曲柄压力机主要技术参数有公称压力、滑块行程、滑块每分钟行程次数、装模高度以及工作台尺寸、滑块底面尺寸等。这些参数反映一台压力机的工艺能力,所能加工零件的尺寸范围以及有关生产率等指标。选择冲压设备时,可从压力机的类型和规格的主要技术参数来选择。

3.2　冲　裁

冲裁是利用压力机和模具使板料沿着一定的轮廓形状产生分离的冲压工序。根据变形机理的不同,冲裁可分为普通冲裁和精密冲裁。通常所说的冲裁即指普通冲裁,它包括落料、冲孔、切断、切边、剖切等多种工序,但一般说来,冲裁工艺主要是指落料和冲孔工序。从板料上用冲模沿封闭轮廓曲线冲切,冲下所需形状的零件(或毛坯)叫落料。在工件上冲出所需形状的孔(冲去的为废料)叫冲孔。一般的垫圈,就是由落料和冲孔工序生产出来的。冲裁所使用的模具称为冲裁模,如落料模、冲孔模等。

冲裁是最基本的冲压工艺方法,在冲压生产中所占的工作量比重很大。冲裁可以直接制成零件(或成品),也能为弯曲、拉深、成形、冷挤压等冲压工序准备好毛坯。

3.2.1　冲裁时板料的变形过程

在冲裁过程中,当凸模和凹模之间的间隙正常时,板料受力后必然从弹性变形开始,进入塑性变形,最后以断裂分离而结束,如图3.2所示。从图中可以看出,凸模与凹模组成上下刃口,板料放在凹模上,凸模逐步下降使板料产生变形,直至全部分离。整个冲裁过程的变形分为三个阶段。

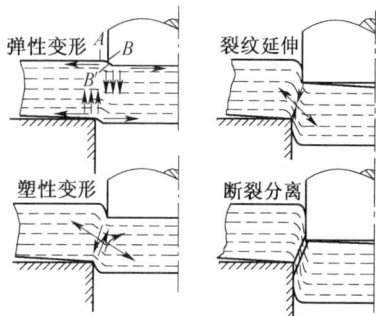

图3.2　冲裁时板料的变形过程

1. 弹性变形阶段

板料在凸模的压力作用下,产生弹性压缩、弯曲和拉伸等变形,板料底面相应部分材料略有挤入凹模洞口内。这时凸模下的板料向下略有弯曲,凹模上的板料略有上翘。凸凹模之间的间隙越大,向下弯曲和上翘越严重。在此阶段,板料内应力尚未达到屈服极限。这时,如果凸模卸载后,板料将立即恢复原状。

2. 塑性变形阶段

当凸模继续压入,板料内应力达到屈服极限时,板料开始产生塑性剪切变形。部分金属被挤入凹模洞口内,产生塑剪变形,得到光亮的剪切断面。同时,由于凸、凹模间存在间隙,所以在塑剪变形的同时,还伴随有板料的弯曲与拉伸变形。间隙越大,变形也越大。随着凸模的不断压入,板料的变形程度便不断增加,变形抗力也不断上升,最后在凸模和凹模刃口附近,内应力首先超出板料的抗剪强度,出现微裂纹,塑性变形阶段结束。

3. 断裂分离阶段

凸模继续压入,凸模与凹模刃口附近形成的微裂纹在拉应力作用下,不断向板料内部延伸。若凸模与凹模之间的间隙合理,上下断面相互重合,材料随即被拉断分离。由于拉断的结果,断面上形成一个粗糙的区域。当凸模再向下移动时,凸模将冲落的部分全部挤入凹模洞口,冲裁过程到此结束。

3.2.2　冲裁件断面特征

在上述冲裁变形过程中得到的冲裁件或废料,其断面并不是光滑垂直的。断面存在四

个特征区域,即圆角带、光亮带、断裂带和毛刺,如图 3.3
所示。

1. 圆 角 带

塑性变形阶段开始时,凸模刃口刚压入板料时,刃口附近
的材料产生弯曲和伸长变形,材料被带进模具间隙的结果。
软材料比硬材料的圆角大。

2. 光 亮 带

该区域发生在板料塑性变形的过程之中。当刃口切入金属
板料后,板料与模具侧面挤压而形成的光亮垂直的断面。通常占
全断面的 1/2~1/3。软材料的光亮带宽,硬材料的光亮带窄。

3. 断 裂 带

该区域是在断裂分离阶段产生的。这是由于刃口处产生的微裂纹在拉应力的作用下,
不断扩展而形成的撕裂面,其表面粗糙,具有金属本色,且带有斜度。

4. 毛 刺

毛刺是在塑性变形阶段后期,由于微裂纹的产生位置并非正对着刃口,在拉应力的作用
下,裂纹加长,使板料断裂而产生毛刺。因此,在普通冲裁中毛刺是不可避免的,冲裁件必然
存在毛刺。

从冲裁零件的断面图可以看出,冲裁件的断面是粗糙的而且有锥度。同时还有点穿弯、
不平直、端面有毛刺。用普通冲裁所得到的零件,其经济精度不高于 IT10 级,表面粗糙度为
$Ra\,25\sim Ra\,12.5$,只适合于一般要求。但对车体钢结构来说,这种冲裁件已能满足设计要求
了。对于一些要求尺寸精确较高、表面粗糙度值较低的零件以及要求切断面与表面保持垂
直的零件,用一般冲裁方法是难以达到要求的,可以采用整修或精密冲裁的方法。

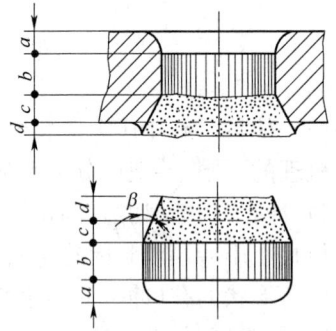

图 3.3 冲裁件断面特征
a—圆角带;b—光亮带;
c—断裂带;d—毛刺

3.2.3 冲裁力的计算及压力机公称压力的选取

3.2.3.1 冲裁力的计算

冲裁力是指冲裁时材料对模具的最大抵抗力。冲裁力计算的目的,是为了合理地选用
压力机的吨位和进行模具设计。选择压力机时,压力机的吨位必须大于所计算的冲裁力,以
适应冲裁工艺的需求。模具设计的强度和刚度也要适应冲裁的要求。影响冲裁力的因素很
多,主要有材料的机械性能与厚度,冲裁件周边的长度,模具间隙大小及刃口锋利程度等。

一般平刃口模具冲裁时,冲裁力按下式计算:

$$P = KF_\tau = KLt_\tau$$

式中　P——冲裁力,N;

　　　F——剪切断面面积,mm^2;

　　　τ——材料抗剪强度,MPa;

　　　L——冲裁周边长度,mm;

　　　t——材料厚度,mm;

K——系数,一般取 $K=1.3$。

系数 K 是考虑模具刃口的磨损、凸模与凹模间隙的变化和不均匀、润滑情况、材料机械性能和厚度的波动等因素的安全系数。当查不到材料的抗剪强度时,可用抗拉强度代替抗剪强度,而取 $K=1$ 的近似计算法计算,即:

$$P = KLt\tau \approx Lt\sigma_b$$

式中 σ_b——材料的抗拉强度,MPa。

3.2.3.2 卸料力及推件力的计算

当完成一次冲裁后,由于板料在冲裁过程中,在产生塑性变形的同时兼有弹性变形,落料件或废料发生弹性变形而扩张,使其梗塞在凹模内,而板料上的孔则发生弹性收缩,箍紧在凸模上。要使冲裁生产得以继续进行,必须将它们从凹模孔内推出或从凸模上卸下,这就需要用一定的作用力。从凸模上将零件或废料取下来所需的力称卸料力,从凹模内顺着冲裁方向将零件或废料推出的力称推件力,逆冲裁方向把零件或废料从凹模洞内顶出的力称顶

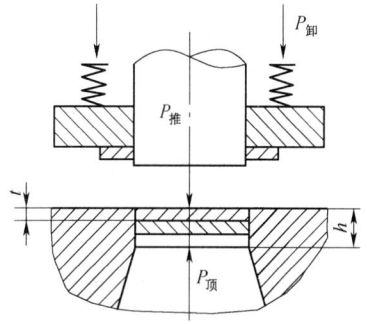

图 3.4 工艺力示意图

件力,如图 3.4 所示。这些力将直接由压力机通过卸料机构来提供,所以在选用压力机和设计模具的卸料机构时,必须考虑卸料力、推件力与顶件力。影响这些力的因素很多,主要有材料的机械性能、材料厚度、模具间隙、零件形状尺寸以及润滑情况等。因此要准确地计算这些力是困难的,在实际生产中常采用下列经验公式计算:

卸料力:
$$P_{卸} = K_{卸} P$$

推件力:
$$P_{推} = n K_{推} P = \frac{h}{t} K_{推} P$$

顶件力:
$$P_{顶} = K_{顶} P$$

式中 P——冲裁力,N;

n——同时梗塞在凹模洞口内零件(或废料)的数目,通常 $n=2\sim4$;

h——圆柱形凹模洞口高度,mm;

t——材料厚度,mm;

$K_{推}$、$K_{顶}$、$K_{卸}$——分别为推件力、顶件力及卸料力系数,其值可见表3.3。

表 3.3 卸料力、推件力及顶件力的系数

冲裁材料		$K_{卸}$	$K_{推}$	$K_{顶}$
铝、铝合金		0.025~0.08	0.03~0.07	0.03~0.07
钢材料厚度(mm)	≤0.1	0.06~0.075	0.1	0.15
	0.1~0.5	0.045~0.055	0.065	0.08
	0.5~2.5	0.04~0.05	0.050	0.06
	2.5~6.5	0.03~0.04	0.045	0.05
	>6.5	0.02~0.03	0.025	0.03

3.2.3.3 压力机公称压力的选取

冲裁时,压力机公称压力必须大于或等于冲裁时各工艺力的总和(即总冲裁力)$P_总$。这些工艺力在选择压力机时应根据不同的模具结构进行区别对待。总冲裁力 $P_总$ 分别按下列情况计算。

采用弹性卸料装置和下出料方式的冲裁模的总冲裁力为:

$$P_总 = P + P_卸 + P_推$$

采用弹性卸料装置和上出料方式的冲裁模的总冲裁力为:

$$P_总 = P + P_卸 + P_顶$$

采用刚性卸料装置和下出料方式的冲裁模的总冲裁力为:

$$P_总 = P + P_推$$

3.2.3.4 降低冲裁力的方法

在冲压生产中,当现有的压力机公称压力不满足总冲裁力要求时,只能采取措施降低总冲裁力。可以采取的方法有三种,即采用阶梯凸模、斜刃口、加热冲裁。

1. 采用阶梯凸模

在多凸模的冲模中,将凸模作阶梯形布置,即将凸模做成不同的高度,如图 3.5 所示,使各凸模冲裁力的最大值不同时出现,这样就能降低总冲裁力。特别是当几个凸模直径相差悬殊,彼此距离又很近时,将小直径凸模做得短些,还可以避免小直径凸模由于承受材料流动的挤压力而产生折断或歪斜的现象。凸模之间的高度差 H 取决于材料厚度。

如 $t < 3\ mm$,则取 $H = t$;

如 $t \geqslant 3\ mm$,则取 $H = 0.5t$。

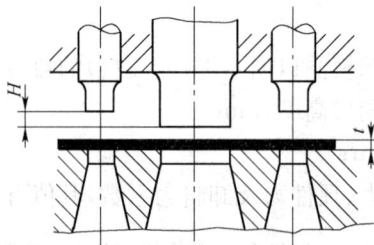

图 3.5 阶梯形布置凸模图

2. 采用斜刃口

在用平刃冲裁时,整个刃口平面同时冲切材料,所需冲裁力大。若将凸模或凹模刃口平面做成与其轴线倾斜一定角度 φ 冲裁时,如图 3.6 所示,斜刃口是逐步切入材料的,因而能降低冲裁力。

为了在斜刃冲裁时能得到平整的零件,落料时应将凹模作成斜刃,凸模作成平刃;冲孔时则将凸模作成斜刃,凹模作成平刃。设计斜刃时,应使斜刃对称布置,以免冲裁时承受单向侧压力而发生偏移,损坏刃口。斜刃角 φ 与斜刃高度 H 可按表 3.4 选值。

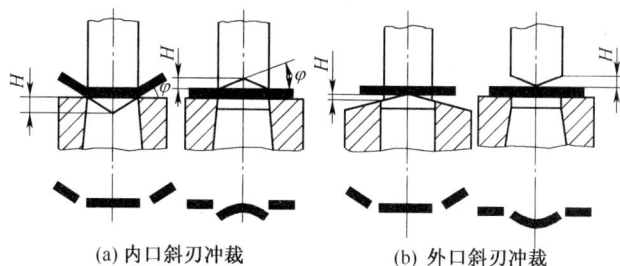

(a) 内口斜刃冲裁   (b) 外口斜刃冲裁

图 3.6 斜刃冲裁

表 3.4 一般采用的斜刃数值

材料厚度 t(mm)	斜刃高度 H(mm)	斜刃角 φ
<3	$2t$	<5°
3~10	t	<8°

斜刃冲裁力 P' 可按下式计算：

$$P' = K_1 P$$

式中 P——用平刃冲裁所需的冲裁力，N；

     K_1——斜刃冲裁的减力系数。

减力系数 K_1 根据斜刃高度 H 与材料厚度 t 的关系来选取。当 $H=t$ 时，$K_1=0.4\sim0.6$；当 $H=2t$ 时，$K_1=0.2\sim0.4$。

3. 加热冲裁

材料加热后，其抗剪强度将显著降低，从而大大降低冲裁力。但由于加热冲裁会使钢材烧损而产生氧化皮，将降低工件质量，同时需要附加设备和耗费燃料，生产效率低，劳动强度较大。所以，应尽量避免采用此法。

3.2.4 排样设计

在冲压零件的制造成本中，材料费用占 60% 以上。因此材料的经济利用，是冲压生产中的一个重要问题。

冲裁件在条料或板料上的布置方法叫排样。排样不合理就会浪费材料。排样的经济程度用材料的利用率表示，即：

$$\eta = \frac{F_0}{F} \times 100\%$$

式中 η——材料利用率；

     F_0——工件的实际面积；

     F——冲裁此工件所用材料面积，包括工件的实际面积与废料面积。

从上式可以看出，若能减少废料面积，则材料利用率高。例如图 3.7 所示的敞车下侧门搭扣铁排样，采用图(a)排法比采用图(b)排法的废料少，能节约材料。

材料利用率与工件形状也有关系。例如图 3.8 所示的货车筋板排样。图中（a）为原设计形状，是有废料排样。图中（b）为改进设计后形状，可实现无废料排样。

排样是一项细致的技术工作，排样方式有多种多样。为了提高材料的利用率，从工艺上要想方设法，采用几种排样方式进行比较，然后确定最合理的排样方案。

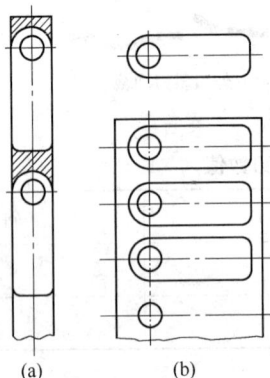

图 3.7　敞车下侧门搭扣铁排样　　　　图 3.8　货车筋板排样

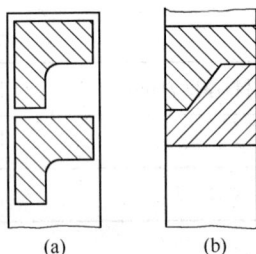

排样时，相邻工件之间或工件与条料侧边之间的材料称为搭边。搭边的主要作用是补偿送料时的定位误差，以保证沿整个外形冲裁出完整的零件，避免因送料偏差而冲出残缺废品。搭边过大将浪费材料。搭边过小，则除可能冲出残缺废品外，还可能引起搭边断裂而被拉入凹模造成模具损坏、工件毛刺大、操作不安全等问题。

根据经验，在冲裁金属零件时，对于厚度在 0.8 mm 以下的材料，搭边宽度可取在 1～1.5 mm 之间；对于较厚的材料，可使搭边宽度大约等于材料的厚度。

3.2.5　冲裁模的分类及组成

将板料相互分离的模具称为冲裁模。冲裁模是冲压生产的工艺装备。冲裁模结构必须满足冲压生产的要求，不仅要冲出合格的工件，适应生产批量的要求，而且操作要安全方便，使用期限长，容易制造和维修，同时制造成本要低。

3.2.5.1　冲裁模的分类

冲裁模的结构形式很多，为研究方便，对冲裁模可按不同的特征进行分类：

(1)按工序性质可分为落料模、冲孔模、切断模、切口模、切边模、剖切模等。

(2)按工序组合方式可分为简单模、连续模和复合模。

(3)按上、下模的导向方式可分为无导向的开式模和有导向的导板模、导柱模、导筒模等。

(4)按凸、凹模的材料可分为硬质合金冲裁模、钢皮冲裁模、锌基合金冲裁模、聚氨酯冲裁模等。

(5)按凸、凹模的结构和布置方法可分为整体模和镶拼模，正装模和倒装模。

(6)按自动化程度可分为手工操作模、半自动模、自动模。

下面按工序的组合情况分别介绍简单模、连续模和复合模。

1. 简 单 模

简单模是指在压力机的一次行程中，只完成一个冲裁工序的冲裁模，也称单工序模。即在一副模具中只完成一个工序的工作，例如落料或者冲孔。这种模具结构比较简单。

图3.9所示为带导柱的落料模，用来制作垫片。它由上模和下模两部分组成。上模包括上模板1及装在其上的全部零件，下模包括下模板14及装在其上的全部零件。冲裁模往压床上安装时，上模的模柄5夹紧在压床滑块的模柄孔中，和滑块一起上下运动，下模则通过下模板用螺栓、压板固定在压床工作台面上。其动作原理如下：

冲裁模在冲压之前，条料从右向左靠导尺送进，直到固定挡料销18处为止。冲裁时，冲下的工件进入凹模孔，而后由下模板的出料槽中取出。上模回升时，依靠弹性卸料板12将废料从落料凸模10卸下，条料继续向左送进，在条料上的孔边缘与固定挡料销18接触后，进行第二次冲压，如此循环工作下去。

导柱模的导向精度高，冲模工作零件不易磨损，故使用期限长，冲裁模在压力机上安装调整方便。所以导柱模广泛应用于生产批量大、精度要求较高的冲裁件。其缺点是冲裁模轮廓尺寸较大，结构比较复杂，制造周期长，成本较高。

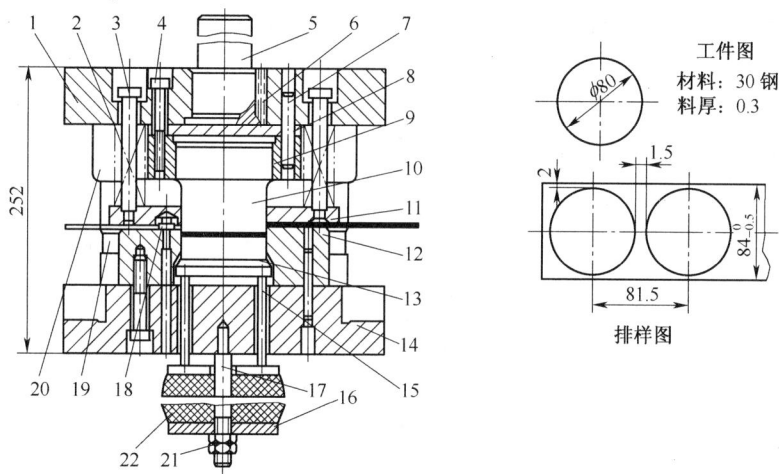

图3.9 导柱式落料模

1—上模板；2—卸料弹簧；3—卸料螺钉；4—螺钉；5—模柄；

6—防转销；7—销；8—垫板；9—凸模固定板；10—落料凸模；11—卸料板；

12—落料凹模；13—顶件板；14—下模板；15—顶杆；16—板；17—螺栓；

18—固定挡料销；19—导柱；20—导套；21—螺母；22—橡胶

2. 连 续 模

连续模是指在压力机一次冲压行程中，在一副模具的不同工位同时完成两道及两道以上冲压工序的冲裁模。连续模是在单工序冲模的基础上发展的一种多工序、高效率冲模。它在一副模具中，有规律地安排几个工序进行连续冲压，工序缩短，生产效率高，操作方便、安全，尤其是在大批量生产中效果更显著。

图 3.10 所示是用导正销定距的冲孔落料连续模。上、下模用导板导向。冲孔凸模 3 与落料凸模 4 之间的距离就是送料步距。材料送进时由固定挡料销 6 进行初定位,由两个装在落料凸模上的导正销 5 进行精定位。导正销头部的形状应有利于在导正时插入已冲的孔,它与孔的配合应略有间隙。为了保证首件的正确定距,在带导正销的连续模中,常采用始用挡料装置。它安装在导板下的导料板中间。在条料冲制首件时,用手推始用挡料销,使它从导料板中伸出来抵住条料的前端即可冲第一件上的两个孔。以后各次冲裁由固定挡料销 6 控制送料步距作初定位。

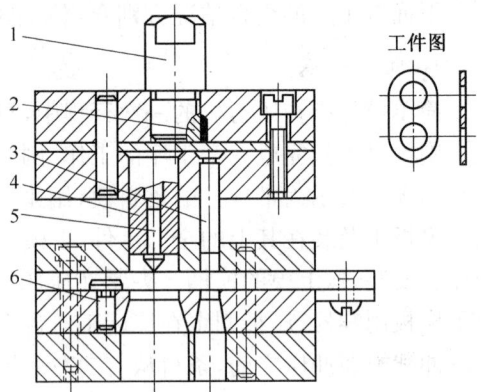

图 3.10　冲孔落料连续模
1—模柄;2—螺钉;3—冲孔凸模;
4—落料凸模;5—导正销;6—固定挡料销

用导正销定距结构简单。当两定位孔间距较大时,定位也较精确。但是它的使用受到一定的限制。当板料太薄(一般为 $t<0.3$ mm)或是较软的材料,导正时孔边可能有变形,因而不宜采用。

在连续模中,最关键的问题是保持冲裁件周边与孔的位置的准确性,即须准确地控制进料量。

连续模的缺点是:由于冲裁工作分别在不同的位置上完成,因此模具轮廓尺寸比一般模具大,冲裁件的精度(内孔与外形的位置精度)比较低,而且制造成本较高。

3. 复 合 模

复合模是指在压力机一次冲压行程中,在一副模具的同一工位同时完成两道及两道以上冲压工序的冲裁模。复合模也是在单工序的简单冲裁模的基础上发展起来的一种较先进的冲模。它在一副模具中可以同时完成原来几个工序的工作。复合模的优点是:冲裁件有较高的精度,生产效率高,模具结构紧凑。它的缺点是:构造比较复杂,制造成本比较高。复合模适用于成批或大量生产的冲压件,尤其适用于制造形状复杂,而且要求尺寸精度较高的冲裁件。

图 3.11 所示是冲制垫圈的复合模。落料凹模 2 在上模,件 1 是冲孔凸模,件 14 为凸凹模。复合模一般采用刚性推件装置把卡在凹模中的制件推出。刚性推件装置由推杆 7、推块 8、推销 9 推动推件块,推出制件。废料直接由凸模从凸凹模内孔推出。凸凹模洞口若采用直刃,则模内有积存废料,胀力较大,当凸凹模壁厚较薄时,可能导致胀裂。

采用刚性推件的复合模,条料不是处于被压紧状态下冲裁,因而制件的平直度不高,适宜厚度大于 0.3 mm 的板料。若在上模内设置弹性元件,采用弹性推件,则可冲较软且料厚在 0.3 mm 以下,平直度较高的冲裁件。

3.2.5.2　冲裁模的组成

从以上几种冲裁模的结构中可以看出,各种类型的冲裁模,其基本组成部分是相同的,大致可分为下列部分:

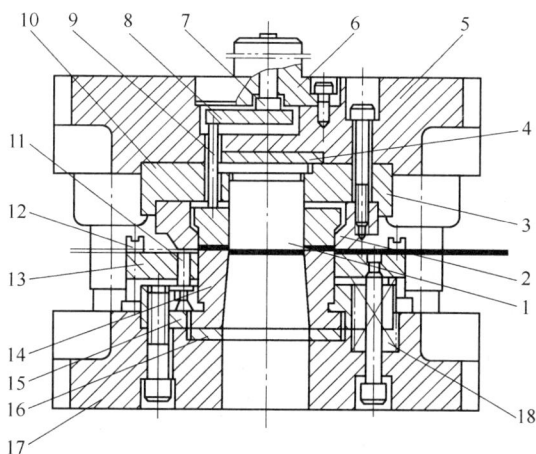

图 3.11　冲孔落料复合膜

1—凸模；2—凹模；3—上模固定板；4—垫板；5—上模板；
6—模柄；7—推杆；8—推块；9—推销；10—推杆块；
11—活动挡料销；12—固定挡料销；13—卸料板；14—凸凹模；
15—下模固定板；16—垫板；17—下模板；18—活动挡料板

1. 工作部分零件

这是冲裁模的主要部分，它保证能冲出符合要求的形状及尺寸精度的冲裁件，是任何模具都应具有的部分，如凸模、凹模以及复合模中的凸凹模等。

2. 定位部分零件

它起条料送进的导向作用，并控制送料进距，如导尺、定位销等。

3. 推件、卸料部分零件

它保证在冲裁工作完成后，将冲裁件和废料从凹模内推出或从凸模上卸下，以便进行下一次冲裁，如卸料板、橡皮（或弹簧）等。

4. 导向部分零件

它保证上模部分相对于下模有准确的运动，使凸模与凹模有均匀的间隙，提高冲裁件的质量，如导柱、导套等。

5. 安装固定部分零件

它将上述各部分零件连接成冲裁模上、下两部分，保证各零件之间的相互位置，并使它能安装在压床的滑块和工作台面上，如模柄、上模板、下模板、凸模固定板、垫板、螺钉、圆柱销等。

3.2.6　冲裁模设计

冲裁模的设计分为总体设计和主要零部件设计两部分。冲裁模总体设计包括模具总体结构形式的确定、模具压力中心计算和压力机的选择。

3.2.6.1 模具总体结构形式的确定

模具总体结构形式的确定是设计时必须首先解决的问题,也是冲裁模设计的关键。模具形式的选定,应以合理的冲压工艺过程为基础,根据冲裁件的形状、尺寸、精度要求、材料性能及其厚度、生产批量、冲压设备、模具加工条件等多方面的因素,进行综合的分析研究,使选定的模具结构形式,满足工件质量、生产批量、成本低、操作安全方便以及维修方便等要求。在确定模具的结构形式时,必须解决以下问题:

(1)模具类型的确定:简单模、连续模、复合模等。

(2)操作方式的确定:手工操作、半自动化操作、自动化操作。

(3)进出料方式确定:根据原材料的形式确定进料方法,取出和整理零件的方法,原材料的定位方法。

(4)压料与卸料方式的确定:压料或不压料,弹性或刚性卸料等。

(5)模具精度的确定:根据冲压件的特点确定合理的模具加工精度,选取合理的导向方式或模具固定方法等。

表 3.5 归纳了各类模具的性能及其使用情况的比较,可供选用冲裁模形式时参考。

表 3.5 简单模、连续模与复合模的比较

比较项目	简单模	连续模	复合模
冲裁件精度	较低	略高,相当于 IT10~IT14	内孔与外缘的相对位置精度较高
工件平整程度	一般	中小件不平整(弯曲),高质量件需校平	因压料较好,工件平整
工件形状特点	可以加工形状复杂或特殊形状的零件	可以加工形状复杂或特殊形状的零件	零件的几何形状与尺寸受到模具结构与强度的限制
生产效率	较低	可用自动送料出料装置,效率高	工件被顶到模具工作面上必须用手工或机械取出,生产效率稍低
使用高速自动压力机	有自动送料装置时可连续冲,但速度不能高	可在行程为 400 次/min 或更多的高速压力机上工作	操作时出件困难,可能损坏弹簧缓冲机构,不作推荐
材料要求	条料要求不严格,小件可用边角料	条料要求严格	除条料外,小件可用边角料
生产安全性	手需伸入模具工作区,不安全。需采用技术安全措施	手不需要伸入模具工作区,比较安全	手需伸入模具工作区,不安全。需采用技术安全措施
模具制造工作量和成本	较低	冲裁简单形状零件比复合模低	冲裁复杂形状零件比连续模低

3.2.6.2 模具压力中心的计算

冲压力合力的作用点称为模具的压力中心。模具的压力中心应该通过压力机滑块的中心线。否则,冲压时滑块就会承受偏心载荷,导致滑块导轨和模具导向部分不正常的磨损,还会使合理的间隙得不到保证,从而影响冲压件质量,降低模具寿命甚至损坏模具。模具的压力中心可按以下原则确定:

(1)冲裁形状对称的单个冲裁件时,其压力中心就是冲裁件轮廓图形的几何中心。

(2)工件形状相同且分布位置对称时,模具的压力中心与零件的对称中心相重合。

(3)形状复杂的零件、多孔模冲裁时的压力中心可用解析计算法求出模具的压力中心。

解析计算法是根据理论力学,对于平行力系,合力对某轴之力矩等于各分力对同轴力矩之和,合力的作用点的坐标位置 $O_0(x_0,y_0)$,即为所求冲模的压力中心,如图 3.12 所示。计算公式为:

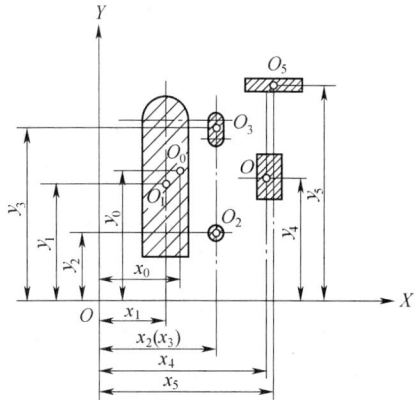

图 3.12 压力中心计算

$$x_0 = \frac{P_1 x_1 + P_2 x_2 + \cdots + P_n x_n}{P_1 + P_2 + \cdots + P_n} = \frac{\sum\limits_{i=1}^{n} P_i x_i}{\sum\limits_{i=1}^{n} P_i}$$

$$y_0 = \frac{P_1 y_1 + P_2 y_2 + \cdots + P_n y_n}{P_1 + P_2 + \cdots + P_n} = \frac{\sum\limits_{i=1}^{n} P_i y_i}{\sum\limits_{i=1}^{n} P_i}$$

因冲裁力与冲模周边长度成正比,所以上式中的各冲裁力 P 可分别用各冲裁周边长度 L 来代替,即:

$$x_0 = \frac{L_1 x_1 + L_2 x_2 + \cdots + L_n x_n}{L_1 + L_2 + \cdots + L_n} = \frac{\sum\limits_{i=1}^{n} L_i x_i}{\sum\limits_{i=1}^{n} L_i}$$

$$y_0 = \frac{L_1 y_1 + L_2 y_2 + \cdots + L_n y_n}{L_1 + L_2 + \cdots + L_n} = \frac{\sum\limits_{i=1}^{n} L_i y_i}{\sum\limits_{i=1}^{n} L_i}$$

3.2.6.3 压力机的选择

压力机选择一般包括压力机类型与压力机规格两方面。由于冲裁工作行程与压力机行程相比只占很小的比例(小于 5%),故除导板模要求使用行程可调节的偏心压力机外,一般对压力机类型没有特殊要求。所以应着重讨论压力机规格的选择。压力机规格的主要技术参数有吨位、闭合高度、行程和台面尺寸等。

1. 压力机吨位

对于冲裁工序,可按冲裁所需的压力来选择压力机,即所选压力机的公称压力应大于完成冲裁工作所需的总冲裁力。

冲裁如果和拉深或弯曲工序复合,冲模工作行程就要按拉深或弯曲行程计算。当工作行程与压力机行程相比所占比例较大(超过5%)时,则必须按压力机的压力曲线图来选择,所选压力机的允许压力曲线在曲轴全部转角内应高于冲压变形力曲线。

2. 压力机的闭合高度

冲裁模的闭合高度应和压力机的闭合高度相适应,才能保证冲裁模正常工作。

冲模的闭合高度,是指冲模在最低工作位置时,上、下模板之间的距离$H_模$,如图3.13所示。

压力机闭合高度是指滑块在下死点位置时,滑块下端面至压力机垫板上平面之间的距离H。由于连杆长度可以调节,因此压力机的闭合高度有一定范围,即从$H_{最大}$到$H_{最小}$。当连杆调至最短时为压力机的最大闭合高度$H_{最大}$,而连杆调至最长时为压力机的最小闭合高度$H_{最小}$。

冲模的闭合高度与压力机的闭合高度关系如下:

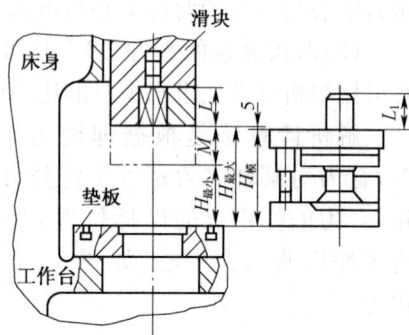

图3.13 冲模与压力机闭合高度关系

$$H_{最大}-5 \geqslant H_模 \geqslant H_{最小}+10$$

如果冲裁模闭合高度大于压力机最大闭合高度,则冲裁模不能在该压力机上使用。反之,若小于压力机的最小闭合高度时,则需加磨平的垫板。

冲裁模的闭合高度必须比压力机最大闭合高度小一数值,是考虑连杆调节到最短时必须保留的长度;比压力机最小闭合高度大一数值,是考虑冲裁模工作部分刃口的修磨量。

3. 压力机行程

压力机的曲轴旋转一周时,滑块上下移动的距离称为压力机行程。压力机行程必须满足工艺要求。冲裁的工作行程较小,故压力机行程一般都能满足使用要求。导板模则要求压力机行程要小而且可以调节。对于落料拉深复合模,压力机行程必须大于拉深件高度2倍以上,以便放入毛坯和取出工件。

4. 压力机台面尺寸

压力机的台面尺寸,应大于冲模下模板的外形尺寸,并要留有固定冲裁模的位置。

3.2.7 冲裁模主要零部件的结构形式

3.2.7.1 工作部分零件

1. 凸　　模

(1)凸模的类型

凸模的类型有三种,即:标准圆凸模、凸缘式凸模和直通式凸模。标准圆凸模有三种标

144

准型式,如图 3.14 所示。其中,图(a)所示的圆凸模,其直径尺寸范围为 3.0～30.2 mm;图(b)所示的圆凸模结构形式与图(a)稍有不同,带有中间过渡段,其直径尺寸范围为 1.1～30.2 mm;图(c)所示为快换圆凸模,便于更换。

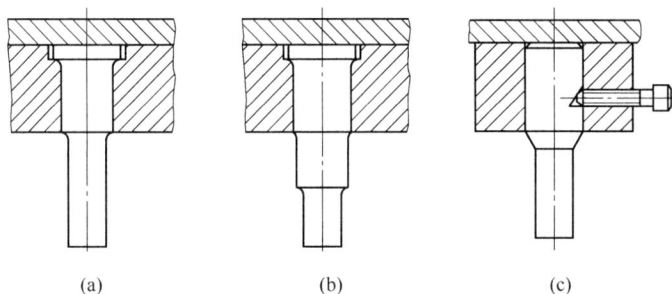

图 3.14 标准圆凸模

凸缘式凸模如图 3.15 所示,其工作段截面一般是非圆形的,而固定段截面则取圆形、矩形等简单形状,以便加工固定板的型孔。但当固定段取圆形时,必须在凸缘边缘处加骑缝螺钉或销钉。凸缘式凸模工作段的工艺性不好,因此不宜采用复杂的刃口形状。

直通式凸模的截面形状沿全长是一样的,便于成形磨削或线切割加工,且可以先淬火,后精加工,因此得到广泛应用。直通式凸模可以用低熔点合金或环氧树脂固定,也可以用螺钉吊装固定,如图 3.16 所示。

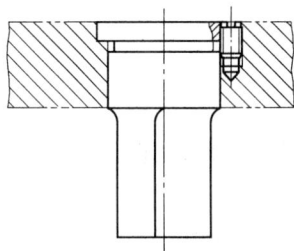

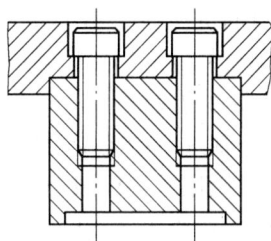

图 3.15 凸缘式凸模   图 3.16 用螺钉吊装的凸模

(2)凸模长度计算

凸模长度主要根据模具结构,并考虑修磨、操作安全、装配等要求来确定。当按冲裁模典型组合标准选用时,则可取标准长度,否则应进行计算。采用固定卸料板和导料板冲裁模的长度按式计算:

$$L = h_1 + h_2 + h_3 + h$$

式中 h_1——凸模固定板厚度,mm;

h_2——固定卸料板厚度,mm;

h_3——导料板厚度,mm;

h——增加长度,mm。

增加长度包括凸模修磨量、凸模进入凹模的深度(0.5～1 mm)、凸模固定板与卸料板之间的安全距离(一般取 10～20 mm)等。

如果是弹性卸料装置,则没有导料板厚度 h_3 这一项,而应考虑固定板至卸料板间弹性元件的高度。

(3)凸模的强度和刚度校核

在一般情况下,凸模的强度和刚度是足够的,没必要进行校核,但是当凸模的截面尺寸很小而冲裁的板料厚度较大或根据结构需要确定的凸模特别细长时,则应进行承压能力和抗纵弯曲能力的校核。

①承压能力的校核

凸模承压能力按下式校核:

$$\sigma = \frac{F}{A} \leqslant [\sigma]$$

对于圆凸模,当推件力为零时,将 $F = \pi d t \tau$ 代入上式可得:

$$d \geqslant \frac{4t\pi}{[\sigma]}$$

式中　σ——凸模最小截面的压应力,MPa;

　　　F——凸模纵向所承受的压力,包括冲裁力和推件力,N;

　　　A——凸模最小截面积,mm²;

　　　d——凸模工作部分最小直径,mm;

　　　t——材料厚度,mm;

　　　τ——板材的抗剪强度,MPa;

　　　$[\sigma]$——凸模材料的许用抗压强度,MPa。

②失稳弯曲应力的校核

根据凸模在冲裁过程中的受力情况,可以把凸模看作压杆,所以,凸模不发生失稳纵弯曲的最大冲裁力可以用欧拉极限力公式确定。分两种情况讨论。

凸模无导向时,相当于一端固定,另一端自由的压杆,由欧拉公式可解得凸模不发生失稳弯曲的最大长度 L_{max} 为:

$$L_{max} \leqslant \sqrt{\frac{\pi^2 EJ}{4nF}}$$

式中　E——凸模材料的弹性模量,对于模具钢,可取 $E = 2.2 \times 10^5$ MPa;

　　　J——凸模最小截面惯性矩,mm⁴;

　　　n——安全系数,淬火钢 $n = 2 \sim 3$;

　　　F——凸模所受总压力,N。

对于圆凸模,$J = \pi d^4/64$,取 $n = 3$,代入上式可得圆凸模无导向时最大允许长度为:

$$L_{max} \leqslant 95 \frac{d^2}{\sqrt{F}}$$

对于一般截面形状的凸模,无导向时,最大允许长度为:

$$L_{max} \leqslant 425 \sqrt{\frac{J}{F}}$$

凸模有导向时,相当于一端固定,另一端铰支的压杆,凸模不发生失稳弯曲的最大长度 $L_{\max}$ 为:

$$L_{\max} \leqslant \sqrt{\frac{2\pi^2 EJ}{nF}}$$

同理,对于圆凸模,上式可简化为:

$$L_{\max} \leqslant 270\frac{d^2}{\sqrt{F}}$$

对于一般截面形状的凸模,则为:

$$L_{\max} \leqslant 1200\sqrt{\frac{J}{F}}$$

2. 凹　模

(1)凹模洞口的类型

常用凹模类型如图 3.17 所示,其中图(a)、(b)、(c)为直筒式刃口凹模,其特点是制造方便,刃口强度高,刃磨后工作部分尺寸不变,广泛用于冲裁公差要求较小、形状复杂的精密制件。一般复合模和上出料的冲模用图(a)、(c)型凹模,下出件方式用图(b)型凹模。图(d)、(e)型凹模是锥筒式刃口,在凹模内不聚材料,侧壁磨损小,但刃口强度差,刃磨后刃口径向尺寸略有增大。

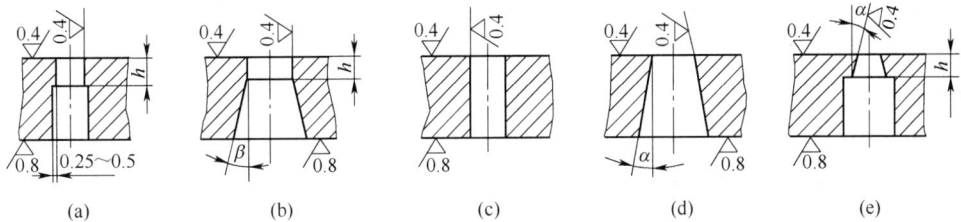

图 3.17　凹模洞口类型

凹模锥角、后角和洞口高度 h,均随制件材料厚度的增加而增大,一般取 $\alpha=15'\sim30'$,$\beta=2°\sim3°$,$h=4\sim10$ mm。

(2)凹模的外形尺寸

凹模的外形一般有矩形和圆形两种。凹模应保证有足够的强刚度和修磨量。凹模的外形尺寸一般根据冲裁件板材的厚度和最大外形尺寸来确定,如图 3.18 所示。

凹模厚度为:　　$H=Kb$　　　　($\geqslant15$ mm)

凹模壁厚为:　　$c=(1.5\sim2)H$　　($\geqslant30\sim40$ mm)

式中　b——冲裁件的最大外形尺寸;

　　　K——系数,考虑板料厚度的影响,其大小可查表 3.6

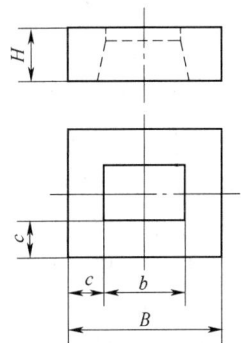

图 3.18　凹模的外形尺寸

表 3.6　系数 K 值

b	料厚 t				
	0.5	1	2	3	>3
≤50	0.3	0.35	0.42	0.5	0.6
50～100	0.2	0.22	0.28	0.35	0.42
100～200	0.15	0.18	0.2	0.24	0.3
>200	0.1	0.12	0.15	0.18	0.22

3.2.7.2　定位零件

为保证冲裁出外形完整的合格零件,板料在模具中应该有正确的位置。正确位置是依靠定位零件来保证的。由于板料形式和模具结构的不同,所以定位零件的种类也很多。设计时应根据板料形式、模具结构、零件公差大小、生产效率的进行选择。定位包含控制送料进距的挡料和垂直方向的导料等。常用的定位零件有挡料销、导正销、侧刀、定位板和定位销等。

挡料销用来在送料方向上控制送料的进距,如图 3.19 所示。其特点是结构简单,制造

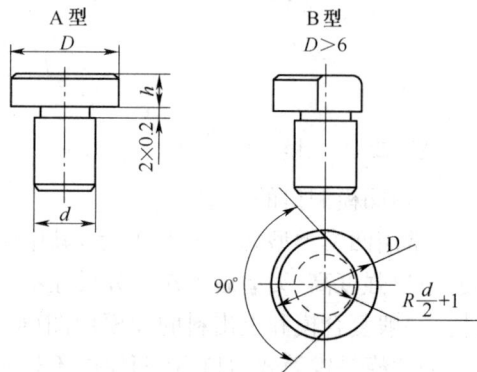

图 3.19　固定挡料销

方便,由于安装在凹模上,安装孔可能造成凹模强度的削弱。挡料销适用于简单模或连续模。

导正销通常与挡料销配合使用在连续模中,以减小定位误差,保证孔与外形的相对位置尺寸要求。根据冲裁零件结构不同,导正销可固定在落料凸模上,也可以固定在凸模固定板上或弹性卸料板上。

在连续模中,常采用侧刀控制送料步距,从而达到准确定位的目的。

定位板和定位销是作为单个毛坯的定位装置,以保证前后工序相对位置精度或对工件内孔与外轮廓的位置精度的要求。

3.2.7.3　卸料及推件零件

卸料零件是将冲裁后卡在凸模上或凸凹模上的制件或废料卸掉,保证下次冲压正常进行。常用的卸料方式有钢性卸料和弹压卸料,如图 3.20 所示。钢性卸料是采用固定卸料板结构,常用于较硬、较厚且精度要求不高的工件冲裁后的卸料。当卸料板兼顾对凸模起导向作用时,卸料板与凸模的配合间隙应小于冲裁模间隙,此时,要求凸模在卸料板时不能完全脱离卸料板。

弹压卸料板具有卸料和压料的双重作用,主要用在冲裁料厚在 1.5 mm 以下的板料,由于有压料作用,冲裁件比较平整。弹压卸料板与弹性元件、卸料螺钉组成弹性卸料装置。

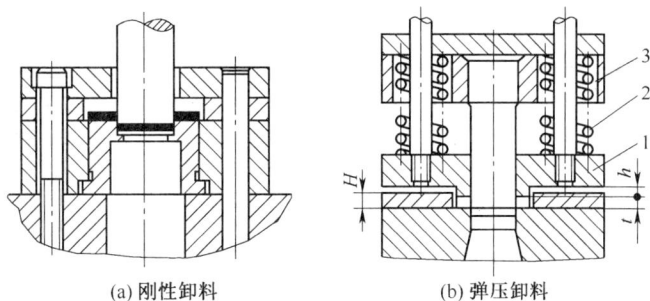

(a) 刚性卸料　　　　　　　　(b) 弹压卸料

图 3.20　卸料装置

1—卸料板；2—弹性元件；3—卸料螺钉

3.2.7.4　导向装置

常用的导向装置有导板式和导柱式,导板的导向孔按凸模断面形状加工,采用 IT5 级配合。中小型模具多用圆柱形导柱式。不同导柱位置的模架如图 3.21 所示。

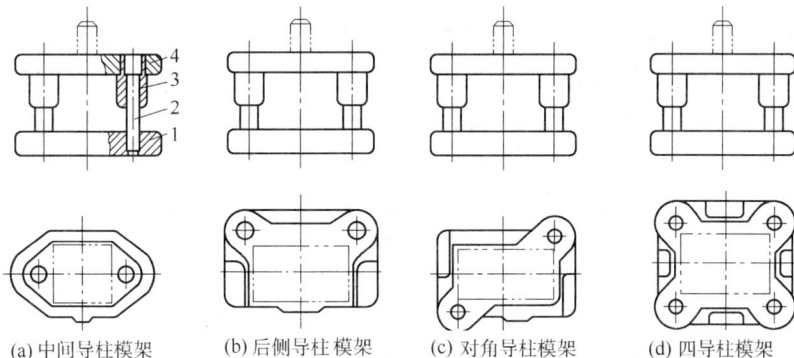

(a) 中间导柱模架　　(b) 后侧导柱模架　　(c) 对角导柱模架　　(d) 四导柱模架

图 3.21　导柱位置不同的模架

1—下模板；2—导柱；3—导套；4—上模板

3.2.7.5　安装固定零件

1. 模　板

(1)圆形模板的外径应比凹模直径大 30～70 mm,以便于安装。

(2)矩形模板的长度应比凹模长度大 40～70 mm,宽度取与凹模宽度相同或稍大的尺寸。

(3)模板轮廓尺寸应比压力机工作台漏料孔至少大 40～50 mm。

(4)模板厚度可参照凹模厚度估算,一般取凹模厚度的 1～1.5 倍。

2. 模　柄

模柄有四种结构形式,即旋入式模柄、压入式模柄、凸缘式模柄、浮动式模柄,如图 3.22 所示。

3. 凸模固定板和垫板

凸模固定板的作用是将凸模固定在模板的正确位置上。要求凸模固定板的平面尺寸要

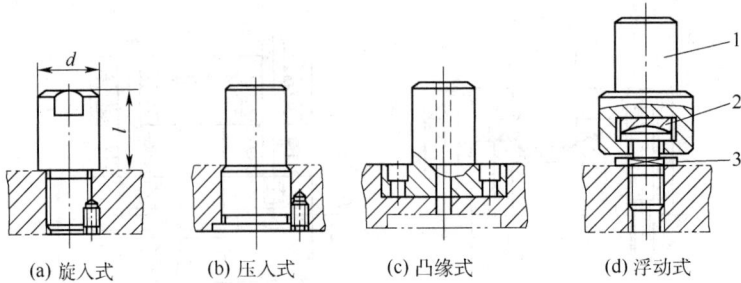

图 3.22　模柄类型

1—模柄接头；2—凹球面垫块；3—活动模柄

保证安装凸模及定位销和紧固螺钉，厚度一般取凹模厚度的 0.6～0.8 倍。

垫板的作用是分散凸模传来的压力，防止模板被挤压损伤，垫板厚度一般取 3～8 mm。

3.2.8　冲裁间隙及凸、凹模刃口尺寸的计算

1. 冲裁间隙

冲裁间隙是指凸模与凹模刃口间缝隙的距离，用符号 C 表示，称单面间隙；而双面间隙则用 Z 表示。冲裁间隙是冲裁过程中的重要工艺参数，它对冲裁件的断面质量、尺寸精度、模具寿命、冲裁力、卸料力和推件力等都有很大影响。但是，分别按工件断面质量、精度、冲裁力等方面所各自确定的合理间隙并不相同，即不存在一个同时满足全部要求的合理间隙值。因此，在生产中考虑到模具制造中的偏差及使用中的磨损，通常是选择一个适当的范围作为合理间隙。这个间隙范围的最小值称为最小合理间隙 C_{min}，最大值称为最大合理间隙 C_{max}。考虑到模具在使用过程中的磨损使间隙增大，故设计与制造模具时要采用最小合理间隙值 C_{min}。

确定合理间隙的方法有理论确定法和经验确定法两种。理论确定法的主要依据是保证裂纹重合，以获得良好的断面，在生产中使用不便，所以实际工作中都采用比较简便的，由实验方法制定的表格或经验公式来计算。

根据研究和使用经验，间隙值应按使用要求分类选用。对产品尺寸精度和断面垂直度要求高的，应选用较小间隙值。而铁道车辆、汽车等行业，工件尺寸公差大，对断面垂直度与尺寸精度要求不高的工件，应以降低冲裁力、提高模具寿命为主，可采用大间隙值。对于工件精度低于 IT14 级，断面尺寸无特殊要求的工件，可采用如表 3.7 所示的大间隙。

表 3.7　冲裁模间隙比

料厚 t（mm）	材　料		
	软料 08、10、20、Q235	中硬料 45、LY12、4G13	硬料 T8A、T10A、65Mn
	间隙比 $C(t\%)$		
0.2～1	12～18	15～20	18～24
1～3	15～20	18～24	22～28
3～6	18～24	20～26	24～30
6～10	20～26	24～30	26～32

2. 凸、凹模刃口尺寸的计算

凸模和凹模刃口的尺寸和公差,直接影响冲裁件尺寸精度和冲模间隙。因此,正确确定凸模和凹模的刃口尺寸和公差,是冲裁模设计中的一项重要任务。在冲裁件尺寸的测量和使用中都是以光亮带的尺寸为基准。落料件的光亮带是因凹模刃口挤切材料产生的,而孔的光亮带是凸模挤切材料产生的。故计算刃口尺寸时,应按落料和冲孔两种情况分别进行,其原则如下:

(1)落料时,落料件光亮带尺寸接近于凹模刃口的尺寸,故应以凹模刃口尺寸为基准。而落料凸模基本尺寸,则按凹模基本尺寸减去最小初始间隙。

(2)冲孔时,工件的光亮带尺寸接近于凸模刃口的尺寸,故应以凸模刃口尺寸为基准。而冲孔凹模的基本尺寸则按凸模基本尺寸加上最小初始间隙。

(3)当工件上需要冲制多个孔时,孔心距的尺寸精度由凹模孔心距来保证。凹模孔心距的基本尺寸取在工件孔心距公差带的中心点上,按双向对称偏差标注。

(4)凸、凹模刃口尺寸精度的选择应以能保证工件的精度要求为准,保证合理的间隙值,保证模具一定的使用寿命。

(5)由于冲模在使用过程中有磨损,落料件的尺寸会随凹模刃口的磨损而增大,而冲孔的尺寸则随凸模的磨损而减小,为了保证零件的尺寸精度和提高模具寿命,所以冲孔时凸模刃口尺寸应靠近孔的公差范围内取大尺寸,反之,落料时凹模刃口尺寸应接近落料件的公差范围内取小尺寸。

不论落料或冲孔,冲模间隙均应采用合理间隙范围内的最小值。落料与冲孔时冲模刃口与零件尺寸及其公差的关系如图 3.23 所示。

凸模与凹模刃口尺寸的计算有两种情况:一是凸模和凹模分开加工,应分别计算出凸模和凹模的尺寸;二是凸模和凹模配作加工。前者适合于圆形、矩形等简单几何形状的冲裁件所用凸模、凹模的制造,因其制造简单,公差容易保证。后者对单件冲模制造,尤其是形状复杂或小间隙的模具,为保证冲裁间隙值,必须采用配作加工。配作可以大大降低基准件的制造精度,因而在工厂生产中得到广泛应用。

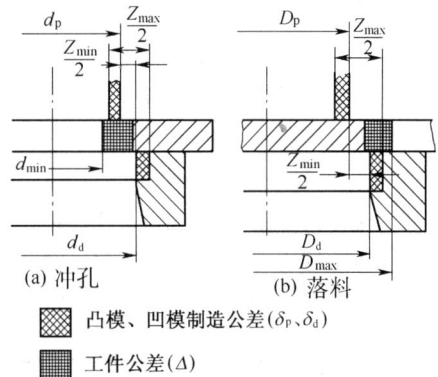

图 3.23 凸模、凹模刃口尺寸

(1)凸模与凹模分开加工时,其刃口尺寸为:

落料时:

$$D_d = (D_{max} - x\Delta)^{+\delta_d}_{0}$$

$$D_p = (D_d - Z_{min})^{0}_{-\delta_p}$$

冲孔时:

$$d_p = (d_{min} + x\Delta)^{0}_{-\delta_p}$$

$$d_d = (d_p + Z_{min})^{+\delta_d}_{0}$$

式中　D_d——落料凹模刃口的名义尺寸,mm;

D_p——落料凸模刃口的名义尺寸，mm；

d_p——冲孔凸模刃口的名义尺寸，mm；

d_d——冲孔凹模刃口的名义尺寸，mm；

D_{max}——落料件的最大极限尺寸，mm；

d_{min}——冲孔的最小极限尺寸，mm；

Z_{min}——凸模与凹模最小初始双面间隙，mm；

Δ——冲裁件公差；

x——系数（$x\Delta$ 代表磨损量，系数 x 是为了使冲裁件的实际尺寸尽量接近冲裁件公差带的中间尺寸；x 值与工件精度有关：工件精度 IT10 级以上，$x=1$；工件精度 IT11～13 级，$x=0.75$；工件精度 IT14 级以下，$x=0.5$）；

δ_p——凸模制造偏差，mm；

δ_d——凹模制造偏差，mm。

为了保证间隙值，必须满足下列条件：

$$\delta_d + \delta_p \leqslant Z_{max} - Z_{min}$$

或取

$$\delta_d = 0.6(Z_{max} - Z_{min})$$
$$\delta_p = 0.4(Z_{max} - Z_{min})$$

在同一个工步中，需要冲出两个以上的孔时，凹模型孔中心距按下式确定：

$$L_d = (L_{min} + 0.5\Delta) \pm 0.125\Delta$$

式中 L_d——同一工步中凹模孔距尺寸，mm；

L_{min}——工件孔距最小极限尺寸，mm。

（2）凸模与凹模配作加工为目前工厂所广泛采用，尤其是对于 Z_{max} 与 Z_{min} 差值很小的冲模，或曲线形状刃口的冲模。制作模具时一般落料件由凹模配作凸模，即落料时应先按计算尺寸制出凹模，然后根据凹模的实际尺寸，按最小合理间隙配制凸模。冲孔时则先按计算尺寸制作凸模，然后配制凹模。这种加工方法的特点是模具的间隙由配制保证，工艺比较简单，不必校核 $\delta_p + \delta_d \leqslant Z_{max} - Z_{min}$ 条件，并且加工基准件时可以适当放宽公差，使加工较易进行。此时，冲模尺寸的标注也可简化，只需给出基准件尺寸公差以及必须保证的配制间隙。

3.2.9 冲裁件的结构工艺性

（1）工件形状力求简单、对称，尽可能采用圆形、矩形等较规则的形状，避免长槽与细长的悬臂，以便于模具工作部分的制造和维修，凸模也不易折断。

（2）工件的外形及内部转角处应避免有尖角，一般要求圆角过渡，以便于模具加工，避免在热处理或冲压时在尖角处产生开裂的现象。同时防止模具工作刃口的锐角磨钝后而使间隙过大，使工件产生显著的毛刺。当采用无废料冲裁或镶拼结构模具时，则不必考虑圆角。

（3）使用上允许时，工件外形应符合少废料或无废料排样，以提高材料的利用率。采用少、无废料排样时，工件外形必须具有如下特征：

①外形一般应有两条相互对应平行的直线边，排样时构成条料的侧边；

②工件尺寸应成比例，并相互对称；

③工件的外角不用圆角而用尖角或倒角。

（4）充分利用产品的结构废料。尽可能使一种冲压件上冲下的废料即为另一种冲压件的成品零件，这样既省料又省工。

（5）冲孔尺寸不应太小，以免凸模折断。低碳钢许可最小冲孔尺寸约等于料厚。如果采用凸模护套结构，冲孔尺寸还可减小。

（6）工件上孔的位置分布，必须考虑孔与孔之间、孔与工件边缘之间的距离不能太小。距离过小时，凹模强度过弱，容易破裂，且工件边缘容易产生变形。最小距离数值一般应等于料厚 t（对圆孔）或 $1.5\ t$（对矩形孔）。

（7）由条料冲裁出圆弧端头时，应使圆角半径 R 略大于条料宽度的一半。否则由于条料宽度略有允差时，裁得的工件有凸出肩角，如图 3.24 所示。

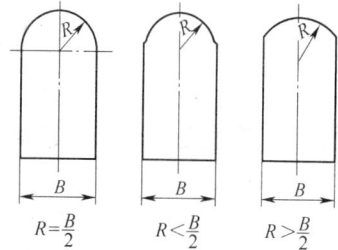

图 3.24　冲裁圆弧形端头

3.3　弯　曲

将金属板料毛坯、型材或管材等按照一定的曲率或角度进行变形，从而得到一定角度和形状零件的冲压工序称为弯曲。用弯曲的方法加工的零件种类很多。例如客车车体结构中的许多梁、柱等，汽车的纵梁，自行车车把，各种电器零件的支架，门窗铰链，配电箱外壳等都是用弯曲的方法生产的。最常见的弯曲加工是在普通压力机、液压机或摩擦压力机上使用弯曲模压弯，此外还有在折弯机上的折弯、拉弯机上的拉弯、辊弯机上的辊弯、辊压成形等，如图 3.25 所示。虽然各种弯曲方法不同，但其变形过程及特点却存在着某些相同规律。本章主要介绍在普通压力机上进行压弯的工艺。

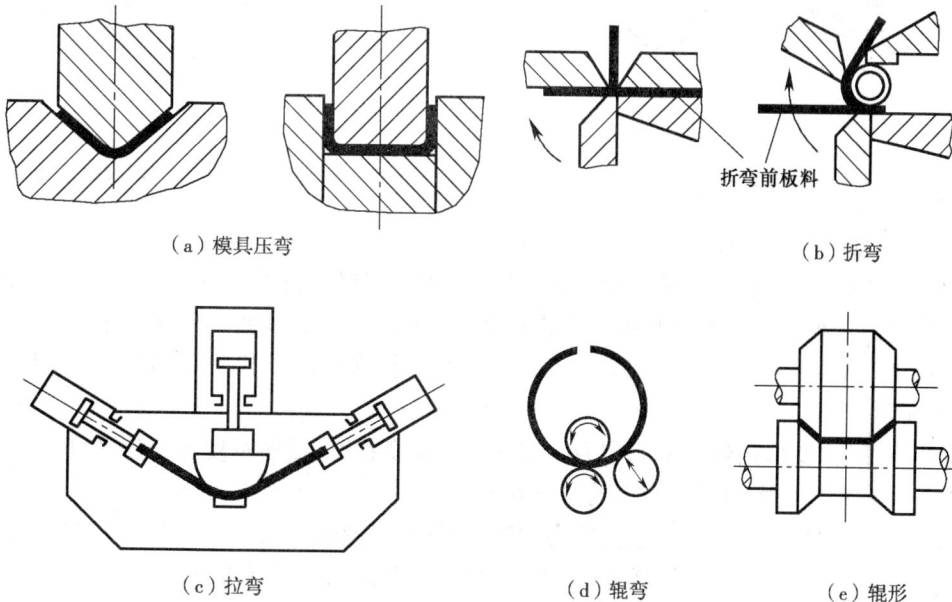

（a）模具压弯　　　　　　　　　　　　　　　（b）折弯

（c）拉弯　　　　　　　（d）辊弯　　　　　　（e）辊形

图 3.25　弯曲的加工形式

3.3.1 弯曲变形过程

为了说明弯曲变形过程,先观察 V 形零件在弯曲模中的校正弯曲过程,如图 3.26 所示。在弯曲的开始阶段,毛坯是自由弯曲;随着凸模的下压,毛坯的直边与凹模的工作表面逐渐靠紧,弯曲半径由 r_0 变为 r_1,弯曲力臂也由 l_0 变为 l_1;凸模继续下压,毛坯弯曲区逐渐减小,直到板料与凸模三点接触,这时的曲率半径已由 r_1 变成 r_2;弯曲力臂由 l_1 变为 l_2。此后毛坯的直边部分则向以前相反的方向弯曲;到行程终了时,凸、凹模对板料进行校正,使板料的圆角、直边与凸模全部靠紧,得到所需形状的零件。

如果在毛坯端面上划出正方形网格,如图 3.27(a)所示。从变形后的情况可以看到:弯曲后在圆角部分(弯曲带)的网格发生变化,如图 3.27(b)所示,即以 O—O 为分界线,内侧网格受到压缩,外侧网格受到拉伸,而且压缩和拉伸的程度都以表层最大。从这一现象出发,可以作出如下几点分析:

(1)弯曲变形区域主要在弯曲件的圆角部分,此处的正方形网格变成了扇形。而远离圆角的直臂部分基本没有变形。

(2)在弯曲区内,板料的外层纵向纤维(靠近凹模一边)受拉而伸长,内层纵向纤维(靠近凸模一边)受压而缩短。由内、外表面至毛坯中心,其缩短和伸长的程度逐渐变小。在伸长与缩短两个变形区之间,有一层纤维的长度不变,称之为中性层。

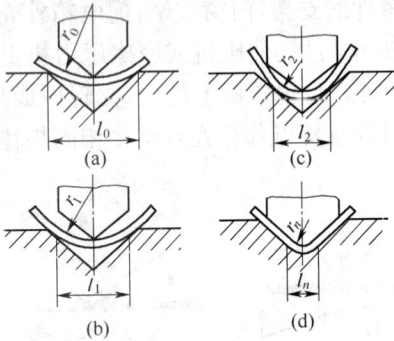

图 3.26 弯曲变形过程

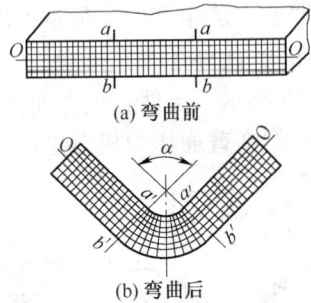

图 3.27 弯曲前后网格变化

(3)在弯曲区域的毛坯厚度有变薄现象。

(4)弯曲区内毛坯的断面发生畸变,中性层以内由于纵向纤维的缩短而使横向增宽,中性层以外则由于纵向纤维的伸长而使横向收缩,故毛坯的侧面呈曲线形状。这一现象在弯曲窄条料($b \leqslant 3t$)时比较明显,而宽板($b > 3t$)弯曲时,横断面形状几乎不变,仍为矩形,如图 3.28 所示。

窄板弯曲时,变形区处于平面应力状态和三向应变状态,板料宽度方向应变和厚度方向应变的符号一定与最大的切向应变的符号相反。

而宽板弯曲时,变形区处于三向应力状态和平面应变状态,切向和厚度方向的应变与窄板相同,在宽度方向由于板料比较宽,变形阻力较大,弯曲后板宽基本不变。

从弯曲变形过程可以看出,材料从弹性变形发展到弹、塑性变形。在这一过程的发展中,如果使毛坯外层应力超过了材料的强度极限,将会出现裂纹,使材料从塑性变形发展到

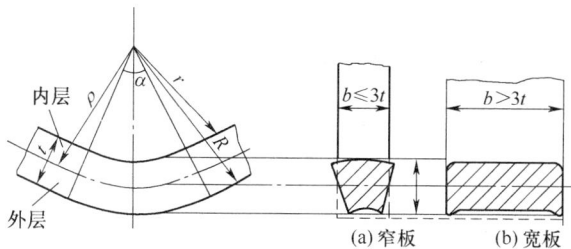

图 3.28　板料弯曲后横断面形状

破坏。另一方面,在整个弯曲过程中,中性层附近总是保存着弹性变形区,所以当外力卸载后,弹性变形部分要恢复,从而引起工件的回弹(即工件的弯曲角度略大于凸模工作部分的角度)。因此,在弯曲生产中,常常碰到的问题就是,工件弯曲处的裂纹和由于回弹引起的形状不合规格。

　　下面我们进一步讨论回弹和裂纹,以便在制定工艺过程和设计弯曲模时,采取必要措施,既减小回弹,又防止弯曲带外侧出现裂纹,从而使材料从弹性变形顺利地向塑性变形转化,得到一定角度和形状的零件。

3.3.2　弯曲后的回弹

　　板料弯曲时,要完全消除弹性变形区是不可能的。弯曲结束后,弹性变形部分要恢复,即外层要缩短而内层要伸长,这就必然要产生回弹。对弯曲工艺来说,回弹是一种有害现象。

　　1. 回弹的表示方法

　　回弹的表示方法有两种,一种是弯曲半径增加量 Δr,另一种是角度回弹量 $\Delta \alpha$。弯曲半径增加量为弯曲卸载后弯曲件的半径 r 与弯曲凸模半径 r_0 之差,即:

$$\Delta r = r - r_0$$

角度回弹量为弯曲卸载后弯曲件的角度 α 与弯曲凸模角度 α_0 之差,即:

$$\Delta \alpha = \alpha - \alpha_0$$

　　2. 影响回弹的因素

　　在实际生产中,影响回弹的主要因素如下:

　　(1)材料的机械性能

　　回弹的大小与材料的屈服极限 σ_s 成正比,和弹性模数 E 成反比。也就是说材料的屈服点 σ_s 越高、弹性模量 E 越小,即: σ_s/E 愈大,则回弹愈大。

　　(2)相对弯曲半径 r/t

　　相对弯曲半径 r/t 表示弯曲的变形程度。相对弯曲半径 r/t 愈小,弯曲变形程度愈大,则在板料内部的塑性变形区域及总变形程度愈大,总变形中塑性变形所占的比重也愈大,故回弹就愈小。根据实验结果,在校正弯曲中,当 $r/t = 1 \sim 1.5$ 时,回弹角最小。

　　(3)弯曲中心角 α

　　弯曲中心角 α 越大,表明变形区的长度($r\alpha$)越长,回弹的积累值越大,其回弹角大。但对弯曲半径的回弹影响不大。

（4）弯曲方式及校正力的大小

校正弯曲比自由弯曲回弹小。校正弯曲时，由于材料受凸模和凹模挤压的作用，不仅使弯曲变形区毛坯外侧的拉应力有所减少，而且在外侧中性层附近的切向方向还出现和内侧切向方向同向的压缩应力。随着校正力的增加，切向压应力区向毛坯的外表面逐步扩展，致使毛坯的全部断面或大部分断面在切向方向均出现压缩应力，故回弹可比自由弯曲时大为减少。而校正力越大，则回弹越小。

（5）弯曲件的形状

形状复杂的弯曲件，若一次弯曲所形成的角的数量越多，由于各部分的回弹值互相牵制，回弹较小。

（6）模具间隙

在弯曲 U 形工件时，凸模与凹模之间的间隙对回弹有直接的影响。间隙小时，由于模具对板料产生挤压作用，可使回弹减小。反之，材料弯曲时处于松动状态，回弹加大。

3. 减小回弹的措施

（1）改进零件的结构设计

例如在弯曲区压制加强筋（图 3.29），增加弯曲带材料的塑性变形，增强工件的刚度以减少回弹。又如改变断面形状以减少回弹，如图 3.30 所示的侧柱断面，其中图（a）回弹角达到 $5°\sim7°$，不能满足要求，改为图（b）形状后，回弹基本消除。

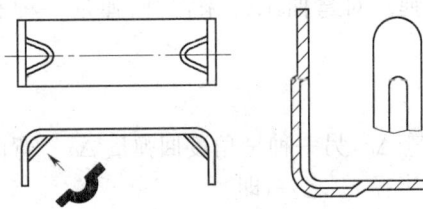

图 3.29　在弯曲区压制加强筋　　　　图 3.30　侧柱断面形状

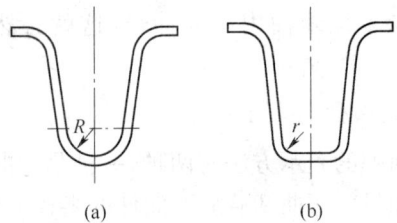

（2）从工艺上采取措施

采用校正弯曲代替自由弯曲。对经过冷作硬化的硬材料，在弯曲之前先进行退火，降低其硬度，减少回弹，弯曲后再淬火。

（3）从模具结构上采取措施

可在凹模或凸模上作出补偿回弹角（反回弹）。对于 V 形弯曲，根据经验，确定回弹角的大小，然后将凸模角度减去回弹角，工件回弹后恰好等于所需角度。对于 U 形弯曲，可将凸模两侧分别做出等于回弹角 $\Delta\alpha$ 的斜度或将凹模底部做成弧形，凸凹模之间的间隙等于最小板料厚度，即 $c=t_{min}$，如图 3.31 所示，弯曲卸载后即可达到补偿回弹的目的。也可用改变背压（顶板压力）的方法改变回弹角，如图 3.32 所示。适当调整背压值，可以使得底部产生的负回弹与圆角区的正回弹互相抵消。

（4）采用拉弯工艺

用普通弯曲方法制造长度大、相对弯曲半径很大的工件，例如，客车车顶弯梁的制造。由于弯曲时板料大部分区域处于弹性变形状态，弯曲卸载后，弯曲件会产生非常大的回弹，

156

使成形困难。此时,可以采用拉弯工艺,如图 3.33 所示,图(a)为固定模式拉弯机,图(b)为活动模式拉弯机。拉弯过程如下:

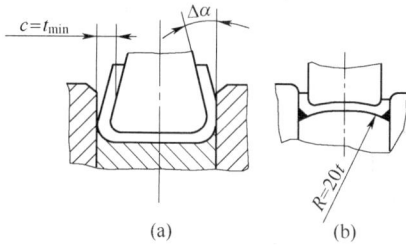

图 3.31　补偿回弹的方法

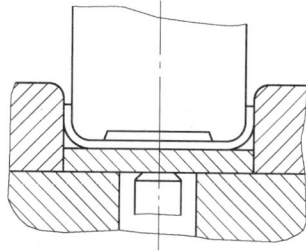

图 3.32　调整背压值减小回弹

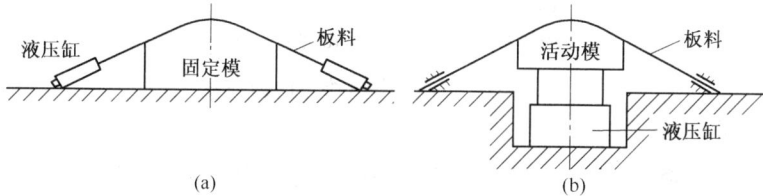

图 3.33　拉弯工艺

在弯曲前通过液压缸先使板料产生一定的拉伸应力,其值应使弯曲件内层的合成应力(即拉伸应力和弯曲时内层弯曲时的压应力的合成应力)大于材料的屈服极限,因而,板料的整个横截面上均处于塑性拉伸变形范围,在此拉伸应力水平下,使板料贴紧固定模或活动模完成弯曲变形过程。

由于拉弯工艺使板料的整个横截面上处于塑性拉伸变形中,故可以大大减小工件弯曲后的回弹。

3.3.3　最小弯曲半径

从弯曲过程可以看出,相对弯曲半径 r/t 越小,弯曲零件的外层表面变形程度最大,外表面材料所受的拉伸应力和拉伸应变就越大。当相对弯曲半径减小到某一数值时,弯曲件外表面纤维的拉伸应变超过材料塑性变形的极限时,就会产生裂纹或折断。因此,必须控制弯曲区外表面的拉伸变形,使之不超过材料的塑性变形的极限,以免造成废品。在保证弯曲件外表面纤维不发生破坏的条件下,工件所能弯成的内表面最小圆角半径,称为最小弯曲半径 r_{min}。在生产中用最小弯曲半径表示材料弯曲时的成形极限。因此,在弯曲件设计中,其弯曲半径必须大于该材料的最小弯曲半径。

1. 影响最小弯曲半径的因素

(1)材料的机械性能和热处理状态

材料的塑性愈好,外层纤维的容许变形程度愈大,其最小弯曲半径值就可取得愈小。对于经过冲裁工序后,在断面周围产生冷作硬化的毛坯,当零件要求弯曲半径很小时,就必须在弯曲前采用退火方法,消除毛坯的硬化层。

（2）材料的轧制方向与弯曲线夹角的关系

冲压用的板料都是轧制的，其纤维组织具有方向性。对于垂直或平行于轧制纤维的不同方向，材料的机械性能是不同的。板料的轧制纤维方向与弯曲线平行时，材料塑性最差。因此，一般在弯曲硬的及塑性低的材料时，其排样应使弯曲线与纤维方向垂直。如图 3.34 所示。对于需要双向弯曲的工件，则应尽可能使弯曲线与纤维方向成 45°的角度。只有在弯曲塑性较好的材料、且弯曲半径 $r \geqslant t$ 时，才不去考虑纤维方向，而以最经济的排样来下料。

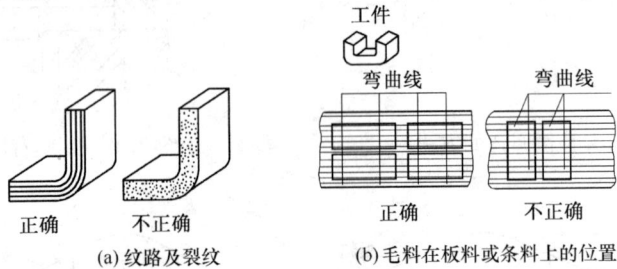

图 3.34　弯曲线与纤维方向的关系

（3）材料厚度

材料愈厚，工件愈易弯裂，其最小弯曲半径值就要取大一些。

（4）板料表面及冲裁断面的质量

弯曲毛坯一般由冲裁获得，其断面存在冷作硬化层。弯曲时，冲裁件断面上的断裂带及毛刺在拉伸应力作用下会产生应力集中，如果有毛刺的一边是在弯曲区的外层，往往引起过大的拉伸应力，导致弯曲件从侧边开始破裂，因此必须增大弯曲半径。反之，若使有毛刺的一边处于内侧，由于内层受压应力，故工件不会因应力集中而产生破裂，因此相应的最小弯曲半径就可减小一些。

2. 最小弯曲半径的确定

最小弯曲半径的确定可以用近似方法计算，但由于影响最小弯曲半径的因素很多，近似方法计算的最小弯曲半径与实际值有一定的误差。因此，在实际生产中主要是参考经验数据来确定各种材料的最小弯曲半径，如查阅有关冲压资料或手册，表 3.8 为各种金属材料在不同状态下的最小弯曲半径的数值。

表 3.8　最小弯曲半径 r_{min}/t

材　　料	正火或退火的		硬化的	
	弯曲线方向			
	与轧制方向垂直	与轧制方向平行	与轧制方向垂直	与轧制方向平行
铝			0.3	0.8
退火纯铜	0	0.3	1.0	2.0
黄铜 H62			0.4	0.8
05、08F			0.2	0.5

材　　料	正火或退火的		硬化的	
	弯曲线方向			
	与轧制方向垂直	与轧制方向平行	与轧制方向垂直	与轧制方向平行
08、10、Q215	0	0.4	0.4	0.8
15、20、Q235	0.1	0.5	0.5	1.0
25、30、Q255	0.2	0.6	0.6	1.2
35、40	0.3	0.8	0.8	1.5
45、50	0.5	1.0	1.0	1.7
55、60	0.7	1.3	1.3	2.0
硬铝（软）	1.0	1.5	1.5	2.5
硬铝（硬）	2.0	3.0	3.0	4.0

注：本表用于板厚小于 10 mm，弯曲角大于 90°，剪切断面良好的情况。

在实际生产中，对于弯曲半径不具重要作用的弯曲件，设计人员应从简化工艺的原则出发，选取比最小弯曲半径大的数值来设计工件的弯曲半径。一般认为合适的弯曲半径为 $r=5\,t$（t 为板料厚度）；对于弯曲半径必须小于最小弯曲半径的弯曲件，则只好增加一次校正工序，或进行退火然后再弯曲到工件要求的弯曲半径。

3.3.4　弯曲件的结构工艺性

(1)弯曲件的弯曲半径不能小于材料的许可最小弯曲半径，否则会产生裂纹。如果零件要求的弯曲半径比最小弯曲半径还小时，则可分两次弯曲。第一次采用较大的弯曲半径，然后退火；第二次再按零件要求的弯曲半径进行弯曲。此外，还可采用热弯工艺等。

(2)弯曲零件形状应对称，弯曲半径左右应一致，以保证弯曲时板料的平衡，防止产生滑动。

(3)弯曲件孔边距离。弯曲件的孔，如在弯曲之前冲出，模具结构比较简单，制造比较方便。为了避免孔在弯曲过程中发生变形，孔的位置应离开弯曲变形区，如图 3.35(a)所示。孔边至弯曲半径 R 中心的距离 L 与料厚有关，即：

$$t<2\ \text{mm 时} \quad L\geqslant t$$
$$t\geqslant 2\ \text{mm 时} \quad L\geqslant 2\,t$$

如果孔边至弯曲半径 R 中心的距离过小，可在弯曲线上冲工艺孔，如图 3.35(b)或切孔槽如图 3.35(c)，以防止孔在弯曲时变形。如零件对孔的精度要求较高，则最好在弯曲后再冲孔。

(4)弯曲件竖边高度不能太短，以保证竖边的平直。为此，弯曲件竖边高度 H 不应小于 $2\,t$，最好大于 $3\,t$。若 $H<2\,t$，则须预先压槽，或加高直边，弯曲后再切掉。

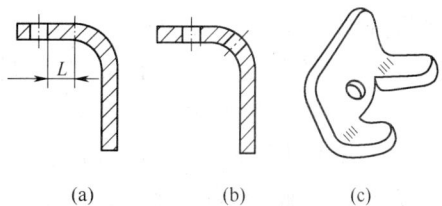

(a)　　　(b)　　　(c)

图 3.35　弯曲件孔边距离

3.4 拉　深

将一定形状的平板毛坯通过拉深模压制成圆筒形或其他断面形状的开口空心零件的冲压方法称为拉深。用拉深工艺可以制成筒形、矩形、阶梯形、曲面形和其他不规则形状的薄壁零件,如图 3.36 所示。铁道车辆上一些空心工件,如风缸盖、灯罩等就是用拉深工艺制成的。用拉深工艺制造薄壁空心件,生产效率高,零件的精度、强度和刚度也高,并且材料消耗少。拉深可加工范围非常广泛,直径从几毫米的小零件直至 2～3 m 的大型零件。因此,拉深在电子、电器、仪表、汽车、拖拉机、兵器以及日用品等工业生产中占有相当重要的地位。

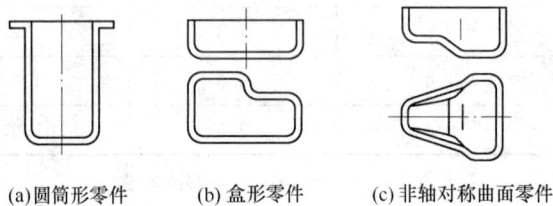

(a)圆筒形零件　　　(b) 盒形零件　　　(c) 非轴对称曲面零件

图 3.36　拉深件示意图

3.4.1　拉深过程中金属变形的特点

图 3.37 所示为一直径 D、厚度 t 的圆形毛坯,经拉深模拉深,得到了具有外径为 d 的开口圆筒形工件。如果把平板毛坯中的三角形阴影部分 b_1、b_2、b_3……切去,留下矩形狭条,然后将这些狭条沿直径为 d 的圆周弯折 90°。便可拼成圆筒形工件。这个圆筒形工件的直径 d 可按需要裁取,而其高度为:

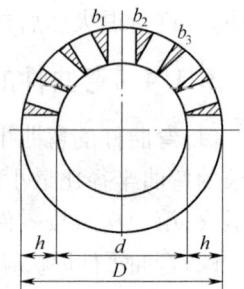

图 3.37　拉深圆筒形工作

$$h = \frac{1}{2}(D - d)$$

但是,在实际拉深过程中,并没有将阴影部分的三角形材料切掉。这部分材料是在拉深过程中由于产生塑性流动而转移了。拉深过程如图 3.38 所示。将图(a)的扇形面积分成三个区域,在凸模的作用下,直径为 D 的毛坯被拉进凸、凹模之间的间隙里形成筒形件。工件高度为 H 的直壁部分是由毛坯的环形 ($A'B'F'E'$) 部分转化而成的,所以,拉深时毛坯的外部环形部分是变形区;而底部(OCD)通常是不参与变形的,称为不变形区;被拉入凸、凹模之间的直壁部分($C'D'F'E'$)是已完成变形部分,称为已变形区。在整个拉深过程中,毛坯的圆环部分在径向拉应力和切向压应力的作用下,金属发生塑性流动而不断进入凸、凹模之间的间隙中,形成零件的直壁部分。

上述被转移的三角形部分,通常称之为"多余三角形"。"多余三角形"材料的塑性流动,一方面要增加工件的高度 Δh,使得:

$$H > h = \frac{1}{2}(D - d)$$

另一方面,要增加工件的壁部厚度 Δt,如图 3.39 所示。

(a) 平板毛坯的一部分　　(b) 毛坯变形　　(c) 拉深件

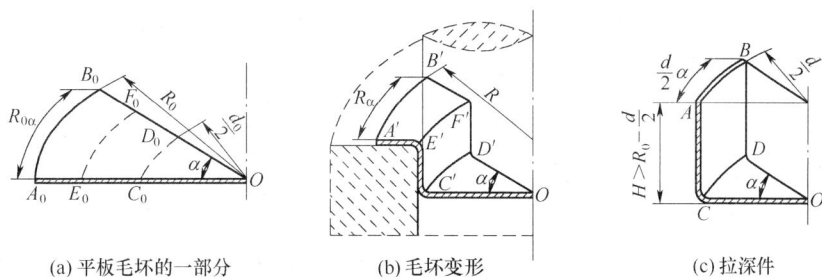

图 3.38　拉深件变形特点

拉深件各部分的厚度是不一致的,一般是:底部略有变薄,但基本上等于原毛坯的厚度;侧壁上部分增厚,愈到上缘增厚愈大;侧壁下部分变薄,愈靠下部变薄愈多;由侧壁向底部转角稍上处(图中 a 处)则出现严重变薄,甚至断裂。另外,沿侧壁高度方向,零件各部分的硬度也不一样,愈到上缘硬度愈高。

在拉深中经常遇到的主要问题,是拉深件靠近圆角部分出现破裂和在凸缘部分发生起皱现象,如图 3.40 所示。对于起皱问题,一般情况下,只要采用压边圈就可以得以解决。因此,拉深生产的主要破坏形式是圆角部分出现的破裂。

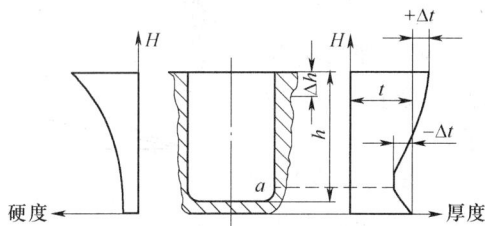

图 3.39　拉深件沿高度方向硬度与厚度　　　　图 3.40　破裂与起皱

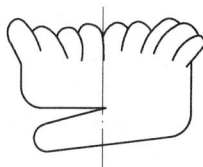

3.4.2　压边装置及其选择

在拉深工艺中,正确地确定拉深毛坯是否会起皱以及设法防止起皱,是一个重要的问题。毛坯在起皱以后,很难通过间隙拉入凹模,且容易使毛坯受过大的拉力而破裂。另外,即使勉强地把已经起皱的毛坯拉入凹模,起皱的痕迹也会遗留下来,因而得不到光洁的零件表面。

为了解决拉深工作中的起皱问题,在当前实际生产中主要是采用防皱压边圈(图 3.41)。用压边圈对板料施以一定的压力,迫使板料在压边圈和凹模中通过,增加凸缘部分对周向弯曲的抗力,以保持稳定不起皱。同时也使板料在受切向压缩时产生的金属流动,作为径向拉伸变形时所需材料的补充,防止产生拉裂现象。

是否需要采用压边圈,要根据该工件拉深是否起皱而定。准确地判断工件拉深时是否起皱,是个相当复杂的问题,在生

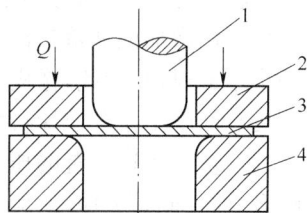

图 3.41　压边示意图

1—凸模;2—压边圈;
3—毛坯;4—凹模

产中可按表 3.9 的条件决定。表 3.9 中, t/D 为毛坯相对厚度,其中 t 为板材厚度, D 为毛坯

直径，m_1 和 m_n 分别为第一次拉深及以后各次拉深的拉深系数。也可以根据经验公式来判断，通常拉深起皱的条件是：

$$D - d \geqslant 22\,t$$

式中　D——毛坯直径，mm；

　　　d——工件直径，mm；

　　　t——板厚，mm。

表 3.9　采用或不采用压边圈的条件

拉深方法	第一次拉深		以后各次拉深	
	$(t/D) \times 100$	m_1	$(t/D) \times 100$	m_n
用压边	<1.5	<0.6	<1	<0.8
可用可不用压边	1.5~2.0	0.6	1~1.5	0.8
不用压边	>2.0	>0.6	>1.5	>0.8

　　在实际生产中常用的压边装置有两大类，一类是弹性压边装置，另一类是刚性压边装置。

　　1. 弹性压边装置

　　这种装置多用于普通压床。通常有三种弹性压边装置，即橡皮压边装置，弹簧压边装置和气垫式压边装置。这三种压边装置的压边力变化曲线如图 3.42 所示。

　　工件随着拉深深度的增加，需要压边的凸缘部分不断减少，故所需的压边力也就逐渐减小。但从图 3.42 可以看出，橡皮及弹簧压边装置的压边力，却恰好与所需要的相反，是随拉深深度的增加而增加，尤以橡皮压边装置更为严重。这种情况会使拉深力增加，从而导致零件破裂。因此橡皮及弹簧压边装置通常只用于浅拉深。但橡皮及弹簧压边装置结构简单，对单动的小型压床，采用橡皮或弹簧压边装置还是很方便

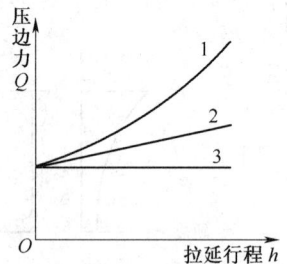

图 3.42　压边力曲线
1—橡皮压边装置；
2—弹簧压边装置；
3—气垫压边装置

的。根据生产经验，只要正确地选择弹簧规格及橡皮的牌号和尺寸，就能减少它们的不利方面，充分发挥它们的有利作用。由于拉深行程较大，因此应当选用总压缩量大及压边力随压缩量缓慢增加的弹簧。橡皮应选用软橡皮（冲裁卸料是用硬橡皮）。由于橡皮的压边力随压缩量增加很快，因此，橡皮的总厚度应选大些，以保证相对压缩量不致过大。建议所选取的橡皮总厚度不小于拉深行程的 5 倍。

　　气垫式压边装置的压边力大小不随拉深行程的增加而变化，不会造成拉深后期压边力陡升，而且调整方便，适应性很广。

　　对于曲面形零件和大型覆盖件的拉深，需要较大的压边力，此时，多采用带拉深筋的压边圈，以增加毛坯进入凹模的阻力，其防皱的效果明显。

　　2. 刚性压边装置

　　压边力不随行程变化的刚性压边装置，拉深效果较好，而且模具结构简单，如图 3.43 所示。刚性压边装置用于双动压床，凸模装在压床的内滑块上，压边装置装在外滑块上。拉深

时,压边装置随外滑块首先下降压住毛坯,然后装在内滑块上的凸模下降,将毛坯拉深成形。当拉深过程结束后,内滑块回程,随后外滑块也带动压边圈回到上止点。

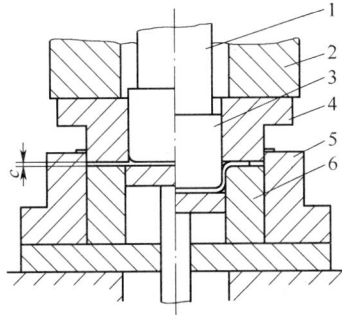

图 3.43 双动压力机用拉深模刚性压边原理

1—内滑块;2—外滑块;3—拉深凸模;

4—落料凸模兼压边圈;5—落料凹模;6—拉深凹模

3.4.3 拉深次数的确定

3.4.3.1 拉深系数

在制订拉深件的拉深工艺和设计拉深模具时,必须预先确定该零件的拉深次数。当工件高度与直径比值 h/d 很大时,要想一次拉深得到工件是不可能的,必须经过多次拉深,这时就要确定每拉深一次究竟能拉成多大直径的半成品。

在确定拉深次数时,必须做到使毛坯内部的应力既不超过材料的强度极限,以免造成拉深件的破裂,又能充分利用材料的塑性。即在每一道拉深工序中,应在毛坯材料强度允许的情况下,达到最大可能的变形程度,以使拉深次数最少。

为了确定拉深次数,先引入拉深系数这一概念。对于圆筒形零件,拉深系数是指每次拉深后圆筒工件的直径与拉深前毛坯(或半成品)的直径之比,即:

第一次
$$m_1 = \frac{d_1}{D}$$

以后各次
$$m_2 = \frac{d_2}{d_1} \qquad m_3 = \frac{d_3}{d_2} \qquad \cdots \qquad m_n = \frac{d_n}{d_{n-1}}$$

式中 $m_1, m_2, \cdots, m_n$ ——各次的拉深系数;

D ——毛坯直径;

$d_1, d_2, \cdots, d_n$ ——各次半成品(或工件)的直径(如图 3.44 所示)。

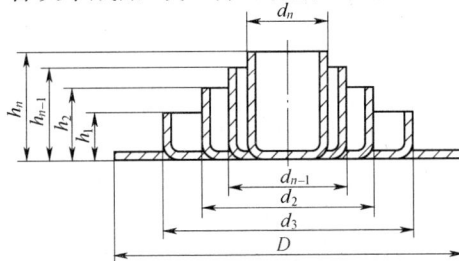

图 3.44 拉深工序示意图

拉深系数是拉深的重要工艺参数。在工艺设计中,只要知道每道工序的拉深系数值,就可以计算出各道工序中工件的尺寸。

拉深系数是拉深变形程度的表示方式。拉深系数值愈小,说明工件(或半成品)拉深前后直径差别愈大,其变形程度也愈大。拉深系数 m 值永远小于1。

材料在一定拉深条件下允许的拉深变形程度是一定的,把材料既能拉深成形又不被拉断时的最小拉深系数称为极限拉深系数。

3.4.3.2 影响拉深系数的因素

1. 材料的机械性能

材料的塑性越好,其延伸率 δ 越大,则材料的拉深系数可取得小些。材料的屈强比 σ_s/σ_b 越小,凸缘变形区的塑性好,变形抗力低,对拉深越有利。另一方面 σ_b 值大,则提高了危险断面处的强度,可减小破裂的危险。其拉深系数值就可以小一些。

2. 材料的相对厚度 t/D

这是一个比较重要的影响因素,相对厚度 t/D 值大,拉深时材料抵抗凸缘处失稳起皱的能力强,拉深系数可取小些;反之,拉深系数可取大些。

3. 拉深次数的影响

需要多次拉深成形的零件,因材料在拉深变形过程中出现加工硬化现象,故首次拉深系数最小,以后逐次增大。但是,前道拉深后经过热处理退火的,后道的拉深系数同样可以取较小值。

4. 压边力的影响

使用压边圈时拉深不易起皱,拉深系数可以取小些;反之,拉深系数可取大些。应注意,压边力的大小要适当,如果压边力过大,会增加拉深阻力;反之,拉深时板料容易起皱,使拉深阻力剧增,甚至拉裂。

5. 润滑条件

润滑合理对拉深有利,可以降低拉深系数。例如在图3.45中,摩擦力 F_1、F_2、F_3 使拉深力增加,它不仅使拉深系数增大,而且会拉伤模具和工件表面,所以这些力是有害的,应采取润滑措施以减少这些摩擦力的作用。摩擦力 F_4、F_5 的存在,可以传递部分拉深力,有利于减小材料在危险断面处的应力,有助于降低拉深系数,因此这些力是有益的,因此,在凸模上不需涂润滑剂。

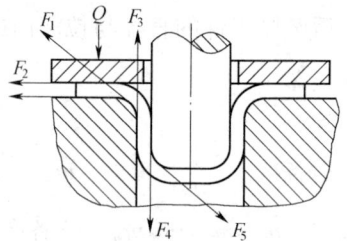

图 3.45 拉深中的摩擦力

F_1—凹模圆角处的摩擦力;
F_2—压边圈、凹模与毛坯之间的摩擦力;
F_3—工件与凹模壁之间的摩擦力;
F_4—工件与凸模之间的摩擦力;
F_5—凸模圆角处的摩擦力

6. 模具的几何参数

凸模与凹模的圆角半径对拉深工作影响很大,尤其是凹模的圆角半径影响更显著。圆角半径越大,拉深系数可选得越小。但凹模圆角半径太大时,毛坯在压边圈下的面积过小,容易起皱。而凸模的圆角半径在最后一次拉深时,应等于零件的圆角半径。

合理的拉深模的间隙有助于拉深系数的减小。如果间隙过大工件容易起皱;反之,如间隙过小,则会使零件拉断或严重变薄。

表 3.10 及表 3.11 分别列出了不同材料、不同拉深条件以及不同拉深次数时的极限拉深系数。

表 3.10　圆筒形件带压边圈时的极限拉深系数

拉深系数	毛坯相对厚度$(t/D)\times100$					
	2.0～1.5	1.5～1.0	1.0～0.6	0.6～0.3	0.3～0.15	0.15～0.08
m_1	0.48～0.50	0.50～0.53	0.53～0.55	0.55～0.58	0.58～0.60	0.60～0.63
m_2	0.73～0.75	0.75～0.76	0.76～0.78	0.78～0.79	0.79～0.80	0.80～0.82
m_3	0.76～0.78	0.78～0.79	0.79～0.80	0.80～0.81	0.81～0.82	0.82～0.84
m_4	0.78～0.80	0.80～0.81	0.81～0.82	0.82～0.83	0.83～0.85	0.85～0.86
m_5	0.80～0.82	0.82～0.84	0.84～0.85	0.85～0.86	0.86～0.87	0.87～0.88

表 3.11　圆筒形件不带压边圈时的极限拉深系数

拉深系数	毛坯相对厚度$(t/D)\times100$				
	1.5	2.0	2.5	3.0	＞0.3
m_1	0.65	0.6	0.55	0.53	0.50
m_2	0.8	0.75	0.75	0.75	0.70
m_3	0.84	0.80	0.80	0.80	0.75
m_4	0.87	0.84	0.84	0.84	0.78
m_5	0.90	0.87	0.87	0.87	0.82
m_6	—	0.90	0.90	0.90	0.85

使用上表时应注意以下三个方面：

(1)表中拉深系数适用于 08 钢、10 钢和 15Mn 等低碳钢及软化的 H62 黄铜。对拉深性能较差的 20 钢、25 钢、A2 钢、A3 钢以及硬铝等,应将表中数值增加 1.5%～2.0%;对拉深件能更好的 05 钢及 08、10 拉深钢和软铝等,可将表中数值减小 1.5%～2.0%。

(2)表中数值适于未经中间退火的拉深材料。若采用中间退火时,可将表中数值减小 2%～3%。

(3)表中较小值适合于圆角半径为 $r_d=(8\sim15)t$ 的凹模,较大值适合于圆角半径为 $r_d=(4\sim8)t$ 的凹模。

3.4.3.3　拉深次数的确定

如上所述,一个是零件的总拉深系数为 $m_总$,该零件材料的极限拉深系数为 m。若零件所要求的总拉深系数 $m_总$ 大于零件材料的极限拉深系数 m 时,则该零件只需一次拉深即可制成,否则必须进行多次拉深。对于需要多次拉深的圆筒形工件,可根据零件的相对高度 h/d 和毛坯的相对厚度 t/D,由表 3.12 中查出。

表 3.12　圆筒形工件拉深次数的确定

相对高度 h/d　　拉深次数	毛坯相对厚度 $(t/D) \times 100$					
	2~1.5	1.5~1.0	1.0~0.6	0.6~0.3	0.3~0.15	0.15~0.06
1	0.94~0.77	0.84~0.65	0.70~0.57	0.62~0.5	0.52~0.45	0.46~0.38
2	1.88~1.54	1.60~1.32	1.36~1.10	1.13~0.94	0.96~0.83	0.90~0.70
3	3.5~2.7	2.8~2.2	2.3~1.8	1.9~1.5	1.6~1.3	1.3~1.1
4	5.6~4.3	4.3~3.5	3.6~2.9	2.9~2.4	2.4~2.0	2.0~1.5
5	8.9~6.6	6.6~5.1	5.2~4.1	4.1~3.3	3.3~2.7	2.7~2.0

注:本表适用于 08、10 等软钢。

3.4.4　拉深件毛坯尺寸的确定

由于拉深后工件的平均厚度与毛坯厚度差别不大,厚度变化可以忽略不计。拉深件毛坯尺寸的确定,可按照拉深前毛坯的面积和拉深后工件中性层展开表面积相等的原则计算。

在计算毛坯尺寸前,应考虑到:由于辗制板料具有方向性,凸模与凹模间的间隙不均匀,拉深后的工件顶端一般不平齐,通常都需要修边,即将不平部分切去。所以,在计算毛坯尺寸之前,要在拉深高度方向加一段修边余量 h'(工件要求不高,而且筒形工件的高度不大者可不留)。

对于简单的圆筒形拉深件,如图 3.46 所示,其毛坯尺寸为:

$$\frac{\pi}{4}D^2 = F_1 + F_2 + F_3$$

即
$$D = \sqrt{d_0^2 + 4d_p(h + h') + 6.28 r_p d_0 + 8 r_p^2}$$

式中　　D——毛坯直径;

F_1、F_2、F_3——圆筒形拉深件的各部分面积;

h'——修边余量。

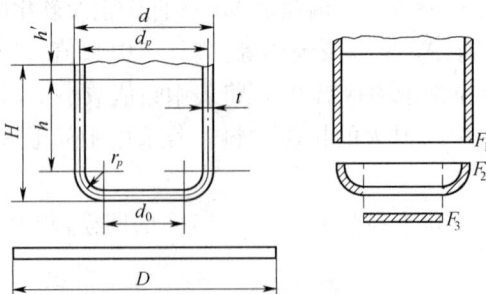

图 3.46　圆筒形拉深件毛坯计算图

在计算中,工件的直径按厚度中线计算;但当板厚 $t < 1$ mm 时,也可按工件的外径和内高(或按内径和外高)计算。

形状复杂的工件,可分成若干简单几何形状部分,计算出近似的毛坯外形尺寸,经试压后进行修改,再最后确定。

3.4.5　拉深件的结构工艺性

(1)拉深件形状应尽量简单,以减少拉深次数和产生废品。为了使拉深顺利进行,拉深件底与壁、凸缘与壁、矩形件的四壁间圆角半径(图 3.47 及图 3.48)应满足:$r_1 \geqslant t$,$r_2 \geqslant 2t$,$r_3 \geqslant 3t$。否则应增加整形工序。

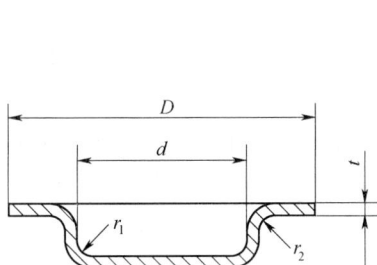

图 3.47　拉深件圆角半径　　　　图 3.48　矩形拉深件壁间圆角半径

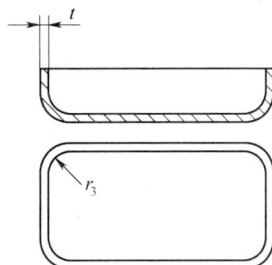

(2)应尽量避免设计有宽凸缘和深度大的拉深件,因为这类工件需要较多的拉深次数。在带凸缘的拉深件中,凸缘尺寸也不宜过窄,否则拉深时,由于压边圈不易压住材料而容易起皱。对需要有窄凸缘的工件,在实际生产中,常常先拉深成直筒,然后再增加压平凸缘的工序。

在用压边圈拉深筒形件时,最合适的凸缘尺寸约在下述范围内:

$$D = d + (12 \sim 25)t$$

(3)对于半敞开及非对称的空心件,应考虑将两个或几个工件合并成对称的形状,一起拉深后再剖切开。这样可以减少工序,节省材料,并有利于材料的变形,保证产品质量。

3.5　冷　挤　压

3.5.1　冷挤压的基本方式

冷挤压是在常温下将金属坯料放入模具的模腔内,利用压力机的强大压力,迫使坯料三向受压产生塑性流动,使金属从模孔或模具的缝隙挤出,从而获得所需制件的一种加工方法。根据冷挤压过程中金属流动方向和凸模运动方向的关系,冷挤压一般可分为三种基本方式,如图 3.49 所示。

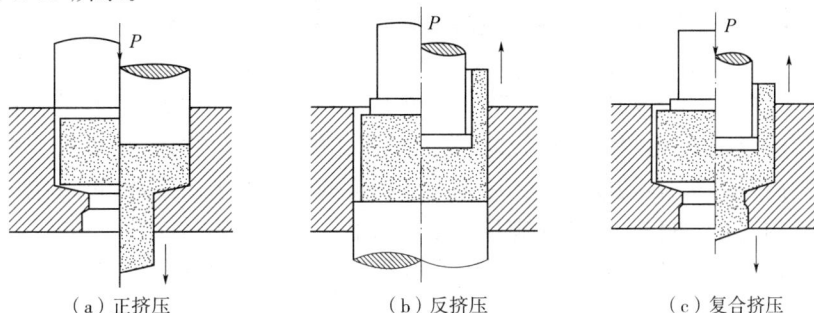

(a) 正挤压　　　　　　(b) 反挤压　　　　　　(c) 复合挤压

图 3.49　冷挤压方式

正挤压:金属的挤出方向与凸模运动方向相同,如图 3.49(a)所示。正挤压可以利用实心或空心坯料制造各种形状的实心和空心件。

反挤压:金属的挤出方向与凸模的运动方向相反,如图 3.49(b)所示。反挤压可以制造各种断面形状的杯形件。

复合挤压:金属的挤出方向与凸模的运动方向,有一部分相同,另一部分相反,如图 3-49(c)所示。复合挤压可以制造各类复杂形状的空心件。

正挤压、反挤压与复合挤压是冷挤压中应用最广泛的三种方法,它们共同的特点是金属流动方向都与凸模轴线相平行,因此又统称为轴向冷挤压。此外,还有径向冷挤压。在径向冷挤压时金属的流动方向与凸模轴线方向相垂直,金属在凸模的压力作用下沿径向向外流动者,称为离心挤压,与此相反的称为向心挤压。径向挤压可以制造带有法兰或凸台类的轴对称零件。

3.5.2 冷挤压工艺的特点

(1)挤压力大。要使室温状态下的金属产生必要的塑性流动,需要很大的挤压力。挤压力的大小可能达到毛坯材料强度极限的 4～6 倍或更高,而且是集中力,作用时间长。这是冷挤压区别于其他成形方法的突出的特点。因此,这种工艺方法对模具和设备的要求也较高。由于冷挤压模具在承受很大挤压变形力作用的同时,在与挤压金属接触的表面受到激烈的磨损,所以在模具方面必须采取措施解决模具的强度、刚度和寿命很低(一般不超过两三万件)的问题。

(2)冷挤压时,毛坯处于三向压应力作用下,其塑性可大大提高。材料允许的变形程度一般已不再受材料塑性的限制,而是受模具材料强度和模具寿命的限制。因此,提高一次挤压允许变形程度的有效方法,往往是通过降低毛坯的变形抗力,而使单位挤压力控制在模具强度允许的范围之内。生产中常利用挤压前的热处理使毛坯材料的塑性得到提高。

(3)润滑对冷挤压的影响十分重要。毛坯与模具接触面的摩擦不仅影响金属的变形和挤压件的质量,而且也影响单位挤压力的大小、模具的强度和寿命。所以,挤压时的润滑常可能成为挤压成败的关键。常用的润滑剂有液体润滑剂(动物油、植物油、矿物油)和固体润滑剂(硬酯酸锌、硬酯酸钠、二硫化钼、石墨等)。它们可以单独使用或混合使用。有时为了确保挤压过程中润滑层不被破坏,毛坯要经过化学处理。例如碳钢的磷化、奥氏体不锈钢的草酸盐处理,铝合金的氧化、磷化、氟硅化处理等。经化学处理后的毛坯表面覆盖层是很薄的多孔形状结晶膜,它能随毛坯一起变形而不剥离脱落,在孔内吸附的润滑剂可以保持挤压过程中润滑层的连续性和良好的润滑效果。

(4)冷挤压件的强度和硬度提高。冷挤压件是材料塑性流动后成型的,沿着挤压件轮廓具有连续分布的金属流线,组织致密,加上强烈的冷作硬化,零件强度、硬度大为提高。挤压后的强度可提高一倍左右,硬度可达到原来毛坯硬度的两倍以上。因此,可以用一般低强度材料代替贵重的高强度材料,或者在满足强度要求的前提下缩小断面尺寸和减轻重量。

(5)冷挤压能充分利用材料,成本低廉,生产效率高,可以提高冷挤压件的机械性能和使用寿命。

(6)冷挤压件的尺寸精度较高、表面质量好。冷挤压件尺寸精度可达 IT8 级,表面粗糙

度可达 $Ra3.2\sim Ra0.4$。

在冷挤压变形过程中,毛坯的尺寸、形状都要发生变化。其变化的大小称为变形程度或变形率,通常用断面收缩率 ε_A 来表示,即:

$$\varepsilon_A = \frac{A_0 - A_1}{A_0} \times 100\%$$

式中 A_0——冷挤压变形前毛坯的横断面积,mm;

A_1——冷挤压后工件的横断面积,mm。

冷挤压时,一次挤压加工可能达到的最大变形程度称为许用变形程度或成形极限。

生产中常用表格法或图线法等形式给出常用材料一次挤压可能达到的许用变形程度。表3.13为几种材料的挤压允许变形程度。

表 3.13   几种材料的许用变形程序 ε_A (%)

材　料		正挤压	反挤压	自由镦粗
钢	10	82～87	75～80	75～81
	15	80～82	70～73	70～73
	35	55～62	50	63
	45	45～48	40	40～45
	15Cr	53～63	42～50	53～60
	34CrM₀	50～60	40～45	50～60
纯　铝		97～99	97～99	～96
铝合金 LF3		95～98	92～98	～92
铝合金 LY11		92～95	75～82	～50

冷挤压的材料主要根据工件的要求来定,还应当考虑到材料所能达到的最大变形程度和模具的使用寿命。冷挤压材料应当具有较高的塑性,不但冷态塑性好,具有较低的屈服极限,而且变形时冷作硬化程度也不太强烈。通常认为,当材料同时具有低硬度和低加工硬化速度时,就具有最佳的冷挤压性能。

目前可用作冷挤压的材料主要是有色金属及其合金、低碳钢、中碳钢和低合金钢。当挤压件的形状、变形程度适宜时,对部分不锈钢、轴承钢、高速钢等也能实现冷挤压。

3.5.3   冷挤压件结构工艺性

根据冷挤压金属变形的特点,冷挤压件的形状应尽量有利于挤压时金属变形均匀,在挤出的方向与流速一致,挤压力小,模具寿命长。最适宜于冷挤压的零件形状是轴对称旋转体零件。其次是有对称轴的非旋转体零件,如正方形、矩形、正多边形、齿形等零件。一般对冷挤压件的要求如下:

1. 对 称 性

冷挤压零件的断面形状应尽量对称,对称性愈高,所需的挤压力愈小,模具寿命长。

2. 断面面积之差小

零件断面面积之差过大时,在断面变形的过渡部位,不均匀变形加剧,这部分材料容易破裂,还可能引起模具的剧烈磨损和早期破坏。为避免断面过渡突变,应将断面变化部位设计成锥形过渡,过渡部分的衔接处采用平滑的圆弧连接。

3. 断面形状避免阶梯形

阶梯形外形或孔壁的各个台阶的尺寸差不大时,可将断面简化设计成内外均为直壁的圆筒形件,如图3.50所示。其阶梯形状可在挤压后由机械加工完成。这样可以简化模具,且模具寿命长。如果各个台阶之间的尺寸差别较大,则不宜简化,可以采取逐个台阶顺序挤压的方法,即先挤出大孔,再挤小孔。在挤小孔时,已成形的大孔向上作刚性平移,大孔壁部已挤成的部分不再变形。

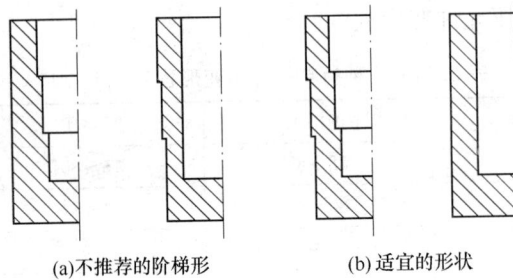

(a)不推荐的阶梯形　　　(b)适宜的形状

图 3.50　阶梯形件的改造

4. 避免细小深孔

因为挤压时金属的流动不均匀,会引起挤压件形状畸变,同时增大所需的挤压力,凸模也易变形和折断。

5. 适当的圆角半径

挤压件上圆角半径的大小十分重要。任何尖锐部位,都会阻碍金属的正常流动和加剧模具的磨损。在允许的范围内,圆角尽量取较大的数值。一般地说,材料愈硬,零件形状愈复杂,尺寸愈大,所需圆角半径也愈大。

6. 挤压件的尺寸要合理

冷挤压工艺能够加工的尺寸,如直径、长度、深度、厚度等,是有一定范围的。超出这一范围,材料稳态塑性变形的条件遭到破坏,就会导致模具过载、挤压件形状改变和尺寸的严重波动以及各种疵病的出现。

3.6　冲压工艺规程的制订

冲压工艺规程是指导冲压零件生产过程的技术文件。冲压零件的生产过程包括原材料的准备、各种冲压工序和必要的辅助工序等。在制订冲压工艺规程时,通常是根据冲压件的结构特点、生产批量、现有设备和生产能力等,拟订出几种可能的工艺方案。在对各种工艺方案进行周密的综合分析与比较之后,再选定一种较先进、经济、合理的工艺方案。本节介绍编制冲压工艺规程的步骤和内容。

3.6.1　冲压工艺规程制订的步骤及内容

冲压工艺规程制订的步骤及内容如下：

(1)对零件图的分析。

(2)确定冲压件生产的工艺方案。

(3)确定模具类型及结构形式。

(4)选择冲压设备。

(5)编写冲压工艺卡片。

冲压工艺规程制订所涉及的具体内容有些已经在前面的有关章节中叙述过。这里主要就一些需要强调的或进一步说明的问题进行讨论。

3.6.2　零件图的分析

零件图的分析包括冲压件的工艺性分析、冲压加工经济性分析、冲压件修改的必要性和可能性等。

1. 冲压件的工艺性

冲压件的工艺性是指该零件在冲压加工中的难易程度。工艺性良好的工件，能节约原材料、工序数目少、模具结构简单而且寿命高、产品质量稳定、操作简单。在一般情况下，对冲压件的工艺性影响最大的是几何形状、尺寸和精度要求。

下面就对影响冲压件工艺性的主要因素，如零件所用的材料、零件的形状、尺寸精度及表面质量要求等，分别加以讨论。

(1)材料的种类和厚度

原材料的性能、规格常常是影响冲压工艺和冲压件质量的重要因素。在选择材料时，首先应考虑工件的使用要求，同时还要考虑材料适应各种冲压工序的能力。冲压用材料必须具有足够的塑性、表面平整光洁、板料厚度符合公差标准。同时，还应遵循经济节约的原则。

材料的厚度对冲压件工艺性影响很大。在强度允许的条件下，要尽可能采用较薄的材料，以减少金属的消耗。

厚度较小的板，可以采用冷压工艺，对局部刚度不够的地方，可采用压加强筋等办法加强。如果对较厚的零件(6～12 mm)采用冷压，不但需要吨位很大的压力机，而且某些变形较大的工件，还会出现裂纹等缺陷。为了提高材料的塑性和减少所需的变形力，需要采用热压工艺，这样，就增加了冲压工艺的复杂性。此外，材料厚度偏差的大小，也直接影响到零件的精度、工序的多少和工艺装备的设计。

(2)冲压件的形状

冲压件的形状对工艺性影响最大。在生产中由于零件形状设计不合理，就会造成材料浪费、模具制造困难、废品增加、生产周期长、产品成本提高。有关各类冲压件的结构工艺性已在前面章节中介绍，这里不再赘述。

(3)冲压件的尺寸精度和表面质量

a. 冲压件的尺寸精度要求，不应超过一般冲压生产所能达到的尺寸精度，并在满足使用要求的情况下，尽可能定得低一些。

一般冲压件尺寸精度如下：落料不超过 IT10 级精度；冲孔不超过 IT9 级；弯曲不超过 IT9～IT10 级；拉深时，高度的尺寸精度为 IT8～IT10 级，直径为 IT8～IT9 级，厚度为 IT9～IT10 级。

冲压件尺寸精度高于上述要求者，则需增加精整工序。

b. 对冲压件表面质量的要求，不应高于原材料所具有的表面质量，否则要增加切削加工工序。一般普通冲裁粗糙度可达 $Ra12.5～Ra3.2$，精冲可达 $Ra2.5～Ra0.32$。

(4) 冲压件的尺寸标注、尺寸公差和基准面的选择

a. 除非结构上的特殊要求，尺寸数值宜用整数或偶数的倍数，以便计算和分割。

b. 注意尺寸的通用性和孔的直径标准化，使尺寸稍加改进后即能利用现有的零件和工艺装备进行生产。

c. 冲压件在满足使用的前提下，如果将局部尺寸给予灵活处理，就可以扩大冲压工艺的灵活性。例如图 3.51 所示的零件，尺寸 R 若标为 $R≥B/2$，就可以采用两种冲裁工艺：用落料，则取 $R=B/2$；若用切断工艺，则取 $R>B/2$，以便保证产品质量。

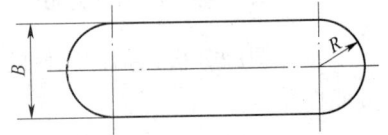

图 3.51　圆头形工件

d. 凡是冲压件图中未注明公差尺寸，通常按自由公差处理。如果没有配合要求的尺寸，不应标注公差与表面粗糙度。

e. 冲压件结构尺寸的基准，应尽可能作为冲压时的定位基准，以避免产生定位误差。工件孔的尺寸基准，应尽可能选择在冲压过程中自始至终不参加变形的面或线上。

2. 用冲压加工是否最经济

冲压加工虽然是一种先进的工艺方法，但不是在所有情况下都是最经济的方法。零件批量的大小对冲压加工的经济性起决定作用，随着批量的减小，它的优越性将明显地下降，这时就不如采用其他方式更经济。例如深盒状零件，在批量较小的情况下，采用拉深浅盒再焊上侧壁，或者将十字形毛坯折弯后再焊起来，比单纯拉深深盒要经济得多。另外，还可以采用等离子切割等代替小批量冲裁件生产。

3. 零件图有无修改的可能

经过分析如发现下列某种情况时，应提出意见与设计部门共同研究，对原图作适当修改。

(1) 零件的形状过于复杂，尺寸精度和表面粗糙度要求过高，或者尺寸标注不合理等。

(2) 适当改变零件的局部形状或尺寸，会有利于排样，能节约材料，减少工序或简化模具结构。

(3) 将形状复杂的零件，改为冲压与焊接组合结构可以简化工艺，降低成本。

(4) 可以用廉价材料代替贵重材料，以薄料代厚料，以黑色金属代有色金属等。

通过修改产品零件的结构（有时甚至重新设计）以改善其工艺性或节约材料，这是简化工艺、降低零件成本的重要途径之一。

3.6.3 冲压工艺方案的确定

确定冲压工艺方案的主要工作,就是分析和确定某冲压件所需冲压工序的性质、数量和顺序,提出所需模具的类型,并选择所需压床的型号和规格。

冲压同样的零件,通常可以采取几种不同的方法。应该把各种不同的工艺方法加以分析和比较,从中选择一种多、快、好、省的方案。

1. 确定工序的性质、数量和顺序

工序的性质主要取决于工件的结构形状,但也受到具体生产条件的制约。在一般情况下可以从零件图上直观地看出所需工序的种类。但是,有时却要经过计算、分析和比较后才能确定所需工序的性质。

例如图 3.52 所示的零件,初看似乎可以用落料、平面上冲孔与翻边三道工序冲出。以低碳钢材料为例,经过计算,其最大翻边高度(约为 14 mm)小于 18 mm,故不能直接用落料、冲孔、翻边方法制造,而必须经过落料、浅拉深、冲孔再翻边;或经过拉深、整修再切底才能达到预定的高度。

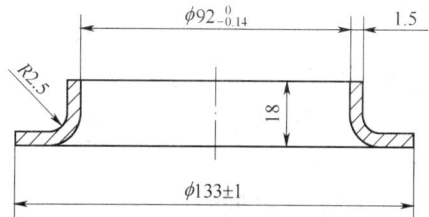

图 3.52 工序的性质分析(单位:mm)

工序的数量,主要取决于零件材料的性能、几何形状的复杂程度和尺寸精度。因为任何冲压工序的变形程度和所能达到的精度都有一定的范围。

冲裁形状复杂的零件时,由于受到模具结构或强度的限制,其内外轮廓常常不得不分成几个部分,用几套模具或连续模进行冲裁,非常靠近的两个孔也不能同时冲出;弯曲件的工序数量,随弯角的多少及其相对位置和弯曲方向而不同;拉深件的工序数量,与材料性能、阶梯数目、高度与直径的比值有关(盒形件还与角部的圆角半径有关),因此往往需要通过具体计算求出所需工序的数量。

工序顺序的安排,主要考虑工序的性质、材料的变形规律、零件的精度及定位要求等。例如,当零件上孔距要求不高时可先冲孔后弯曲成形。但是,当零件上的孔距要求较精确时,则必须先成形后冲孔,否则孔的位置精度达不到要求,这时零件的精度和工件的变形决定了工序的先后顺序。安排工序顺序时,还必须考虑工件在模具中的定位方法。要注意前一工序所得工件的形状,不致引起后续工序中工件定位的困难。最后成形或冲裁工作不致引起已成形的部分发生变形。

例如,弯曲件应先弯外角,后弯内角。拉深件一般先压里面,后压外面,以利于金属的流动成形,如图 3.53 所示。

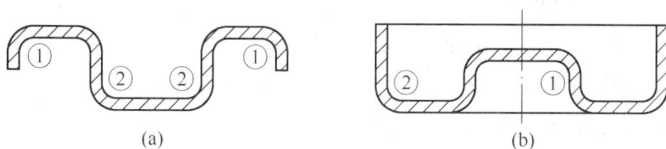

(a)   (b)

图 3.53 弯曲及拉深工序顺序

2. 工序的组合与模具形式的选择

工序的分散与集中,是分析和确定工艺方案时所遇到的比较复杂的问题。分析工艺方案时,关于工序的分散与集中必须考虑以下几个问题:

(1)组合的必要性

工序组合的必要性,主要取决于零件生产的批量或年产量。一般说来,在大批量生产情况下,应当尽可能地把工序集中起来,采用复合模或者连续模进行冲压,以提高生产效率,减少劳动量,降低成本。而在小批量生产时,则以采用单工序模分散冲压为宜。但是,有时为了减少劳动量,保障安全生产,批量虽小,也有把工序适当集中起来,用连续模或复合模进行生产的。

(2)组合的可能性

工序组合的可能性,主要取决于零件的尺寸、精度、模具制造的可能性与使用的可靠性,以及冲压设备的能力等。

生产实践表明,复合冲压用材料的厚度最适宜的范围是 0.05～3 mm,连续冲压为0.2～6 mm。

当零件上孔间距离或孔与外缘距离太小,模具壁厚受到限制,使模具缺乏足够的强度和刚度时,也不能用复合模冲压。

工序组合的可能性,还必须考虑工厂模具制造条件和冲压设备的情况。

(3)组合方式

工序的组合方式主要有两种形式:复合冲压与连续冲压。究竟采用哪一种方式,应视具体情况而定。一般复合冲压的工件平坦、精度高。而连续冲压的工件不平,有拱弯或扭曲,精度较低,可参考表 3.5。因此,高精度(IT9～IT11 级)和大型零件,应当采用复合模进行复合冲压,而小型和低精度(IT12 级以下)零件,以采用连续模进行冲压为佳。

当考虑工序集中时,应该着重分析两个问题:集中到一副模具中的工序类型与数量,以及工序的组合方式。根据经验,集中到一副模具上的工序数量不能太多,对于复合模一般为2～3 个工序,最多为 4 个工序;对于连续模,在满足压床工作台要求的前提下,集中工序可以多一些。

3. 工件定位基准的选择

工件的定位方法不仅影响操作的方便与安全,而且与零件质量的稳定性以及中间工序尺寸的计算和模具设计有关。

最好选择既能做到基准重合又能保持定位可靠的表面作为定位基准。对于平面零件最好用相距较远的两孔定位,或者用一个孔和外形定位。对于弯曲件可以用孔和形体定位。对于拉深件可以用形体、底面或切边后的端面定位。

定位基准的位置尺寸和形状都必须满足定位精度的要求。否则,不得不在结构上创造合理的定位条件。例如在工件上预冲孔、冲切口、切角或冲压定位筋等。

定位基准最好选用自始至终不参与变形和产生移动的表面,因为材料的变形和移动将使定位面脱离定位元件,从而影响定位的准确性。

定位方法的选择要特别注意操作上的方便与安全。

总之,定位方法的选择是分析和确定工艺方案的一个重要问题,虽然有几条选择原则,但生产实际情况比较复杂,应当根据具体情况灵活运用这些原则。如果发生矛盾,应当把操作安全、方便放在首位优先考虑。

3.6.4 确定模具的结构形式

冲压件在工序性质、冲压次数、冲压顺序以及工序组合方式选择的基础上,通过综合分析、比较,得出最佳工艺方案。根据此冲压工艺方案选用模具的类型,确定模具的具体结构形式,绘出模具工作部分原理图,并估算模具制造成本。

3.6.5 冲压设备选择

根据冲压工序的性质选择设备类型,根据冲压工序所需冲压力和模具尺寸选定冲压设备的技术规格。详见第二节中冲压设备的选择。

3.6.6 编写冲压工艺卡

冲压工艺卡是重要的工艺文件,它综合表述了冲压工艺设计的具体内容。通过工艺卡片,可以清楚地了解冲压件的加工工艺路线和实施其工艺路线所需的工序数量、顺序、相应的工艺装备与冲压设备类型以及工件检验要求等。

在冲压生产中,冲压工艺卡尚无统一的格式,一般冲压工艺卡的主要内容应包括:工序序号、工序名称、工序内容、工序草图、工艺装备及设备、材料种类及规格、工时定额等。其中,工序草图是某一工序完成后的工件图,它应包括下列信息:

(1)根据工件的复杂程度,可以用一个视图或两个视图及必要的剖面图表示;
(2)该工序所得工件的形状和尺寸;
(3)工件的定位方式与压料方式;
(4)如果采用连续模冲压,还要求绘出排样图。

3.6.7 冲压工艺规程的编制实例

确定图3.54所示制件的工艺方案。材料为08钢板,年产量五万件,要求无严重划伤,无冲压毛刺,孔不允许变形。

1. 工艺分析

托架ϕ10孔内装有芯轴,并通过孔4-ϕ5与机身连接。5个孔的公差均为IT9,孔不允许变形,表面不允许有严重划伤。该工件选用08冷轧钢板,弯曲半径大于最小弯曲半径,各孔也可冲出。因此,可以用冷冲压加工成形。

2. 确定工艺方案及模具结构形式

从工件结构形状可知,所需基本工序为冲孔、落料、弯曲三种。其中弯曲成形的方式如图3.55所示的三种。因此,可能的工艺方案有以下几种:

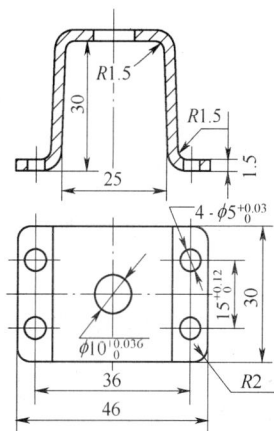

图3.54 托架(单位:mm)

175

方案Ⅰ:如图 3.56(a)~(d)所示,冲孔 φ10 和落料、弯外角和 45°顶角、弯内角、冲孔 4-φ5。

方案Ⅱ:冲孔 φ10 和落料(同方案Ⅰ),弯外角、弯内角(如图 3.57 所示),冲孔 4-φ5,如图 3.56(d)所示。

方案Ⅲ:冲孔 φ10 和落料(同方案Ⅰ),弯四角(如图 3.58 所示),冲孔 4-φ5,如图 3.56(d)所示。

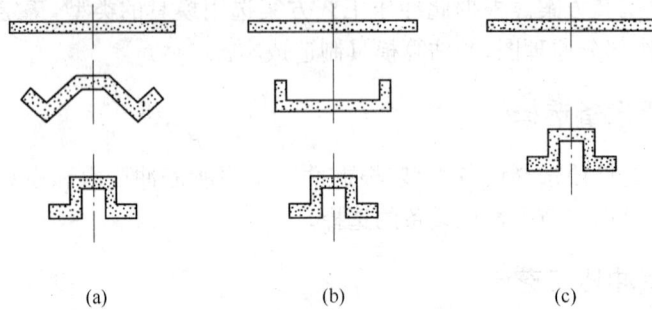

(a)   (b)   (c)

图 3.55　托架弯曲工艺方案

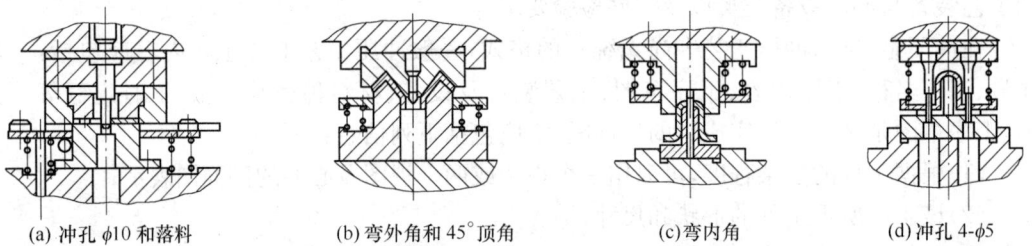

(a) 冲孔 φ10 和落料　　(b) 弯外角和 45°顶角　　(c) 弯内角　　(d) 冲孔 4-φ5

图 3.56　方案Ⅰ

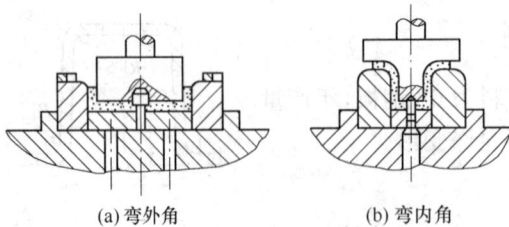

(a) 弯外角　　　　(b) 弯内角

图 3.57　方案Ⅱ

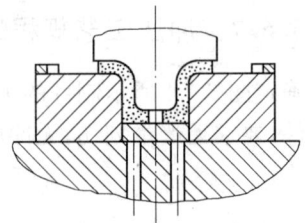

图 3.58　方案Ⅲ

方案Ⅰ的优点是,模具结构简单、寿命长、制造周期短、投产快,工件的回弹容易控制、尺寸和形状准确、表面质量高。除工序一外,各工序定位基准一致且与设计基准重合,操作方便。缺点是工序分散,需用模具、压力机和操作人员较多,劳动量较大。

方案Ⅱ的模具虽然也具有方案Ⅰ的优点,但零件回弹不易控制,故尺寸和形状不准确,同时也具有方案Ⅰ的缺点。

方案Ⅲ的工序比较集中,占用设备和人员少。但模具寿命较低,工件表面易刮伤,厚度会变薄,回弹不能控制,尺寸和形状不够准确。

综合上述,考虑到工件精度要求较高,批量不大,故生产中选择了第Ⅰ种方案。

3. 填写冲压工艺卡片

各厂所使用的冲压工艺卡片的格式各不相同,表 3.14 是冲压工艺卡片的部分内容,供参考。

表 3.14　冲压工艺卡片部分内容

材料牌号及技术条件	08　钢	毛坯形状及尺寸	选用板料 1 800×900×1.5	纵裁成 1 800×108×1.5	
工序号	工序名称	工序草图	工装名称 及图号	设备	检验 要求	备注
0	下料	1 800×108×1.5		剪床		
1	冲孔落料	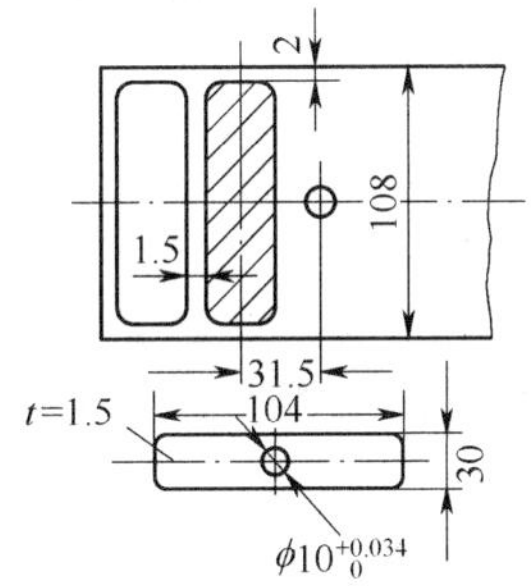	冲孔落料 复合模	J23—25	按草图检验	
2	首次弯曲 (带预弯)	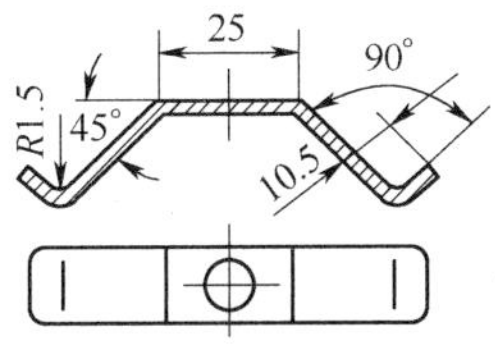	弯曲模	JH23—16	按草图检验	
3	二次弯曲	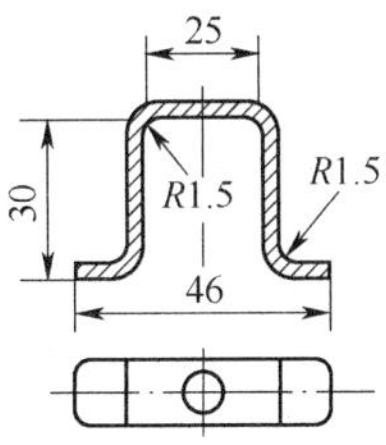	弯曲模	JH23—16	按草图检验	
4	冲孔 4φ5	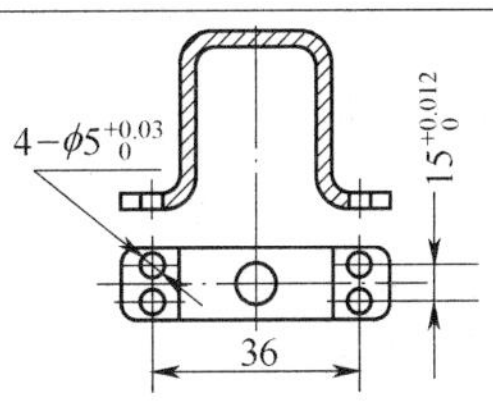	冲孔模	JH23—16	按图检验	
5	去毛刺			滚筒		
6	检验				按冲压件 图检验	

复习思考题

1. 车体结构零件制造中常用的冲压工序有哪些?

2. 简述冲裁的变形过程。

3. 降低冲裁力的方法有哪几种?

4. 冲裁模的基本组成部分及其作用是什么?

5. 简述冲裁模的总体设计的具体内容。

6. 冲裁凸模和凹模各有哪几种结构形式?

7. 在 10 号钢板上冲孔,已知冲孔直径为 $\phi 40_{0}^{+0.25}$ mm,板厚为 2 mm。试求冲孔模的凸、凹模刃口尺寸及公差。

8. 简述弯曲时板材的变形特点。

9. 解决弯曲回弹问题的措施有哪些?

10. 简述拉深过程中金属变形的特点。

11. 拉深件为什么会出现起皱现象? 应采取哪些措施来解决起皱?

12. 简述冷挤压的三种基本方式。

13. 简述编制冲压工艺规程的步骤和内容。

第4章

动车组车体装配焊接工艺

4.1 焊接方法及设备

4.1.1 焊接方法及其分类

焊接是指通过适当的物理、化学过程使两个分离的固态物体产生原子(或分子)间结合力而连接成一体的连接方法。金属等固体之所以能保持固定的形状,是因为其内部原子的间距(晶格)十分小,原子之间形成了牢固的结合力。除非施加足够的外力破坏这些原子间结合力,否则,一块固体金属是不会变形或分离成两块的。要把两个分离的金属构件连接在一起,从物理本质上来看就是要使这两个构件的连接表面上的原子彼此接近到金属晶格距离。在一般情况下,当我们把两个金属构件放在一起时,由于表面的不平度,即使是精密磨削加工的金属表面不平度仍有几到几十微米;其次,表面存在的氧化膜和其他污染物阻碍着实际金属表面原子之间接近到晶格距离并形成结合力。因此,焊接过程的本质就是通过适当的物理化学过程克服这两个困难,使两个分离表面的金属原子之间接近到晶格距离并形成结合力。目前找到的基本途径,便形成了焊接方法的基本分类,如图4.1所示。

使被连的构件表面局部加热熔化成液体,然后冷却结晶成一体的方法称为熔化焊接。为了实现熔化焊接,关键是要一个能量集中、温度足够高的局部加热热源。按照热源形式不同,熔化焊接基本方法分为:气焊、铝热焊、电弧焊、电阻焊、电渣焊、电子束焊等若干种。

其次,为了防止局部熔化的高温焊缝金属因跟空气接触而造成成分、性能的恶化,熔化焊接过程一般都必须采取有效的隔离空气的保护措施,其基本形式是:真空、气相和渣相保护三种。因此,保护形式常常是区分熔化焊接方法的另一个特征。例如,熔化焊接方法中最重要的电弧焊方法就可按保护方法不同分为埋弧焊、气电焊等很多种。此外,电弧焊方法还按电极特征分为熔化电极和非熔化电极两大类。

固相焊接是利用加压、摩擦、扩散等物理作用克服两个连接表面的不平度,除去(挤走)氧化膜及其他污染物,使两个连接表面上的原子相互接近到晶格距离,从而在固态条件下实现的连接。固相焊接时通常都必须加压,因此通常这类加压的焊接方法也称为压焊。为了使固相焊接容易实现,固相焊接大都在加压同时伴随加热措施,但加热温度通常都远低于焊件的熔点。因此,固相焊接一般都无需保护措施(扩散焊等除外)。

```
                                                        ┌── 螺 柱 焊
                                                        ├── 焊条电弧焊
                                          ┌── 熔化极 ────┼── 埋 弧 焊
                                          │             ├── 氩 弧 焊
                              ┌── 电 弧 焊 ─┤             └── CO₂电弧焊
                              │            │             ┌── 钨极氩弧焊
                              │            └── 非熔化极 ──┼── 原子氢焊
                              │                          └── 等离子弧焊
                              │                          ┌── 氧 氢
                              ├── 气    焊 ───────────────┼── 氧 乙 炔
                  ┌── 熔化焊接─┤                          └── 空气乙炔
                  │           ├── 铝 热 焊
                  │           ├── 电 渣 焊
                  │           ├── 电 子 束 焊
                  │           └── 激 光 焊
                  │           ┌── 电阻点、缝焊
                  │           ├── 电 阻 对 焊
  基本焊接方法 ────┼── 固相焊接─┼── 冷 压 焊
                  │           ├── 超 声 波 焊
                  │           ├── 爆 炸 焊                ┌── 火 焰 钎 焊
                  │           ├── 锻    接                ├── 感 应 钎 焊
                  │           └── 扩 散 焊                ├── 炉 钎 焊
                  └── 钎    焊 ───────────────────────────┼── 盐 浴 钎 焊
                                                        └── 电 子 束 钎 焊
```

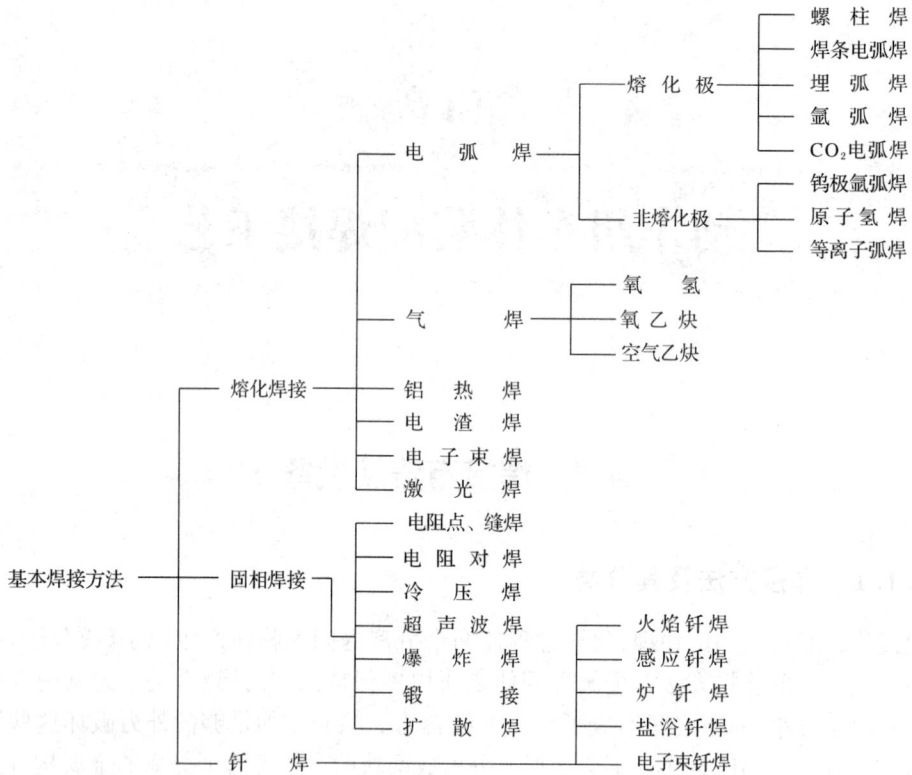

图 4.1　基本焊接方法及分类

按加热的方法不同,固相焊接的基本方法分为:冷压焊、摩擦焊、超声波焊、爆炸焊、锻焊、扩散焊、电阻对焊、闪光对焊等若干种。

应该注意的是,通常所指的电阻焊都可称为压焊,即属于固相焊接。但有些电阻焊(点焊、滚焊)接头形成过程伴随有熔化结晶过程,则属于熔化焊接。

钎焊是利用某些熔点低于被连接构件材料熔点的熔化金属(钎料)作为连接的媒介物在连接界面上的流散浸润作用,然后冷却结晶形成结合面的方法。显然,钎焊过程也必须采取加热和保护措施。按照热源和保护条件的不同,钎焊方法可分为:火焰钎焊、真空或充气感应钎焊、电阻炉钎焊、盐浴钎焊等若干种。

4.1.2　车体制造中常用焊接方法

车体结构是由型材、板材和冲压件组成的大型焊接结构。焊接是车体结构最主要的连接形式。可用于车体结构制造的焊接方法有:手弧焊、埋弧焊、CO_2电弧焊、电阻、钨极氩弧焊(TIG)及熔化极氩弧焊(MIG)等。手弧焊是车体结构制造中最早应用的一种焊接方法。随着车辆制造业的不断发展,手弧焊的生产率不高的问题较为突出,在车体结构制造中,手弧焊已逐步被其他焊接方法所取代。

在车辆制造中,对一些长而重要的焊缝或长大的环形焊缝均采用埋弧焊。由于埋弧焊是依靠颗粒状焊剂堆积形成保护条件,因此,它主要适用于水平面焊缝焊接。国外也有采用

特殊机械装置,保护焊剂堆敷在焊接区而不落下来,从而实现了埋弧横焊、立焊和仰焊。还有人研究过用碱性焊剂的埋弧横焊和仰焊,但应用均不普遍。由于埋弧焊焊剂的成分主要是 MnO、SiO_2 等金属及非金属氧化物,和手弧焊一样,难以用来焊接铝、钛等氧化性强的金属及其合金。

动车组车体通常采用耐候钢、不锈钢和铝合金等材料制造,采用的焊接方法主要有: CO_2 气体保护焊、电阻焊、熔化极氩弧焊及钨极氩弧焊等。

4.1.3　CO_2 气体保护焊

二氧化碳气体保护焊是利用 CO_2 作保护气体的熔化极气体保护焊,是以燃烧于工件与焊丝间的电弧作热源的一种焊接方法,简称 CO_2 焊。CO_2 气体保护焊是目前焊接钢铁材料的重要熔焊方法之一,在车辆制造中,CO_2 气体保护焊的应用越来越广泛,已逐渐取代了手弧焊和埋弧焊。有些工厂的 CO_2 气体保护焊已占车辆生产中焊接工作量的 80% 以上,其中,以细丝 CO_2 气体保护焊为主。

CO_2 气体保护焊可以广泛用于多种材料的焊接,不仅可以焊接低碳钢、低合金钢和低合金高强钢,在某些情况下还可以焊接耐热钢及不锈钢,在国内外焊接生产中得到推广应用。在焊接不锈钢时,由于焊缝有增碳现象,影响抗晶间腐蚀性能,所以,一般用于对抗晶间腐蚀要求不高的情况下。

CO_2 有固态、液态、气态三种状态。纯净的 CO_2 气体无色、无味。CO_2 气体在 0 ℃和 1 大气压下,密度是 1.976 8 g/L,是空气的 1.5 倍。CO_2 易溶于水,溶于水后略有酸味。CO_2 气体是氧化性保护气体,CO_2 气体在高温(5 000 ℃)时几乎全部分解成为 $CO+O$,由于分解出原子态氧,因而使电弧气氛具有很强的氧化性。液态 CO_2 是无色液体,由液态变为气态的沸点很低(为 −78 ℃),所以工业用 CO_2 都是使用液态的,常温下即可汽化。在 0 ℃和 1 大气压下,1 kg 液态 CO_2 可汽化成 509 L 的 CO_2 气体。

1. CO_2 气体保护焊的分类

CO_2 气体保护焊的分类方法很多。按焊丝的形状可分为实芯焊丝 CO_2 气体保护焊和药芯焊丝 CO_2 气体保护焊;按焊丝直径可分为粗丝 CO_2 气体保护焊(焊丝直径>1.6 mm)和细丝 CO_2 气体保护焊(焊丝直径≤1.2 mm);按操作方法可分为 CO_2 自动焊和 CO_2 半自动焊;按保护形式可分为 CO_2 与焊剂联合保护焊和 CO_2 混合气体保护焊等。

(1)实芯焊丝 CO_2 气体保护焊

CO_2 气体保护焊通常按采用的焊丝直径来分类。当焊丝直径小于或等于 1.2 mm,称为细丝 CO_2 气体保护焊,主要采用短路过渡形式焊接薄板材料,应用最广泛的是焊接厚度小于3 mm 的低碳钢和低合金钢结构的零部件。

焊丝直径大于 1.6 mm 时,称为粗丝 CO_2 气体保护焊,一般采用大电流和较高的电弧电压来焊接中厚板。实芯焊丝 CO_2 气体保护焊如图 4.2 所示。

为了适应现代工业应用的需要,近些年来 CO_2 气体保护焊得到迅速发展,在生产中除了常规的 CO_2 气体保护焊方法外,还派生出一些改进的方法,如 CO_2 气体保护点焊、CO_2 气体保护立焊、CO_2 气体保护窄间隙焊、CO_2 加其他气体(CO_2+O_2)的保护焊,以及 CO_2 气体与焊渣联合保护焊等。

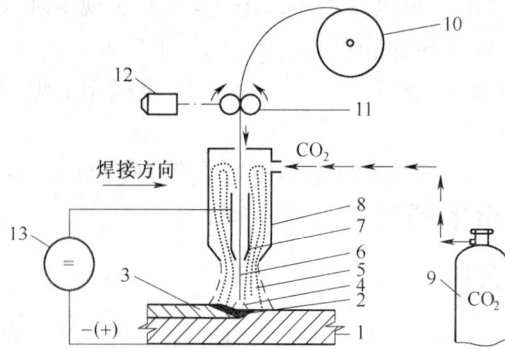

图 4.2　实芯焊丝 CO_2 气体保护焊示意图

1—母材；2—熔池；3—焊缝；4—电弧；5—CO_2 保护区；6—焊丝；7—导电嘴；8—喷嘴；

9—CO_2 气瓶；10—焊丝盘；11—送丝滚轮；12—送丝电动机；13—直流电源

CO_2 焊的突出问题之一是金属飞溅大，焊缝成形不如埋弧焊好。为解决这一问题，可将实心焊丝改为药芯焊丝。

(2)药芯焊丝 CO_2 气体保护焊

药芯焊丝 CO_2 气体保护焊是一种 CO_2 气体-焊剂联合保护的焊接方法。药芯含有稳弧剂、脱氧剂、造渣剂和铁合金等，起着造渣保护熔池、渗合金和稳弧等作用，可以改变焊缝的成分和性能。焊接时焊丝的药芯(受热)熔化，从而在焊缝表面上覆盖一层薄薄的熔渣，使焊缝成形美观，如图4.3所示。药芯焊丝 CO_2 气体保护焊，兼有 CO_2 气体保护焊和手工电弧焊的某些特点。

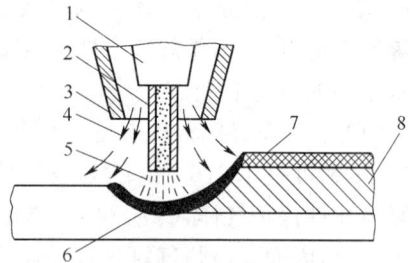

图 4.3　药芯焊丝 CO_2 气体保护焊示意图

1—导电嘴；2—药芯焊丝；3—喷嘴；

4—CO_2 气体；5—电弧；

6—熔池；7—熔渣；8—焊缝

由于焊丝截面形状不同，药芯焊丝的电弧稳定性和熔化过渡特征与实芯焊丝相比有差异。由于药芯不导电，焊接过程中容易产生电弧沿焊丝截面旋转的现象，致使焊丝末端熔化不均匀、电弧稳定性稍差。采用折叠截面的药芯焊丝时电流分布较均匀，电弧燃烧稳定，飞溅小，焊丝熔化均匀，冶金反应完全，容易保证获得优质的焊缝。

药芯焊丝 CO_2 气体保护焊对于直流、交流、平特性或下降特性的电源均可使用。通常采用直流反极性和长弧焊规范，例如焊接电流一般使用范围为 $250\sim750$ A，电弧电压 $24\sim46$ V，焊接速度通常大于 30 m/h。由于药芯焊丝一般用较大的电流进行焊接，获得的焊缝熔深较大，常用于焊接中厚板。

药芯焊丝 CO_2 气体保护焊是近年来发展起来的采用气渣联合保护的、适用性广泛的焊接工艺，主要适合于焊接低碳钢、500 MPa 级及 600 MPa 级的低合金高强钢、耐热钢以及表面堆焊等。通常药芯焊丝 CO_2 气体保护焊适合于中厚板进行水平位置的焊接，一般用于对外观要求较严格的箱形结构件、工程机械。目前是用于焊接碳钢和低合金钢的重要焊接方法之一，具有很大的发展前景。

(3)CO_2 混合气体保护焊

在 CO_2 气体中加入少量的氧气(一般为 $4\%\sim30\%$),即可实现 CO_2+O_2 混合气体保护焊。其特点是:

①能采用强规范进行焊接,电弧稳定,飞溅很小,并由于熔池表面覆盖有较多的熔渣,可以改善焊缝的表面成形。

②由于加入氧气,加剧了电弧区中的氧化反应。氧化反应放出的热量,可使熔池的温度提高 $200\sim300\ ℃$,故熔化速度高、熔深大,对于 $10\sim12\ mm$ 的厚钢板,不开坡口就可以一次焊透。

③由于氧气的加入降低了弧柱中的游离氢和溶入液体金属中的氢的浓度,使焊缝金属含氢量降低。

例如,CO_2 焊缝含氢量约 $0.07\ mL/100\ g$,而 CO_2+O_2 焊缝中的含氢量约 $0.03\ mL/100\ g$,因而 CO_2+O_2 混合气体具有较强的抗氢气孔能力。但由于 CO_2+O_2 混合保护气体的氧化性很强,要求焊丝有足够的 Si、Mn 含量以增强脱氧能力。

CO_2+Ar 的混合气体保护焊是在 CO_2 气体中加入少量的氩气(一般为 $5\%\sim10\%$)。这样在焊接薄板时,不易烧穿,无飞溅,可使焊缝更光滑、成形更加美观。

$Ar+He$ 混合气体保护焊被广泛用于大厚度的铝及铝合金的焊接。氩气最独特的优点是电弧在氩气中燃烧非常稳定,而氦气最大的优点是它的电弧析热大、温度高。采用 $Ar+He$ 混合气体可提高生产率,改善焊缝熔深和焊缝金属的润湿性。非熔化极焊接时,He 的比例可加到 $60\%\sim70\%$,甚至更多。熔化极焊接时,He 的比例不宜超过 10%,否则会产生较多的飞溅。

2. CO_2 气体保护焊的优缺点

(1)CO_2 气体保护焊的优点

①焊接成本低。CO_2 气体及 CO_2 焊焊丝价格便宜,焊接能耗低。因此,CO_2 气体保护焊的使用成本很低,只有埋弧焊及手工电弧焊的 $30\%\sim50\%$。

②焊缝质量好。CO_2 气体保护焊抗锈能力强,对油污不敏感,焊缝含氢量低,抗裂性能好。

③生产效率高。CO_2 气体保护焊采用细丝焊接时,焊接电流密度较大,电弧热量集中,熔透能力强,熔敷速度快,且焊后无需进行清渣处理,因此,生产效率高;半自动 CO_2 气体保护焊的效率比手工电弧焊高 $1\sim2$ 倍,自动 CO_2 气体保护焊比手工电弧焊高 $2\sim5$ 倍。

④适用范围广。适用于各种位置的焊接,而且既可用于薄板的焊接又可用于厚板的焊接。CO_2 气流还能对焊件起一定的冷却作用,在一定程度上防止了焊接薄壁构件的烧穿问题,还能减小焊件变形。

⑤便于实现自动化。CO_2 气体保护焊是明弧操作,便于监视和控制,焊前对焊件的清理工作可从简,有利于实现焊接过程机械化及自动化。

(2)CO_2 气体保护焊的缺点

①焊缝成形较粗糙,飞溅较大,特别是工艺参数匹配不当时,飞溅就更严重。

②不能焊接易氧化的金属材料,且不适于在有风的地方施焊。

③劳动条件较差。CO_2 气体保护焊弧光强度及紫外线强度分别为手工电弧焊的 $2\sim3$ 倍和 $20\sim40$ 倍,电弧的辐射较强。而且操作环境中 CO_2 的含量较大,对工人的健康不利。

故应特别重视对操作人员的劳动保护。

CO_2气体保护焊主要用于焊接低碳钢及低合金钢。此外,还用于耐磨零件的堆焊、铸钢件的补焊以及电铆焊等方面。目前,这种方法已广泛用于机车车辆、汽车制造、摩托车、船舶、煤矿及工程机械制造行业中。

3.CO_2气体保护焊的冶金特点

(1)CO_2电弧的氧化性及合金过渡

在电弧热量作用下,二氧化碳发生分解,放出氧气,而氧气又进一步分解为氧原子。CO_2电弧具有很强的氧化性,使铁及合金元素(Si、Mn、Cr、Ni、Ti、C等)发生氧化。这些氧化反应不利后果是,合金元素大量烧损,C与O反应,生成CO气体,易于导致气孔。

因此,CO_2焊必须采用必要的措施进行脱氧。通常采用的方法是在焊丝中加入适量的脱氧剂,脱氧剂与O的亲和力比Fe及C强,因此可阻止Fe、C等与O发生不利的反应。脱氧剂在完成脱氧任务之余,所剩余的量作为合金元素留在焊缝中,起着提高焊缝力学性能的作用。目前CO_2气体保护焊焊丝一般采用Si、Mn联合脱氧,有些焊丝中还加少量的Ti、Al。

焊丝中的Mn和Si总要烧损一些,两者之间的相互影响也很大。如果焊丝中的Mn含量高,Si的烧损就小;反之,焊丝中Si含量高,Mn的烧损也小。

Ti和Al是最活泼的元素,在熔滴形成过程中,它们被大量烧损,从而保护了Mn、Si等元素不被烧损或较少烧损。Al比Ti更易烧损,所以在焊接不锈钢时,为了保护Ti、Nb等元素,常常加入Al元素脱氧。

碳的烧损比较特殊。如果母材与焊丝中含碳量超过$0.06\%\sim0.07\%$时,碳将被烧损;若含碳量更高,则将被大量烧损,过渡系数(烧损程度)只有50%。反之,如果含碳量小于$0.06\%\sim0.07\%$时,焊缝的含碳量不但不减少,反而还可能增加,即所谓产生增碳现象。

Ni、Cr、Mo、Cu等合金元素在焊接过程中一般很少烧损。各种元素的过渡系数由于保护气体、工艺参数和合金元素含量的不同,将有很大差别。

(2)气孔问题

在熔池金属内部存在过饱和的气体,当这些气体来不及从熔池中逸出时,便随熔池的结晶凝固,而留在焊缝内形成气孔。CO_2气体保护焊中可能产生的气孔主要有三种:一氧化碳气孔、氢气孔和氮气孔。

一氧化碳气孔产生的主要原因是焊丝中脱氧元素不足,使熔池中溶入较多的FeO,它和C发生强烈的碳还原铁的反应,该反应通常发生于熔池尾部,此处的液态金属温度接近结晶温度,反应很强烈且CO没有时间析出,因此,CO易残留于熔池中形成气孔。因此,只要焊丝中有足够的脱氧元素Si和Mn,以及限制焊丝中C含量,就能有效地防止CO气孔。

产生氢气孔的原因是由于在高温熔池中溶入了大量H_2,结晶过程中不能充分排出,而滞留在焊缝金属中。电弧区的H_2主要来自焊丝、工件表面的油污、铁锈以及CO_2气体中所含的水分,而CO_2体中所含的水分往往是引起氢气孔的主要原因。因此,对CO_2气体进行提纯与干燥是必要的。

氢可以以原子状态溶解于金属中,在焊接时,焊缝的冷却速度很快,容易造成过饱和的氢残存在焊缝金属中。一般地,焊缝中的氢含量在0.001%以上就比较严重了。这些氢不但会造成氢气孔,而且在过饱和氢的作用下,可以使焊缝和熔合区中产生微裂纹及焊缝中的宏观裂缝。

当焊接低合金钢时,焊后在焊缝和热影响区容易产生冷裂纹,其原因除了接头拘束力及淬硬组织等因素外。焊缝金属的扩散氢含量也是一个主要的因素,扩散氢含量越高,越易产生冷裂纹。用 CO_2 气体保护焊完成的焊接接头的扩散氢含量很少,比手工电弧焊和埋弧焊焊缝中的扩散氢含量低得多。因此,CO_2 气体保护焊的这个优点对于低合金钢焊接有重要的意义。

氮气孔是二氧化碳焊焊缝中出现概率最大的一种气孔。产生氮气孔的原因是 CO_2 气体保护不良或 CO_2 气体纯度不高。这种气孔主要是由侵入焊接区的空气引起的。只要加强 CO_2 气体的保护和控制 CO_2 气体的纯度,保证良好的保护效果,这种气孔一般也不会产生。

(3)飞溅问题

金属飞溅是 CO_2 焊接的主要问题,特别是粗丝大电流焊接时飞溅更为严重。飞溅损失增大,会降低焊丝的熔敷系数,增加焊丝及电能的消耗,降低焊接生产率和增加焊接成本。飞溅金属粘到导电嘴和喷嘴内壁上,会造成送丝和送气不畅而影响电弧稳定和降低保护作用,恶化焊缝成形质量。粘到焊件表面上又增加焊后清理工序。

引起金属飞溅的原因很多,大致有下列几个方面:

①由冶金反应引起的飞溅。焊接过程中熔滴和熔池中的碳被氧化生成 CO 气体,随着温度升高,CO 气体在高温分解时引起体积膨胀,若从熔滴或熔池中产生的气泡及气体外逸受到阻碍,就可能在局部范围猛烈膨胀爆破,从而产生大量的细颗粒飞溅金属。

②作用在焊丝末端电极斑点上的压力引起的飞溅。当用直流正极性(工件接正极、焊丝接负极)长弧焊时,焊丝为阴极,正离子由熔池飞向焊丝末端的熔滴,机械冲击力大,受到的电极斑点压力较大,焊丝末端易形成粗大熔滴和产生非轴向过渡,容易造成大颗粒的飞溅金属。采用反极性焊接,使电子撞击熔滴,飞溅较小。

③由于熔滴过渡不正常而引起飞溅。在短路过渡时由于焊接电源的动特性选择与调节不当而引起金属飞溅。减小短路电流上升速度或减小短路峰值电流都可以减少飞溅。一般是在焊接回路内串入较大的不饱和直流电感即可减小飞溅。

④由于焊接工艺参数不当而引起飞溅。主要是因为电弧电压升高,电弧变长,易引起焊丝末端熔滴长大,在长弧焊(用大电流)时,熔滴易在焊丝末端产生无规则晃动;而短弧焊(用小电流)时,直流回路电感值调节得不恰当,电源动特性不合适,造成大颗粒的熔滴过渡,这些均引起金属飞溅量增大。

减少飞溅的措施有如下方面:

①选用合适的焊丝材料。尽可能选用含碳量低的焊丝,减少焊接过程中产生 CO 气体。在对飞溅量要求严格的情况下,采用含碳量低的焊丝,如把含碳量降低到 $<0.04\%$。选用药芯焊丝时,药芯中加入脱氧剂、稳弧剂及造渣剂等,造成气渣联合保护,使焊接过程非常稳定,飞溅可显著减小。长弧焊时,采用 CO_2+Ar 的混合气体保护,当 $w(Ar)>60\%$ 时,可明显使过渡熔滴的尺寸变细,甚至得到射流过渡,改善了熔滴过渡特性,减小金属飞溅。

②在短路过渡焊接时,合理选择焊接电源特性,匹配合适的可调电感并仔细调节可调电感的电感量,使电源的动特性良好,以便当采用不同直径的焊缝焊接时,能调得合适的短路电流增长速度。

③当采用不同的熔滴过渡形式焊接时,要合理选择焊接工艺参数,焊接电流和电弧电压之间有最佳的配合,以获得最小的飞溅。

④采用直流反极性进行焊接。

⑤采用活化焊丝。所谓活化焊丝是在普通焊丝的表面涂上一层很薄的碱金属、碱土金属或碱土金属的化合物,这样可以提高焊丝的电子发射能力,使得熔滴过渡特性得到改善,焊接过程变得稳定,飞溅大大减小。最常用的活化剂是铯(Cs)或铯的盐类。如果在铯盐以外再加上 K、Na 的盐类,效果更为显著,这种焊丝在正极性时也能获得稳定的电弧。

4. CO_2 气体保护焊的工艺参数

正确选择焊接工艺参数是获得高生产率和高质量焊缝的先决条件,各种工艺参数的选择是以生产率要求、被焊材料、焊缝位置和形状以及设备情况为基础的。CO_2 气体保护焊通常采用短路过渡及细颗粒过渡工艺,工艺参数主要包括:焊丝直径、焊接电流、电弧电压、焊接速度、焊丝伸出长度、直流回路电感值、气体流量、电源极性、焊枪角度及焊接方向等。选择焊接工艺参数的原则有:焊接过程稳定,飞溅最小;焊缝外形美观,没有烧穿、咬边、气孔和裂纹等缺陷;对两面焊接的焊缝,应保证一定的熔深,使之焊透;在保证上述要求的条件下,应具有最高的生产率。

(1)焊丝直径

焊丝直径的选择以焊件厚度、焊接位置及生产率要求为依据。短路过渡 CO_2 焊一般采用细丝,以提高过渡频率,稳定焊接电弧,通常采用的焊丝直径有 0.8 mm、1.2 mm 及 1.6 mm 三种。细颗粒过渡 CO_2 气体保护焊采用的焊丝直径一般大于 1.2 mm,通常采用的焊丝直径有 1.6 mm、2.0 mm、3.0 mm 和 4.0 mm 四种。

对于厚度 1~4 mm 的钢板,进行全位置焊接时需采用的焊丝直径为 0.5~1.2 mm;当板厚大于 4 mm 时,焊丝直径应不小于 1.6 mm,此时如果需要进行短路过渡焊接时,一般采用直径 1.6 mm 的焊丝,可以进行全位置焊接,直径大于 2 mm 的焊丝只能采用长弧进行焊接。

采用相同的焊接电流时,由于焊丝直径不同,焊丝的熔化速度也不同,焊丝越细,熔化速度越快;而且电流值越大,这种差别越明显。焊丝直径对焊缝的形状尺寸也有一定影响,焊丝越细,熔深越大。

(2)焊接电流

在保证母材焊透又不致烧穿的原则下,焊接电流应根据工件的厚度、坡口形式、焊丝直径以及所需要的熔滴过渡形式来选择。

可以以 250 A 为界限,把电流范围划分为两个区域。对于焊接电流小于 250 A 的电流值,主要用于直径 0.5~1.6 mm 的焊丝进行短路过渡的全位置焊接。由于熔深小,特别适合焊接薄板结构。如果工艺参数选择适当,飞溅不大、焊缝成形美观。表 4.1 列出了不同直径焊丝常用的焊接电流范围。

表 4.1 不同直径焊丝常用的焊接电流范围

焊丝直径(mm)	焊接电流(A)	电弧形式	电弧电压(V)
0.5	30~60	短弧	16~18
0.6	30~70	短弧	17~19
0.8	50~100	短弧	18~21

续上表

焊丝直径(mm)	焊接电流(A)	电弧形式	电弧电压(V)
1.0	70~120	短弧	18~22
1.2	90~150	短弧	19~23
1.2	160~350	长弧	25~35
1.6	140~200	短弧	20~24
1.6	200~500	长弧	26~40
2.0	200~600	短弧和长弧	27~36
2.5	300~700	长弧	28~42
3.0	500~800	长弧	32~44

当焊接电流大于 250 A 时,不论采用哪种直径的焊丝,当焊接过程稳定时,都难以实现短路过渡焊接。一般都把工艺参数调节为颗粒状过渡范围,用来焊接中厚度板。在焊接参数合理和稳定的情况下,飞溅不大,焊缝成形好,但表面质量不如埋弧焊。

焊接电流对焊缝的形状尺寸有较大的影响。当焊接电流增加时,熔深相应增加,熔宽略有增加。焊接电流增加将增大焊道的尺寸和提高熔敷率。

当所有其他参数保持恒定时,焊接电流与送丝速度或熔化速度以非线性关系变化。当送丝速度增加时,焊接电流也随之增大。碳钢焊丝的焊接电流与送丝速度之间的关系如图 4.4 所示,其中,DCEP 代表直流正接,即焊件接电源正极,焊丝接电源负极。

对于每一种直径的焊丝,在低电流时曲线接近于线性。可是在高电流时,特别是细丝焊时,曲线变为非线性。随着焊接电流的增大,熔化速度以更

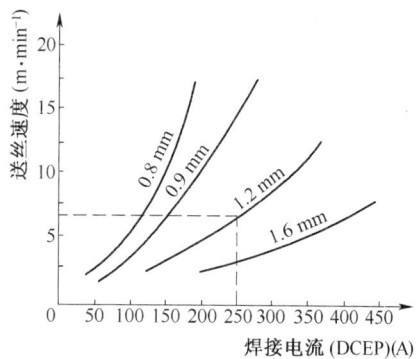

图 4.4 碳钢焊丝的焊接电流与送丝速度之间的关系

高的速度增加,这种非线性关系将继续增大。这是由于焊丝伸出长度的电阻热引起的。

(3)电弧电压

电弧电压是指由导电嘴到工件之间两点的电压,是个很重要的工艺参数,直接影响到焊接过程的稳定性。对焊缝的成形、飞溅、焊接缺陷、短路频率及焊缝的力学性能有很大的影响。

对于短路过渡 CO_2 焊来说,电弧电压是最重要的焊接参数,因为它直接决定了熔滴过渡的稳定性及飞溅大小,进而影响焊缝成形及焊接接头的质量。对于一定的焊丝直径,有一最佳电弧电压范围,电弧电压小于该范围的下限时,短路小桥不易断开,易导致固体短路(未熔化的焊丝直接穿过熔池金属与未熔化的工件短路),导致很大的飞溅,甚至导致固体焊丝飞溅;电弧电压大于该范围的上限时,易产生大滴排斥过渡,飞溅很大,电弧不稳定。

细颗粒过渡 CO_2 焊也采用直流反接。首先应根据被焊材料及板厚选择焊接电流,然后根据焊接电流、焊丝直径选择电弧电压。焊接电流越大,焊丝直径越小,选择的电弧电压也应越大。但电弧电压也不能太高,否则飞溅将显著增大。表 4.2 列出了细颗粒过渡的最低

电流值及电弧电压范围。

表 4.2　细颗粒过渡的最低电流值及电弧电压范围

焊丝直径(mm)	电流下限值(A)	电弧电压(V)
1.6	400	
2.0	500	34~45
3.0	650	
4.0	750	

电弧电压必须与焊接电流合理匹配。当焊丝直径一定时,随着焊接电流的增大,电弧电压也随之提高。因为当熔化速度提高时,从焊丝向工件过渡熔滴所需要的发射力也需要增高。电弧电压对焊缝的形状尺寸有较大的影响,提高电弧电压,可以显著增大焊缝宽度,熔深和加强高有所减小。

(4)焊接速度

提高 CO_2 焊的生产率主要是通过提高焊接电流达到的。焊缝的熔化速度是焊接生产率的重要标志。焊接速度要与焊接电流适当配合才能得到良好的焊缝成形。焊接速度对焊缝的形状尺寸有一定影响,随着焊接速度的增大,熔宽降低,熔深和加强高有一定减小。当焊接速度过快时,气体保护作用受到破坏,焊缝的冷却速度加快,使成形不好,降低焊缝的塑性,甚至产生咬边、未熔合、未焊透等缺陷。如果焊接速度过慢,不但直接影响了生产率,而且还可能导致烧穿、焊接变形或焊缝组织粗大等缺陷。

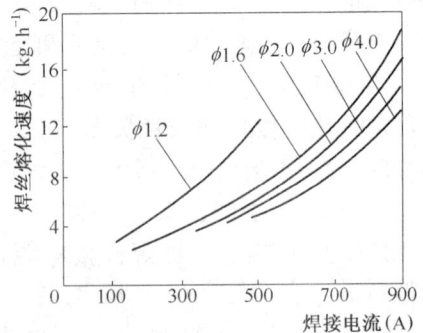

图 4.5　焊接电流与焊丝熔化速度的关系

焊接速度的选择要针对不同的钢种、不同的冷却条件来进行。焊接电流与焊丝熔化速度的关系如图 4.5 所示。

半自动短路过渡 CO_2 气体保护焊的焊接速度一般不超过 30 m/h;自动焊时的焊接速度不超过 90 m/h。焊接速度应能满足不同种类钢材对焊接线能量的要求。如果采取必要的措施,选择合适的规范参数,采用性能良好的电源,可以使焊接速度超过 120 m/h,这就是高速 CO_2 气体保护焊。

(5)焊丝伸出长度

焊丝伸出长度是指焊丝从导电嘴伸出的距离。通常 CO_2 焊机是等速送进式的,焊接电流取决于焊丝的送进速度。在一定的送丝速度下,随着电弧电压的变化,焊接电流基本保持不变或仅有少许变化。

焊丝伸出长度与焊丝直径、焊接电流及焊接电压有关,焊接过程中,导电嘴到母材间的距离一般为焊丝直径的 10~15 倍。

短路过渡 CO_2 焊所用的焊丝很细,因此,焊丝伸出长度对熔滴过渡、电弧的稳定性及焊缝成形均具有很大的影响。焊丝伸出长度过大时,电阻热急剧增大,焊丝因过热而熔化过快,甚至成段熔断,导致严重飞溅及焊接电弧不稳定。焊接电流降低,电弧的熔透能力下降,易导致未焊透、焊缝成形不良以及气体对熔池的保护作用减弱。而焊丝伸出长度过小时,焊接电流较大,短路频率较高,喷嘴离工件的距离很小,使飞溅金属颗粒容易堵塞喷嘴,影响保护气体流通。短路过渡 CO_2 气体保护焊时,焊丝伸出长度一般应控制在 5～15 mm。

细颗粒过渡 CO_2 焊所用的焊丝较粗,焊丝伸出长度对熔滴过渡、电弧的稳定性及焊缝成形的影响不像短路过渡那样大。但由于飞溅较大,喷嘴易于堵塞,因此,焊丝伸出长度应比短路过渡时选得大一些,一般应控制在 10～20 mm。

(6)气体流量

CO_2 气体的流量主要是对保护性能有影响,CO_2 保护气流要有一定的挺度,免受空气的污染和破坏。保护气体的流量一般根据电流的大小、焊接速度、焊丝伸出长度等来选择。焊接电流越大,焊接速度越高,焊丝伸出长度较长以及在室外焊接以及仰焊时,气体流量也应适当加大。CO_2 气体的流量太大时,气体冲击熔池,冷却作用加强,并且保护气流紊乱而破坏了保护作用,使焊缝容易产生气孔;同时氧化性增加,飞溅增加,焊缝表面也不光泽。CO_2 气体的流量太小时,气体挺度不够,降低了对熔池的保护作用,而且容易产生气孔等缺陷。

当焊丝直径小于或等于 1.2 mm 时,短路过渡 CO_2 焊的保护气体流量一般为 6～15 L/min;细颗粒过渡 CO_2 焊所用焊接电流比短路过渡大,焊接速度也大,因此采用的保护气体流量也应适当增大,一般为 10～20 L/min。焊丝直径大于 1.6 mm 时,保护气体流量应取 15～25 L/min。在粗丝大规范自动焊时可达到 30～50 L/min。

(7)极性和焊丝位置

CO_2 气体保护焊由于熔滴具有非轴向过渡的特点,为了减少飞溅,一般都采用直流反极性焊接,即工件接负极,焊枪接正极。

CO_2 气体保护焊采用正极性时,焊丝是负极,负极的热量大,所以在相同的电流值时,焊丝熔化快,其熔化速度约为反极性时的 1.6 倍。而这时工件为正极,热量较小,因此熔深浅、堆高较大。根据这一特点,在堆焊和焊补铸铁时,正极性比较适用。此外,在进行大电流和高速 CO_2 气体保护焊时多采用正极性焊接。

综上所述,在确定焊接工艺参数时,首先根据板厚、接头形式和焊缝的空间位置等,选定焊丝的直径和焊接电流,同时考虑熔滴过渡形式。这些参数确定之后,再选择和确定其他工艺参数,如电弧电压、焊接速度、焊丝伸出长度、气体流量和电感值等。

4.1.4 电阻焊

电阻焊又称接触焊,属压焊范畴。它是将准备连接的工件置于两电极之间加压,并对焊接处通以电流,利用工件电阻产生的热量加热并形成局部熔化(或达到塑性状态),断电后,在压力继续作用下,形成牢固接头。电阻焊有两个最显著的特点:一是利用电流通过焊接区的电阻产生的热量进行加热;二是在压力作用下,通电加热、冷却,形成接头。

1. 电阻焊的分类

电阻焊的分类方法很多,一般可根据接头形式和工艺方法、电流以及电源能量种类来划分。按接头形式分为搭接电阻焊和对接电阻焊两种;根据工艺方法可分为点焊、缝焊以及对焊等几类。点焊和缝焊一般都是搭接接头,个别情况下也采用对接接头;对焊零件均采用对接接头。按电流或能量的种类大致可分为交流,脉冲及直流三类。

（1）点焊

点焊时,工件间靠尺寸不大的焊点形成牢固接头,如图 4.6 所示。板件 3 由铜合金电极 2 压紧后通电加热,至工件内部形成应有尺寸的熔化核心 4 为止,切断电流,核心冷却凝固后去除压力。核心周围的形状塑性变形区称为塑性环,可隔绝周围气体对核心熔化金属的侵袭,并可防止飞溅。

按对工件供电的方向,点焊可分为单面点焊与双面点焊两种。

单面点焊是由工件一侧供电,多在工件较大,夹具笨重,移动不便,或受通用焊机机臂尺寸限制时使用。用单面点焊可直接在装配夹具上装配,能较好地保证装配精度,在汽车、飞机等薄板冲压件装配焊接的生产线上采用甚多。

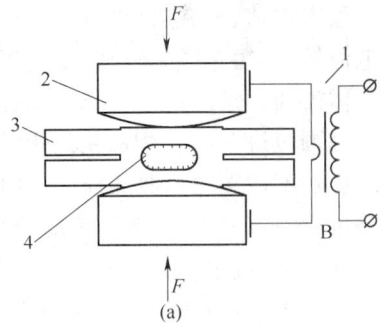

图 4.6 点焊示意图

1—变压器;2—电极;3—板件;4—熔化核心

双面点焊是由工件两侧对两个零件供电,可用两个电极,或一面是电极,另一面为导电垫板,以保护焊件表面涂覆层。

点焊按一次形成的焊点数可分为单点、双点或多点点焊。

（2）缝焊

缝焊用滚盘代替电极,通常把一个个焊点相互重叠起来,形成类似连续点焊的焊缝。缝焊依滚盘转动与馈电方式分为连续缝焊(滚盘连续滚动,电流连续接通)、断续缝焊(滚盘连续滚动,电流间歇接通)、步进式缝焊(滚盘滚动与通电均为间歇式,电流在滚盘不动时输入)。按供电方向或一次成缝特点也可分为单面缝焊、双面缝焊,及单缝缝焊、双缝缝焊等。一般情况下,缝焊用于有气密性要求的焊件,如油箱;或焊件组装,如火焰筒等,有时也可用于为提高点焊速度的滚点焊。缝焊过程与焊接循环如图 4.7 所示。

（3）对焊

对焊是电阻焊的另一大类,在造船、汽车及一般机械工业中占有重要地位,如船用锚链、汽车曲轴、飞机上操纵用拉杆、发动机中各种安装边等焊接中都有使用。

对焊件均为对接接头,按加压与通电方式分为电阻对焊、闪光对焊及滚对焊。对焊及其过程循环图,如图 4.8 所示。

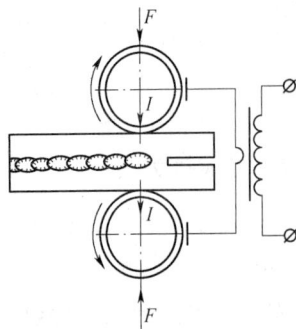

图 4.7 缝焊示意图

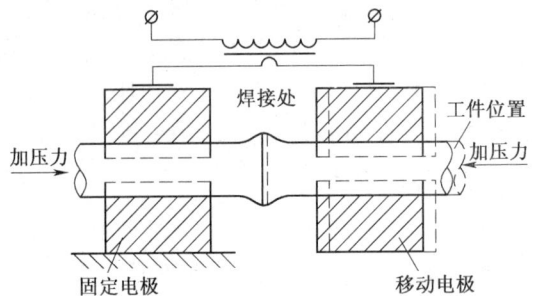

图 4.8 对焊示意图

电阻对焊时,将零件置于钳口(即电极)中夹紧,并使两零件端面压紧,然后通电加热。当零件端面及附近金属加热到一定温度时,突然增大压力进行顶锻,两零件便在固态下形成牢固的对接接头。

电阻对焊的接头较光滑,无毛刺,在小管道、拉杆以及小链环中采用较多。由于对接易受空气侵袭,形成夹杂物而降低接头冲击性能,所以受力要求较高的焊件应在保护气氛(如氮、氩等)下进行电阻对焊。

闪光对焊是将焊件置于钳口中夹紧后,先接通电源,再使焊件缓慢靠拢接触,因端面个别点的接触而形成火花,加热达一定程度(端面有熔化层,并沿长度有一定塑性区)后,突然加速送进焊件,并进行顶锻。这时熔化金属被全部挤出结合面之外,而靠大量塑性变形形成牢固接头。用这种方法所焊得的接头因加热区窄,端面加热均匀,接头质量较高,生产率也高,故常用于重要的受力对焊件,如涡轮轴、锅炉管道等。

断面尺寸大的对焊件,如钢轨、大直径油管等,为了保证较大的塑性变形区,使结合面加热均匀,节省金属,也可以采用预热闪光对焊。薄壁钢管多用滚对焊制造。

交流电源中应用最多的是工频交流电阻焊,可用单脉冲、多脉冲或调幅电流。若工频经过变频后只使用 3~10 Hz 时,便称为低频焊接,可用于大厚度、大断面焊件的点焊和对焊。高频交流电源多用于薄管滚对焊,如自行车架钢管的滚对焊,一般采用中频 150~300 Hz 或高频 2.5~450 kHz,缝焊速度可以从每分钟几十米到百米以上,并减小变压器尺寸。

脉冲焊(包括电容贮能和直流脉冲等)采用单方向可变的脉冲式电流焊接。电容贮能焊是利用贮藏在电容中的能量对焊接处突然放电的脉冲电流进行焊接。放电时间短,电流峰值高,波形陡峭,加热与冷却速度很快,对导热性很好的金属(如轻合金及铜合金等)显出很大优点,可用于焊接铝制零件、车辆、家具以及发动机隔热屏、波纹板、O 形圈等。

直流脉冲焊接又称直流冲击波焊接。它利用普通交流电源整流成直流(在变压器初级侧整流)后,供给焊接处直流电源。电流波形具有缓升缓降的性质,这对一些易产生裂纹的较厚的铝合金零件甚为有利,故在雷达、飞机、发动机、车辆等一些部件装配焊接中获得较广泛的应用。

2. 电阻焊的优缺点

近年来,电阻焊得到迅速发展,这与其技术经济特点有着密切关系。与同样用于组装的铆接或其他焊接方法相比,电阻焊的优点如下:

(1)因是内部热源,热量集中,加热时间短促,在焊点形成过程中始终被塑性环包围,故电阻焊冶金过程简单,热影响区小,变形小,易于获得质量较好的焊接接头。在某些大型构件或用熔焊不易保证质量的焊件上,易于满足焊接质量要求,如铝制地铁车辆厢体及房屋构架、汽车车身的焊接等。

(2)与铆接结构相比,重量轻、结构简化,易于得到形状复杂的零件。减轻结构重量不但节省金属,还能改进结构承载性能,减少动力消耗,提高运行速度。如高速铁路车辆、导弹、飞行器、船舶等对结构重量的控制甚为严格。

(3)电阻焊因机械化、自动化程度高,可提高生产率,改善工作条件。与手工铆接相比,采用点焊可节省工时 5/6 以上,与成组压铆相比也可节省一半的工时。对焊的生产率比其他焊接方法也高得多。此外,因焊接过程中无不良气氛,且噪声小,易于安排在流水线中。

只是在对焊时,因有飞溅火花,需根据产品特点加以隔离。

(4)表面质量较好,易于保证气密。采用点焊或缝焊装配,可获得较好的表面质量,避免表面金属的损伤。使用点、缝焊也比铆接易于保证气密。

尽管电阻焊具有很多优点,但仍存在如下一些问题:

(1)由于电阻焊的加热是利用内部热源,凡影响电阻大小、电源波动的因素均会造成热量波动,使焊接质量不稳定。

(2)设备较复杂,功率大,投资较多。电阻焊机械化、自动化程度较高,相对于一般熔焊设备要复杂些,维修也较困难。由于电压低(几伏)、电流大(达几万安),要求电源功率大(有的达 $1\,000\,kV \cdot A$ 以上),因而一般馈电网负荷困难。

(3)焊件的尺寸、形状、厚度受到设备的限制。焊件的材料、厚度、尺寸及形状受焊机功率、机臂尺寸与结构形状的限制,故对于一些封闭型、半封闭型结构或因焊件的材料而不宜采用电阻焊设备时,则需订制专用设备。

(4)点焊与缝焊多采用搭接接头,增加了构件的重量,焊缝受力时会有附加力矩,使承载条件变坏,降低了承载能力。

电阻焊适用于薄板的搭接和型材的对接,在航空、汽车、地铁车辆、锅炉、自行车、量具刃具以及无线电器件等工业领域中都得到了广泛应用。如国外某些铝制高速地铁车辆的制造,每台车辆约有 $10\,000$ 个焊点,一辆轿车至少有 $5\,000$ 个焊点。电阻焊还可用于客车侧墙板与侧立柱的连接,底架侧梁等纵向梁的拼接等。

4.1.5 熔化极氩弧焊

熔化极氩弧焊(MIG)用焊丝本身作电极,可以大大提高焊接电流。其特点是电弧功率大,热量集中,热影响区小,生产率高。与手工钨极氩弧焊相比,效率提高 3~4 倍,并随着焊件厚度的增大,生产率明显提高。这种焊接方法广泛应用于中厚度和大厚度铝合金板材的焊接。例如,焊接 30 mm 厚的铝板可不必预热,只焊正、反两层即可获得表面光滑、质量优良的焊缝。

熔化极氩弧焊时,焊缝的气孔敏感性较大,这与焊丝直径有显著的关系。为此,常选用粗焊丝及较大的焊接电流。焊丝直径越粗,焊丝的比表面积(单位长度的焊缝中熔化焊丝的表面积与其体积之比)就越小。用细焊丝焊接时,由铝焊丝表面带入溶池的氧化膜及表面吸附水等杂质的数量要高于粗丝焊,因此容易产生气孔。

由 MIG 焊开发出来的焊接新工艺有以下三种:

(1)大电流 MIG 焊。用大电流 MIG 焊技术焊接厚铝板可以弥补用普通 MIG 焊焊接厚铝板的不足。大电流 MIG 焊就是使用直径 1.6 mm 或 2.4 mm 的焊丝,在氩气保护下,电流约为 500 A;在氦气保护下,电流约为 650 A。这样,在大多数情况下焊接处均可不开坡口。大电流氩弧焊的双面焊接可以焊接 25 mm 厚的铝板。

(2)细焊丝 MIG 焊。用直径 1.2 mm 以下的焊丝焊接薄板(板厚 1.6 mm),焊接速度为 300~340 mm/min,电流为 50~140 A,电压为 17~22 V。当焊丝直径为 0.4 mm 时,可对 0.9~1.2 mm 厚的铝板进行对接、角接和搭接焊。

(3)等离子 M1G 焊。它是等离子焊和 M1G 焊两种技术的结合。用等离子 MIG 焊工艺焊接的铝材比用 MIG 焊所产生的气孔要少。同时，在等离子 MIG 焊中，油和氧化物对焊接质量的影响也比 MIG 焊要小。此外，等离子 MIG 焊的焊速也比较大。

4.1.6　钨极氩弧焊

钨极氩弧焊（TIG）是钨极气体保护焊的一种。它是在氩气保护层下，以燃烧于非熔化电极（钨极）与焊件间的电弧作为热源，熔化铝合金填充焊丝及基体金属而实现焊接的一种方法。图 4.9 为钨极氩弧焊示意图。钨极氩弧焊的优点是：

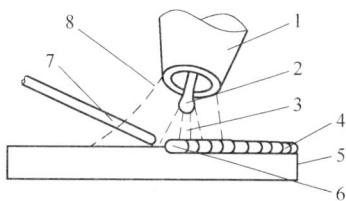

图 4.9　钨极氩弧焊示意图
1—喷嘴；2—钨极；3—电弧；4—焊缝；
5—工件；6—熔池；7—填充焊丝；8—氩气

（1）焊丝端部及熔池受到氩气保护，使其不与空气中的氧和氮等气体反应，氩气既不与金属起化学作用，也不熔解于金属中，使焊接冶金反应变得简单和容易控制。

（2）热量集中，焊件的热影响区狭窄，焊接变形小。

（3）接头形式不受限制，并可省略焊后清理熔渣等工序。

（4）由于交流电氩弧焊时产生的"阴极破碎"作用，可以较彻底地清除掉焊件表面的氧化膜。

（5）电弧燃烧稳定，焊缝成形美观、光滑，焊接接头质量优良。

钨极氩弧焊在工业中获得越来越广泛的应用，它主要用于重要结构的焊接，如飞机制造、原子能、化工及纺织等工程中。它适于焊接 1～20 mm 厚的焊件。钨极氩弧焊可分为手工焊及自动焊两种。手工钨极氩弧焊操作灵活、方便，因此，应用极为广泛，特别适用于铝合金铸件的焊补。钨极自动氩弧焊主要用于外形较规则，并且是批量生产的直线焊缝及环形焊缝的焊接。

4.1.7　新型焊接电源设备

随着大功率电子元件和集成电路技术的发展，使先进的中频逆变技术迅速推广和应用。它从应用于中频加热、稳压电源、电化学加工，发展到被应用于电弧焊接、电阻焊接和电子束焊接等。直流-交流之间的变换称为逆变，实现这种变换的装置称为逆变器。为焊接电弧提供电能，并具有焊接方法所要求性能的逆变器，称为弧焊逆变器（或称为逆变式弧焊电源）。

弧焊逆变器是把单相或三相交流电经过整流后，由逆变器转变为几百至几万赫兹的中频交流电，经降压后输出交流或直流。整个过程由电子电路控制，使电弧具有符合需要的特性。它具有高效节能、质量轻、体积小、功率因数高、焊接性能好等独特的优点。可应用于各种弧焊方法，是一种最有发展前途的普及型弧焊电源。弧焊逆变器按功率元件分为晶闸管式、晶体管式、场效应管式和 IGBT 式。

第一台晶闸管式弧焊逆变器于 1978 年问世，1981 年又出现了晶体管式弧焊逆变器，1989 年 IGBT 式弧焊逆变器在埃森世界焊接与切割博览会上出现。从 20 世纪 80 年代开始，许多焊接设备公司都相继研制和生产了不同类型的弧焊逆变器，从而使这种高效轻巧、性能好的新型电子弧焊电源迅速得到推广应用，逐步成为更新换代的重要产品。

弧焊逆变器的特点如下：

(1)省料、质量轻、体积小。传统的弧焊电源用工频传递电能,弧焊逆变器用几千至几万赫兹的中频,而制作变压器的用料多少与工作频率成反比,工作频率提高还可以减少制作滤波电感的用料。因此,弧焊逆变器的质量只是传统电源的 $1/5\sim1/10$,体积是传统电源的 $1/3$ 左右。

(2)高效节能。由于电子功率器件工作于开关状态,变压器等可采用铁损小的磁芯材料,效率可达 $80\%\sim90\%$。主电路内有电容,提高了功率因数,节能效果十分显著。

(3)改善了弧焊工艺性能。因为工作频率高,所需的主电路中滤波电感值小,电磁惯性减小,易于获得良好的动特性;弧焊逆变器的可控性好,外特性和动特性等可按不同工艺要求来设计;用作交流电源时可获得较高频率的矩形波,从而提高交流电弧的稳定性。弧焊逆变器与传统弧焊电源的主要技术指标见表 4.3。

表 4.3 弧焊逆变器与传统弧焊电源的主要技术指标

弧焊电源类型	电源电压(V)	空载电压(V)	输出电流(A)	负载持续率(%)	效率(%)	功率因数	质量(kg)	尺寸(mm)
弧焊发电机 AX-320	3×380	50~80	320	50	53	0.87	530	1 195×600×992
弧焊整流器 ZXG-300-1	3×380	72	300	60	68	0.65	200	410×600×790
晶闸管式弧焊逆变器 CAAYWELD350	3×380	50	300	60	83	0.95	37	570×265×410
IGBT式弧焊逆变器 2×7-315	3×380	63	315	60	85	0.98	30	420×260×470
晶体管式弧焊逆变器 US220AT	220	3	220	60	81	0.99	25	350×550×365
场效应管式弧焊逆变器 LUA400	3×380 3×220	67	400	35	80	0.90	48	—

弧焊逆变器首先应用于手弧焊,随后因功率增大和性能提高,其用途不断扩大,现在已逐步被推广应用于不熔化极气体保护焊、熔化极气体保护焊、等离子弧焊、埋弧焊、脉冲弧焊、高频脉冲弧焊等各种弧焊方法。而且随着研制和生产水平的提高,它将会有越来越广阔的市场,并将起着更新换代的作用。

4.2 焊接结构及接头强度计算

4.2.1 焊接结构的主要特点

客车车体结构中,除前、后从板座、上心盘、冲击座等仍沿用铆接结构外,其余一般已采用焊接结构。焊接结构的主要特点如下:

1. 焊接接头的整体性

这是焊接结构区别于铆接结构的一个重要特性,它一方面赋予焊接结构高密封性和高刚度,但另一方面焊缝中任何缺陷所产生的应力集中也直接牵连到结构本体。

2. 焊接结构有较大的焊接应力和变形

绝大多数焊接方法都采用局部加热,故不可避免地将产生内应力和变形。焊接应力和变形不但可能引起工艺缺陷,而且在一定条件下,将影响结构的承载能力,诸如强度、刚度和受压稳定性等。因此,在设计和施工时应充分考虑焊接应力和变形。

3. 焊接结构的应力集中变化范围大

焊缝除了起连接元件的作用外,在外力作用下它与基本金属一起变形。因此,焊缝的布置和焊缝的形状就必然会影响应力的分布,使应力集中在较大范围内变化。应力集中对结构的脆性断裂和疲劳有很大的影响,因此,采取合理的工艺和设计,可以控制焊接结构的应力集中以提高其强度和寿命。

总之,充分地认识和掌握焊接结构的特点,正确地分析其工艺性和结构合理性,才能设计制造出性能良好、经济指标高的焊接结构。

焊接结构和焊接接头的形式多种多样,设计时有充分的选择余地。但是必须考虑工艺上实现的难易程度、接头位置对于结构强度的影响以及使结构是否具有较好的工艺性等问题。因此,工艺性不好的结构设计,不仅制造困难,而且提高产品的成本,所以,结构的工艺性和经济性是紧密相关联的。

4.2.2 焊接接头及其基本形式

1. 焊接接头

熔化焊焊接接头采用高温热源进行局部加热形成。焊接接头是由焊缝金属、熔合线、热影响区和母材组成的,如图 4.10 所示。

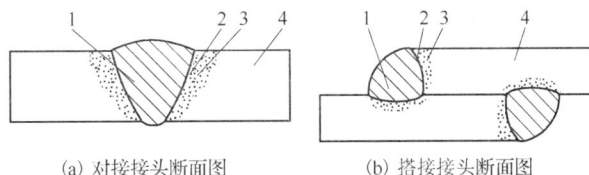

(a) 对接接头断面图　　　(b) 搭接接头断面图

图 4.10　熔化焊焊接接头的组成

1—焊缝金属;2—熔合线;3—热影响区;4—母材。

焊缝金属是由焊接填充材料及部分母材熔融凝固形成的铸造组织,其组织和化学成分都不同于母材。近缝区受焊接热循环和热塑性变形的影响,组织和性能都发生变化,特别是熔合线的组织和性能变化更为明显。因此焊接接头是一个不均匀体。焊接接头因焊缝的形状和布置的不同而产生不同程度的应力集中,再加上焊接接头的残余应力与变形和高刚性就构成了焊接接头的基本属性。

影响焊接接头性能的因素较多,归纳起来,大体可分为两个方面:一种是力学方面的影响因素;另一种是材质方面的影响因素。

在力学方面影响焊接接头性能的因素为接头形状的不连续性、焊接缺陷、残余应力和焊接变形。焊接接头的加厚高和施焊中可能造成的接头错位等接头形状的不连续性,都是应力集中的根源。特别是焊接缺陷中的未焊透和焊接裂纹,往往是接头破坏的起点。

在材质方面影响焊接接头性能的因素,不仅有热循环引起的组织变化,还有由于焊接过程中的热塑性变形循环所产生的材质变化。此外,焊后热处理和矫正变形等工序,都可能影响接头性能。

焊接接头是组成焊接结构的关键部分,它的性能与焊接结构的性能和安全等方面有直接的关系。因此,为了不断地提高接头质量,多年来许多焊接工作者对影响其性能的各种因素,都作了大量的试验研究工作,取得了许多重大成果,扩大了焊接结构的应用范围,提高了焊接结构的安全可靠性。但是,焊接结构的破坏事故并来完全消除,尤其是在新钢种不断出现,采用高强钢制造大型结构逐日增多的情况下,对焊接接头性能的研究,仍是当前和今后的一项重要任务。

2. 基本焊接接头形式

基本的焊接接头有对接接头、搭接接头、丁字接头和角接头四种,如图 4.11 所示。

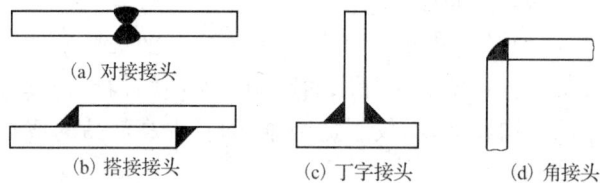

(a) 对接接头

(b) 搭接接头   (c) 丁字接头   (d) 角接头

图 4.11　焊接接头的基本形式

(1)对接接头

对接接头是焊接结构中最常用的接头形式。可用所有的熔化焊方法来施焊。优质的对接接头受力时应力分布较均匀,应力集中出现在焊缝与母材的交界处,应力集中系数主要与焊缝加厚高 e 和焊缝表面与母材表面的夹角 θ 有关,如将焊缝加工平整,则没有应力集中。对接接头从力学角度看是一种比较理想的接头形式。质量优良的对接接头口,与母材等强度。

常见的对接焊缝方向是与载荷方向垂直的,也有与载荷方向成斜角的斜缝对接接头,这种接头的焊缝承受较低的正应力。过去由于焊接技术水平较低,为了安全可靠往往采用这种斜缝对接,例如,我国 22 型客车中梁就是采用的斜缝对接。但是,现在焊接技术已有很大发展,焊缝金属具有优良的性能,并不低于母材的性能,而斜缝对接因浪费材料和工时,所以一般不再采用。

(2)搭接接头

搭接接头应用于板料工件,搭接长度一般大于板厚的 4 倍。和对接相比,搭接接头的备料和装配都较容易,其横向收缩也比对接接头小,但需要用较多的焊条和钢板,自重增加,焊接时要翻转,应力集中比对接接头严重,在受外力作用时,因两工件不在同一平面上,可能产生很大的力矩,使焊缝应力复杂化。因此,单面正向焊缝的搭接接头不能用来作为工作焊缝,如图 4.12(a)所示。当反面有断续焊缝时,能大大提高接头的强度,如果反面焊缝无法施焊,则可用塞焊来加强,如图 4.12(b)所示。但塞焊缝不允许在承受动载荷的结构中使用。

搭接接头可用于大型贮罐的底板拼接。

搭接接头的应力分布不均匀,疲劳强度较低,不是焊接结构的理想接头。

(3)丁字接头

丁字接头通常是将相互垂直(或成一定角度)的被连接件用角焊缝连接起来的接头,如图4.13所示。这种接头是典型的电弧焊接头,能承受各种方向的力和力矩。丁字接头应避免采用单面角焊缝,因为这种接头的根部有很深的缺口,其承载能力非常低。

对较厚的板,可采用K形坡口,如图4.13(b)所示,根据受力情况决定是否需要焊透,这样做比不开坡口用大尺寸的角焊缝经济,而且疲劳强度高。

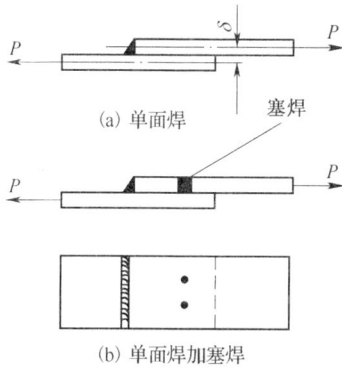

图4.12　搭接接头

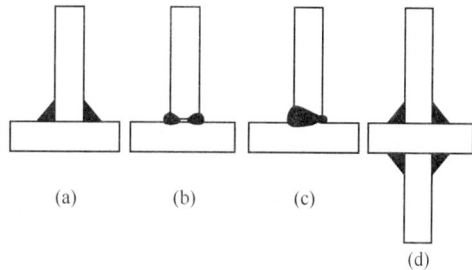

图4.13　常见丁字(十字)接头

(4)角接头

角接头多用于箱形构件上,常见的角接头如图4.14所示。其中,图4.14(a)是最简单的角接头,其承载能力差;图4.14(b)采用双面焊缝从内部加强的角焊缝,其承载能力大;图4.14(c)和(d)开坡口,有较高的强度,而且在外观上具有良好的棱角,但要注意层状撕裂问题;图4.14(e)和图(f)易装配,省工时,是最经济的角接头;图4.14(g)是保证接头具有准确直角的角接头,并且刚性大,但角钢厚度应大于板厚;图4.14(h)是不合理的角接头,焊缝多且不易施焊。

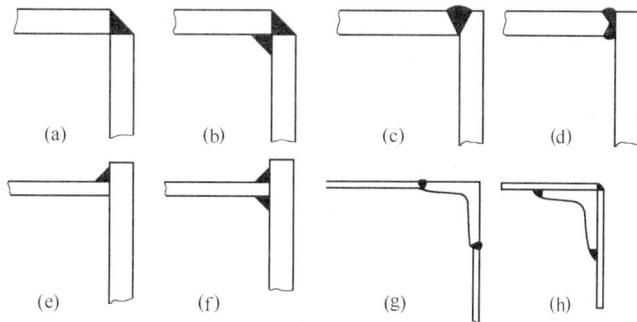

图4.14　常用的角接头

电弧焊接头的基本形式、尺寸和焊缝代号可参照国家标准中的有关规定。

在车体结构上,四种接头均有采用。例如客车侧墙板拼接采用对接接头,车体结构的各梁都是重要的受力杆件,所以梁的接长也都采用对接。一般情况下,接口形式为正接,如各型货车中梁和侧梁的接长均为正接。但考虑客车对运行安全性要求更高,例如 YZ22 型客车中梁采用 60°斜接缝。客货车上板与梁柱的结合多采用搭接,车顶板、金属地板的拼接也采用搭接。型钢组合件作车体结构各梁时,其连接处的丁字接头和角接接头一般采用型切法。

4.2.3 焊接结构设计

1. 坡口的选择

为了增加熔深,保证焊透,在焊接厚板时需要开坡口。对接接头的坡口一般根据板厚和焊接方法选取,如图 4.15 所示,同时还应考虑焊接工作量、坡口加工的难易、预防焊接变形以及方便焊接等问题。

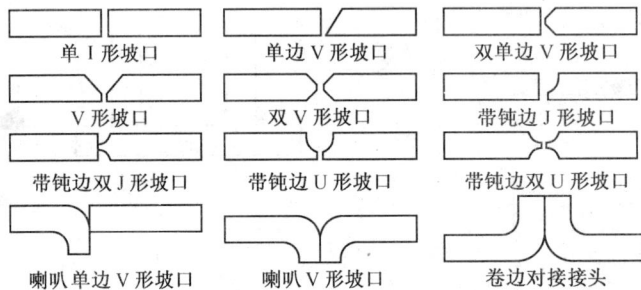

单 I 形坡口　　单边 V 形坡口　　双单边 V 形坡口

V 形坡口　　　双 V 形坡口　　　带钝边 J 形坡口

带钝边双 J 形坡口　　带钝边 U 形坡口　　带钝边双 U 形坡口

喇叭单边 V 形坡口　　喇叭 V 形坡口　　卷边对接接头

图 4.15　单面坡口和双面坡口的接头形式

对接接头板厚 1~6 mm 时用 I 形坡口,采用单面焊或双面焊即可保证焊透;对接接头板厚超过 6 mm 时,为保证焊缝有效厚度或充分焊透,改善成形,可加工成 V 形、双 V 形、U 形等坡口形式。

厚度相同的工件,既可开 V 形坡口,也可开 U 形坡口。两者相比,U 形坡口焊缝沿工件厚度上的收缩比较一致,因此角变形小;同时,U 形坡口便于焊条下伸,焊缝根部容易焊透。但 U 形坡口一般需在刨边机上用成形刀具进行加工,颇费工时,一般只在厚板重要结构中应用。

V 形坡口与双 V 形坡口相比,双 V 形坡口节省焊条金属,节省电力和焊接工时;而且双 V 形坡口是对称地填加焊条金属,可以减少焊接变形与应力。但焊接双 V 形坡口时必须翻转工件,当无法翻转工件时,水平焊缝宜选用 V 形坡口,在这种情况下,方便焊接是主要因素。

2. 合理确定焊缝尺寸

焊缝尺寸直接关系到焊接工作量和焊接变形的大小,焊缝尺寸大,不仅焊接工作量大,而且焊接变形也大。因此,在保证结构承载能力的条件下,设计时应尽量采用较小的焊缝尺寸。

两块平板连接的对接焊缝,其截面厚度不允许小于两板中最薄板的厚度。

角焊缝的焊角尺寸可由强度计算确定。在保证强度的条件下,应尽量减小焊角尺寸。因为过大的焊角尺寸不仅会多消耗焊接材料和工时,增加热影响区的宽度,同时还会引起过大的焊接变形和应力。如果通过强度计算,角焊缝所需焊角极小,还应该考虑工艺上的可能性问题。因为焊角尺寸太小的焊缝,冷却速度过快。容易产生一系列的焊接缺陷,如裂纹、热影响区硬度过高等。因此,一般都根据板厚来选取工艺上可能的最小焊角尺寸。

表 4.4 是不同厚度低碳钢板的最小角焊缝尺寸,可供参考。

表 4.4　最小焊角尺寸(mm)

焊件厚度(按厚度大者计)	≤6	7~18	19~30	31~50	≥51
最小焊角	3	4	6	8	10

低合金结构钢由于对冷却速度更敏感,在同样厚度条件下,最小焊角尺寸应该比表中的数据稍大一些。

3. 合理地布置焊缝

(1)避免焊缝过分集中和尽可能减少不必要的焊缝,否则焊接接头变形大,应力集中严重,容易产生缺陷。如图 4.16(b)所示的接头形式是合理的,而图 4.16(a)所示的接头形式应当尽量避免。

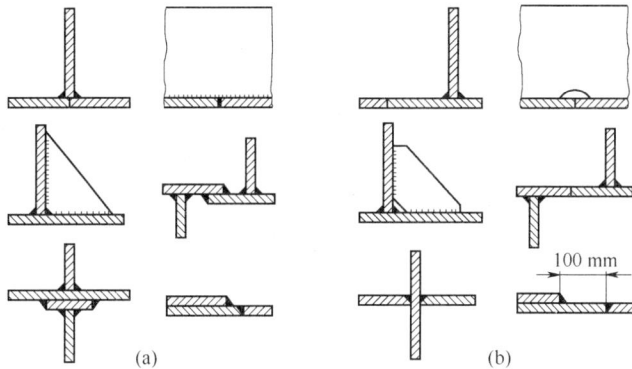

(a)　　　　　　　　　(b)

图 4.16　焊缝过分集中的结构

(2)焊缝对称布置,并尽量使其接近中性轴,以利于减少焊接变形。

(3)尽可能避免截面上有突变的接头,特别是在交变载荷工作条件下更应注意。为此,对非等厚截面的对接焊缝,应采用等截面连接,将厚板的接口处要做成斜坡(单面或双面),其斜坡长度 $L \geqslant 3(\delta_1 - \delta_2)$。当接头设计成两者的中性面对齐时,还可避免焊接结构受拉时产生附加的弯曲力矩,如图 4.17 所示。

(4)在容易积存水汽的地方,不宜采用搭接段焊或搭接塞焊接头。因为在搭接接头的结合面上存在着缝隙,水汽可以渗透到缝隙中,结合面很容易产生夹锈。

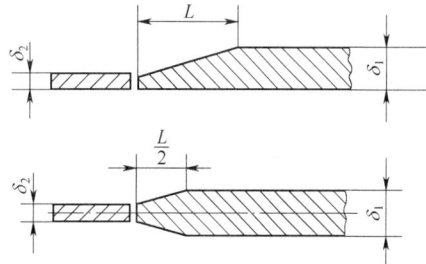

图 4.17　非等厚板对接接头形式

4. 焊接方法的特点

采用埋弧焊时,为了节省辅助时间,提高生产效率,尽可能采用同一形式的焊接接头,以使焊接设备和焊接规范的调整次数最少。同时,焊缝的位置应使焊接件的翻转次数最少。

采用接触焊时,其接头形式主要是搭接和卷边接,设计接头时要充分考虑施焊方便和加热可靠。

CO_2 焊由于其熔深较大,所以工件厚度超过 10 mm 才要求开坡口。同时,当坡口的钝边和间隙比手弧焊稍大、坡口角度较小时,均能保证焊透。对于角焊缝,焊角 K 可比手弧焊减小 20%～30%。

5. 应保证可焊到性

设计结构时应考虑焊缝是否容易施焊。在封闭空间操作对工人健康十分有害,因此容器的焊接接头应尽量采用单面 V 形或 U 形坡口,使焊接工作在容器外部进行,将在容器内施焊的工作量减少到最低限度。

4.2.4 焊接接头静强度计算

1. 工作焊缝和联系焊缝

焊接结构上的焊缝,根据其传递的载荷情况可分为两种:一种为焊缝与被连接件是串联的,它承担着传递全部载荷的作用,一旦断裂,结构就立即失效,这种焊缝称为工作焊缝,如图 4.18(a)所示,其应力称为工作应力。另一种为焊缝与被连接件是并联的,它传递很小的载荷,主要起连接件之间相互联系的作用,焊缝一旦断裂,结构不会立即失效。这种焊缝称为联系焊缝,如图 4.18(b)所示,其应力称为联系应力。在设计时,无需计算联系焊缝的强度,而工作焊缝的强度必须计算。对于具有双重性的焊缝,它既有工作应力又有联系应力,则只计算工作应力而不考虑联系应力。

2. 焊接接头强度计算的假设

焊接接头的应力分布,尤其是丁字接头和搭接接头等的应力分布非常复杂,精确计算接头的强度是困难的。常用的计算方法是简化计算法,即在静载条件下,为了计算方便作了如下假设:

(1)残余应力对于接头强度没有影响;

(2)焊趾和加厚高等处的应力集中对于接头强度没有影响;

(3)接头的工作应力是均布的,以平均应力计算;

(4)正面角焊缝和侧面角焊缝的强度没有差别;

(5)焊脚尺寸的大小对于角焊缝的强度没有影响;

(6)角焊缝都是在切应力作用下破坏的,按切应力计算强度;

(7)角焊缝的破断面(计算断面 $A—A$)在角焊缝截面的最小高度上,如图 4.19 所示,其计算高度 a 为:

$$a = \frac{K}{\sqrt{2}} = 0.7K$$

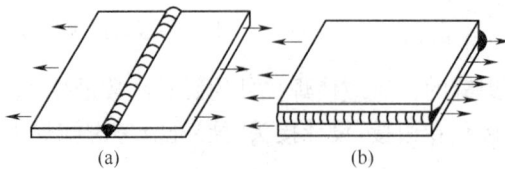

图 4.18 工作焊缝和联系焊缝

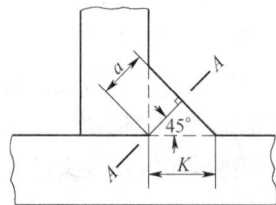

图 4.19 角焊缝计算断面

(8)加厚高和少量的熔深对于接头的强度没有影响,但埋弧自动焊和 CO_2 焊的熔深较

大,应予考虑,如图 4.20 所示,其角焊缝计算断面厚度 a 为:

$$a=(K+p)\cos45°$$

当 $K\leqslant8\text{ mm}$,a 可取 K 值;当 $K>8\text{ mm}$,p 一般可取 3 mm。

3. 电弧焊接接头的静载强度计算

（1）对接接头静载强度计算

计算对接接头时,不考虑焊缝加厚高,计算厚度取两板中较薄者,焊缝计算长度取实际长度。所以计算基本金属强度的公式也完全适用于计算这种接头。如果焊缝金属的许用应力与基本金属相等,则可不必进行强度计算。

全部焊透的对接接头如图 4.21 所示,其各种受力情况的计算公式列于表 4.5 中(1)~(5)式。

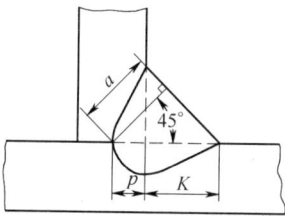

图 4.20　深熔焊的角焊缝

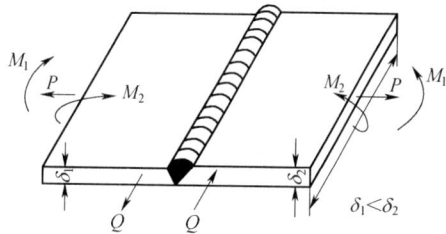

图 4.21　对接接头受力情况

（2）受拉或压的搭接接头的计算

各种承受拉或压的搭接接头如图 4.22 所示,其静强度计算公式列于表 4.5 中(6)~(8)式。

（3）受弯矩的搭接接头计算

如图 4.23 所示,搭接接头在搭接平面内受弯曲力矩时可采用分段计算法,计算公式列于表 4.5 中(9)式。

从图 4.23 可知,外加力矩 M 必须与侧面焊缝产生的内力矩 M' 和正面焊缝产生的内力矩 M'' 之和相平衡,即:

$$M=M'+M''$$

当焊缝不是深熔焊缝,其应力值达到 τ 时,侧面焊缝中的力矩为:

$$M'=\tau\cdot0.7Kl(h+K)$$

正面焊缝中的力矩 M'' 为:

$$M''=\tau\cdot\frac{0.7Kh^2}{6}$$

因此　　$M=\tau\left[0.7Kl(h+K)+\frac{0.7Kh^2}{6}\right]$

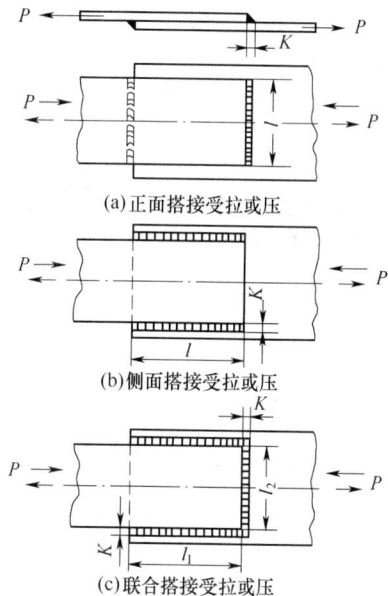

图 4.22　各种搭接接头受力情况

得
$$\tau = \dfrac{M}{0.7Kl(h+K) + \dfrac{0.7Kh^2}{6}}$$

(4)丁字接头强度计算

①载荷平行于焊缝的丁字接头计算:用图 4.24(a)所示的丁字接头,如果开坡口并焊透,其强度按对接接头计算;焊缝金属截面等于母材截面($F=\delta h$)。当不开坡口时,按表 4.5 中(10)式进行计算。由于产生最大应力的危险点是在焊缝的最上端,该点同时有两个切应力起作用,一个是由 $M=PL$ 引起的 τ_M,一个是由 $Q=P$ 引起的 τ_Q。τ_M 和 τ_Q 是互相垂直的,所以该点的合成应力为它们的向量和,即:

$$\tau_{合} = \sqrt{\tau_M^2 + \tau_Q^2}$$

②弯矩垂直于板面的丁字接头计算:图 4.24(b)所示的丁字接头,如开坡口并焊透,其强度按对接接头计算用表 4.5 中(5)式。当接头不开坡口用角焊缝连接,可用表 4.5 中(11)式计算。

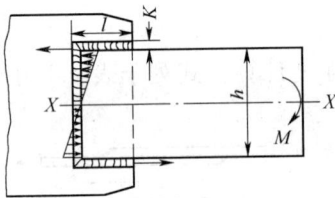

图 4.23　分段计算法示意图

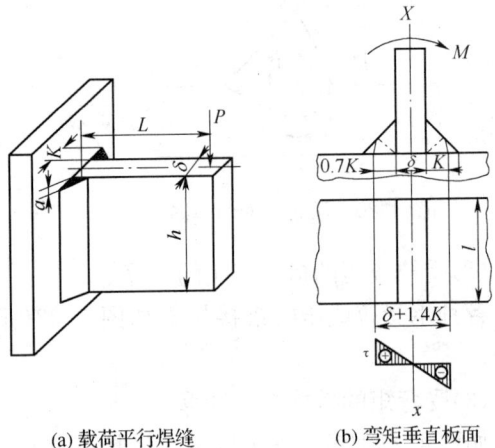

图 4.24　丁字接头

(a)载荷平行焊缝　　(b)弯矩垂直板面

表 4.5　焊接接头静载强度计算基本公式

接头型式	受力条件	计算公式	序号	注
对接接头	受拉	$\sigma = \dfrac{P}{l\delta_1} \leqslant [\sigma']$	(1)	图 4.21
	受压	$\sigma = \dfrac{P}{l\delta_1} \leqslant [\sigma']$	(2)	
	受剪切	$\tau = \dfrac{Q}{l\delta_1} \leqslant [\tau']$	(3)	
	受板平面内弯矩 M_1	$\sigma = \dfrac{6M_1}{\delta_1 l_2} \leqslant [\sigma']$	(4)	
	受垂直板面弯矩 M_2	$\sigma = \dfrac{6M_2}{\delta_1^2 \cdot l} \leqslant [\sigma']$	(5)	

接头型式		受力条件	计算公式	序号	注
搭接接头	正面焊缝	受拉、压	$\tau = \dfrac{P}{1.4Kl} \leqslant [\tau']$	(6)	图 4.22 $\sum l = 2l_1 + l_2$
	侧面焊缝	受拉、压	$\tau = \dfrac{P}{1.4Kl} \leqslant [\tau']$	(7)	
	正侧焊缝	受拉、压	$\tau = \dfrac{P}{0.7K \cdot \sum l} \leqslant [\tau']$	(8)	
	联合搭接	受弯矩(分段法)	$\tau = \dfrac{M}{0.7Kl(K+h) + \dfrac{0.7Kh^2}{6}} \leqslant [\tau']$	(9)	图 4.23
丁字接头 (无坡口)		P 平行焊缝	$\tau_合 = \sqrt{\tau_M^2 + \tau_Q^2}$ $\quad \tau_M = \dfrac{3PL}{0.7Kh^2}$ $\quad \tau_Q = \dfrac{P}{1.4Kh}$	(10)	图 4.24
		M 垂直板面	$\tau = \dfrac{M}{W}$ $\quad W = \dfrac{l\left[(\delta+1.4K)^3 - \delta^3\right]}{6(\delta+1.4K)}$	(11)	

(5)焊缝许用应力

焊缝许用应力的大小与许多因素有关,如焊接工艺、焊接材料以及焊接检验方法的精确程度等。随着焊接技术的不断发展．焊接检验方法的日益改进,焊接接头的可靠性不断提高,因此焊缝的许用应力也相应增大。

确定焊缝的许用应力有以下两种方法:

①按基本金属的许用应力乘以一个系数来确定焊缝的许用应力,即:

$$[\sigma'] = \eta[\sigma]$$

式中　$[\sigma']$——焊缝的许用应力;

　　　$[\sigma]$——基本金属的许用应力;

　　　η——系数。

系数 η 由所用焊接方法和焊接材料确定。用一般焊条手弧焊焊成的焊缝采用较低的系数,用低氢型焊条或自动焊的焊缝采用较高的系数,见表 4.6。这种方法的优点是可以在知道基本金属许用应力的条件下设计焊接接头,多用于结构设计。

表 4.6　焊缝的许用应力

焊缝种类	应力状态	焊缝许用应力	
		42 kg 和 50 kg 级焊条手弧焊接	低氢焊条手弧焊、自动焊和半自动焊
对接缝	拉应力	$0.9[\sigma]$	$[\sigma]$
	压应力	$[\sigma]$	$[\sigma]$
	切应力	$0.6[\sigma]$	$0.65[\sigma]$
角焊缝	切应力	$0.6[\sigma]$	$0.65[\sigma]$

②采用已经规定的具体数值:这种方法多为某类产品行业所用,可查有关手册。

4.3　车体结构的焊接变形

4.3.1　焊接应力和变形分析

焊接过程有其特殊性,其表现为:

(1)焊接时的温度变化范围大,在焊缝上最高温度可达到材料的沸点,而离开热源温度急剧下降直至室温。

(2)焊接时由于温度变化范围大可能出现相变,相变结果将引起许多物理和力学参数的变化。

(3)焊接温度场的分布复杂。

图 4.25 为薄板焊接时的一个典型温度场,图(a)是温度场的立体图,平板面内的 x 轴与焊缝方向一致,y 轴与焊缝垂直,用垂直于平板面的坐标表示温度;图(b)为距焊缝中心不同位置的温度分布;图(c)是等温线;图(d)是沿 x 方向距热源不同位置的温度分布。

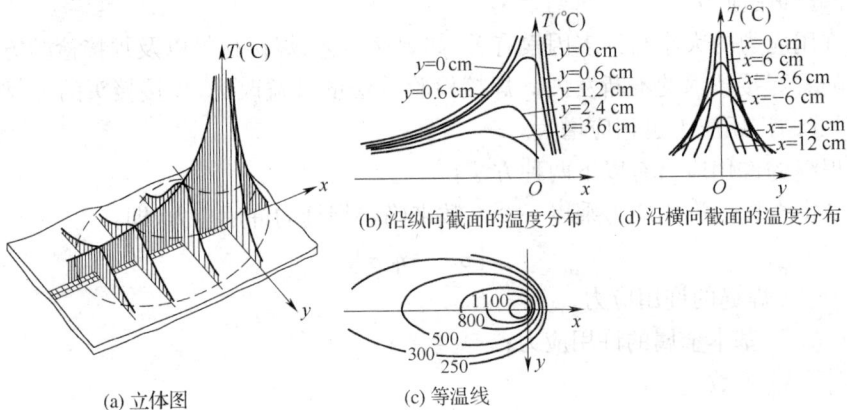

图 4.25　焊接温度场

从图中可以清楚地看出,由于焊接热源并不是沿焊缝全长同时加热,因此,平面假设的准确性就受到影响。但是,在焊接速度较快,材料导热性差的情况下,在焊接温度场的后部,还有一个相当长的区域纵向的温度梯度较小,仍可用平面假设来作近似的分析。

设一低碳钢平板条,沿其中心线焊接一条纵向焊缝,在焊接过程中出现一个温度场。在接近热源处取一横截面,该截面上的温度如图 4.26(a)所示。由于板条中心的温度较高,远离中心的金属温度较低,这样使板条产生不均匀的热膨胀,其自由变形为 ε_T。根据平面假设,板条加热伸长后该截面仍保持平面。板条的伸长量为 ε_e,曲线 ε_T 与 ε_e 之间的差距为应变,$A_1'A_1$ 水平线以上的应变为负值,产生压应力,平行线以下的应变为正值,产生拉应力。在这种情况下,板条中间部分受压,两侧部分受拉。在 $D'D$ 区域内,金属的温度超过 600 ℃,产生了塑性变形,σ_s 可视为零,不产生应力。DC 和 $D'C'$ 区域的温度从 600 ℃降至 500 ℃,以迅速从零上升到室温时的数值。因此,在这两个区域里内应力的大小随温度的降低而增加。在 CB 和 $C'B'$ 区域内,内应力为室温时的 σ_s,其值保持不变。AB 和 $A'B'$ 区域中金属完全处于弹性状态,内应力正比于内部应变值。

由于板条焊接时在 $D'D$ 区域内产生了压缩塑性变形,当板条焊后恢复到室温后,板条中间区域的长度将比原来缩短,其缩短量等于焊接时所产生的压缩塑性变形。但由于截面要保持平面,所以该区域的收缩受到两侧金属的限制,因此出现了新的应力和变形。板条中心部分受拉,两侧受压,这个新的平衡应力系统就是残余应力,如图 4.26(b)所示。而板条端面的位移就是残余变形。

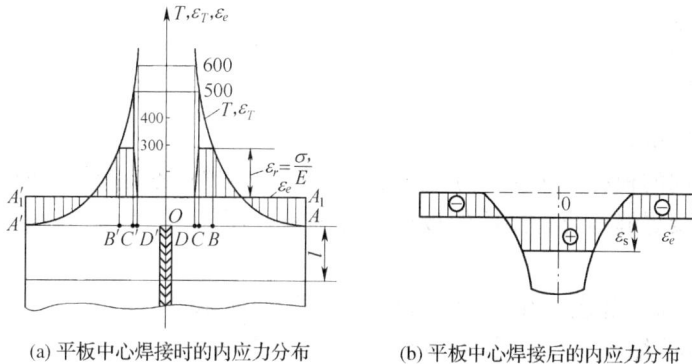

(a) 平板中心焊接时的内应力分布   (b) 平板中心焊接后的内应力分布

图 4.26　平板中心的内应力分布

综上所述,板条焊接时,在温度超过 600 ℃ 的焊缝区域产生了压缩塑性变形,焊接后,板条焊缝区域的长度将比原来有所缩短,根据平面假设,此时,板条焊缝区域受拉应力,远离焊缝区域受压应力,形成一个新的平衡应力系统,同时,板条在几何尺寸上也发生了变化,于是,板条产生了焊接残余应力和残余变形。所以,板条不均匀的局部加热和冷却是焊接残余应力和变形产生的根本原因。

在车体结构制造中,焊接残余变形不仅影响车体及各部件的制造精度和车辆的外形美观,而且还会影响车辆的强度和承载能力。在实际生产中,为了获得与设计图纸相符的形状和尺寸,往往要花费大量的劳力和工时来矫正变形。因此,研究车体焊接变形产生的规律,从而采取措施防止或减少焊接变形,是车体结构制造中的一个重要课题。

4.3.2　常见焊接结构的残余变形

焊接残余变形是指焊接后残存于焊接结构中的变形。焊接结构的残余变形可归纳为七种形式,包括纵向收缩变形、横向收缩变形、弯曲变形、角变形、波浪变形、错边变形和螺旋形变形等。对于不同的焊接结构,产生的残余变形的形式不同,下面分别进行讨论。

1. 板材对接时的变形

为保证对接质量,板材对接前需进行点固或用夹具夹紧。否则,在焊接开始阶段,板材之间的间隙将有所增大,当焊缝到达一定长度后,随着电弧向前移动,两板之间的间隙又逐渐减小,对接板材相互靠近,甚至发生重叠,如图 4.27(a)所示。这是由于随着焊缝长度的增加,对接板材成为一体的刚度增加,刚刚焊好的焊缝在焊接过程中产生了压缩塑性变形,焊接后产生的横向收缩造成的。

板材对接之后将产生纵向收缩、横向收缩、弯曲变形和角变形,如图 4.27 所示。板材在各个区段的收缩量是不一样的。最大的纵向收缩通常在焊缝附近,这是由于焊缝区域比其他区域有较大的压缩塑性变形所致。最大的横向收缩经常发生在板材长度方向的中间部位或者焊缝收尾前。板材对接时的实际收缩量与很多因素有关,如板材的材质、厚度、坡口形式、结构的具体情况以及焊接方法与规范等。要得到比较准确的数据常常需要在实际中多次测量统计。生产中估算焊缝纵向收缩量的经验数据为 $0.15\sim0.30$ mm/m;横向收缩量约相当于 $2\sim4$ m 长焊缝的纵向收缩量,或者按下式估算对接焊缝的横向收缩量:

V 形坡口 $\Delta l_横 = 0.1\delta + 0.6$

双 V 形坡口 $\Delta l_横 = 0.1\delta + 0.4$

式中 δ——板厚,mm。

两块宽度不同的板材对接时,除产生纵向和横向收缩外,还会产生弯曲,如图 4.27(c)所示。这是因为对接焊缝不与对接后的板材对称轴重合而偏离一距离,焊缝的纵向收缩引起板材的弯曲变形。

此外,平板对接后还会产生角变形,如图 4.27(d)所示。V 形坡口对接时,上部焊缝较下部宽,所以上部收缩较下部大,结果就形成角变形,其数值大致在 $2°\sim3°$ 之间。在焊接双 V 形坡口时,角变形较小,这种情况下的角变形只是由于双 V 形坡口两侧不是同时焊接引起的。

2. 丁字梁焊接时的变形

丁字梁焊后将产生复杂的变形,焊缝的纵向收缩将引起丁字梁长度方向的缩短,这通常是较小的,而弯曲变形则较大。如果焊缝在丁字梁截面的中性轴以下,丁字梁将产生上凸弯曲变形,如图 4.28(a)所示。否则,相反,如图 4.28(b)所示。

除了上述变形外,还有由纵向焊缝的横向收缩引起的角变形,如图 4.28(c)所示。丁字梁单面焊时,腹板将向焊缝一侧倾斜,如图 4.28(d)所示。

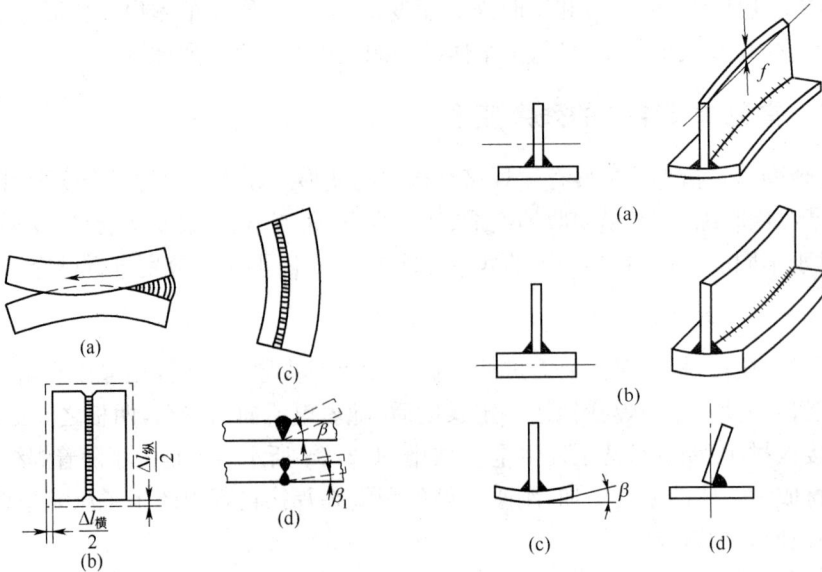

图 4.27 平板对接时的变形

图 4.28 丁字梁焊接时的变形

丁字梁等细长杆件结构的纵向收缩量可按下式计算:

$$\Delta l_{纵} = \frac{k_1 F_H L}{F}$$

式中　F_H——焊缝截面积,mm^2;

　　　F——杆件截面积,mm^2;

　　　L——杆件长度,mm;

　　　k_1——系数。

系数与焊接方法和材质有关。低碳钢工件的 k_1 值见表 4.7。

表 4.7　k_1 值

焊接方法	CO_2 焊	埋弧焊	手弧焊	
材料	低碳钢		低碳钢	奥氏体钢
k_1 值	0.043	0.071~0.076	0.048~0.057	0.076

双面角焊缝丁字梁的纵向收缩量由单面角焊缝的纵向收缩量乘以系数 1.15~1.40,这是因为双面角焊缝产生的塑性变形区基本上是重叠的。

丁字梁弯曲变形的挠度 f 随丁字梁长度的增加而急剧增加,挠度 f 与梁的长度 L 的平方成正比。挠度的估算公式为:

$$f = \frac{k_1 F_H e L^2}{8I}$$

式中　e——焊缝到杆件中性轴的距离,mm;

　　　I——焊件截面惯性矩,mm^4。

其他符号的意义同前。对于双面角焊缝结构,则再乘系数 1.15~1.40。

角焊缝横向收缩估算公式:

连续单面角焊缝　　　　　　　　$\Delta l_{横} = \dfrac{K}{\delta}$

间断单面角焊缝　　　　　　　　$\Delta l_{横} = \dfrac{K}{\delta} \times \dfrac{t}{l}$

式中　K——焊角尺寸,mm;

　　　δ——翼、腹板中较薄者的厚度,mm;

　　　t——断续焊缝中心距,mm;

　　　l——段焊缝长度,mm。

双面焊时,横向收缩量大致是单面焊时的两倍。

丁字梁的角变形是图 4.28(c)和图 4.28(d)两种角变形的综合结果,丁字梁的角变形量不但与板厚、是否开坡口和焊缝截面形状有关,而且还和焊接方法有关。通常,可通过估算或实测获得。

3. 工字梁焊接时的变形

工字梁由上、下翼板和一块腹板组成,并在腹板上加筋以提高其刚度,如图 4.29(a)所示。工字梁整体变形主要有纵向收缩、垂直方向的弯曲和水平方向的弯曲。工字梁的纵向收缩是由翼板焊接时(焊缝 1、2、3、4)引起的纵向收缩和筋板焊接时引起的横向收缩造成的。水平方向的弯曲通常不大。垂直方向的弯曲与工字梁的装配焊接次序有关。

工字梁的所有焊缝都对称地分布于水平轴的上、下,为什么会产生垂直方向的弯曲呢?这是因为工字梁的焊接次序有先后而破坏了其对称性,随着焊缝的增加,梁的刚度也在增加。显然先焊的焊缝产生的变形大,后焊的焊缝产生的变形小,最终形成了弯曲变形。

例如,先焊下翼板的焊缝 1 和 2,它们的塑性变形区的纵向收缩将会受到丁字梁的阻碍。因为丁字梁与上翼板只是一般点焊,尚未连成一个整体,对变形的阻碍力不大,所以焊缝 1、2 造成了较大的挠度 $f_{1,2}$。当用同样的焊接规范焊接焊缝 3、4 时,它们的塑性变形区的收缩受到整个工字梁的阻碍,而工字梁的刚度比丁字梁要大得多,因而焊缝 3、4 引起的挠度 $f_{3,4}$ 比 $f_{1,2}$ 要小。两次变形的叠加,使工字梁产生了残余弯曲变形,如图 4.29(b)所示。为了使这个弯曲变形达到最小值,应该采取焊接次序为:1—4—3—2 或者 1—3—4—2。

4. 薄板焊接时波浪变形

薄板在承受压力时,当其中的压应力达到某一临界值时,薄板将因出现波浪变形而丧失承载能力,这种现象称之为失稳。当焊接薄板结构时,薄板件的纵向应力分布如图 4.30(b)所示。焊缝附近薄板内部产生拉应力,焊缝区域外薄板产生压应力,当焊缝区域外的焊接压应力超过薄板的临界应力值时,使薄板局部丧失稳定而隆起,形成波浪形,如图4-30(a)所示。由于焊后焊缝区域内薄板内部总是产生拉应力,所以焊缝区的材料不会丧失稳定,由于横向波浪变形不能越过焊缝,所以波浪变形只在焊缝两侧形成。

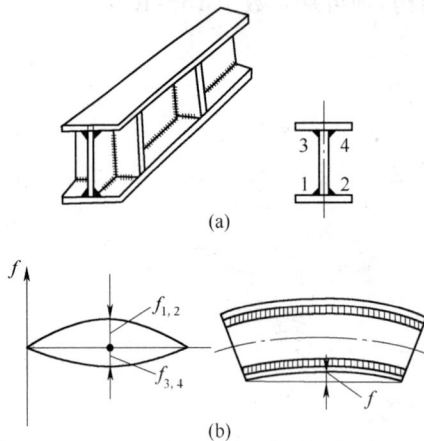

图 4.29 工字梁焊接时的变形　　图 4.30 薄板的波浪变形

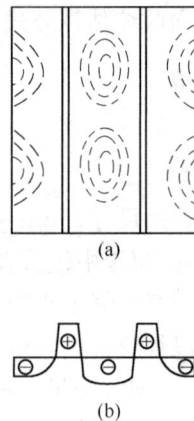

失稳临界应力值一般比材料的屈服极限小得多,可是焊接压应力值往往会达到屈服极限。另外,失稳临界应力值还和板厚与板宽的比值有关,板厚与板宽的比值越小,失稳临界应力值越小,平板也就越容易出现失稳现象。因此,在焊接薄板结构时,极易产生波浪变形。当焊件厚度在 8~10 mm 以上时,实际上就不会出现波浪变形。

4.3.3 车体结构焊接变形及防止措施

1. 车体结构焊接变形分析

由钢骨架和薄板组合而成的客车车体结构的焊接变形有其特别之处。据有关资料介绍,客车车体外板的波浪变形和钢骨架的弯曲变形约占车体全部变形量的90%,其余10%是角变形和尺寸误差。车体外板的波浪变形中,侧墙外板占68%,车顶板占20%,端板占12%。可见,波浪变形大都在外表面上,严重影响车辆的外形美观。

车体结构产生弯曲变形的原因,主要是焊缝在结构上分布不对称。例如客车底架牵引梁组对时,焊缝在断面中性轴以下,焊后牵引梁将产生下垂的弯曲变形。

又如车顶弯梁、侧柱、地板横梁等压型件,断面形状为乙形,它们和车顶板、侧墙板、铁地板的连接焊缝在结构断面上分布不对称,于是焊后它们将产生向上凸起或水平弯曲变形,如图4.31所示。

车体结构的侧墙板、车顶板、端墙板和铁地板等,板厚均在3 mm以下,所以焊后极易局部丧失稳定而隆起波浪形。此外,角变形也能引起波浪

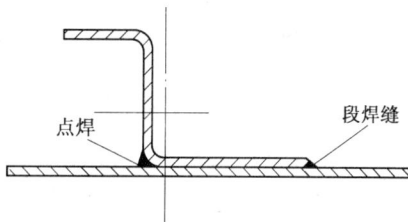

图4.31 乙形梁与薄板的焊接

变形。例如,车体骨架与薄板各角焊缝的纵向收缩造成的压应力超过其临界应力,使薄板产生波浪变形;同时,这些角焊缝的横向收缩产生的角变形,也使板材形成波浪变形,如图4.32所示。

图4.32 角焊缝引起的板材波浪变形

2. 防止和减小车体结构焊接变形的措施

防止车体结构的焊接变形,需要根据不同变形情况采取相应的措施,现分述如下。

(1)尺寸误差

尺寸误差主要是焊缝纵向和横向收缩而造成的工件尺寸的缩小。因此,一般都在工件下料时放长或放宽尺寸。在防止尺寸误差时,要注意以下三方面因素:

①材料的线膨胀系数。线膨胀系数大的材料,焊后收缩量也大。不锈钢和铝合金的线膨胀系数比低碳钢大,所以焊接变形也比低碳钢大。

②焊缝的纵向收缩随焊缝长度的增加而增加。

③焊缝的横向收缩则随焊缝宽度的增加而增加。如前所述,一条焊缝的横向收缩量约相当于2~4 m长焊缝的纵向收缩量,所以焊缝的横向收缩不可忽视。

(2)弯曲变形

车体结构在制造中的弯曲变形对其性能影响很大,矫正也很困难。因此,必须在装配—焊接前就能估计出变形方向和变形量,并在施焊过程中加以控制。实践证明,焊接变形的大小不仅与焊接过程有关,而且在很大程度上取决于结构设计。

①结构设计方面

a. 尽量选用对称的结构、截面和焊缝位置。例如客车底架牵引梁,绝大多数是采用两根槽钢拼对起来,上、下盖板与槽钢之间的焊缝对称分布在两个中性轴的上下左右,如图4.33所示。在焊接过程中,只要合理调整焊接规范和焊接次序,就可减少和防止牵引梁产生的焊接弯曲变形。

b. 在保证结构承载能力的条件下,尽可能地减少焊缝的数量、断面尺寸和长度。例如在客车车顶、侧墙、铁地板等部件制造中,各梁、柱和板材的连接焊缝可用断续焊缝代替连续焊缝。对于搭接或丁字接头,在满足强度要求的前提下,尽量减小焊角尺寸,使输入给工件的热量减少,因而焊接变形量减小。

c. 尽可能采用整体压型结构以减少焊缝数量。如侧墙板按车体长度下料,上下板材对接,可最大程度的减少焊缝数量,因而减少了焊接变形。

②制造工艺方面

a. 反变形法

预先将焊件作出基本上能抵消焊接变形的反变形来达到防止焊接变形的目的,这种方法叫做反变形法。它既可以防止弯曲变形,又可以防止角变形。反变形有弹性反变形和塑性反变形两种。

弹性反变形的特点是:在焊接过程中,焊件受到刚性夹具的作用而始终保持弯曲状态,焊件主要产生弹性变形。图4.34是客车枕梁组成断面图,在焊接枕梁腹板与下盖板的角焊缝时,容易产生角变形而使下盖板两侧向上翘起。为此,装配时下盖板下面垫上两个板条E,上面施加压力P,使其处于弹性反变形状态,焊后可以消除下盖板的角变形。

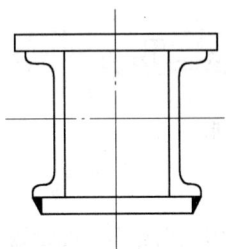

图4.33 牵引梁断面

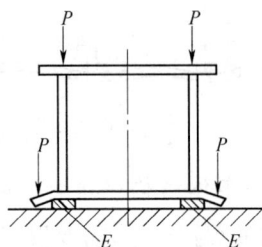

图4.34 用反变形法焊接枕梁下盖板

塑性反变形的特点是:焊件在焊接前,用机械的方法将其反向弯曲成一定曲率,焊件在有塑性反向弯曲但没有夹紧的情况下进行焊接。

b. 利用装配—焊接夹具防止变形

焊接时,将工件固定在刚性很大的夹具上,可以减少弯曲变形和角变形,但允许有纵向收缩。在夹具内焊接,实际上就是在外力作用下进行焊接,焊完松开夹具后,由于弹性变形恢复,所以仍保留一部分变形,但比在自由状态下进行焊接的变形要小得多。

c. 正确地确定装配—焊接次序

利用装配—焊接次序防止焊接变形,就是用不同的装配—焊接次序来改变结构在不同装配阶段的刚度和中性轴位置,因而也改变了焊缝对于结构中性轴的相对位置。这种方法在生产复杂焊接结构时经常采用。

图 4.35(a)是一中梁组成图。两片槽钢、下盖板和隔板间由焊缝 A、B、C 连接成一体。中梁断面对 y-y 轴对称,对 x-x 轴不对称,因此,组焊后除出现纵向缩短外,还有垂直方向弯曲变形。装配焊接该中梁有三种方案、四种结果,如图 4.35(b)所示。

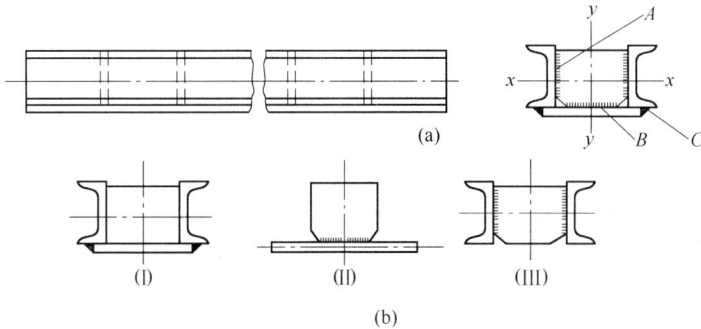

图 4.35　中梁组焊次序

方案Ⅰ:先装配两片槽钢和下盖板,焊接焊缝 C,然后再装配隔板,焊接焊缝 B 和 A,即 C、B、A(或 C、A、B)。这个方案的特点是:纵向长焊缝 C 距 x-x 轴较远,产生较大的上挠变形 f_C,焊缝 B 的横向收缩也产生上挠变形 f_B,焊缝 A 的中心偏于 x-x 轴上方,但距重心较近,其横向收缩产生不大的下挠变形 f_A。因此,总变形量 $f = f_C + f_B - f_A$。

方案Ⅱ:先装配下盖板和隔板,焊接焊缝 B,然后再装配两片槽钢,焊接焊缝 C 和 A,即 B、C、A。这个方案的特点是:焊缝 B 只引起盖板的缩短,对整个中梁的弯曲变形基本上不产生影响,即 $f_B = 0$。装配槽钢以后,焊缝 C 和 A 分别位于 x-x 轴的两侧,变形可以抵消一部分,因此总变形量 $f = f_C - f_A$。

如果焊接次序为 B、A、C,$f_B = 0$。同时,焊缝 A 位于结构中性轴上、下对称,只引起槽钢的缩短,即 $f_A = 0$。焊缝 C 位于 x-x 轴下方,焊接后产生上挠变形 f_C,因此总变形量 $f = f_C$。

方案Ⅲ:先装配隔板和两片槽钢,焊接焊缝 A,然后再装配盖板,焊接焊缝 C 和 B,即 A、C、B。这个方案的特点是:焊缝 A 位于结构中性轴上、下对称,只引起槽钢的缩短,即 $f_A = 0$。装配焊接下盖板以后,焊缝 C 和 B 均产生上挠变形 f_C 和 f_B,因此,总变形量 $f = f_C + f_B$。

如果焊接次序为 A、B、C,$f_A = 0$。装配焊接下盖板以后,焊缝 B 只引起盖板的缩短,对整个中梁的弯曲变形基本上不产生影响,即 $f_B = 0$。焊缝 C 产生上挠变形 f_C,因此,总变形量 $f = f_C$。

由上可见,从减小中梁焊接弯曲变形的角度看,方案Ⅱ是最好的。但在车体结构制造中,往往要求中梁组焊后有足够的上挠度值,以保证车体总装后具有 $0 \sim 12$ mm 的上挠度。因此方案Ⅲ较为理想,即利用装配—焊接次序和组装夹具上预制的上挠度,就可较方便地达到对中梁预挠度的要求。

d. 利用焊接方向对变形的影响

由于自由板条进行直通对焊时,能引起较小的弯曲变形,其变形方向如图 4.36 所示,因此,在车体结构的制造中,常常利用焊接方向对变形的影响。

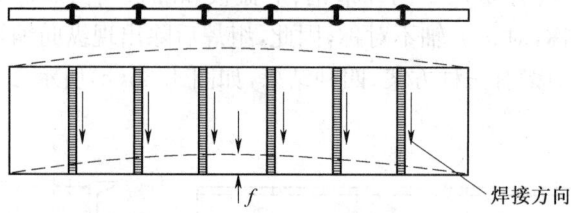

图 4.36　焊接方向对变形的影响

上述各种防止焊接变形的措施中,正确选择结构的装配—焊接次序是防止变形的主要方法。这种方法能在很大范围内调整所产生的变形量而不需要复杂的工艺装备。在实际生产中,可根据结构形状、尺寸、技术要求以及现场的设备条件,同时采用多种措施,以取得最好的效果。

(3)防止波浪变形

①结构设计方面

a. 在钢板上压筋,不仅能增加其强度和刚度,而且可以提高临界应力值,减小波浪变形。

b. 采用型钢、压型件加强薄板的周边,以提高钢板的临界应力值。如侧墙下边梁、侧立柱,车顶弯梁、车顶纵向梁,地板横梁、端墙的立柱和横梁等都起到了这种作用。需要指出的是,各梁、柱之间组成的封闭图形不可呈正方形,因为正方形薄板的稳定性最小。

②制造工艺方面

a. 正确选择焊接方法

用 CO_2 焊代替手弧焊,可以减少薄板结构的变形。因为 CO_2 焊焊接电流密度大,电弧加热集中,焊接速度快,因而工件受热面积小,又有 CO_2 气流的冷却作用,所以焊接变形比手弧焊小得多,目前已在车辆制造中大量采用。接触点焊和电弧焊相比,由于热量集中,焊接时间短,工件又处于电极的夹持之中,因此焊接变形比电弧焊大为减少。特别在焊接客车侧墙、车顶等薄板结构时,采用多点焊对防止波浪变形非常有利。

b. 合理的施焊顺序

如图 4.37 所示,用 6 条焊缝来拼接一块金属底板,焊接顺序是 1—2—3—4—5—6,这将使底板产生局部隆起的波浪变形。因为最后两道焊缝 5 和 6 的横向收缩,在底板中部引起压缩应力而使底板失稳。假如焊接顺序改为 1—2—5—6—3—4,这时所有焊缝的横向收缩都不会受到牵制,因而消除了底板中部隆起的变形。

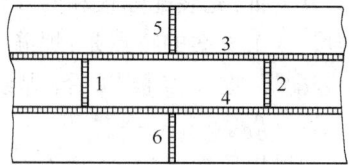

图 4.37　金属底板焊接顺序

一般在拼焊大面积平板时,合理的焊接顺序为:先焊短的横向焊缝,后焊长的纵向焊缝。

c. 刚性固定法

将焊件暂时夹固在平台上焊接是简单易行的方法,但对于厚度为 2~3 mm 的薄板,仅仅在薄板边缘夹固是不够的。由于对接焊缝的纵向收缩使薄板失稳而形成波浪变形,为此,应在焊缝两侧压紧固定,固定的位置应该尽量接近焊缝。同时,在薄板的边缘点固,这样才会取得好的效果。

4.3.4　车体结构焊接变形的矫正

消除及矫正车体结构的焊接变形,通常采用机械矫正法和火焰矫正法。

机械矫正是用机械外力使焊件产生与焊接变形方向相反的塑性变形,使两者互相抵消。机械矫正一般使用大锤、千斤顶和油压机等设备进行。用锤击法来延展焊缝及其周围压缩塑性变形区域的金属,也可达到消除焊接变形的目的。当薄板结构的焊接比较规则时,采用辗压法消除焊接变形效率高,质量好,具有很大的优越性。

火焰矫正一般采用氧—乙炔火焰作热源。这里重点介绍火焰矫正法。

1. 火焰矫正法

火焰矫正法是利用火焰局部加热时产生压缩塑性变形,使较长的金属在冷却后收缩,来达到矫正变形的目的。火焰矫正法采用一般的气焊焊炬,不需要专门的设备。方法简便,在生产上广为应用。火焰矫正的效果好坏,关键在于正确地选择加热形状和加热位置。

火焰矫正的加热形状有点状、线性和三角形三种。不同的加热形状和加热位置,可以矫正不同方向的变形;不同的加热量可以获得不同的矫正变形的能力。一般情况下,热量越大矫正变形的能力越强。因此,首先要定出正确的加热位置和加热形状,如果位置错了或者加热形状不对,都不能达到预期的效果,甚至适得其反。同时要根据变形的大小来决定其加热的程度。

2. 薄板波浪变形的矫正

通常,薄钢板的波浪变形都是在凸弯处进行点状加热,同时浇水以加速冷却。加热点的直径可根据板厚而定,厚板要大些,薄板可小些,一般不小于 15 mm。根据结构特点和变形情况,可加热一点和多点。

此外,孔板火焰矫正法如图 4.38 所示,应用亦很普遍。该方法是先将薄板用孔板压紧在平台上,然后用气体火焰从孔眼处对钢板进行加热,同时浇水速冷。变形严重时,按次序逐点加热;变形不严重时,可以隔 1～2 孔加热一点,加热点的分布尽可能对称。对于组装在车体上的侧墙板,由于无法将其压在平台上,因此采用一块 30 mm 厚的平板放在侧墙板里面,外面的孔板和里面的平板一起用卡具夹紧,然后进行加热矫正。采用孔板火焰矫正法,可以避免在工件上进行锤击,提高了工件的表面质量,因此,适用于成批生产时车体外皮薄板波浪变形的矫正。

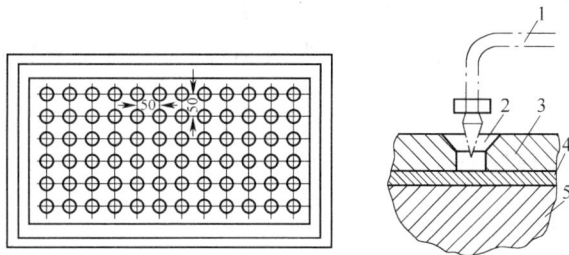

图 4.38　孔板火焰矫正法

1—烤把;2—冷却水;3—孔板;4—工件;5—平台

3. 梁、柱变形的矫正

梁、柱的焊接变形，一般有上挠、旁弯和角变形三种。这些变形可用压力机或调梁机矫正，也可用火焰矫正。下面以丁字梁为例说明。

（1）角变形的矫正

如图 4.39（a）所示，在两道焊缝的背面，沿着与焊缝相对应的位置进行加热（厚板应加热两道），加热线不能太宽，应小于两焊角总宽度，加热的深度不超过板厚，冷却后即可消除角变形。

（2）上挠的矫正

如图 4.39（b）所示，矫正上挠变形是在立板上采用三角形加热方式，加热的位置应根据变形情况来确定。如果第一次加热后还有上挠，再进行第二次，并且加热位置应选在第一次加热位置之间，避免在原处重复加热。

（3）旁弯的矫正

如图 4.39（c）所示，加热位置选在水平板外凸的一侧，一般采用三角形加热。

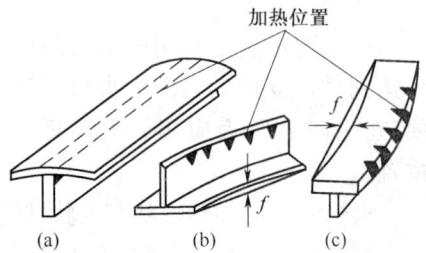

图 4.39 丁字梁的火焰矫正

4.4 不锈钢车体焊接

高速铁路的发展对高速列车的设计和制造提出了更高要求。与普通速度的列车相比，高速列车具有头型流线化、良好的密封性能和隔声降噪性能、车体轻量化及先进制造工艺等特点。

轻量化车体可以节省牵引功率，降低高速所引起的动力作用对线路结构、机车车辆结构产生的损伤，提高旅客乘坐舒适度，延长线路和列车的使用寿命等。另外，轻量化车体对降低振动噪声也有效果。

当然，轻量化并不意味着车体越轻越好，车体过量的轻量化会带来制造成本的增加、车体刚度的下降、车内环境（舒适度降低和噪声的增大）的恶化，并会给制造和维修带来很多困难，甚至会影响列车的运行安全。

各国高速列车车体的轻量化措施主要有两种，一种是对车体结构采用优化设计，第二种是采用轻量化材料。目前车体轻量化材料主要是铝合金和不锈钢，从发展趋势看，铝合金将成为动车组车体的主导材料。本节及下一节将分别对不锈钢车体和铝合金车体的焊接予以分析。

4.4.1 不锈钢焊接特性

1. 不锈钢车体特征

（1）优异的耐腐蚀性，可实现车体轻量化。由于普通碳素钢耐腐蚀性能差，造成车体结构的严重腐蚀，给设计部门带来很大的困难。为了延长车辆的使用寿命，设计中不得不加大断面尺寸,致使车体的自重增加。不锈钢具有优异的耐腐蚀性能,在强度、刚度及使用性能允许的前提下,能够降低板厚,实现车体的轻量化。使用不锈钢制造的车体结构与普通钢制车体结构相比,可减轻重量10%～20%。重量的减轻可降低能耗和提高运行速度,具有较高的经济效益。

(2)减少制造维修工时,实现车体无涂装。由于耐腐蚀性能好,车体无需涂装,大大减少了制造工时。另一方面,当前车辆的维修工作主要是修复普通钢制车辆所产生的腐蚀,它占去了修理工时的大部分,严重影响了车辆的周转。不锈钢车体具有优异的耐腐蚀性能,不存在普通钢制车辆存在的腐蚀问题,日常的维修工作主要以清洗为主,减少了维修工作量,提高了车辆的可用率。

2.不锈钢车体材料

车体用的不锈钢材料需要有耐高应力、良好的焊接性和冲压加工成型性。目前主要使用SUS304、SUS301L。最初曾使用SUS301,但因焊接受热时有碳化铬析出,易产生晶界腐蚀,而SUS301L与SUS301相比,含碳量由0.15%减少到0.03%,能够抑制碳化铬的产生,进而起到防止晶界腐蚀的作用。

车体用不锈钢的化学成分和机械性能见表4.8和4.9。

表4.8　车体用不锈钢的化学成分

成分 种类	主要化学成分(不包括铁)(%)							
	$w(C)_{max}$	$w(Si)_{max}$	$w(Mn)$	$w(Ni)$	$w(Cr)$	$w(S)_{max}$	$w(P)_{max}$	$w(N)_{max}$
SUS301L	0.03	1.00	2.00	6.00～8.00	16.00～18.00	0.030	0.045	0.20
SUS301	0.15	1.00	2.00	6.00～8.00	16.00～18.00	0.030	0.045	—
SUS304	0.08	1.00	2.00	6.00～10.50	18.00～20.00	0.030	0.045	—

表4.9　车体用不锈钢的机械性能

机械性能 种类	调质处理时间	σ_b(MPa)	$\sigma_{0.2}$(MPa)	延伸率(%)		
				厚度(mm) <0.4	厚度(mm) 0.4～0.8	厚度(mm) >0.8
SUS301L	1/4 h	686	343	>40		
	1/2 h	755	412	>35		
	3/4 h	823	180	>25		
	1 h	931	686	>20		
SUS301	1/4 h	860	510	>25	>25	>25
	1/2 h	1030	755	>9	>10	>10
	3/4 h	1210	930	>3	>5	>7
	1 h	1270	960	>3	>4	>5
SUS304	—	520	206	>40		

车体用不锈钢材料国际牌号对照见表4.10。

表 4.10　车体用不锈钢材料国际牌号对照

国际(ISO)	日本(JIS)	美国(AISI)	中国(GB)
A−2	SUS201	201	1Cr17Mn6Ni5N
14	SUS301	301	1Cr17Ni7
	SUS301L		1Cr17Ni8
11	SUS304	304	0Cr19Ni9

4.4.2　不锈钢焊接工艺

1. 焊接方法

不锈钢的焊接方法很多,如埋弧自动焊、等离子弧焊、氩弧焊等,但焊接高速客车不锈钢车体以氩弧焊为宜。

采用氩弧焊焊接不锈钢车体,焊缝的成分易于控制,因为加热集中,又有氩气的冷却,所以热影响区范围小。氩弧焊焊后不需要清理熔渣,适用于车体全位置的机械化焊接,能够提高劳动生产率,保证焊接质量。在不锈钢车体焊接中,TIG 焊适用于厚度不大于 4 mm 的薄板,MIG 焊主要用于焊接厚度大于 3 mm 的构件。

2. 车体用不锈钢焊接主要问题及防止措施

(1)焊接接头的晶间腐蚀。奥氏体不锈钢中起耐蚀性作用的主要元素是铬,当含铬量超过 11.7% 时,不锈钢具有优良的耐腐蚀性能;若低于 11.7%,耐腐蚀性能显著下降。当达到一定温度时,不锈钢中的碳原子扩散速度增加,超过溶解度的碳向晶界扩散,与铬相结合形成 $Cr_{23}C_6$ 在晶界析出,使不锈钢的含铬量降低。当低于 11.7% 时,在腐蚀介质的作用下,焊接接头产生晶间腐蚀。

防止措施,一是减少不锈钢中的含碳量,因为含碳量越高,产生晶间腐蚀的可能性越大;二是在不锈钢中加入钛、铌、钽等稳定性元素,避免碳化铬在晶界析出使含铬量下降。

(2)焊接热裂纹。奥氏体不锈钢具有较高的焊接热裂纹敏感性。其原因主要为:奥氏体不锈钢导热系数小,线膨胀系数大,在焊接过程中易形成较大的拉应力;随着含镍量的增加,对 S、P、Sn、Sb 等杂质更加敏感;奥氏体不锈钢焊缝易形成方向性强的粗大柱状晶组织。在上述因素作用下,焊接接头呈现出较大的热裂纹敏感性。

防止措施主要是严格限制焊缝中杂质元素的含量;焊接时采用较小的线能量和较高的冷却速度,减小熔池体积,控制热影响区金属过热和晶粒长大的程度。

(3)应力腐蚀开裂。不锈钢表面因钝化作用生成氧化膜,但其塑性低于金属本身的塑性。在拉应力作用下使氧化膜发生局部破裂,在腐蚀介质作用下破膜处将形成腐蚀坑穴,产生应力集中,随着裂纹的形成与发展,最终引起断裂。

防止措施有以下几方面:首先是提高材料本身抗应力腐蚀开裂的能力,如减小不锈钢发生晶间腐蚀的可能性,以减少或消除应力腐蚀裂纹源;其次是降低残余应力,可采用退火热处理来解决;还可以通过表面机械处理和电化学防护措施,提高防腐性能。另外,不锈钢车体合理的结构设计,对避免产生应力集中,防止应力腐蚀开裂也是行之有效的方法。

4.5　铝合金车体焊接

　　动车组车体采用铝合金,可使车体结构的制造工艺大为简化,降低制造工时。这是由于铝合金具有优异的挤压特性,可根据车体的优化设计,挤压出各种复杂形状的断面,宽度可达 700～800 mm,长度可达车体的长度,因此,可以大幅度地减少焊接工作量。由于铝合金具有优良的耐腐蚀性,车体可实现无涂装化,这不仅可降低制造、维修费用,还可以改善作业环境,减少大修期在厂施修时间,提高车辆的可用率,延长车辆的使用寿命。通常,铝合金车辆的使用寿命要比钢制车辆长 10 年以上。采用铝合金制造车体,可实现车体轻量化,铝合金车体的质量仅为钢制车体质量的三分之一。

4.5.1　铝合金种类及焊接特性

1. 铝合金的种类

　　铝合金可根据其状态划分为形变铝合金和铸造铝合金。形变铝合金是将纯铝和合金元素在反射炉或电炉中进行熔炼和铸造,并在 450～480℃ 的高温下,将铸锭加工成一定形状的铝合金。这种铝合金可以通过轧制、挤压、拉拔、锻造等方法制成板材、管材、棒材与线材、型材等。

　　铸造铝合金是将纯铝及所添加的合金进行熔炼,然后注入砂模或金属模中而制成的铸件。这些铝合金还可以进一步分为热处理强化型和非热处理强化型。热处理强化型铝合金经热处理后强度显著提高。例如,退火状态下硬铝的抗拉强度为 160～220 MPa,经过淬火及时效后,其抗拉强度增至 312.4～460 MPa。非热处理强化型铝合金不能通过热处理来提高其机械性能,而只能用冷作变形强化。这种合金的特点是强度中等,塑性良好,具有良好的焊接性。

　　铝合金也可以根据主要添加元素的不同进行分类,如铝镁合金、铝锌合金等。形变铝合金分类如图 4.40 所示。

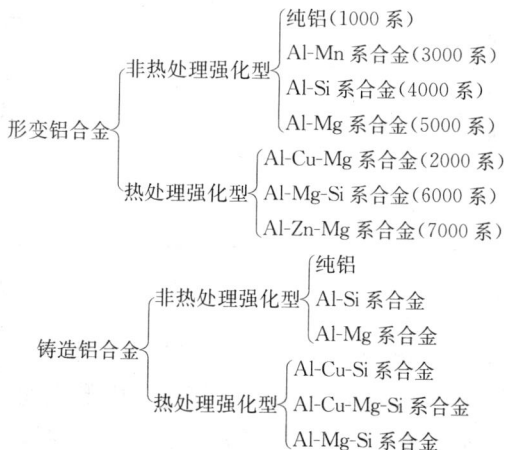

```
                              ┌ 纯铝(1000 系)
                  ┌ 非热处理强化型 ┤ Al-Mn 系合金(3000 系)
                  │           │ Al-Si 系合金(4000 系)
          形变铝合金 ┤           └ Al-Mg 系合金(5000 系)
                  │           ┌ Al-Cu-Mg 系合金(2000 系)
                  └ 热处理强化型 ┤ Al-Mg-Si 系合金(6000 系)
                              └ Al-Zn-Mg 系合金(7000 系)
                              ┌ 纯铝
                  ┌ 非热处理强化型 ┤ Al-Si 系合金
          铸造铝合金 ┤           └ Al-Mg 系合金
                  │           ┌ Al-Cu-Si 系合金
                  └ 热处理强化型 ┤ Al-Cu-Mg-Si 系合金
                              └ Al-Mg-Si 系合金
```

图 4.40　铝合金分类

　　高速动车组铝合金车体材料主要有 5000 系、6000 系和 7000 系,其各自的特性分述如下:

（1）5000 系合金

5000 系合金是形变 Al-Mg 合金。其中 Mg 含量少的可作为装饰材料、高级器具材料、建材材料等，如 5N01、5005；Mg 含量较高的合金，具有高强度、焊接性好的特点，被广泛应用于船舶、铁道车辆、化学机械等领域。如 5083 是非热处理强化型合金中强度最大的高耐腐蚀性合金，具有优良的焊接性能和良好的低温韧性，适合于焊接结构。但挤压加工性较差，难以得到薄壁及中空型材。5083 经过冷加工后，再用高温去除应力，通常可作为结构骨架材料。

（2）6000 系合金

6000 系合金是形变 Al-Mg-Si 合金。该系合金的强度、耐腐蚀性较好，能够作为代表性的结构用材。但是，在焊接时焊缝接头效率低，多数通过小螺钉、铆钉、螺栓来进行结构组装。

在车体上应用的 6000 系合金主要有 6063 合金和 6N01 合金。其特点是具有优异的挤压成型特性，可以挤压出结构形状复杂、薄壁、中空、宽幅的各种型材，可以实现结构的优化设计。6063 具有优良的挤压性，主要用于建筑用的门窗框。6N01 的强度略高于 6063，其挤压加工性、加压淬火性均比较优良，能制造出复杂形状的大型薄壁型材，且耐腐蚀性、焊接性较好。

（3）7000 系合金

7000 系合金是形变 Al-Zn-Mg 合金。该系铝合金具有高强度特性，可细分为 Al-Zn-Mg-Cu 系合金和不含 Cu 用于焊接结构的 Al-Zn-Mg 合金。Al-Zn-Mg-Cu 合金的代表是 7075，可用于飞机、体育用品类。不含 Cu 的 Al-Zn-Mg 合金具有比较高的强度，在焊接后的热影响区也能够通过自然时效恢复到与母材相近的强度，具有优秀的焊缝接头。

7N01 是其中具有代表性的高强度铝合金，可作为焊接结构材料用于动车组车体。7N01 通过常温时效处理，焊接部分的强度能够恢复到接近于母材的强度，耐腐蚀性好，适合于制造受力较大的部件。

CRH2 车体用铝合金材料的主要机械性能见表 4.11。

表 4.11 CRH2 车体用主要铝合金材料主要机械性能

材料名	纵弹性率（MPa）	泊松比	弹性极限（MPa）		疲劳强度（MPa）	
			基料部分	焊接部分	基料部分	焊接部分
A5083P-O	69	0.3	125	125	103	39
A6N01S-T5	69	0.3	205	120	78	39
A7N01P-T4	69	0.3	195	176	135	39
A7N01S-T5	69	0.3	245	205	119	39

2. 铝合金的焊接特性

（1）具有强氧化能力。铝和氧的亲和力很大，铝与空气中的氧结合，在其表面生成一层致密的 Al_2O_3 薄膜，这层薄膜会吸收水分，并在焊接过程中形成气孔、夹渣等缺陷，从而降低了焊接接头的机械性能。因此，铝合金在焊前需去除 Al_2O_3 薄膜，并在焊接过程中防止熔池继续受到氧化。例如，在氩弧焊时，由于氩气的机械隔离作用，可使熔池免受氧化。

（2）热导率和电导率高。铝合金的热导率大约是低碳钢的 4 倍，是影响可焊性的重要因素。在熔化焊接过程中大量的热能被迅速传导到基体金属内部，因此焊接铝合金时比焊接钢材要消耗更多的热量。为了达到高质量的焊接接头,必须采用能量集中、功率大的热源,并采取预热等措施。

电导率对于电阻焊是一个非常重要的影响因素。铝比钢有较高的电导率,这意味着需要较高的电流来产生相同的热效应。因此,在电阻焊和滚焊时,要选用很大的焊接电流,通常采用直流冲击波点焊机和滚焊机进行焊接。

(3)容易形成热裂纹。铝的线膨胀系数为 $23.5 \times 10^{-6}/℃$,约为钢的 2 倍,凝固时的体积收缩率达 $6.5\% \sim 6.6\%$。因此,在焊接某些铝合金时,往往由于过大的收缩内应力而导致裂纹。

(4)容易形成气孔。铝合金的液体熔池很容易吸收气体,在高温下溶入的大量氢气,在焊后冷凝过程中来不及析出而聚集在焊缝中形成气孔。

(5)高温下强度和塑性低。在高温下铝的强度和塑性很低,以致不能支承住液体金属而使焊缝成形不良,甚至形成塌陷或烧穿。因此,一般情况下需要用夹具和垫板。

(6)合金元素的蒸发和烧损。某些铝合金中含有低沸点的合金元素 Mg 和 Zn 等,这些元素在高温下极易蒸发和烧损,从而改变了焊缝金属的化学成分,同时也降低了焊接接头的机械性能。

4.5.2 铝合金焊接工艺

1. 保护气体选择

铝合金 MIG 焊时,只采用惰性气体氩或氦。氩和氦的物理特性不同,因而其工艺性能也有差异。氩气的密度大约是空气的 1.4 倍,比空气重;氦气的密度大约是空气的 0.14 倍,比空气轻。在平焊位置焊接时,氩气下沉,驱走空气,对电弧的保护和对焊接区的覆盖作用较好。为得到相同的保护效果,氦气的流量消耗大约应比氩气高 2~3 倍。

从焊缝成形来看,氦气的导热性比氩气高,能产生能量分布更均匀的电弧等离子体。氩弧等离子体则弧柱中心能量高而其周围能量低。因此,MIG 氦弧焊时的焊缝形状为熔深与熔宽大,焊缝底部呈圆弧状,而 MIG 氩弧焊的焊缝中心呈窄而深的"指状"熔深,其两侧熔深较浅。

由于 MIG 氩弧焊的电弧电压低和电弧能量密度小,电弧稳定、飞溅极少,因而适用于焊接薄件。MIG 氦弧焊的能量密度高,适用于焊接中厚件,但电弧不够稳定,且氦气价格高昂。在一般情况下,宜优先选用氩气进行 MIG 氩弧焊。

用于焊接铝合金的氩气,必须满足下列含量的要求:氩气大于 99.97%,氮气小于 0.04%,氧气小于 0.03%,水分小于 0.07%。当氮气超过标准值时,焊缝表面会产生淡黄色或草绿色的氮化物及气孔,给操作带来困难。氧气过量时,在熔池表面上会出现密集的黑点,使电弧不稳定,飞溅较大。水分会导致熔池沸腾,并形成气孔。

2. 接头形式的选择

接头形式及其有关尺寸取决于铝合金焊件厚度、焊接位置、熔滴过渡形式及焊接工艺。单面焊时,如零件厚度小于 6 mm,一般采用无坡口对接;焊接较厚的铝合金焊件时,如零件厚度大于 6 mm 时,为了充分焊透,必须开坡口进行焊接。坡口形式可根据铝合金焊接接头形式、焊接方法、焊件厚度、焊接位置、有无衬垫和是否清根等条件来选择。

铝合金的焊接坡口形式主要有 V 形、双 V 形、K 形(或双单边 V 形)等,见表 4.12。V

形坡口角度一般不小于 $90°$，以免产生未熔合。

表 4.12 铝合金焊接的接头形式及坡口尺寸

板厚(mm)	接头和坡口形式	根部间隙 b(mm)	钝边 p(mm)	坡口角度 α(°)
≤12		0~3	—	—
5~25		0~3	1~3	60~90
8~30		3~6	2~4	60
20 以上		0~3	3~5	15~20
8 以上		0~3	3~6	70
20 以上		0~3	6~10	70
≤3		0~1	—	—
4~12		1~2	2~3	45~55
>12		1~3	1~4	40~50

零件对接间隙和钝边的尺寸视熔滴过渡形式而异。短路过渡时,间隙应较大,钝边应较小;射流过渡时,因熔深较大,间隙应较小,钝边应较大。

与大多数其他金属相比较,铝合金结构上常采用搭接接头。搭接接头的强度系数一般为0.6～0.8,它取决于合金成分及热处理状态。搭接接头的优点是无需加工坡口,易于装配,焊接区处于"船形"位置时易于焊接操作,缺点是难于检验焊接缺陷,热处理强化型的铝合金焊接时易发生焊接裂纹,这时就应改搭接为对接。T形接头有时也被采用,也很少需开坡口,但最好是接头的左右两面均有焊缝,以实现受力平衡。

3. 焊前处理

铝合金的表面覆盖着极薄而致密的氧化膜。焊接时这层氧化膜不仅妨碍熔化金属的熔合,而且有时还含有 $Al_2O_3 \cdot H_2O$、$Al_2O_3 \cdot 3H_2O$ 等形成的结晶水,是生成气孔的根源。此外,在基本金属和填加金属的表面上,有时还会沾染油污和其他脏物,这些也会成为气孔和其他缺陷产生的根源,必须予以清除。以上这些操作一般称为焊前处理,具体操作如下。

(1)除油处理。基体金属或填加金属表面除油时,可以利用稀释剂、汽油、石油醚、三氯乙烯和金属乙烯等有机溶剂将其浸泡清洗,或用浸有这些溶剂的清洁布擦洗。这些溶剂均具有可燃性,处理时必须严加注意。

(2)氧化膜的清除。可以用机械的或化学的方法清除氧化膜。

机械方法有机械切削、吹砂处理、喷丸处理及锉刀、细钢丝刷及钢丝棉清理等方法。其中手工或电动细钢丝刷清理方法最为常用。

化学方法是用酸或碱溶解材料表面氧化膜的方法。在 5%～10% 的氢氧化钠溶液(约70 ℃)中浸泡 30 s～1 min 后用清水冲洗,然后在约 15% 的硝酸水溶液(常温)中浸泡约 2 min,用清水冲洗后,再用温水冲洗干净,最后进行干燥处理。

最好在临焊接之前进行化学清理,做到当天清理,当天焊接。临焊接之前,材料的坡口表面最好也要用钢丝刷进行清理。

4. 焊丝的选择

在铝合金焊接中,焊丝的选择主要考虑母材的化学成分,同时必须满足接头对抗裂性能和使用性能的要求。因为在焊接中,大部分铝合金具有不同程度的热裂倾向,因此,通常是从防止产生焊接裂纹的角度出发,结合母材的化学成分选择焊丝材料。

对于高强铝合金焊接,例如铝合金车体的受力部件的焊接,应采用与母材合金成分不完全相同,但与母材有良好相容性的焊丝材料,可以获得较好的抗裂性能。

焊丝直径与焊接电流及其范围有一定的关系。细丝可采用的焊接电流较小,电流范围也较窄,焊接时主要采用短路过渡方式,主要用于焊接薄件。由于细丝较软,对送丝系统要求较高。细丝比表面积大,随细丝进入熔池的污染物较多,出现气孔的几率比粗丝大。粗丝允许采用较大电流,电流范围也比较大,适用于焊接中厚板。

虽然直流反接 MIG 焊的电弧过程中始终能保持对铝合金表面氧化膜的阴极清理作用,但与 TIG 焊相比较,MIG 焊时生成焊缝气孔的敏感性仍比 TIG 大。因为 TIG 焊时使用的焊丝较粗,其直径一般为 $\phi 3 \sim \phi 6$ mm,而 MIG 焊时使用的铝丝较细,其直径通常为 $\phi 0.2 \sim$

φ1.6 mm,细丝的比表面积比粗丝的比表面积大,焊丝与零件坡口表面积的比值也大,例如,零件厚度为 20 mm 的坡口对接接头,其焊丝与坡口表面积之比达 10∶1,焊接一条长 1 m 的焊缝,需消耗的焊丝长达 65 m。因此,MIG 焊时,焊丝表面的氧化膜及污染物随焊丝进入熔池的相对数量较大,加之 MIG 焊是焊丝的熔滴过渡过程,电弧只是动态稳定,焊接熔池冷却凝固较快,因而产生焊缝气孔的敏感性比 TIG 更大。

手工半自动 M1G 焊时,一般采用细丝;自动 MIG 焊时,一般采用较粗的焊丝。

焊件及焊丝表面的氧化膜及污染物可引起 MIG 焊过程中电弧静特性曲线下移,从而使焊接电流突然上升,焊丝熔化速度增大,电弧拉长,此时,电弧的声音也从原来有节奏的嘶嘶声变为刺耳的呼叫声。因此 MIG 焊前零件及焊丝表面清理的质量对焊接过程及焊接质量(主要是焊缝气孔)影响很大。

5. 焊接设备选择

选择设备时,用户应根据焊接件的结构、材料、零件厚度、接头形式及尺寸、焊接位置等多方面情况来确定对设备的使用要求,如功率输出范围、静态特性、动态特性、送丝机特点、工艺装备配套等。

当需焊接厚大铝合金焊件时,应选用大电流和较大输出功率的电源。当需焊接空间位置焊缝或焊接较薄的焊件时,应选用脉冲或短路过渡焊接电源,此时应特别注意电源的动特性或动特性可调的电源,例如适应性较大的逆变式焊接电源。当采用亚射流过渡形式进行焊接时,宜选用下降或陡降式外特性焊接电源,此时,电源的恒流特性及弧长自调作用有利于稳定电弧及熔深。

6. 焊接方法的选择

铝合金的焊接方法很多,各种方法有其不同的应用场合。在焊接生产中,应根据铝合金的牌号、焊件厚度、产品结构、生产条件以及焊接接头质量要求等因素加以选择。

虽然大多数熔焊方法都能够焊接铝合金材料,但从获得优质焊接接头和表面质量分析,以氩弧焊接为最佳选择。焊接铝合金车体结构的氩弧焊主要有钨极氩弧焊(TIG)和熔化极氩弧(MIG)焊两种方法。厚大零件一般选用 MIG 焊接法,小尺寸薄壁零件则用 TIG 焊接法,且后者多采用手工焊方式实施。

(1)钨极氩弧焊

①手工钨极交流氩弧焊

手工钨极氩弧也称手工 TIG 焊。焊接前,应检查焊接设备、供气、供水、喷嘴、钨极等系统及元器件的状态。引弧前,最好提前 5～10 s 启送氩气,以排除管路、焊枪及待焊区内的空气。

引弧及熄弧最好在引弧板及熄弧板上进行,待钨极炽热后再将电弧平稳过渡到工件的始焊处或定位焊处。

定位焊的部位一般置于双面焊正面坡口的背面。单面焊时可在坡口内进行定位焊,但需在定位后削除定位焊缝的多余部分。定位焊缝是正式焊道的一个组成部分,其引弧、焊接、熄弧操作要求均应等同于正式焊道,不可轻视。定位焊时一定要焊透,无气孔、裂纹、未焊透、未熔合。定位焊一般为冷态引弧,为保证焊透,电弧应在引弧或起弧点稍作停留,待母材熔化并形成熔池后,再及时填丝运行。定位焊后,应打磨并检查定位焊缝表面,当出现未焊透、未熔合、气孔、裂纹时,宁可将其铲除,并重新定位焊。定位焊圆形嵌入件(如法兰座)时,应首先从装配间隙最大处开始定位焊,然后再对称定位焊该环缝的其他部位。可供参考的铝合金手工钨极氩弧焊工艺参数见表 4.12。

表 4.12　铝合金手工钨极氩弧焊工艺参数

板材厚度 (mm)	焊丝直径 (mm)	钨极 直径 (mm)	预热 温度 (℃)	焊接 电流 (A)	氩气流量 (L/min)	喷嘴 孔径 (mm)	焊接层数 (正面/反面)	备　注
1	1.6	2	—	45~60	7~9	8	正 1	卷边焊
1.5	1.6~2.0	2	—	50~80	7~9	8	正 1	卷边或单面 对接焊
2	2~2.5	2~3	—	90~120	8~12	8~12	正 1	对接焊
3	2~3	3	—	150~180	8~12	8~12	正 1	V 形坡口对接
4	3	4	—	180~200	10~15	8~12	1~2/1	V 形坡口对接
5	3~4	4	—	180~240	10~15	10~12	1~2/1	V 形坡口对接
6	4	5	—	240~280	16~20	14~16	1~2/1	V 形坡口对接
8	4~5	5	100	260~320	16~20	14~16	2/1	V 形坡口对接
10	4~5	5	100~150	280~340	16~20	14~16	3~4/1~2	V 形坡口对接
12	4~5	5~6	150~200	300~360	18~22	16~20	3~4/1~2	V 形坡口对接
14	5~6	5~6	180~200	340~380	20~24	16~20	3~4/1~2	V 形坡口对接
16	5~6	6	200~220	340~380	20~24	16~20	4~5/1~2	V 形坡口对接
18	5~6	6	200~240	360~400	25~30	16~20	4~5/1~2	V 形坡口对接
20	5~6	6	200~260	360~400	25~30	20~22	4~5/1~2	V 形坡口对接
22~25	5~6	6~7	200~260	360~400	30~35	20~22	3~4/3~4	双 V 形坡口对接

　　手工 TIG 焊时,一般采用左焊法(焊枪指向焊接前方时称为左焊法),以便易于观察熔池及其预定的运行轨迹。电弧长度、填丝输送频率及焊接速度取决于操作者的技艺及经验。一般应保持稳定的短弧,以便获得较大熔深,防止咬边。

　　手工 TIG 双面焊时,第一条打底焊道必须焊透,此时可填丝或不填丝,但对焊接性不良的铝合金则必须填丝。随后的盖面焊缝可增大焊接热输入,保证与前层焊道及两侧壁良好熔合。焊接反面封底焊缝前,必须对打底焊缝根部进行清根,开坡口或不开坡口。封底焊缝一般成形浅而宽,保证向两侧母材圆滑过渡。

　　熄弧的要点是不留弧坑。即使母材焊接性良好,但因焊接过程中热量积累,熄弧部位温度很高,弧坑内熔池快速凝固和全方位收缩,很容易导致弧坑或弧坑裂纹。

　　熄弧后,应继续向焊枪送气 5~15 s,以保护工件熄弧区表面及钨极不被氧化。

　　②钨极交流自动氩弧焊

　　钨极交流自动氩弧焊也称交流 TIG 自动氩弧焊。手工钨极氩弧时,电弧长度和填丝频率及焊接速度均由操作者掌握。焊丝不能太长(标准长度为 1 m),因而起弧、熄弧、接头等部位多,焊缝外观及内部质量难以控制、因人而异。因此,宜创造条件,实行机械化的自动焊。可供参考的交流 TIG 自动氩弧焊工艺参数见表 4.13。

表 4.13 交流 TIG 自动氩弧焊工艺参数

焊件厚度 (mm)	焊接层数	钨极直径 (mm)	焊丝直径 (mm)	喷嘴孔径 (mm)	氩气流量 (L/min)	焊接电流 (A)	送丝速度 (m/h)
1	1	1.5～2	1.6	8～10	5～6	120～160	—
2	1	3	1.6～2	8～10	12～14	180～220	65～70
3	1～2	4	2	10～14	14～18	220～240	65～70
4	1～2	5	2～3	10～14	14～18	240～280	70～75
5	2	5	2～3	12～16	16～20	280～320	70～75
6～8	2～3	5～6	3	14～18	18～24	280～320	75～80
8～12	2～3	6	3～4	14～18	18～24	300～340	80～85

交流 TIG 自动氩弧焊时,电弧运行及焊丝填入均由机械控制,焊接电流及焊接速度和焊接质量均可较手工 TIG 焊有所提高。钨极尖端与工件之间的距离保持为 0.8～2.0 mm。随着焊件厚度的增大,焊接速度应相应降低,否则可能引起未焊透或未熔合。当实行高速焊时,应相应增大保护气体流量或将焊枪后倾一定角度,以保持良好的气体保护。

交流 TIG 自动焊对焊前零件装配质量的要求比手工 TIG 焊要高。一般应备有反面垫板,对接间隙及错边不可太大,否则可能引起焊接故障或缺陷。操作者必须严密监控电弧的运行轨迹和钨极至工件的距离。

③钨极交流脉冲氩弧焊

钨极交流脉冲氩弧焊也称交流 TIG 脉冲氩弧焊。交流 TIG 脉冲氩弧焊可有效地控制焊缝反面成形,提高焊接接头强度、塑性,减少气孔,避免裂纹,特别有利于焊接热处理强化的高强度铝合金结构。可供参考的交流 TIG 脉冲氩弧焊工艺参数见表 4.14。

表 4.14 交流 TIG 脉冲氩弧焊工艺参数

材料	板厚 (mm)	焊丝直径 (mm)	电流(A)		脉宽比 (mm)	频率 (Hz)	电弧电压 (V)	气体流量 (L/min)
			脉冲	基值				
5A03	2.5	2.5	95	50	33	2	15	5
5A03	1.5	2.5	80	45	33	1.7	14	5
5A06	2.0	2	83	44	33	2.5	10	5

(2)熔化极氩弧焊

①熔化极半自动氩弧焊

熔化极半自动氩弧焊采用手工操作方式。开始焊接时,引弧最好在引弧板上引弧,也可在焊件上引弧,但引弧部位最好选在正式焊接的始点前方约 20 mm 处。铝合金引弧时常易引起未焊透或未熔合,因此最好是热启动,引弧电流应稍大,有些设备甚至在引弧时提供一个 700A 的脉冲电流。或者引燃电弧后停留片刻,然后再过渡到正常焊接速度。

定位焊是零件组装的需要,但也是易出现缺陷的部位。定位点最好设在坡口反面,定位焊缝长度一般为 40~60 mm。如在坡口正面定位,则定位焊缝宜薄一点。定位焊缝熔深要大、焊透,否则焊接前应将其去除。

引弧后,焊枪以正常方向运行,焊枪与工件及焊接方向应保持一定的角度,但运行过程中允许机动地调整。

当其他焊接条件不变时,左焊法时熔深较小,焊道较宽较平,熔池被电弧力推向前方,操作者易观察到焊接接头的位置,易掌握焊接的方向。右焊法(焊枪指向反焊接方向时称为右焊法)可获得较大的熔深,焊道窄而凸起,熔池被电弧力推向后方,电弧能直接作用于母材上。铝及铝合金的焊接多采用左焊法及亚射流过渡方式。

对接焊厚达 10 mm 或更厚的零件时,一般应尽量从两面进行焊接,正面实施打底焊和盖面焊,然后背面清根,再实施封底焊。正面打底焊应争取焊透,重要焊缝最好插入一次工艺性 X 射线照相检验,然后进行反面清根直至排尽打底焊缝根部缺陷,再施行封底焊。

单面多道焊时,打底焊前应细心刮削坡口表面。每焊完一条焊道,必须清理焊道表面。熔敷焊道宁可宽而浅,以便气孔逐层逸出。为此,可采用焊枪摆动方式,控制焊道成形及气孔逸出。对于热敏感铝合金,焊缝道次之间的间隔时间应适当安排,以便加强散热冷却。

熄弧时容易产生弧坑及焊缝过热,甚至由此产生裂纹。熄弧处的焊缝应高出焊缝表面,余高过高时再将其修平。熄弧最好是在引出板上进行。

熔化极半自动氩弧焊焊接参数见表 4.15。

表 4.15 熔化极半自动氩弧焊焊接参数

板厚(mm)	坡口及坡口形式	焊丝直径 (mm)	焊接电流 (A)	电弧电压 (V)	焊接速度 (m/h)	气体流量 (L/min)	焊道数
<4 4~6 8~10 12	对接 I 形坡口	0.8~1.2 1.2 1.2~2 2	70~150 140~240 220~300 280~300	12~16 19~22 22~25 23~25	24~36 20~30 15~25 15~18	8~12 10~18 15~18 15~20	1~2 2 2 2
5~8 10~12	对接 V 形坡口 加垫板	1.2~2 1.6~2	220~280 260~280	21~24 21~25	20~25 15~20	12~18 15~20	2~3 3~4
12~16 20~25 30~60	对接双 V 形坡口	2 2 2	280~360 330~360 330~360	24~28 26~28 26~28	20~25 18~20 18~20	18~24 20~24 24~30	2~4 3~8 10~30
4~6 8~16 20~30	丁字接头 角接接头 搭接接头	1.2 1.2~2 2	200~260 270~330 330~360	18~22 24~26 26~28	20~30 20~25 20~25	14~18 15~22 24~28	1 2~6 10~20

②熔化极自动氩弧焊

熔化极自动氩弧焊也称自动 MIG 焊。自动 MIG 焊工艺易于实现自动化焊接,但零件尺寸精度及装配质量比熔化极半自动氩弧焊要求更高,对装配焊接工艺装备的配套要求更多,如小车-导轨或操作机-变位机。

自动 MIG 焊适用于形状规则的长焊缝,起弧、熄弧、接头处少,可采用比手工焊接更大的电流,提高焊接生产率,较少人为因素影响焊接质量,焊接参数及焊缝质量较手工焊接稳定。

自动 MIG 焊时,全部焊接参数可预先设定,操作者只需在焊接过程中调整两个参数,即电弧电压及喷嘴高度,此外,还需严密注意焊接机头的运行对中并及时调整。

焊接纵缝时,对接坡口两端焊上引弧板及熄弧板。焊接环缝时,熄弧处应超越起弧点100 mm 左右,以弥补原起弧处焊缝成形不良,也使熄弧处与起弧处不致重叠。

如果焊接过程中出现严重异常情况,如出现工件烧穿或喷嘴烧毁,此时应立即停止焊接,进行现场处理,如更换喷嘴,剪掉焊丝端部,彻底清理工件上与上述故障有关的部位,准备补焊。

对焊穿部位进行补焊前,应在该处加一铝或铜的垫板。补焊时,可提高电弧电压,降低送丝速度,减小电流,减小热输入。补焊后,将补焊的焊缝加工出坡口,然后继续进行正常的焊接。补焊用的铝垫板或予以保留,或予以去除。

熔化极自动氩弧焊焊接参数见表 4.16。

表 4.16　熔化极自动氩弧焊焊接参数

板厚(mm)	坡口及坡口形式	焊丝直径(mm)	焊接电流(A)	电弧电压(V)	焊接速度(m/h)	气体流量(L/min)	焊道数
4～6		1.4～2	140～240	19～22	25～30	15～18	2
8～10	对接 I 形坡口	1.4～2	220～300	20～25	15～25	18～22	2
12		1.4～2	280～300	20～25	15～20	20～25	2
6～8	对接、V 形坡口	1.4～2	240～280	22～25	15～25	20～22	1
10	加垫板	2～2.5	420～460	27～29	15～20	24～30	1
12～16		2～2.5	280～300	24～26	12～15	20～25	2～4
20～25	对接双 V 形坡口	2.5～4	380～520	26～30	10～20	28～30	2～4
30～40		2.5～4	420～540	27～30	10～20	28～30	3～5
50～60		2.5～4	460～540	28～32	10～20	28～30	5～8
4～6	丁字接头	1.4～2	200～260	18～22	20～30	20～22	1
8～16		2	270～330	20～26	20～25	24～28	1～2

③熔化极脉冲氩弧焊

普通 MIG 焊时,同一直径的焊丝,其电流范围很窄,焊接电流不超过临界值便不能得到稳定的射流过渡或短路过渡。脉冲 MIG 焊时,只要脉冲电流大于临界电流,即可获得射流过渡,此时的平均电流可比临界电流小,甚至小很多。因此,脉冲 MIG 焊的电流调节范围可包括从短路过渡到射流过渡的所有电流领域,既适用于焊接厚板,又适用于焊接薄板。当原定焊丝较细时,可便利地以粗丝取代细丝。例如,用 $\phi2.0\,mm$ 焊丝取代 $\phi1.2\,mm$、

ϕ1.6 mm 焊丝,即可在 50 A 电流下实现稳弧,从而可实现以粗丝焊接薄板。脉冲 MIG 焊时,平均电流小,易于减小熔池体积,而脉冲电流可大,熔滴过渡力度大,熔滴过渡时轴向性好,有利于克服重力的作用,以便细滴成形仰焊或立焊,防止铝液下淌,保证焊缝良好成形。

脉冲 MIG 焊时,为获得焊件的同等熔化深度所需的焊接电流(平均电流)比普通 MIG 焊的连续电流小得多,且对焊件既有脉冲加热熔化,又有随之短暂散热凝固,因此对焊接接头的热影响小,有利于预防金属过热、软化及焊接裂纹,特别适用于焊接对热敏感的铝合金。

脉冲 MIG 焊过程参数多且可调,主要参数是脉冲频率、脉宽比和焊接电流。频率范围一般为 30~300 Hz,当要求焊接电流大时,可采用较高频率;当要求焊接电流小时,可采用较低的频率,但频率不宜过低,因电弧形态的瞬时变化和弧光闪动使人感觉难受,电弧过程也变得不够稳定,且会产生一些细小的飞溅。脉宽比的一般范围为 25%~50%,空间位置焊接时选用 30%~40%,脉宽比过小将影响电弧的稳定性,脉宽比过大则近似普通 MIG 焊,失去脉冲 MIG 焊特征。焊接热敏感铝合金时,脉宽比宜较小,以控制焊接热输入。可供参考的脉冲 MIG 焊的参数见表 4.17 及表 4.18。

表 4.17　脉冲半自动 MIG 焊的参数

板厚(mm)	焊丝直径(mm)	脉冲速率(Hz)	焊接电流(A)	电弧电压(V)	焊接速度(m/h)	气体流量(L/min)	焊道数
4	1.1~1.6	50	130~150	17~19	20~25	10~12	1
5	1.4~1.6	50	140~170	17~19	20~25	10~13	1
6	1.4~1.6	100	160~180	18~21	20~25	12~14	1
8	2	100	160~190	22~24	25~30	15~18	2
10	2	100	220~280	24~26	25~30	18~20	2

表 4.18　脉冲自动 MIG 焊的参数

板厚(mm)	接头形式	焊接位置	焊丝直径(mm)	焊接电流(A)	电弧电压(V)	焊接速度(cm/min)	气体流量(L/min)	焊道数
3	对接I形坡口	水平	1.4~1.6	70~100	18~20	21~24	8~9	1
		横向	1.4~1.6	70~100	18~20	21~24	13~15	
		立(下向)	1.4~1.6	60~80	17~18	21~24	8~9	
		仰	1.2~1.6	60~80	17~18	18~21	8~10	
4~6	T形接头	水平	1.6~2.0	180~200	22~23	14~20	10~12	
		立(向上)	1.6~2.0	150~180	21~22	12~18	10~12	
		仰	1.6~2.0	120~180	20~22	12~18	8~12	
14~25	T形接头	立(向上)	2.0~2.5	220~230	21~24	6~15	12~25	3
		仰	2.0~2.5	240~300	23~24	6~12	14~26	

④熔化极大电流氩弧焊

为了焊接大厚度(25～75 mm)铝合金零件并提高焊接效率,可采用大电流 MIG 焊接方法。

大电流 MIG 氩弧焊时,如果采用直径为 2.4 mm 的细焊丝,当焊接电流达到 500 A 以上时,将可能出现"起皱"现象,焊道表面粗糙,还有许多气孔,焊缝成形严重恶化。此时,可改用直径为 3.2～5.6 mm 的粗焊丝,使用 500～1 000 A 的大电流,以减小电弧压力;同时,需改善其保护条件,采用双层喷嘴,实行双层气流保护,如图 4.41 所示。

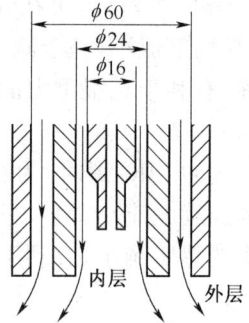
图 4.41 双层气体保示意图

由图 4.41 可见,覆盖焊接区的保护气体分为内外两层,外层气流负责将外围空气与内层气流隔开,以便防止由于大电流密度而引起的强等离子流将空气卷入内层保护气流中。此时,内层气流对外层气流的流量应有所不同,需合理配置。内层与外层可采用同种气体,如氩气,也可采用不同的气体,如内层用氩气或氦-氩混合气体,发挥氦气的高能深熔特性,外层用氩气,以便节约氦气。

采用粗焊丝大电流进行 MIG 焊时,需配用具有下降或陡降特性的焊接电源;其等速送丝机构需具有足够大的输出转矩,以便能保持精确的送丝速度;需要有特殊的大功率焊枪,以便能承受大的焊接热输入;还需要加强对熔池的气体保护。为增大焊道熔深同时减小焊道余高,对接接头应在正反面设小坡口;焊接一般只在平焊位置进行,最好略有上坡(焊缝轴线与水平线成 4°～8°夹角),实行上坡焊;焊接电弧应精确对准接头间隙,以防熔透中心偏位而产生一条接头根部的未熔合线。

当在平焊位置焊接 25～75 mm 厚的焊件时,增大电流或(和)电压,可减少所需的氦消耗量。

大电流 MIG 焊所要求的坡口加工量及焊丝消耗量比普通 MIG 焊明显减少,由于以粗丝取代细丝,也有利于减少焊缝气孔。

⑤熔化极双丝氩弧焊

双丝 MIG 焊时,采用两台焊接电源和两台送丝机构,但分开动作。两根焊丝的直径可相同也可不同。既可进行 MIG 焊,也可脉冲 MIG 焊。

双丝 MIG 焊时,如负载持续率为 100%,连续电流可达 500 A,脉冲电流可达 1 500 A,送丝速度可达 30 m/min。因此,其优点为熔敷速度和焊接速度高,可减小热输入,可延长熔池中气体逸出时间,有利于减少焊缝气孔。

为了获得良好的焊缝成形而不致引起焊缝处塌陷,在焊接过程中可采用易拆除的临时垫板。垫板可用石墨或不锈钢制成。垫板厚度为 2～5 mm,宽度为 20～50 mm。

板厚超过 10 mm 的焊件焊接时或重要结构点固焊时,应采取预热措施。预热温度主要取决于焊件大小及焊缝金属的冷却速度。板材越厚,预热温度越高。一般预热温度控制在 200～250 ℃之间。多层焊时,要保证层间温度不低于预热温度。

7. 焊接参数的选择

氩弧焊主要的规范参数有:焊接电流,电弧电压,焊接速度以及氩气流量等。其中关键参数是焊接电流和电弧电压。因为这两个参数决定了电弧的形态及熔滴过渡形式。在焊接铝合金时,电弧电压一般都选得低一些(27~31 V),使电弧略带轻微爆声,也就是使焊丝端部的熔滴呈"亚射流过渡"(介于射流过渡和短路过渡之间的一种过渡形式)。因而,阴极破碎区大,焊缝成形好,焊接缺陷也较少。可供选择的焊接参数见表4.12~表4.18。

(1)焊接电流的选择

MIG焊时,焊接电流主要取决于零件厚度。当所有其他焊接参数保持恒定时,增大焊接电流,可增大熔深和熔宽,增大焊道尺寸,提高焊丝熔化速度及其熔敷率[即每安培每小时熔化的焊丝重量,g/(A·h)]。

MIG焊铝时,焊接电流、送丝速度或熔化速度有一个线性关系,如图4.42所示,调节送丝速度即可调节焊接电流。

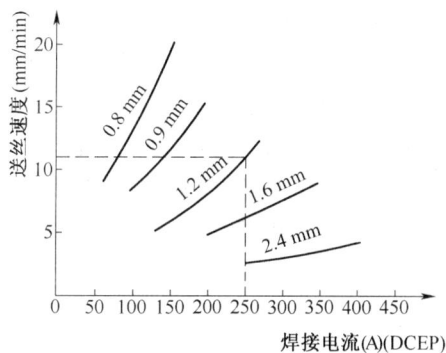

图4.42 铝焊丝直径、焊接电流、送丝速度之间的关系

MIG焊时,应尽量选取较大的焊接电流,但以不烧穿焊件为度,这样既能提高生产效率,也有助于抑制焊缝气孔。

钨极氩弧焊可以使用交流和直流两种电源,对于直流来说还有极性的选择问题。在实际生产中,铝合金一般采用交流电焊接。这样在交流负极性的半波里(铝焊件为阴极),阴极有去除氧化膜的作用,它可以清除熔池表面的氧化膜("阴极破碎"作用)。在交流正极性的半波里(钨极为阴极),钨极可以得到冷却,同时发射足够的电子,有利于电弧稳定,使两者都能兼顾。

钨极氩弧焊所采用的电极,有纯钨极、钍钨极、铈钨极和锆钨极等。交流TIG焊时的电弧稳定,在正常使用状态下,电极的损耗及其尖端的污染也较少,熔化后能形成并容易保持光洁的半球形。因此,通常多采用纯钨极。但是,纯钨极比含钍、锆的钨极的工作温度略高,并由于飞溅而造成的损耗也较多。

钍钨极含钍1%~2%。它的电子发射能力强,允许的电流密度高,电弧燃烧较稳定,适合于直流正极性焊接。不足之处是含有微量放射性元素钍,若不注意防护,对操作人员的健康有害。

铈钨极中含有铈1.8%~2.2%。经试验,铈钨极性能基本上能满足氩弧焊的要求,而且在某些方面还优于钍钨极。与钍钨极相比,最大允许电流密度可增加5%~8%,直流时阴极压降降低10%,比钍钨电极更容易引弧,电弧稳定性好。

在必须防止电极污染基体金属时可以采用锆钨极,这种电极的尖端容易保持半球形,适合于交流电。电极直径应根据使用电流的大小选用,电流过大,会使电极熔化。

(2)电弧电压和极性的选择

MIG 电弧的稳定性的主要表现就是弧长是否变化。弧长和电弧电压是常被相互替代的两个术语。虽然二者互有关联,但两者不同。

弧长是一个独立的参数。MIG 焊时,弧长的选择范围很窄。喷射过渡时,如果弧长太短,可能发生瞬时短路,飞溅大;如果弧长太长,则电弧易发生飘移,从而影响熔深及焊道的均匀性和气体保护效果。

生产中发现,电弧长度易受外界偶然因素的干扰,如网路电压波动、焊丝及焊件表面局部玷污(油污、氧化膜、水分等)。此时,由于电弧气氛发生变化,电弧静特性曲线下移,引起电流突然升高,焊丝熔化速度增大,电弧拉长,电弧过程发生动荡。

电弧电压与弧长有关,还与焊丝成分、焊丝直径、保护气体和焊接技术有关。电弧电压是从电源的输出端子上检测的,它还包括焊接电缆和焊丝伸出长度上的电压降。当其他参数保持不变时,电弧电压与电弧长度成正比关系。

焊接铝及铝合金时,在射流过渡范围内的给定焊接电流下,宜配合电流来调节电弧电压,将弧长调节并控制在无短路或间有短路(通常称"半短路")的射流状态或亚射流状态。此时,电弧稳定、飞溅小、阴极清理区宽、焊缝光亮、表面波纹细致、成形美观。一种合适的电弧电压与焊接电流的配合如图 4.43 所示。

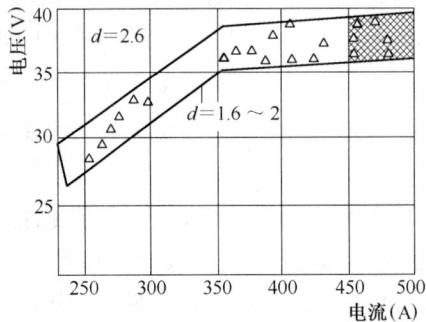

图 4.43　合适的电弧电压与焊接电流的配合

(3)焊接速度的选择

焊接速度与零件厚度、焊接电流、电弧电压等密切相关。随着电流的增大,焊接速度也应提高。但焊接速度不能过分提高,否则焊接接头可能出现咬边或形成所谓驼峰焊道,有时还可能使气体保护超前于熔池范围,失去熔池的全面保护作用。焊接速度宜取适中值,此时熔深最大。焊接速度过低时,电弧将强力冲击熔池,使焊道过宽,或零件烧穿成洞。

图 4.44 为熔化极半自动氩弧焊在不同位置焊接不同厚度的铝板时的焊接电流及焊接速度范围。图 4.45 为熔化极自动氩弧焊焊接不同厚度的铝板时的焊接电流和焊接速度范围。

(4)焊接接头的位置

焊接接头的不同位置(或称全位置)有平焊、横焊、立焊、仰焊,焊接技术难度按此顺序依次加大。由于重力的作用,熔池液态焊缝金属总是有下落的倾向。因此,最好通过机械化的辅助装置,使工件上的所有焊缝均变成平焊或接近平焊的位置。当不得不按不同位置进行

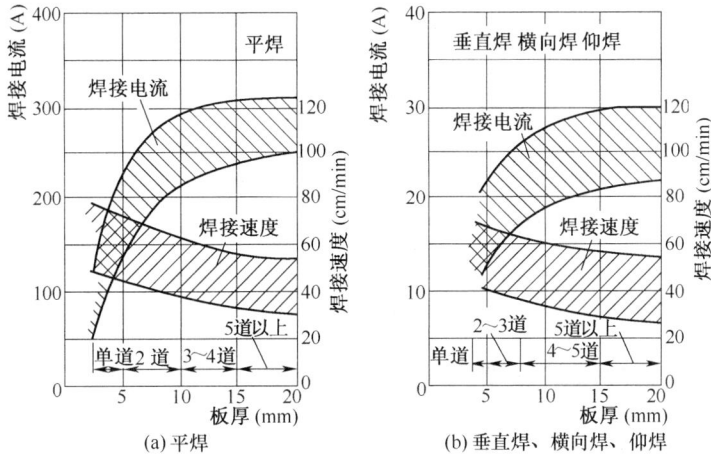

图 4.44　铝板熔化极半自动氩弧焊焊接电流及焊接速度范围(对接)

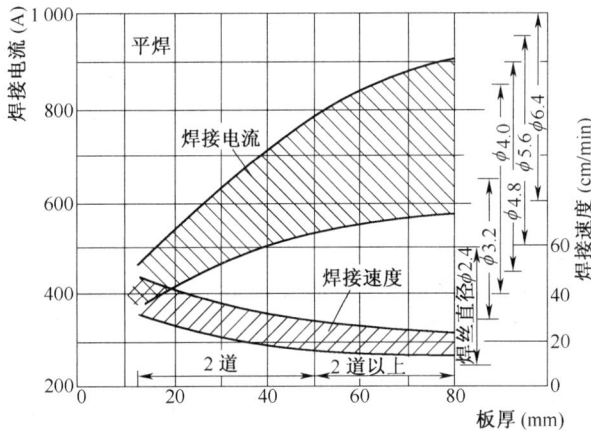

图 4.45　铝板熔化极自动氩弧焊焊接电流及焊接速度范围(对接)

焊接时,则应按不同位置的特点来选择焊接参数。例如仰焊时,宜选用细焊丝、小电流、短弧、实行短路过渡,使熔池较小,熔池凝固较快,焊缝快速成形。如果此时电流较大,熔池较大,熔池内的液态金属即可能向下流失。立焊有两种情况,一是向下立焊,二是向上立焊。前者焊缝成形难以控制、电流应小,后者对焊缝成形的影响不大,电流可大。对不同焊接位置的焊接工艺因素做出不同选择后,焊接操作时尚应有不同的技巧。

(5)焊接道次

焊接道次主要取决于零件厚度、接头形式、坡口尺寸及结构和材料特性。零件厚度较大时,自然需要多道焊。当结构要求气密或材料对热敏感时,也宜优选多道焊,减小每个焊道所需的热输入,增大道次间隔时间,防止金属过热。此外,每个道次的熔池体积较小,也有利于氢气泡在熔池凝固前得以逸出。相邻两焊道内残存的两气孔巧合相连而形成通孔的机率是不大的。因此,多道焊较有利于保证气密性,防止渗漏。

(6)保护气体流量

气体流量与其他诸工艺因素有关,必须选配适当。流量偏小时,虽也能达到保护目的,但经不起外界因素对保护的干扰,特别是在引弧处的保护易遭到破坏。气体流量过大时,会引起熔池铝液翻腾,恶化焊缝成形。此外,气体流量过大过小均易造成紊流。造成保护不良,焊缝表面起皱。

必须指出,某一参数的影响是在其他参数给定的条件下的表现。实际各参数之间是互有关联的,改变某一个参数就要求同时改变另一个或另一些参数,才能获得改变参数所期望获得的结果。选择最佳的相互适配的成套参数需要参考资料、专家经验(如先进焊接设备内所设的专家系统),但仍需用户自行试验和验证。

4.5.3 铝合金焊接的主要问题及防止措施

1. 铝合金焊接的主要问题

(1)焊缝易产生夹杂物。铝合金表面形成的氧化膜(Al_2O_3)使铝合金具有优良的耐腐蚀性和化学稳定性,但另一方面给铝合金的焊接带来困难。覆盖于铝合金表面的氧化膜熔点高达 2 050 ℃,远远超过铝合金的熔点,在焊接过程中,氧化膜将阻碍金属之间的良好熔合,容易形成焊缝的夹杂物,从而引起焊缝的性能下降。

(2)容易形成气孔。气孔是铝合金焊接时最常见的缺陷,与其他金属材料相比,铝合金更容易产生气孔。由于铝合金中不含碳,不存在生成 CO 气孔的条件,而氮又不溶于铝,因此,氢是铝合金焊接时产生气孔的主要原因。

在焊接高温下,氢被熔池金属和熔滴金属大量吸收,并溶入液态铝中,如果熔池金属熔入氢较多并形成过饱和状态,在一定的冷却速度下,过饱和氢将从液态金属中析出形成微小的气泡。因为铝合金比重小,气泡上浮较慢,当焊后冷却凝固速度较快时,气泡来不及逸出熔池,凝固后就聚集在焊缝中形成气孔,给焊接接头的质量带来严重的影响。

(3)焊接热裂纹倾向大。铝合金的线膨胀系数比钢大,凝固时的体积收缩率达 6.5% 左右,在铝合金焊接时,由于过大的内应力而产生热裂纹。焊接热裂纹是结晶过程中在脆性温度区的范围内产生的,它既可能以结晶裂纹的形式出现在焊缝中,也可能以液化裂纹的形式出现在热影响区中。

(4)焊接变形问题

铝合金的焊接变形产生的机理基本上与钢相同,但与钢相比,铝的凝固收缩量和膨胀系数大而刚性又小,所以同样的焊接接头,铝发生的收缩、变形和翘曲等现象要比钢严重。

此外,铝合金焊接由固态变为液态时,其颜色无明显的变化,在焊接过程中给操作者带来很多困难,无形中提高了焊接的复杂程度。

2. 防止措施

针对铝合金焊接中出现的问题,主要从以下几方面采取措施。

(1)焊前清除氧化膜和油污。为了使熔焊金属达到良好的熔合,提高焊缝的性能,其主要手段是清除氧化膜和油污,防止焊缝夹杂物的生成。

（2）减少氢的来源和调整焊接规范。焊接中氢的主要来源有母材和焊丝金属本身含有的氢，焊丝和工件表面氧化膜吸附的水分及未清理干净的油污等。

首先应保证母材和焊丝的冶金质量，含氢量要低。对厚度超过 5～10 mm 的铝合金构件，为了减少气孔等缺陷，焊前应进行预热。

清除氧化膜不仅对保证焊缝性能有利，同时对减少气孔的产生也是十分必要的。

从减少焊缝中气孔的另一个角度分析，可以通过调整焊接规范来改变熔池存在的时间，从而控制氢的溶解和析出。

当采取较大的焊接线能量，即适当降低焊接速度或增大焊接电流，可以增加熔池存在的时间，虽然有更多的氢溶于熔池，但也有利于气泡的长大和及时浮出，从而达到减少气孔的目的。实践证明，焊接厚度不大的铝合金材料时，增加焊接线能量对减少焊缝中气孔起到了积极的作用。

（3）选择热裂纹倾向小的母材和适当的填充金属可防止焊接热裂纹的产生。在铝合金车体焊接时，尽量选择热裂纹倾向小的母材。还可以通过选择合适的焊丝材料，调整焊缝的化学成分，减少焊接热裂纹。

在 Al-Mg 系合金的焊丝中可增加 Mg 的含量超过 3.5%～4.5%，加入 Zr、Ti、B、V 等微量元素，可收到细化晶粒、改善其抗裂性能的功效。

Al-Zn-Mg 系合金热裂纹倾向较大，尤其是 Al-Zn-Mg-Cu 系合金抗裂性能更差。在焊接这些系列的合金时，可通过调整焊丝成分，变化锌与镁的含量，并可添加 Zr、Ti、B 等元素以改善其抗裂性能。国外多采用含 Mg4%～5% 的 Al-Mg 合金作为填充金属来焊接 Al-Zn-Mg 系合金，取得了满意的结果。

（4）减小铝合金焊接变形。在焊接过程中应注意以下问题：

①坡口间隙的大小及其均匀性对焊接接头的变形、错位和收缩均有很大的影响。要特别注意坡口组合和定位焊的问题，同时还应该采用适合于材料厚度和部件形状的装配焊接夹具。

②焊接装配应尽量在地面上，并采用平焊方法进行，还要充分利用能够进行自动焊的转胎。

③应尽量采用能减小变形的设计，即采用挤压型材来代替焊接装配，采用波纹板结构以及对非密封部件采用断续角焊缝或点焊等措施。

★★★★★ 复习思考题

1. 车体结构制造中常用的焊接方法有哪几种？各种焊接方法的应用特点如何？

2. 焊接结构有何特点？车体结构中常采用哪几种焊接接头？画出车体结构上采用的各种接头的实例。

3. 焊接结构中的焊缝布置应考虑哪些因素？

4. 分析焊接应力和变形产生的过程及原因。

5. 车体结构制造中的主要变形形式有哪几种？简述各种变形产生的原因及防止措施。

6. 焊接低碳钢丁字梁。已知丁字梁长 5 m，腹板高 250 mm，翼板宽 200 mm，板厚均为 30 mm。采用 CO_2 焊进行双面焊接，焊角尺寸为 10 mm。试求丁字梁纵向收缩和弯曲变形。

7. 火焰矫正法的基本原理是什么？简述用火焰矫正法矫正薄板波浪变形及梁、柱弯曲变形的过程。

8. 铝合金焊接前为什么要进行处理？如何进行焊前处理？

9. 铝合金的常用焊接方法有哪几种？各有何特点？

10. 不锈钢焊接主要问题是什么？有哪些防止措施？

11. 铝合金焊接主要问题是什么？有哪些防止措施？

第5章

动车组制造

5.1 车体结构组成及主要参数

本书提及的动车组是指速度在 200 km/h 及以上高速列车,它是高速铁路的主要技术装备。动车组与传统铁路列车的区别和主要特点在于它自身的系统性,以及作为高速铁路的一个子系统,与其他子系统的密切联系和相互影响。动车组是包括机械、电子、材料、计算机、控制及航空等现代技术的集中体现。

由于速度的提高,在动车组的设计与开发中会遇到传统列车不曾有过的技术问题。例如动车组车体结构及材料的轻量化问题、动车组流线形设计及车厢密封与隔音问题等。因此,对动车组车体设计和制造提出了更高要求。

为了实现车体的轻量化,在车体设计时,普遍采用不锈钢和铝合金等轻量化材料。采用不锈钢和铝合金制造车体,在我国铁道车辆制造业中还不普遍,对不锈钢和铝合金车体的制造尚缺乏经验。由于我国铁道车辆制造企业生产动车组的时间较短,其制造工艺有待进一步完善。

5.1.1 动车组车体的组成及主要几何参数

我国最早生产的和谐号动车组主要有四种型号,它们分别是 CRH1、CRH2、CRH3 和 CRH5 型动车组,如图 5.1 所示。

四种类型的动车组均由 8 辆车组成,列车端部车厢设有司机室,可使列车双向驾驶。其中,CRH1 型动车组为 5 动 3 拖,CRH2 型动车组为 4 动 4 拖,CRH3 型动车组为 4 动 4 拖,CRH5 型动车组为 5 动 3 拖。每种类型的动车组包括 1 或 2 节一等车厢,其余为二等车厢,其中包括二等、餐车合造车厢。一等车厢的座椅在通道两侧为 2+2 布置,二等车厢的座椅在通道两侧为 3+2 布置。座椅方向可根据列车运行方向进行调节,座椅靠背角度可根据需要进行调节。在座椅上方设有行李架,在车厢端部设有大件行李安放处。在车厢端部还设有给水和卫生设施.地板面高度满足高站台旅客上下车的要求。

动车组车体结构大致分为两种,一种是两端部的带司机室车体(简称端车车体),一种是中间的不带司机室车体(简称中间车车体)。无论是端车车体还是中间车车体,它们主要由底架、侧墙、车顶、端墙、车体附件(如车下设备舱等)组成。对于端车车体而言还包括前罩开

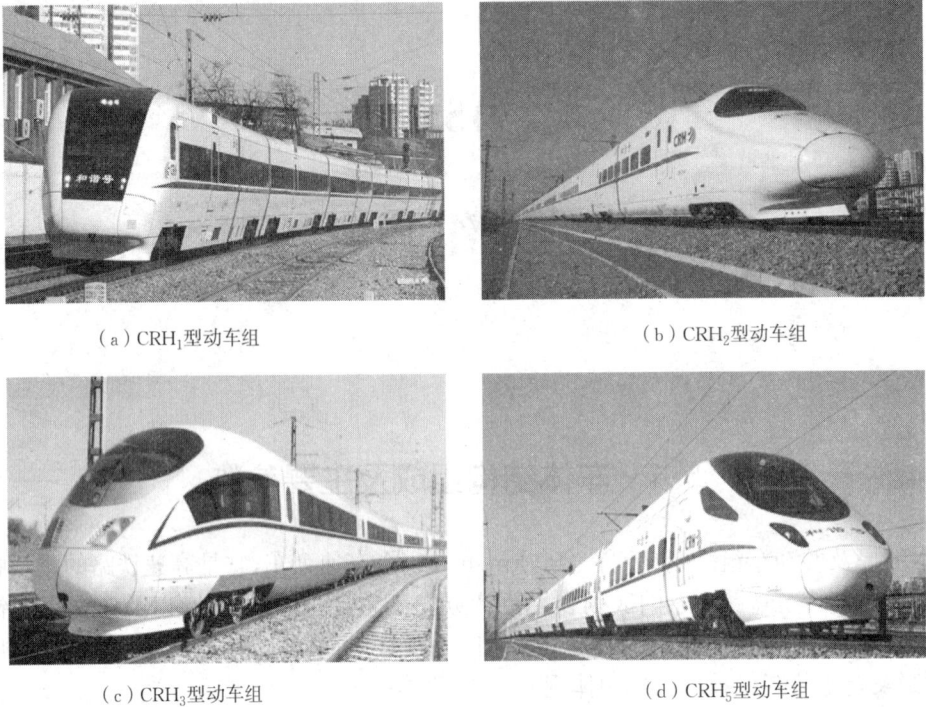

(a) CRH$_1$型动车组

(b) CRH$_2$型动车组

(c) CRH$_3$型动车组

(d) CRH$_5$型动车组

图 5.1　四种类型的动车组

闭装置、前头排障装置和司机室头部结构。

四种类型的动车组主要结构参数见表 5.1。

表 5.1　四种类型的动车组主要结构参数

主要参数	CRH1	CRH2	CRH3	CRH5
端车长度(mm)	25 910	25 700	25 860	27 600
中间车长度(mm)	26 033	25 000	24 825	25 000
车体宽(mm)	3 328	3 380	3 265	3 200
车体高(mm)	4 040	3 700	3 890	3 730
地板面高(mm)	1 250	1 300	1 250	1 270
车钩高(mm)	880	1 000	1 000	950(1 050)
枕梁中心距(mm)	19 000	17 500	15 375	19 000

5.1.2　CRH1 型动车组车体结构及特点

CRH1 型动车组有四种类型的车体,即 Mc、Tp、M、Tb 四种类型车体,但一般为一种头(尾)车型和一种中间车型(按照车内布置和车顶的高压设备有 3 种变更)。CRH1 动车组车体承载结构设计制造为一个在整个长度上的开放的不锈钢筒状壳体,如图 5.2 所示,可以适用于不同的内部装饰设计方案。与原型车 Regina 车相比车体更宽、更舒适一些,可实现 3+

2 的座椅格局。

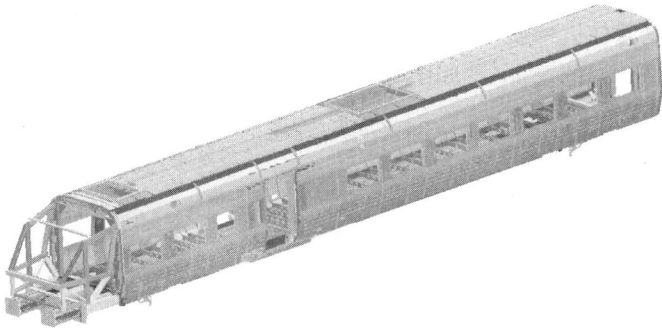

图 5.2　CRH1 型动车组车体结构总图

CRH1 动车组车体承载结构主要由底架、侧墙、端墙、车顶、端部角架等组成。在动车组两端的端车车体结构与中间车车体结构不同,不同之处在于前者要和司机室结构(端车体前部)相连接。Mc 车厢 12.5 t,Tp, Tb 和 M 车厢 11.9 t。车体承载结构采用的材料是奥氏体不锈钢 EN1.4301、1.4307、1.4318,含碳量<0.05%。底架枕梁和 Mc 车的前部结构采用的材料则为低碳钢和低合金高强度钢。

整个车体承载结构首先按底架、侧墙、端墙、车顶、端部角架等部件(还包括以这些部件为依托安装的其他部件如采暖、通风和空调设备等)分别在专门设计的安装台架(对部件的组装有严格的定位技术要求)上组装成一个个的单元,在安装了大型车内设备如地板后,再将这些组装成的单元构件焊在一起。其焊接的顺序是:以底架为基础,将侧墙、端墙和底架焊接到位,而后再将车顶弯梁和侧墙侧立柱之间通过点焊连接,车顶两侧与侧墙通过一个纵向的槽完成焊接,槽随后被盖住。车顶与侧墙的接缝部分形成上侧梁,在结构上非常重要。为了提高车体的外观质量,整个接缝藏在一个非结构性的盖板后面。

1. 底　　架

底架包括两个纵向的边梁及与其相连的横梁、缓冲梁(与车钩相连接)和枕梁,其下部适于安装底架设备。在车体两枕梁之间的中间位置,底架边梁和一些横向的 Z 形梁相连。波纹地板通过点焊焊接在横梁的下缘上。每个车体枕梁包括两个加固的表面以便和二系悬挂配合,二系悬挂安装在横向的箱形梁上,箱形梁上还装有不同的支座,以安装车体和转向架之间的连接和减振装置。车体枕梁主要由低合金高抗拉强度钢制成,再通过电弧焊焊接在底梁上。在门口处的边梁上可以安装一个固定踏板,活动踏板的支座置于边梁下面,如图 5.3 所示。

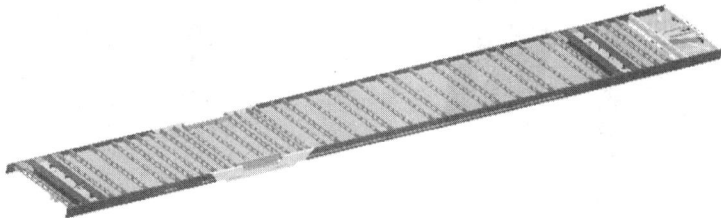

图 5.3　底架

2. 侧　　墙

侧墙由不锈钢制成,由冷拉侧柱和滚压成型的纵向梁通过焊接形成框架,再通过点焊在外面包上平板。侧墙盖住边梁使车体外观较好。侧墙上开有窗口,用于固定车窗。车门柱、车门安装托架等也是侧墙的一部分,如图 5.4 所示。

图 5.4　侧墙

3. 车　　顶

车顶由纵向的支撑、外面盖上波纹覆板组成。Tp 型车一端转向架部位的车顶上面部分有一个凹槽,用于安装高压设备和受电弓。所有车辆的车顶中央都有空调设备的部件。Mc 型车一端的转向架的上面另有一个较小的位置,用于安装司机室用的紧凑型空调设备。车顶组装成一个单元,在安装了大型车内设备如地板后,再和其他构件焊在一起,如图 5.5 所示。

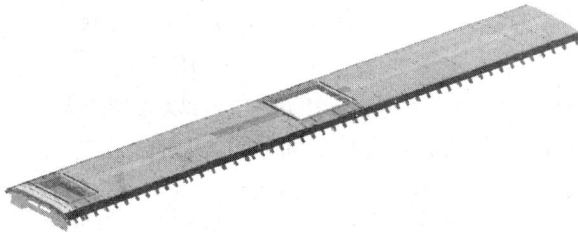

图 5.5　车顶

4. 端　　墙

端墙由车内过道每侧都有的两个车端立柱、角柱、横梁、车顶弯梁和外部平面覆层组成。车端立柱焊接在缓冲梁上。车端立柱与底架连接牢固以防撞击变形,如图5-6所示。

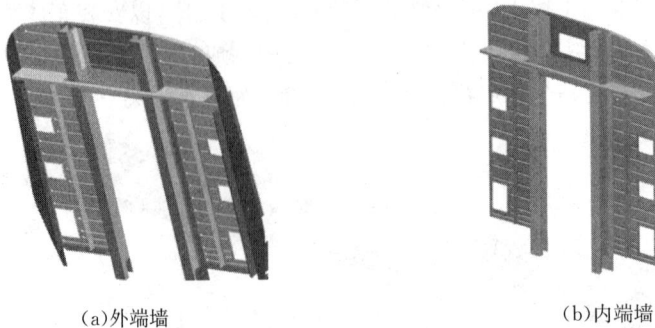

(a)外端墙　　　　　　　　　　　　　　　　　　(b)内端墙

图 5.6　端墙

5. 司 机 室

司机室结构采用低合金高强度钢制成,有足够的变形特性,形成一个能量吸收结构。司机室结构也包含同车体之间的螺栓连接,在正常的车体侧墙前面作为一个载荷分配部件,如图 5.7 所示。

图 5.7 司机室承载结构

5.1.3 CRH2 型动车组车体结构及特点

CRH2 型动车组车体结构主要分为端车车体和中间车车体两种。端车车体如图5-8所示,中间车车体如图 5.9 所示。

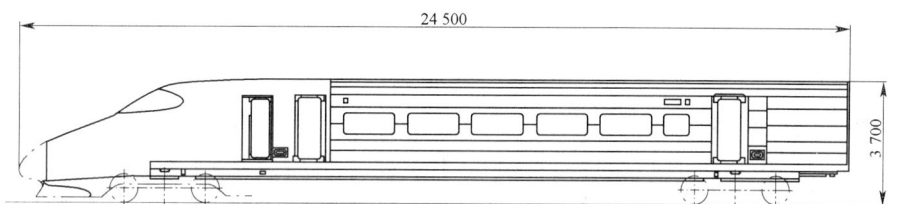

图 5.8 T1c端车车体总图(单位:mm)

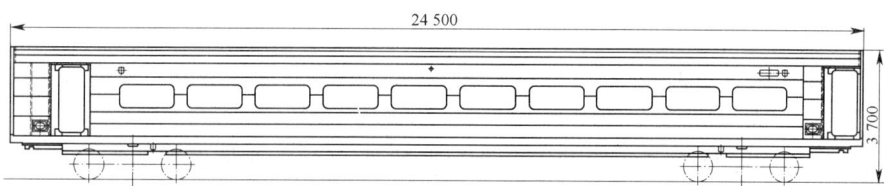

图 5.9 M1 中间车车体总图(单位:mm)

端车车体由底架、侧墙、车顶、端墙、司机室头部结构及车体附件组成,中间车车体由底架、侧墙、车顶、端墙及车体附件组成。

车体横断面尺寸如图 5.10 所示。车体横断面最大宽度为 3 380 mm,高 3 700 mm,地板面距离轨面为1 300 mm,设备舱底罩距离轨面为 200 mm。其特点如下:

(1)车体结构采用双壳结构,大幅减少零件数量,虽相对于单壳结构较重,但其刚性高,降噪效果好,乘车舒适性提高。

(2)质量比钢制车体轻,可大幅降低轴重,从而降低运营成本。

(3)车体使用铝合金材料,可回收,对环境危害低,寿命周期成本低。

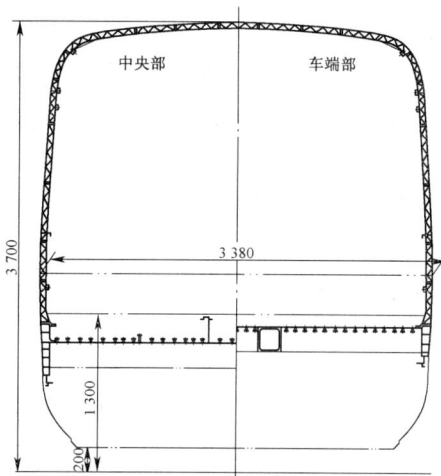

图 5.10 CRH2 车体横断面(单位:mm)

(4)防腐性好,可以实现无涂装设计。

(5)采用不燃性材料,防火性能好。

(6)能扩大自动化焊接范围,提高生产效率,降低制造成本,提高质量。

1. 底　　架

底架分端车底架和中间车底架。端车底架由车身底架和车头底架两部分组成,T1c端车底架如图 5.11 所示。中间车底架只有车身底架,如图 5.12 所示。

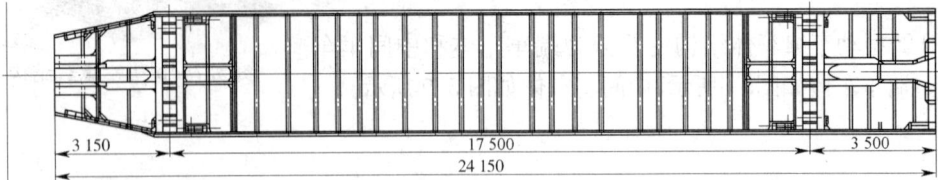

图 5.11　T1c 端车车体底架

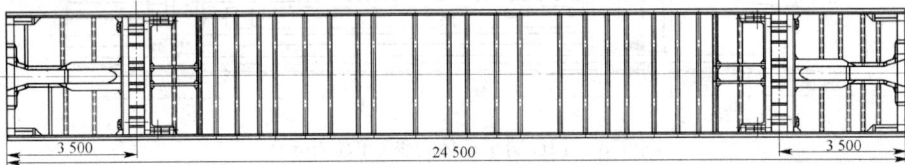

图 5.12　M1 端车车体底架

底架包括牵引梁、枕梁、侧梁(边梁)、端梁、横梁和波纹地板等组成。侧梁采用通长铝合金挤压型材拼焊而成。

牵引梁主要由铝合金挤压型材和铝合金板焊接而成,连接车体底架的端梁和枕梁,并为车钩缓冲装置设置相应的附加结构。车钩缓冲装置传递的纵向载荷通过固定在牵引梁上的从板座作用在牵引梁上,再通过枕梁等结构传递到整个车体结构,实现整体承载。为此需要在车钩缓冲装置对应的牵引梁相应部位进行局部加强。

枕梁由铝合金挤压型材和铝板焊接而成,支撑车体载荷。枕梁设置相应结构,保证与转向架悬挂系统的正常连接。枕梁外侧设置顶车座,便于救援和维修时顶车作业。枕梁结构简图如图 5.13 所示。

侧梁(边梁)位于波纹地板下左右两侧,是底架与侧墙连接成筒体的关键部件。端梁由铝合金挤压型材和铝合金板焊接而成。横梁位于波纹地板下方,用于支承安装在波纹地板下的设备和支承地板,连接左右两侧梁的横向联系梁。横梁采用铝合金挤压型材。横梁需要根据车下设备的布置情况进行断面和位置的调整。在质量大的设备安装处,还需对横梁进行加强。

波纹地板是由通长的挤压铝型材通过 MIG 自动焊焊接而成,为了增强波纹地板的纵向强度在纵向设置了加强筋结构。波纹地板组焊后的简图如图 5.14 所示。

为适应司机室头部结构的安装,车头底架相对于车身底架,其侧梁(边梁)部分做了相应调整。

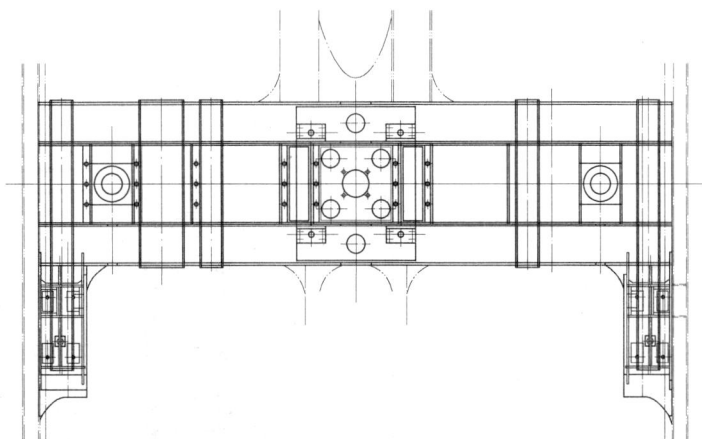

图 5.13　T1c 车体枕梁图

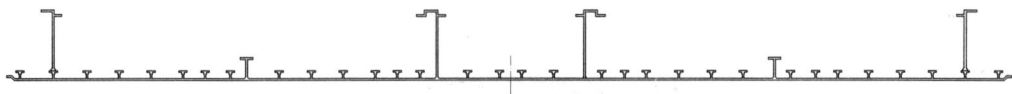

图 5.14　车体底架波纹地板

2. 侧　　墙

侧墙采用大型中空挤压型材,不设车内侧立柱,端车与中间车侧墙结构相同但纵向长度不同。型材之间的连接采用在车体长度方向上连续焊接的方式,侧墙与车顶的连接采用车内侧、车外侧连续焊接的方式,侧墙和底架边梁之间的连接采用车内侧点固焊接,车外侧连续气密焊接的方式。

在行李架、侧顶板及侧墙板等安装位置,在挤压型材上设置了通长的 T 形槽,便于内装部件的安装。为了确保侧拉门的拉开空间,侧墙门口处设计成一个一体化带棱的箱形结构。侧墙下部设置断面变化的挤压型材,保证车下设备的安装和车下设备舱的连接要求,同时根据等强度设计理论保证结构强度。

侧墙结构分侧门中间部分和门区部分。中间部分主要由侧板和腰板组成,窗口及其以下部分称侧板,通长板有 4 块,其中窗口部分由窗上窗下通长板预先铣口与窗间板(小块)拼焊而成,两端通到门区部分。腰板由三块通长板组成,均通到外端与端墙搭接,通长板均为中空型材结构。窗口部分根据窗的安装结构关系焊接窗安装座。窗口部分结构简图如图5-15所示。

门区部分即侧门出入口部分,根据门口与外端距离的大小分成板梁式结构和板梁加中空型材两种形式。门区部分结构简图如图 5.16 所示。

3. 车　　顶

车顶是车体上部结构,是受电弓、高压电缆等车顶设备的安装基础。车顶由大型中空挤压型材构成,局部结构断面如图 5.17 所示。端车和中间车车顶结构相同但纵向长度不同。车顶型材之间的连接采用在车体长度方向连续焊接的方式。车顶和侧墙的连接采用车内侧、车外侧连续焊接的方式。

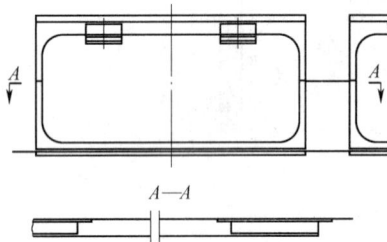

图 5.15　窗口部分结构简图　　　　图 5.16　门区部分结构简图

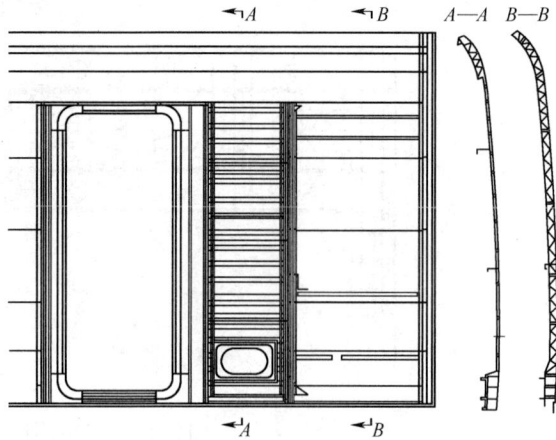

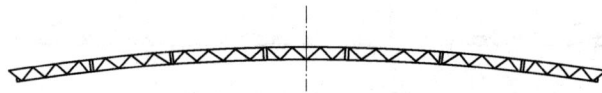

图 5.17　车顶结构断面

根据车型的不同,在车顶根据受电弓、车顶电缆等设备焊接车顶焊接件,适应其安装。根据设备件的安装位置焊接车内骨架。另外,在车顶板内侧,铺设有隔音和隔热材料。

4. 端　墙

端车车体一端带有端墙,中间车两端均带有端墙。

端墙根据车辆卫生间和洗脸间的布置主要分为两种结构形式,即分体式和整体式两种,整体式端墙如图 5.18 所示。在端部设有卫生间和洗脸间的车辆,其端墙是分体式结构,外板上设有用于搬运卫生间玻璃钢模块的开口,搬运完后,用螺栓安装由铝板和铝型材骨架组焊接而成的闭塞板,并填充密封材料保持气密性。端部未设卫生间和洗脸间的车辆,其端墙是整体式结构,为铝板和铝型材骨架构成的焊接结构。

分体式和整体式外端墙都在外端骨架上设置了适合风挡安装的结构,可以采用螺栓快速连接,使风挡的安装方便快捷,大大降低了施工时间及劳动强度。另外,端墙上还设有蹬车扶手。

5. 司 机 室

端车车体前端为司机室头部结构,如图 5.19 所示。它以骨架外壳结构为基础,头部结构按车头断面形状变化将纵骨架形成环状,与横向骨架叉接组焊,骨架外焊接铝制外板。对需要更高强度的部位,采取增加板厚、缩小骨架间距、增加加强材等措施。整个头部结构焊接严格要求气密性,结构上适应配线、配管及内装需要。

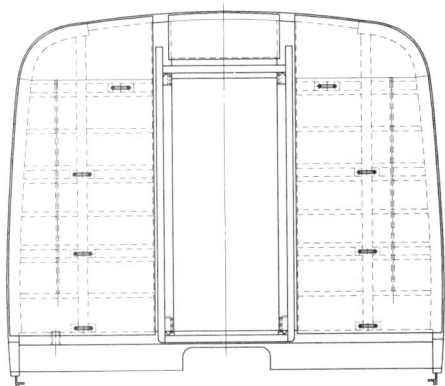

图 5.18　整体式端墙结构

图 5.19　司机室头部

6. 车下设备舱

出于保护设备及改善列车空气动力学性能的考虑,CRH2 设有车下设备舱。设备舱主要由侧盖板、盖板安装件和托座等组成,如图 5.20 所示。

侧盖板由铝合金型材和板材等组装而成,通过螺栓连接到底架上。侧盖板在车长方向分块组装,根据车下设备的需要,不同的部位设有通风口和检查门。

底部封板主要结构为波纹状,材料为

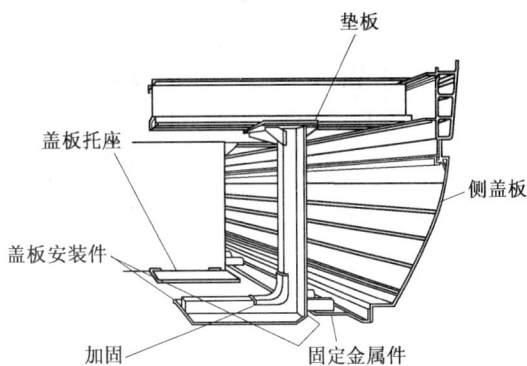

图 5.20　车底盖板构造图

不锈钢,封板的两侧为直接翻边,并用连接件固定,以增加两侧的强度和刚度。封板两端用螺栓与连接梁连接。连接梁采用铝合金型材,横向连接梁通过过渡件与侧盖板连接,垂向连接梁上部与底架横梁、下部与横向连接梁通过螺栓连接在一起。

5.1.4　CRH3 型动车组车体结构及特点

CRH3 型动车组的车体采用大型中空铝合金型材组焊而成为筒型整体承载结构。车体具有良好的防腐、防振和隔音效果。车体结构由底架、侧墙、车顶、端墙以及设备舱等组成,端车车体结构带有司机室,如图 5.21 所示。

车体横断面如图 5.22 所示。地板、侧墙、车顶均由五块型材组焊而成,车体宽度 3 265 mm,车顶距轨面高度 3 890 mm。车体横断面的连接形式分为搭接和插接两种。搭接部位是为了调整车体的横断面尺寸,使车体组焊完成后能够满足车体横断面的设计要求。

1. 底　　架

底架主要由底架中部结构和底架前端结构两大部分组成。底架中部结构包括地板、边梁两部分。边梁纵向贯通,底架前端和地板均与边梁焊接。底架前端和地板通过连接梁相连,如图 5.23 所示。

（a）端车体

（b）中间车体

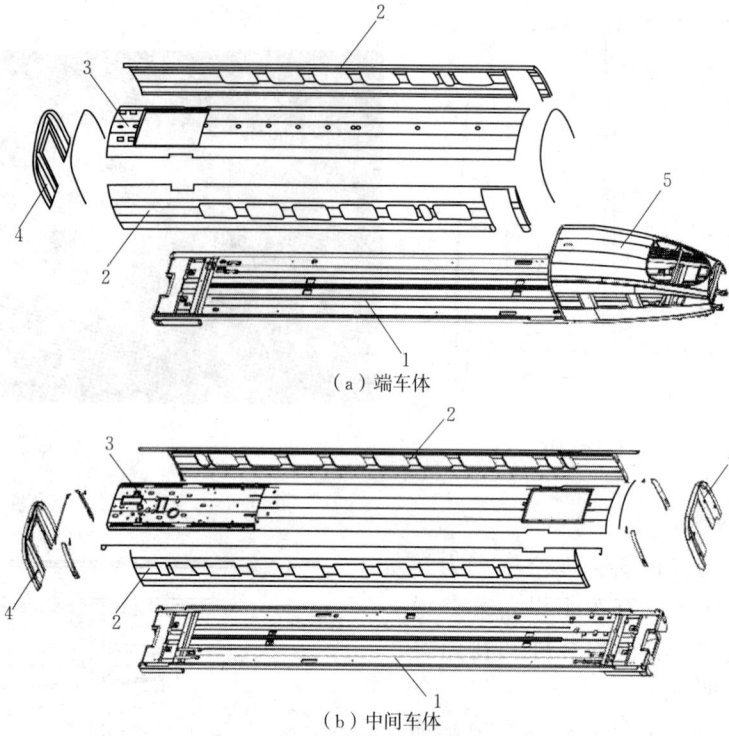

图 5.21　CRH3 型动车组车体
1—底架；2—侧墙；3—车顶；4—端墙；5—司机室

地板由六块带有相同 T 形槽的挤压铝型材拼焊而成。地板通过地板型材的四条边与两个强大的边梁搭接角焊，保证了连接强度，如图 5.24 所示。

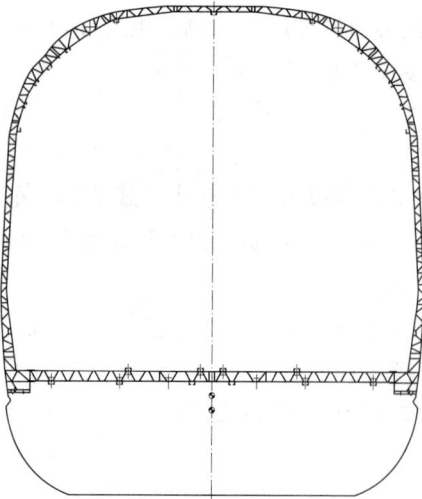

图 5.22　动车组车体铝结构断面图

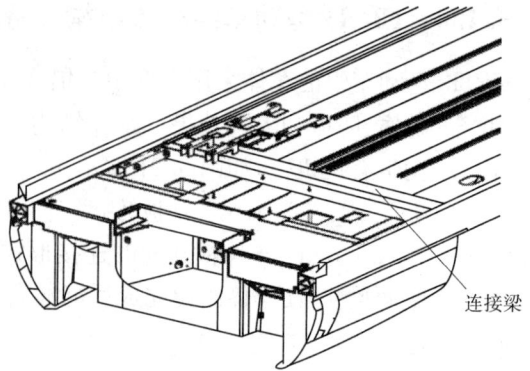

连接梁

图 5.23　底架前端与地板连接部结构

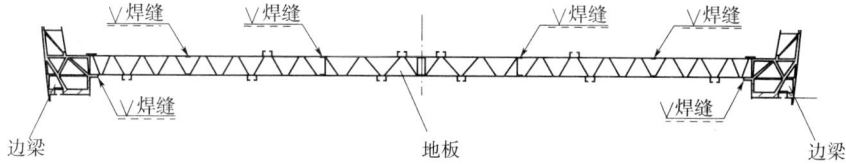

图 5.24　地板和边梁的连接图

2. 侧　　墙

侧墙由五块大型铝合金挤压型材组焊而成,如图 5.25 所示。侧墙窗口下部型材 1、2 和上部型材 4、5 为连续通长的中空挤压型材,与单个的窗间型材 3 焊接而成。整个侧墙均为机械手焊接,焊缝形式为 4 mm V 形焊缝,焊后外表面需要打磨平整。经时效,调修达到要求后,整体机加工铣窗口。

TC02、TC07、IC03 和 IC06 车在两端都有侧门,车窗的布置在车体结构上也完全相同,只有附件略有不同,如图 5.26 所示。

在挤压型材里侧有 C 形或 L 形导轨,用来安装内装件或设备,一般采用粘接、铆焊和焊接等连接方式。

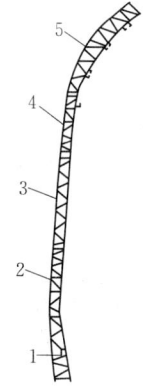

图 5.25　侧墙
结构图

3. 车　　顶

车顶结构主要有圆顶和平顶(放置受电弓等车顶设备)构成。圆顶的外部轮廓及型材断面结构相同,都是由 5 块大型中空铝型材拼焊而成。这五块型材又可以分为两部分,即构成中顶的三块和两侧边顶的两块。中顶的三块型材之间是靠内外的两道 V 型焊缝连接,而中顶与边顶之间靠内外的两道角焊连接,目的是靠此来调节整个车顶的总尺寸及外形轮廓。

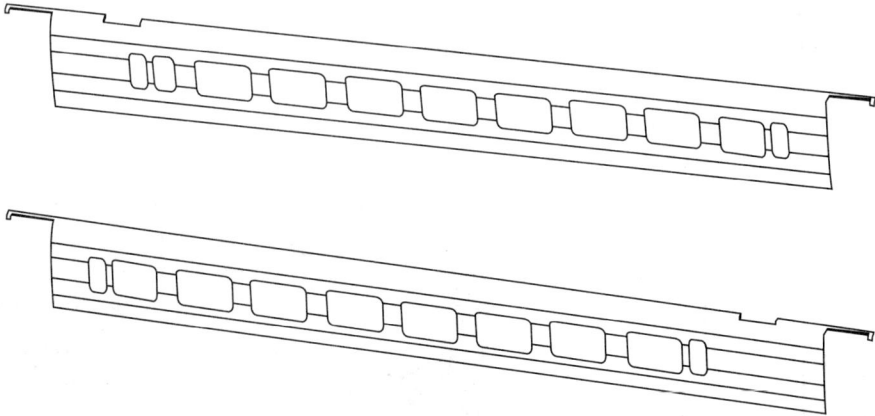

图 5.26　TC02,TC07 和 IC03,IC06 车的侧墙图

圆顶为车体整体筒形结构的一部分,除考虑车体整体承受的纵向载荷及垂向载荷以外,还要考虑车内风道、线槽、顶板、行李架等内部装置的安装,这些是通过沿车体纵向通长的 5 道 C 形槽实现的,C 形槽的位置是设计型材断面的重要参考数据之一。圆顶结构如图 5.27 所示。

平顶由五块大型中空铝型材拼焊而成。平顶型材整体的截面厚度比较小,由于平顶上要安装重量比较大的设备,平顶型材上下面及中间筋的材料厚度比其他部位型材厚,如图 5.28 所示。

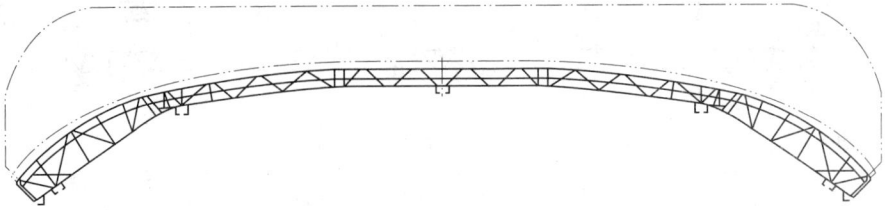

图 5.27　圆顶结构图

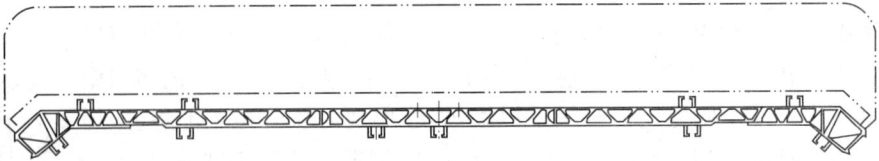

图 5.28　平顶结构图

由于大平顶上的安装座等附件非常多,并且其连接方式都是满焊,焊接应力非常大,在卡紧装置松开后整个平顶变形,在施工过程中要提前留出反变形量。

4. 端　墙

端墙主要由门框、角柱、弯梁和端墙板(门板和门上板)等组成。端墙内侧面如图 5.29 所示。

除端墙板用铝板加工外,其余的部件均为铝型材,由车体外形决定;端墙上的角柱和顶部弯梁均需要拉弯,所以端墙外形的质量主要依靠型材的拉弯质量来保证;在端墙和车体组焊时,才将端墙与车体两侧的焊缝焊上,主要是为了配合车体底架的尺寸。

5. 司 机 室

司机室由司机室前端、司机室后框、侧墙、车顶和司机室前窗玻璃安装框等组成,属板材和梁柱焊接结构,如图 5.30 所示。司机室的骨架除窗间立柱外,基本采用槽型和乙型的开口型材,各梁柱之间通过开 V 形或 Y 形坡口进行焊接。

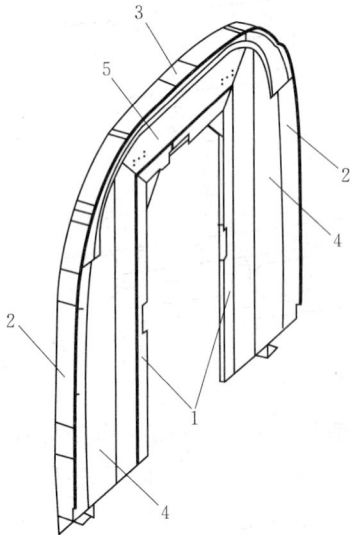

图 5.29　端墙内侧面结构图
1—门框;2—角柱;3—弯梁;4—门板;5—门上板

图 5.30　司机室三维图
1—司机室前端;2—司机室后框;3—侧墙;
4—车顶;5—前窗玻璃安装框

5.1.5 CRH5 型动车组车体结构及特点

5.1.5.1 CRH5 型动车组车体结构

CRH5 型动车组采用铝合金车体，由 12 种与车体等长的铝合金挤压型材纵向焊接而成一个整体筒形承载结构，使用寿命为 30 年。

CRH5 型动车组车体主要包括中间车和带司机室的端车两种车型。中间车是基础车，主要由底架、侧墙、车顶、外端墙、内端墙等大部件组成，如图 5.31 所示。端车除具有中间车的组成之外，还包括走廊墙和端车端部结构，如图 5.32 所示。铝合金车体断面，如图 5.33 所示。

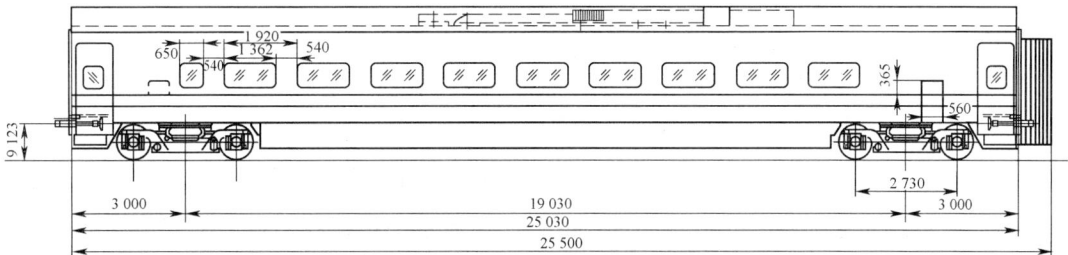

图 5.31　中间车铝合金车体（单位：mm）

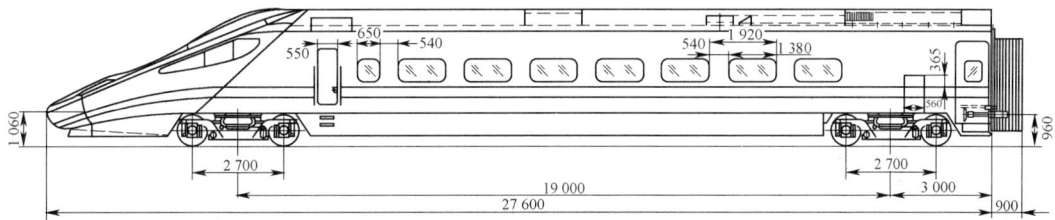

图 5.32　头车铝合金车体（单位：mm）

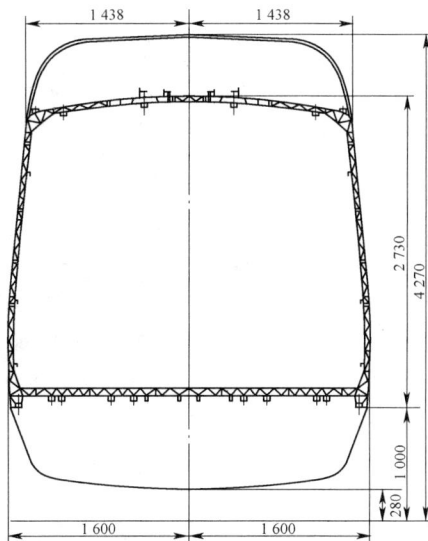

图 5.33　铝合金车体断面图（单位：mm）

1. 底　　架

底架由焊接底架、端部缓冲梁组成、枕梁和刚性支座、脚蹬组成、底架焊接件等组成。其中底架焊接件主要包括牵引电机止挡、废排箱架、接地螺母等部件。

为最大限度的减少构件的焊接，底架下部的型材设有 T 形槽以便安装底架设备。焊接底架断面如图 5.34 所示。

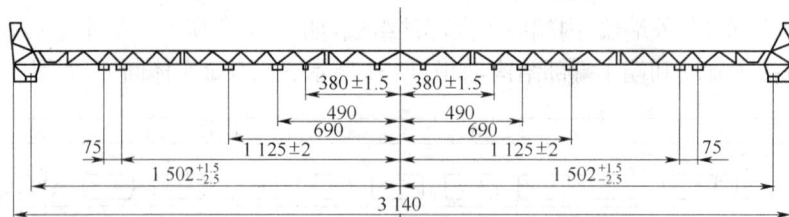

图 5.34　焊接底架（单位：mm）

底架牵枕缓是车体重要的承载部件，如图 5.35 所示。在材料上选用强度较高的 6082-T6 铝合金，其中枕梁由焊在底架边梁上的 8 个枕梁座组成，枕梁座由型材机加工而成。转向架摇枕用螺栓固定于枕梁座底平面的螺套孔。

该结构的主要优点是：底架地板不需切割，枕梁焊接方式不会发生危险；同时作用力都施加在车体最强的边梁部位上，不与地板发生联系，从而减少了对车内的影响。

中间车的端部缓冲梁由端梁、4 根牵引梁、围板、斜梁等组成。牵引梁在转向架区域圆弧过渡，充分考虑了转向架的各种活动。该结构的特点是结构简单，4 根牵引梁分别焊在底架下的加强筋处，支撑梁的长度没有严格的限制，制造简便。

端车的端部是由 9 种 25 块型材和 2 种铝板经机加工后焊接组成，它包括前端墙、侧板、盖板、牵引梁、横梁、排障器支座等部件，如图 5.36 所示。材料除了前端墙和盖板为 6005A-T6 外，其余均为 6082-T6。

图 5.35　底架牵枕缓组成

图 5.36　头车端部组成

2. 侧　　墙

侧墙共有 4 种，它们分别是：端车侧墙、中间车侧墙、餐车侧墙和残疾人车侧墙。端车侧墙有 1 个司机室门和 1 个塞拉门，中间车侧墙有 2 个塞拉门，餐车侧墙有 1 个上货门和 1 个塞拉门,残疾人车侧墙仅比中间车侧墙少了1个窗口。

端车侧墙焊接件有区间显示屏座、紧急制动装置座、压力传感器套管、门上部加强板等,中间车侧墙焊接件包括有区间显示屏座、紧急制动装置座。侧墙断面由纵向放置的4种挤压铝型材组成。型材材质为6005A-T6,厚度为50 mm,蒙皮厚度为2.5 mm,内筋厚度为2.5 mm。为了解决焊接收缩问题,每块型材的公差为(−1,+3),侧墙组成后公差控制在(0,+6)。型材由上到下开有3排T形槽,用来安装防寒及内饰件,如图5.37所示。

侧墙在4块型材组焊好后开窗口、司机室门口、塞拉门口、区间牌口、紧急装置座口。为得到最小应力,窗口外侧半径为170 mm,内侧半径为180 mm(钢车在窗口半径120~140 mm时应力最小)。

3. 车 顶

车顶由端顶、车顶型材、盖板、车顶焊接件组成。车顶共分6种,M_h车和M2s车相同,2个端车的相同。除了端车车顶在车头端和中间车有明显区别外,中间车车顶的变化仅在于车顶焊接件的区别。

车顶型材由纵向放置的4种、共7块挤压型材对称排列、组焊而成。型材材质为6005A-T6,厚度为50 mm,蒙皮厚度为3 mm,内筋厚度为2.5 mm。每块型材的长度公差±2.5 mm。车顶外部开了4排T形槽,内部开了4排滑槽,用于内装及设备的安装。车顶断面如图5.38所示。

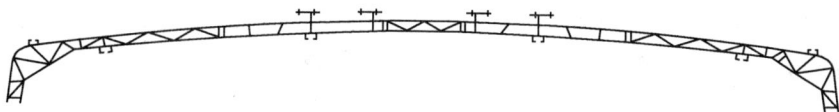

图 5.38 车顶断面图

端车的车顶焊接件有空调座、天线座、司机室空调座、司机室空调座消音器座、废排座、管座、设备支架、空调进风口、空调出风口等。材料包括铝板6082-T6、铝板5754-H22、型材6005A-T6三种。

餐车的车顶焊接件包括空调座、空调排水管、通风管座、通风管、导流罩座、主断路器座、天线座、受电弓座、接地连接块、空调进风口、空调出风口等部件。材料有铝板6082-T6、铝板5754-H22、型材6005A-T6三种。

中间车的车顶焊接件有空调座、空调排水管、通风管座、通风管、接地连接块、设备支架、空调进风口、空调出风口等部件。材料有铝板6082-T6、铝板5754-H22、型材6005A-T6三种。

4. 内 端 墙

为满足车体强度要求,车顶端部设加强结构,它由横梁、纵梁、盖板等构成,材料为6082-T6。在横梁下焊接内端墙,增加整车刚度,如图5.39所示。

5. 外 端 墙

外端墙共有两种,有塞拉门端是一种外端墙,餐车没有塞拉门的一端是另一种外端墙。

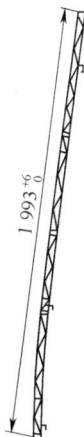

图 5.37 侧墙断面图
（单位:mm）

$1\ 993^{+6}_{\ 0}$

它们的区别是,端角柱所用型材端面及材料不同,前者材质为 6082-T6,后者材料为 6005A-T6,这与装配结构及受力要求有关:前者有端门连接件和筋板,后者没有。

6. 端车前部结构

端车前部结构包括司机室外壳、前部外壳、下部导流罩、自动车钩门、底架防雪保护装置。

司机室外壳材质为复合材料,由最小厚度为 40 mm 的三明治聚酯层组成(其中有 30 mm 夹层泡沫),挡风玻璃周边外壳的厚度为 100 mm,以承担空气动力学造成的冲击。挡风玻璃是由带有塑料多层材料的多层鼓形玻璃制成,有电加热装置,以便于在冬天除去外部表面的霜。司机室侧窗包括两个窗玻璃,窗玻璃通过一个框架连接,使远离车头的那块玻璃可以打开,司机室侧窗必须足够大可以作为紧急出口使用。

图 5.39　内端墙结构

前部外壳由固定在车体结构上的金属构架作为其支撑,与司机室外壳用预埋螺母连接。每侧有 2 个检查门,可以对安装在内部的气动设备、开闭机构控制箱进行检查,检查门采用气弹簧、三角锁,向上开启。

下部导流罩使车头下部气流偏转,使之具有良好的空气动力学性能。下部导流罩为玻璃钢材质,通过支架固定在车体钢结构上。下部导流罩分为中央导流罩、左侧部导流罩、右侧部导流罩,其中中央导流罩安装在排障器上,它与前部外壳、侧导流罩没有机械连接,这样可以保证在与异物发生碰撞时可以及时更换,不会伤及其他部件。下部导流罩能够承受 30 kN 均布载荷而不发生永久变形。

自动车钩门材质为复合材料,包括左、右两个单独件,两个车钩门通过支架固定在开闭机构上,可以实现车钩门的自动开关,以便于对车钩进行解钩和连挂,以及对车钩使用和维修过程中进行必要的移动。

底架防雪保护装置由一个或两个单独件组成,其材质为厚度 3 mm 的铝板,位于转向架和司机室下的区域,它确保司机室底架的紧固以防止雪和冰的累积。底架防雪保护装置与下部导流罩用螺栓连接,并与前部外壳框架固定,采用角铝断焊加强。

排障器由排障装置支撑(左、右)和排障装置组成,由 Q345 钢板制成,通过螺栓与车体结构连接,如图 5.40 所示。车体连接部的材质为 6082-T6,可以实现对司机室底架区域的保护。排障器上下可调 40 mm,以保证由于轮缘磨耗时可以对排障器进行高度调整。排障器还作为

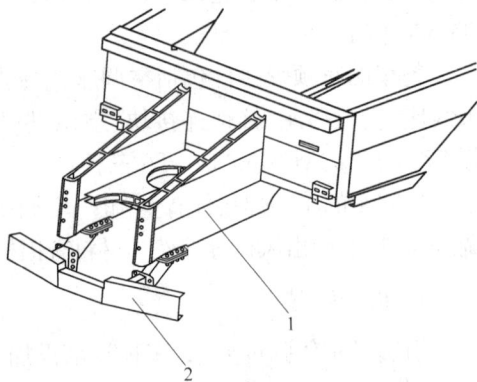

图 5.40　排障器与车体的连接
1—车体结构;2—排障器

前部外壳支架和导流罩的支撑。

7. 设备舱结构

车下设备舱以转向架为界分为底架设备舱和通过台下部设备舱两大区域。底架设备舱罩基本结构由支撑骨架和导流罩板组成,分为铸铝横梁、端部裙板、侧部裙板、底部裙板四大模块。通过台下部设备舱由焊接铝框架、防寒层、侧部检查门、底板四部分组成,如图 5.41 所示。

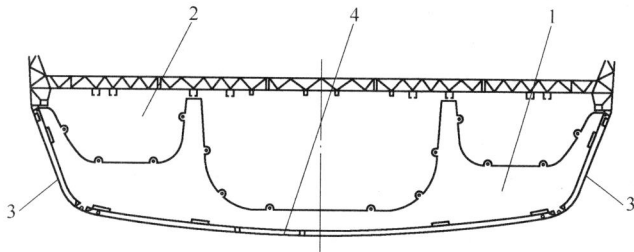

图 5.41　底架设备舱组成
1—铸铝横梁;2—端部裙板;3—侧部裙板;4—底部裙板

CRH5 型动车组的支撑骨架采用铸铝横梁结构,通过螺栓与车体底架下方的滑槽内的固定块相连接。导流罩板通过螺栓与支撑骨架相连接,为保证密封性能,侧部裙板、底部裙板与支撑骨架连接处采用橡胶条密封、端部裙板与支撑骨架连接处涂 SIKA 胶密封。

8. 车顶导流罩结构组成

CRH5 型动车组车上设备主要有空调机组、风道、制动变阻器、天线装置、接地装置、电压互感器、电流互感器、主断路器、避雷器、受电弓等部件。车顶导流罩符合空气动力学特性,可以有效的保护这些车上设备,通过开启设备舱上安装的检查门,可以方便的检查、检修以上车上设备。另外,空调机组处的导流罩板两侧安装通风格栅,保证空调机组的新风供应。

车顶导流罩由安装骨架和导流罩板两部分组成,如图 5.42 所示。导流罩的支撑骨架采用铝型材、铝板焊接框架结构,通过螺栓与车顶上方的滑槽内的固定块相连接。导流罩板下部安装铝制连接盒,通过螺栓与车顶上方的滑槽内的固定块相连接,为保证密封性能,车顶导流罩板与支撑骨架连接处采用橡胶条密封。

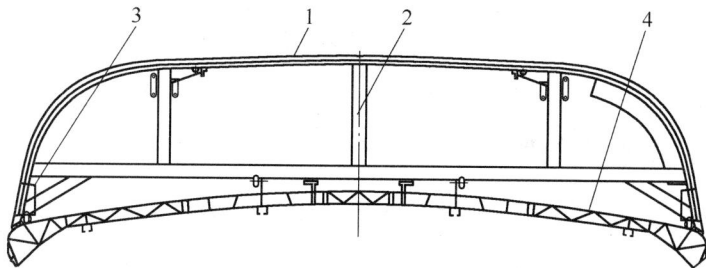

图 5.42　车顶导流罩安装组成图
1—罩板;2—安装支架;3—安装盒;4—车顶

5.1.5.2　车体工艺特点

整个铝合金车体首先按底架、侧墙、端墙、车顶、空气动力学结构等部件分别在专用的工装(对部件的组装有严格的定位工艺要求)上组装成一个个的单元,每部位分别进行机加工,然后将这些加工成型的部件单元构件焊在一起。其焊接的顺序是:以底架为基础,将侧墙、端墙与底架点焊在一起,然后将车顶与侧墙、端墙点焊连接,然后通过自动焊接机连续焊接各条长焊缝。

车体底架、侧墙和车顶三大部件之间的连接形式为对接、坡口焊。车顶边梁与中间型材采用插接形式,可调量 20 mm,采用角焊缝;车顶中间型材相互间通过插口对接在一起。焊接收缩量由车顶边梁与中间型材间的调整量满足;侧墙型材相互间通过插口对接在一起,采用坡口焊,车体型材之间的具体连接形式,如图 5.43~5-47 所示。

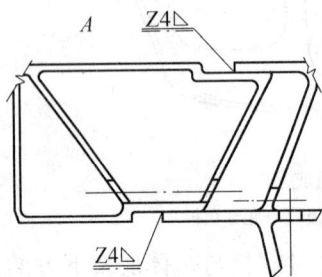

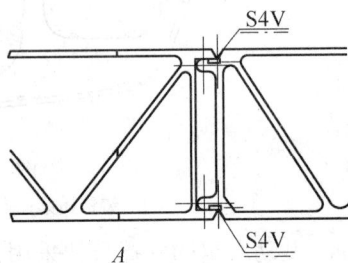

图 5.43 底架边梁和地板型材的连接方式　　图 5.44 地板型材之间的连接方式

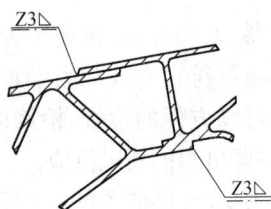

图 5.45 边梁型材连接　　图 5.46 车顶型材连接　　图 5.47 侧墙型材连接

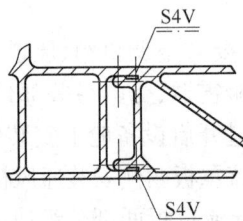

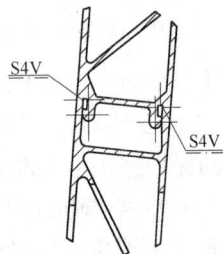

下面针对某一型号的动车组车体装配—焊接工艺进行叙述。

5.2 底架组焊工艺

5.2.1 底架组焊技术要求

底架分端车底架和中间车底架。端车底架由车身底架和车头底架两部分组成,中间车底架只有车身底架。

底架为框架结构铺地板,底架横梁材质为 A7N01S-T5,底架侧梁、底架地板材质为 A6N01S-T5,两种材料均为热处理强化铝合金,主要技术要求如下:

(1)底架长度 L 公差:L_{7}^{+22} mm。

(2)底架纵向中心线到边梁最宽处间距:一位侧 $1\,679.15_{-4}^{+1}$ mm;二位侧 $1\,679.15_{-4}^{+1}$ mm。

(3)底架枕梁中心线间距公差:$17\,500_{-2}^{+16}$ mm。

(4)底架一侧两枕梁空气弹簧座横向间距:(2 460±1) mm。

(5)底架全长的四角对角线之差:8 mm 以下。

(6)枕梁间对角线之差:8 mm 以下。

(7)底架两边梁为通长梁,边梁与缓冲梁拼接后必须打磨光滑。

(8)底架枕梁中心线与缓冲梁外表面间距(3 125±3) mm 或(3 500±3) mm。

(9)底架枕梁中心线与缓冲梁外表面间距一、二位侧差值:5 mm 以下。

(10)缓冲梁外表面到车钩从板座前座工作面距离:(760.3±3) mm。

(11)端车底架牵引梁最前端到车钩从板座前座工作面距离:(185±3) mm。

(12)空气弹簧安装面平面度:1 mm 以下。

(13)底架上平面平面度(铝地板面):4 mm 以下。

底架组焊作业要求如下:

(1)本工序的各大部件及零部件经检查质量合格后,填写质量跟踪卡后方可流入下工序组装。

(2)焊接时焊接规范要严格遵守《200EMU 铝合金焊接工艺参数 WPS》;R 部焊接要严格遵守《R 部焊接试验 WPS》;底架边梁自动焊要严格遵守《铝合金底架边梁自动焊 WPS》;底架地板自动焊要严格遵守《底架地板自动焊 WPS》。

(3)焊接修整时要严格遵守《车体结构焊接修整标准》;调修要严格遵守《车体结构校直作业标准》。

5.2.2　底架组焊工艺过程

1. 牵引梁、枕梁组焊工艺过程

(1)单片牵引梁从板座铆接

牵引梁是钩缓装置与车体连接的扭带,是传递纵向力的重要部件之一。从板座与牵引梁型材间的铆接质量对于整个车体来说是非常重要的。从板座铆接时重点控制的工艺和参数为:扩孔、铆钉加热温度、铆接温度以及铆接力等。

扩孔是将从板座预钻眼孔与牵引梁型材上的预钻孔扩成同心和铆接需要的孔径,以保证铆钉铆接后不受纵向剪切力作用。牵引梁型材上的预钻孔径大小一般比从板座孔径小 2~2.5 mm,用扩孔钻或麻花钻进行扩孔。扩孔后的铆钉孔径的选择,见表 5.2。

表 5.2　铆钉直径与铆钉孔直径选择

铆钉直径	ϕ12	ϕ16	ϕ18	ϕ20	ϕ22
铆钉孔直径	ϕ12.8	ϕ17	ϕ19.5	ϕ21.5	ϕ23.5

铆钉的加热温度是否合适,对紧固效果有很大影响。所以,铆钉加热要慎重进行,铆钉加热时可以通过查看铆钉的颜色来推定其温度。

采用空压铆钉枪的铆接温度为 900~1 000 ℃(黄红色-黄色)。

采用液压铆钉枪的铆接温度为 850~900 ℃(淡红色-黄红色)。

铆接时注意事项如下:

①铆接是热塑性作业,所以要迅速准确地进行。

②铆接要在规定的温度下进行。

③在铆接时要去除表面的氧化皮,注意铆钉头没有偏心、扭曲等。

④不要进行铆接校正、或头部校正。未完全铆紧的铆钉、加热过度的铆钉等有缺陷的部分应拔出,避免造成周围的损伤。

（2）牵引梁组焊

为增加牵引梁强度,牵引梁设计时增加了许多补强板,因此,牵引梁的焊接工作量比较大,焊接后变形也较大。在实际焊接中,可采用如下焊接反变形的经验值,如图 5.48 所示。

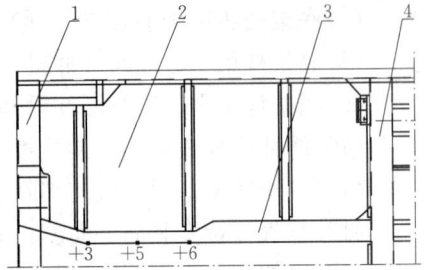

图 5.48　牵引梁反变形数据
1—缓冲梁;2—地板;3—牵引梁;4—枕梁

①开口方向(横向)的反变形量采用长度为 179 mm 的工艺支撑管实现其反变形;

②垂直方向的反变形量,采用加工艺垫板来实现其反变形。

（3）枕梁组焊

枕梁由厚度为 10 mm 以上的铝合金板及型材组成。其组焊时容易产生收缩及弯曲变形。为此,枕梁下料时宽度方向一般按 +3 mm 的放量,长度方向按 +1 mm 的放量,长度方向预置 +8 mm 的垂向反变形。枕梁组焊的工艺流程如下:

①先摆放两根枕梁型材和枕梁下盖板,确定好宽度尺寸。

②安装补强板,点固焊后,进行翻转焊接,完成内部焊缝的焊接。

③对枕梁下盖板的平面度进行确认和调修。

④安装贯通管,并完成贯通管与枕梁的焊接。

⑤安装枕梁上盖板,进行塞焊。

⑥进行枕梁上盖板和下盖板的外焊缝自动焊。

2. 底架框架组焊工艺过程

（1）将边梁放置在底架组焊夹具上进行底架反组,按照图纸要求,通过夹具内的排放,决定边梁的位置,通过对边梁的端部敲打进行调整。

（2）利用专用钢带尺、样板在边梁上标注枕梁、横梁、牵引梁的位置,要在边梁的上下筋板上都划线,以保证安装时横梁下面的间距尺寸要求。

（3）将枕梁、横梁、牵引梁、放入底架组焊夹具内;用夹具将边梁固定在底架组焊夹具上。

（4）将枕梁、横梁、牵引梁临时焊接固定。

3. 底架框架正、反焊接工艺过程

（1）首先进行焊接前打磨工作,打磨待焊焊缝 20～30 mm。

（2）底架框架焊接顺序,首先进行枕梁与边梁的焊接,然后进行牵引梁与枕梁的焊接,最后进行横梁与边梁、缓冲梁与边梁的焊接,其中横梁与边梁的焊接要按照由中间向两端的顺序,一位侧、二位侧同时进行焊接。

（3）焊缝打磨。

4. 底架框架正、反部件安装工艺过程

（1）将底架吊运至零件安装支撑上进行零件安装。

（2）将底架分成车辆中端、以及两头共三个部分进行作业。对于底架中央的横梁之间的机器吊装，用工具使横梁间距扩大后插入机器并安装环槽螺栓。

（3）将安装部件进行焊接、打磨。

（4）利用翻转器将底架翻转，安装尚未安装的部件，并进行焊接、打磨。

5. 底架框架的校正调直工艺过程

（1）将底架正面放置在调直支撑上。

（2）校正牵引梁顶面的平整度。

（3）校正缓冲部梁顶面、侧面的平整度。

6. 地板安装

（1）确认地板的长和宽，安装地板时要前后左右均衡。

（2）将底架框架吊至铺设地板台位上，底架框架端部，用油压千斤顶顶起中梁部分，用手扳拉紧器将侧梁部分拉紧并固定，以防止焊接地板时引起底架框架的变形。

（3）地板上面与底架框架的焊接，焊接时要按照由中间向两端的顺序，一位侧、二位侧同时进行焊接。完成地板上面的焊接。待气密性检查全部合格后，按图纸要求及通用打磨标准（主要是焊缝端部）对焊缝进行打磨。

（4）气密性检查。

（5）地板上面零件安装及焊接。

（6）地板下面与底架框架的焊接及地板下面零件安装。将底架框架翻转并放置在地板零件安装及钻孔台位上，底架框架端部，用油压千斤顶顶起中梁部分，用手扳拉紧器将侧梁部分拉紧并固定，以防止焊接地板时引起底架框架的变形。

（7）地板下面与底架框架的焊接，地板下面零件安装及焊接。

（8）缓冲梁车钩托板的安装处的钻孔（均为反装）。先将检验缓冲梁下平面的平整度，如达不到要求，则进行调修至合格为止；根据车钩托板安装钻孔样板，使用底架地板零件安装钻孔装置进行钻孔。

7. 清扫处理

对底架进行彻底清扫，撤除所有夹具。

5.2.3 主要工艺设备简介

1. 自动焊接机器手

底架地板和边梁均采用通长挤压型材，为了保证长直焊缝的焊接质量，在工艺上采用配有激光跟踪器的自动焊接机器手来焊接。底架配备了一台自动焊接机器手，机器手纵向移动距离为 55 m。

枕梁是底架组成中非常重要的一个部件，枕梁组焊是一个工作量非常大的一个工序，枕梁上下盖板的焊接均为多层焊，并且焊接完成后必须待焊缝全部冷却之后才能松开压紧，进行反面焊接。反面焊接也必须全部冷却后才能进行下一工序。枕梁的焊接时间短于组装、冷却时间,因此工艺上使用一台焊接机器手,配双胎位使用。

2．底架地板组装胎位

底架地板由6块型材组成。在组装时,为使两块型材之间的对接间隙均匀,需制作相应的底架地板组装工装来保证组装质量。在工装上,在两型材接缝处铺设紫铜条垫板,以利于底架地板的单面焊双面成型。

3．底架地板安装以及扩孔胎位

底架在铺设地板时要求地板与侧梁及横梁之间密贴,工艺上制作了两套龙门式地板组装压紧装置,轨道长55 m。为避免底架大部件在厂房之间来回运输,底架上的一些眼孔在底架调修胎位上设置了两套龙门式铣孔机,用于底架上眼孔的加工。

5.3　侧墙组焊工艺

5.3.1　侧墙结构组成及组焊技术要求

侧墙采用大型中空挤压型材插接方式双面组焊而成,不设车内侧立柱,端车与中间车的侧墙结构相同,只是长度不同而已。组成侧墙的挤压型材之间的焊缝在车体纵向采用连续焊接的方式,侧墙与车顶的连接在车内、外两侧进行连续焊接,侧墙和底架边梁之间的连接采用车内侧点固焊接、车外侧连续焊接方式。

侧墙组成分侧门中间部分和门区部分。中间部分主要由侧板和腰板组成。窗口及其以下部分称侧板,通长板有四块,其中窗口部分由窗上窗下通长板预先铣口与窗间板(小块)拼焊而成,两端通到门区部分。腰板由三块通长板组成,均通到外端与端墙搭接,通长板均为中空型材结构。

侧墙采用双面挤压型材插接组焊而成,主要技术要求如下:

(1)侧墙自动焊按WPS执行,图纸上没有标明的焊接按侧墙焊接结构标准进行;

(2)焊缝加工时要严格遵守《焊接部分的焊接加工标准》;

(3)焊接修整时要严格遵守《车体结构焊接修整标准》;

(4)调修要严格遵守《车体结构校直作业标准》;

(5)打磨符合《铝合金焊缝的打磨作业规程》。

5.3.2　侧墙组焊工艺过程

侧墙由七块通长中空挤压型材拼接而成,将侧墙组成分成侧墙板、侧墙门框和侧墙门端三个小工艺部件,可以分别在不同的台位上独立平行进行组焊,在侧墙总组装台位上完成侧墙总组装和焊接。侧墙组焊工艺流程,如图5.49所示。

1．侧墙板组焊

(1)侧墙板预组

侧墙板预组点固焊前,对待焊部位用丙酮溶液进行擦洗,然后用风动打磨工具打磨,打

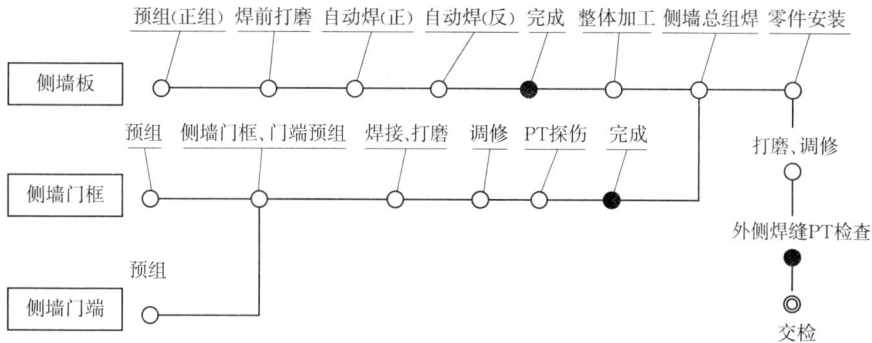

图 5.49　侧墙组焊工艺流程图
○—工序；●—分厂控制检验点；◎—质量管理部控制检验点

磨深度 0.5～1.5 mm。

侧墙板组对时根据不同的车型先确定车体中心，使车体中心和夹具中心重合，板块之间插接的间隙控制在 0.5～1 mm。吊装第 1 块板到夹具内，用卡拦将板的两端与夹具定位并夹紧固定，然后中间每隔 2 m 用卡拦夹紧固定。组装顺序由第 1 块板至第 7 块板，同时将侧墙板一端对齐。为减小侧墙的焊接变形，必须使侧墙板与夹具定位块紧密接触，不能有间隙。

侧墙板点固时一定要注意点固焊缝的长度。焊缝过长，容易造成激光跟踪不能绕过焊缝；焊缝过短，则连接强度不够，容易造成侧墙板焊接时开裂。一般点固焊缝的长度为 50～60 mm。点固后对焊缝两端进行打磨沟槽，使焊缝中心没有打磨的焊缝保持在 25～30 mm，并且保证沟槽的最低处距焊缝最低处 2～3 mm。开槽位置如图 5.50 所示。点固焊缝间隔为 1.5 m。同时尽量使点固焊缝布置在窗口范围内，这样可以在加工窗口部分的时候把这些点固焊焊缝加工掉，可最大限度的减少焊接不良现象。

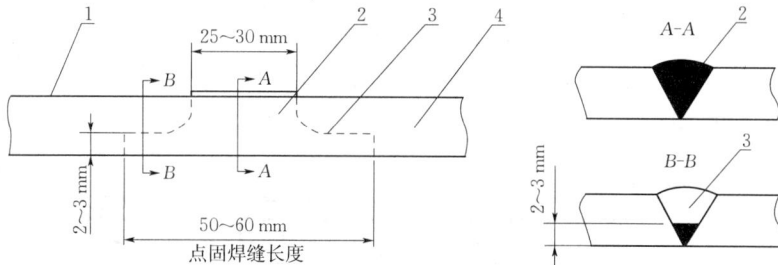

图 5.50　开槽位置
1—侧墙板；2—焊缝金属；3—开槽；4—坡口

（2）侧墙板自动焊

侧墙板自动焊接是侧墙制造工艺中最重要也是最关键的一步。焊接前一定要打磨通长焊缝，然后用高压风吹掉焊缝中的细小铝屑，并且要求打磨后一定要在 4 h 内焊接完成。如果超过 4 h 没有焊接，那么要在焊接前进行重新打磨。否则，铝合金表面将生成三氧化二铝氧化膜，影响焊接质量。另外，由于自动焊机在起弧和收弧时电流不稳定，容易造成焊接缺陷，因此，在焊接前一定要增加引弧板。

使用焊接机器人对侧墙进行焊接过程中,要随时观察焊接情况,如有因焊缝根部间隙不均而引起焊接不良的趋势,应根据实际情况在规范允许范围内调整焊接参数,使焊接质量趋向良好。正面焊接完成,将侧墙翻装到反装台位夹紧,进行反面焊接。侧墙板自动焊焊接参数见表5.3。

表5.3 侧墙板自动焊焊接参数

焊丝	焊丝直径(mm)	电流(A)	电压(V)	气体流量(L/min)
A5356	φ1.2	正:170~190	正:18~23	正:27
		反:140~170	反:18~20	反:25

由于铝合金的热传导很大,如果焊接顺序不正确的话,很容易造成严重的侧墙板变形,因此,侧墙焊接必须严格按焊接顺序进行。侧墙的焊接顺序是:1、5-6-2、4-3,其中第1、5道和第2、4道焊缝是同时焊接,如图5.51所示。

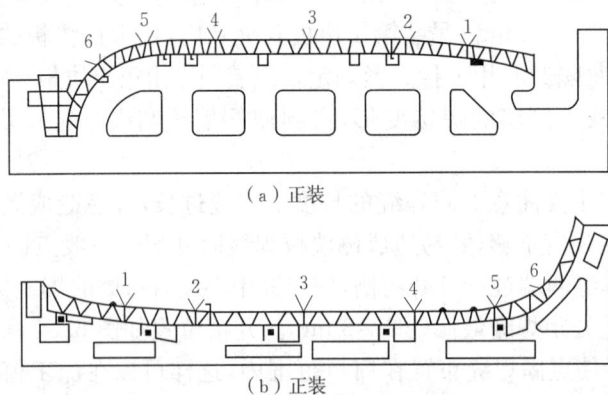

图5.51 侧墙焊接顺序

侧墙板自动焊接时一定要在门端部位增加垂向和纵向工艺梁。垂向工艺梁安装在侧墙端部,用于支撑第6、7块通长侧墙板,以免造成侧墙板焊接受热下垂;纵向工艺梁安装在门框侧墙板中间部位,如图5.52所示。

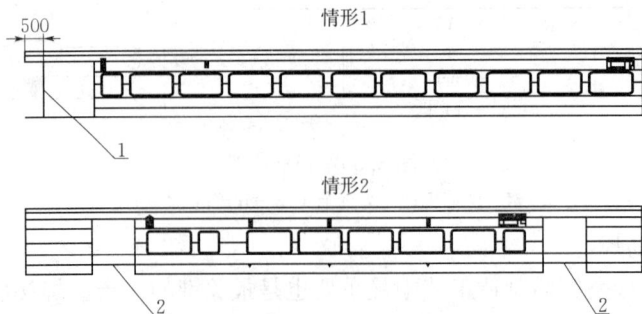

图5.52 门端部位工艺梁的位置(单位:mm)
1—垂向工艺梁;2—纵向工艺梁

(3)将侧墙运送到双工位加工中心进行整体加工。

2. 门端组焊

门端组焊包括门组焊、户袋板组焊，以及门框与户袋板组焊，如图 5.53 所示。由于门框横梁是中空型材，焊接时里面的空气受热膨胀容易造成焊接缺陷，为此，一定要在门框上、下横梁中心开 $\phi4$ mm 的排气孔。门框组焊后要根据样板进行火焰调修，调修时一定注意加热温度。用温度笔测量温度，将门框调修温度控制在 250 ℃ 以下。

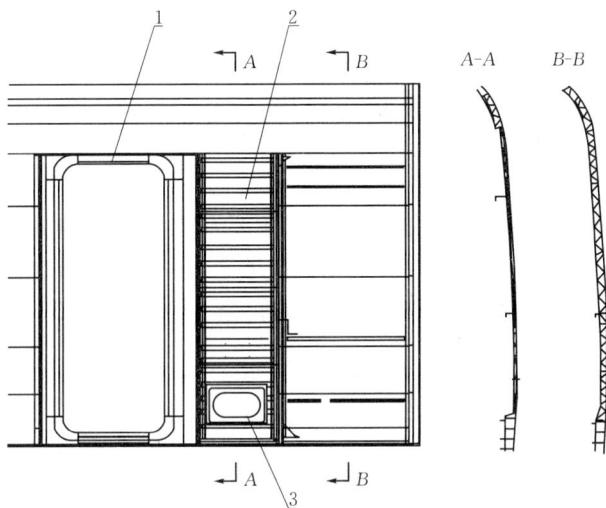

图 5.53　门端组成

1—门框；2—户袋板；3—检查孔。

户袋板是单层挤压型材，焊接时采用单面焊双面成型，两户袋板对接时根部间隙控制在 0.5～1 mm。

门框与户袋板组焊前要将搭接面进行打磨和调平，使门框和户袋板组焊后整体在同一个曲面内，并且符合侧墙轮廓度。焊接检查孔边框时只在内侧进行点固焊，外侧焊缝要在侧墙总组成后再进行焊接，这样做可减少单层户袋板的焊接变形。组焊时为了减少焊接变形一定要在户袋板的边缘处加工艺板。

3. 侧墙总组装及零部件安装

将组焊好的侧墙型材和门端组成吊至侧墙总组台位进行侧墙总组装。侧墙总组装一定要严格按照带状样板进行定位，同时要注意门端与侧墙板的装配关系，确保侧墙的整体长度以及门口中心线到车体中心线的距离是否满足图纸要求，定位后点固。利用翻转吊具将侧墙翻转到调修台位，对侧墙型材与门端组成进行正面焊接。焊接顺序为：先焊横向焊缝再焊纵向焊缝。横向焊缝焊接时从内向外焊接，纵向焊缝焊接时按照从上向下的顺序，并且在焊接时应使用液压千斤顶和垫板在侧墙内侧、焊缝下方顶紧侧墙以免造成焊接塌陷。

侧墙零部件的安装主要根据各种样板定位画线，然后根据图纸标注的要求进行焊接和打磨。零件安装完成后，进行调修，使侧墙外轮廓满足要求。

4. 侧墙整体调修及 PT（浸透探伤实验）探伤

侧墙调修是非常关键的工序，也是技术要求很高的工序。在侧墙调修台位上，使用专用铣销机(MAC-Ⅱ或FRC-20-1)铣去焊缝余高。使用样板进行卡样加热调修,使用火焰较细的H07-20A型焊炬配丙烷焊嘴4号,或者使用H07-12A型焊炬配丙烷焊嘴5号进行局部调修。注意火焰必须垂直于焊缝,加热后,对焊缝两侧隆起部位用平锤调平。调修时加热温度必须控制在250℃以下,局部加热时间不要超过2 min。调修时要注意使用细小火焰的火焰喷嘴,可以最大限度的防止焊缝周围受热隆起,减少调修时的锤痕。

侧墙调修后要进行侧墙外侧通长焊缝的PT探伤,对有焊接缺陷的部位一定要进行TIG焊补焊。

5.3.3 侧墙焊接变形分析及防止措施

1. 侧墙的焊接变形

图5.54为侧墙变形示意图,侧墙的焊接变形主要发生在侧墙上部与顶棚插接部分及侧墙下部与底架边梁搭接部分,焊接变形趋势主要是侧墙上下两端向内侧卷曲。用侧墙外轮廓度样板卡侧墙外形时,侧墙外表面与标准模板之间的间隙平均值约在20~30 mm范围内。

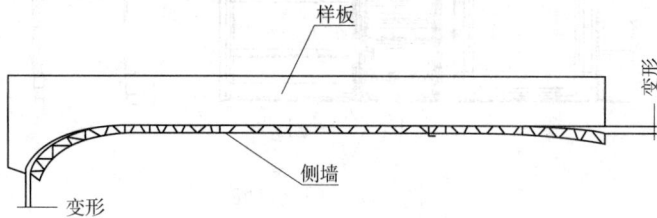

图5.54 侧墙变形示意图

2. 原因分析

根据侧墙组焊工艺流程,侧墙型材组焊采用先正装后采用反装。中空型材拼接有内外侧焊缝,正装时焊接外侧焊缝(一次焊接),反装时焊接内侧焊缝(二次焊接)。侧墙在自由状态下以同种规范进行焊接,一次焊接变形要大于二次焊接变形,这是由于一次焊接后侧墙的刚度增加,二次焊接时,侧墙整体抵抗焊接变形的能力加强。侧墙在夹具刚性固定下进行焊接,则二次焊接变形要大于一次焊接变形。这是因为二次焊接产生的收缩应力远大于一次焊接形成的残余应力,故产生如前所述的焊接变形。

3. 防止措施

以上分析得知,侧墙的焊接变形是反装焊接变形与正装焊接变形之差。为此,采用预置反变形法,通过对二次组焊夹具进行改造来控制侧墙的焊接变形。具体做法是,根据反面焊接时侧墙与工装模板之间的间隙,确定侧墙反面焊接夹具改造方案,如图5.55所示。

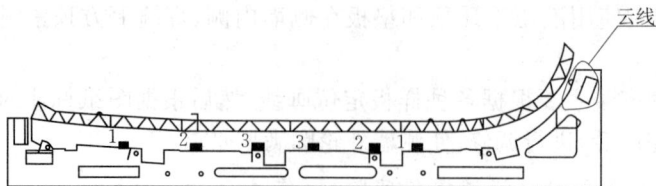

图5.55 侧墙工装改造示意图

将图中云线处的模板割去,使具有一次焊接变形的侧墙放在反装夹具上能够下落,减小侧墙中部与夹具模板之间的间隙。根据侧墙下落后其中部与夹具模板之间的间隙值确定在阴影 1 处增加 6 mm 厚的垫板,在阴影 2 处增加 8 mm 厚的垫板,在阴影 3 处增加 10 mm 厚的垫板,从而使侧墙与工装在反面焊接时实现贴靠。工装改造后,侧墙的焊接变形得到了很好的控制。同时,对于多条通长平行焊缝的焊接,尽量采用对称施焊顺序,侧墙焊接变形基本稳定在 4~6 mm,达到了侧墙制造的质量要求。

5.3.4 主要工艺设备

侧墙组焊工艺设备主要有 IGM 龙门式自动焊和肯比 3200MIG 焊机。

5.4 车顶组焊工艺

5.4.1 车顶组焊技术要求

车顶是车的上部结构,是受电弓、高压电缆等车顶设备的安装基础。车顶由 7 块大型中空挤压型材拼接组焊而成,车顶和侧墙的连接采用车内、外侧双面连续焊接车顶上零件安装焊接质量符合《铝合金 MIG 和 TIG 焊接作业标准 JIS Z 3604》。

5.4.2 车顶组焊工艺过程

1. 车顶装配—焊接工艺流程

车顶预组—自动焊接—内部零件安装—外部零件安装—下工序。

2. 车顶装配—焊接工艺过程

(1)组装前准备,检查焊机,准备工具。

(2)车顶型材点固焊。将车顶板吊入车顶板组装工装,靠在定位装置上,进行点固焊,加装引弧板(收弧板)。

(3)车顶型材自动焊。在点固焊焊缝两端铣出 V 形坡口、打磨焊道,用自动焊机焊接通长焊道。

(4)零件安装。施工前准备需要的工具。利用钢卷尺按图纸要求画出零件位置,确定位置后进行零件的安装。

(5)现场清理。工作完成后清扫车顶工作区域内的铝屑。

5.4.3 主要工艺设备简介

IGM 焊接机器人系统由机器人本体、控制系统、变位机、示教器、远程控制盒、跟踪系统、焊接系统和应用软件等组成。控制系统采用奔腾 CPU 及全数字式信号通讯,能够控制机器人 6 轴、三维龙门机架 x、y、z 轴及变位机轴,能扩展 2 个外部轴。机器人本体采用 6 轴肘节式结构。作为人机交换界面的示教器和远程控制盒用来进行机器人控制。跟踪系统采用接触式喷嘴传感器、电弧传感器、ELS 激光传感器三种跟踪方式,可实现对 V 形、角焊缝、塞焊缝等多种形式焊缝的跟踪。焊接系统采用 Fronius TPS5000 全数字化控制的逆变焊接电源。

5.5 端墙组焊工艺

5.5.1 端墙结构组成及组焊技术要求

本节所述的端墙是指外端墙。端车车体一端带有端墙,中间车两端均带有端墙。端墙根据车辆卫生间和洗脸间的布置分为两种结构形式,即分体式和整体式两种,如图5.18所示。端部设有卫生间和洗脸间的车体,其端墙是分体式结构,端墙板上设有用于搬运卫生间玻璃钢模块的开口,搬运完成后,将铝合金板与铝型材骨架组成的闭塞板用螺栓连接在开口处,并填充密封材料保持气密性。端部未设卫生间和洗脸间的车体,其端墙是整体式结构,采用铝合金板与铝型材骨架的焊接结构。

骨架总组过程中,需按照《端墙工艺尺寸指导书》所规定的工艺放量进行组装。可拆卸端墙的总组装过程,需要点焊,此过程需参见《铝合金定位焊接作业标准》。

5.5.2 端墙组焊工艺过程

端墙的制造过程主要分为两步:骨架的组焊调修、外板的组焊。

骨架组焊由小骨架组焊和骨架总组两部分组成。小骨架主要采用点固施焊,容易产生焊接变形,使用小骨架预组工装。

骨架总组包括整体端墙骨架组焊和可拆卸端墙骨架组焊两种形式。

外板主要使用点焊机进行点焊操作,将点焊后的端墙吊至外板组装工作台,对外板四周进行焊接,焊接时要使焊缝宽度均匀,跨过角支柱外沿。最后将端墙放到部件安装支架上,按照图纸要求安装各零件。

5.5.3 主要工艺设备简介

外板点焊中所使用的点焊机为日本进口设备,名称为ANC-202/302数值控制器,是由日本AVAIL技研公司积累多年的经验,研发出的多功能并且操作简便的泛用控制系统。使用界面为标准的G/M Code,使操作者能够轻松学会操作,其中所包含的PLC功能更能使操作者灵活运用,使本控制器的运用范围更加多元化。

控制器本身包含一个6英寸的LCD显示面板,并可以做中英文切换。标准硬件界面包含有DC电源供应器、四点标准机械输入信号、16点泛用输入点及16点泛用输出点。并可应需求另外再扩充16点泛用输入及输出点、手摇轮界面或是一组D/A输出界面。并且可以透过RS-232C通讯界面或是其他通用输入或输出与其他的控制装置做沟通。

其他软件功能包括软件正负极限保护、工具位置补正等,并提供多元化的参数供使用者调整,使控制器功能更加弹性化。还可搭配由该公司的PC用的RS-232C通讯介面软件,使操作者在使用上更加方便、更有弹性。

5.6 司机室组焊工艺

5.6.1 司机室结构特点

司机室由乘务员门框、客室门框、前窗框架预组、骨架组装和外板等组成。焊接时,先将整体骨架组成后再将外板贴到整体骨架上手工焊接。因其外形由不同的曲面组成,需要几十种不同规格的外板通过锤压机成形后方可贴到骨架上,所以需要很高的铆工操作技术。焊接后的司机室整体骨架如图 5.56 所示。

（a）司机室骨架   （b）司机室组成

图 5.56 司机室整体骨架及组成

5.6.2 司机室组焊工艺过程

司机室组焊工艺流程如图 5.57 所示。

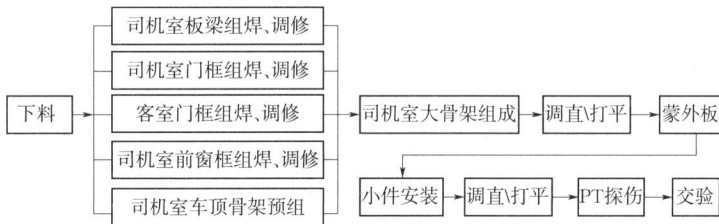

图 5.57 司机室组焊工艺流程

5.6.2.1 下　料

1. 外板成形

司机室外板共有 68 块,其中 8 块是通过模具直接成形的,另外 60 块是用压力机和卷床成形后再用锤压机整形的工艺制作完成的。

模具成形时,经常会出现外板成形后发生褶皱,这是由于在模具成形时外板的周围没有拉紧造成的,所以在模具成形时一定要把外板拉紧后再成形。锤压机的锤头是平的,在对外板进行整形时,弧度向外放比较方便。用卷床卷完后,弯曲半径要尽可能小于外板成形后的弯曲半径。锤压机的锤头间隙不能过小,否则使外板收放过大,降低铝合金板的延展性,使铝合金板出现裂纹。

2. 前窗框骨架成形

由于前窗框骨架是立体结构，采用正常的成形工艺无法完成。借鉴国外工艺技术，采用国产化双向压力机进行预成形，再根据木模型检测样板，用锤压机和 100 吨压力机等设备进行手工调修成形。

3. 司机门立柱成形

司机室门左右两根立柱分别由 7 块、3 块组成。每块都是由铝合金板经过压力机和锤压机成形，再由样板检测，用锤压机手工调修成形，与卡弧样板间隙不大于 3 mm。

5.6.2.2 部件组焊

1. 前窗框组焊

前窗框骨架组焊是在前窗框组焊夹具上进行的。首先根据夹具的定位点位置将骨架摆放好，利用卡拦压紧，检测各个定位尺寸无误后进行点固。点固完成后在易产生变形的位置焊接工艺梁以防止变形。由于前窗框是立体结构，在夹具上焊接时的变形很难控制，所以只在前窗组焊夹具上进行点固。在司机室骨架总组时，高度和宽度加装工艺梁后再进行焊接。

2. 司机室门组焊

司机室门的结构复杂，两侧立柱是由多块板成形后焊接而成的。为了保证司机室门组焊后的尺寸要求，要进行门立柱预组。门立柱预组是在简易工装上进行的，预组后根据样板检测，利用压力机和锤压机手工调修成形。

司机室门装配焊接顺序：(反面)门立柱、下门角、门槛-门角、门上横梁、零件-(正面)上下门角、门槛、门上横梁。司机室门组焊控制的工艺参数有：门框内侧的直线度，门立柱、支承以及安装座的平面度不大于 1 mm/m，支承及门框的对角线差不大于 3 mm。为保证门框的尺寸要求，组焊时要在门框内部加工艺支撑，同时，门框的高度和宽度分别增加 6 mm 和 4 mm 的工艺放量。

3. 司机室骨架总组

司机室骨架组装先对前端板和后端弯梁进行定位，采用从前向后、从上向下的顺序进行。首先确保前窗、司机室门、客室门、后端弯梁的中心位置，再根据这些中心位置对其他横梁、纵梁及车顶骨架进行调整。在进行骨架组装时，一定要注意各个插接处不要高出车体弧度，骨架组装完成后要在司机室高度和宽度方向加工艺梁支撑，防止其焊接变形。

司机室骨架焊接时，要采用由外向内、由上向下对称方式进行焊接，横梁与纵梁的插接处要进行封头焊接以保证焊接强度。由于窗骨架型材强度比较大，焊接时要先对其他的横梁、纵梁进行焊接，以免在对窗骨架进行焊接时，其他骨架产生变形。由于铝合金焊接收缩量较大，为了保证图纸要求尺寸，在司机室长度方向增加了 25 mm 的工艺放量。

4. 外板组焊

司机室外板组装的顺序是：先组装板厚 6 mm 的外板，然后依次组装客室门上板、窗上板、门窗之间板、窗下板、气密鼓前板、裙板。外板点固时，要在板厚 2.5 mm 的外板对接焊缝下面加 4 mm 的垫板，板与板之间留 3 mm 的间隙，并且要使外板对接处向外翘 2~3 mm，可以弥补焊接时的收缩变形，避免外板产生凹陷。前窗周围的外板与窗骨架的间距为 5 mm。由于外板焊缝较长，全车焊缝总长大 90 m 左右，焊接时采用两侧对称同时焊接。

5.7 车体总组装

5.7.1 车体总组装工艺特点

动车组车体是由底架、侧墙、端墙和车顶组成的,如图 5.58 所示。由于动车组车体大部分采用大型中空挤压铝型材制造,其各大工艺部件的结构与碳钢车体有很大区别。动车组车体底架、侧墙和车顶没有骨架结构,在动车组车体总组装中,可省去一些梁和柱的焊接,代之以四条长大焊缝(图中的焊缝①、②、③和④)的焊接,这些长大焊缝非常适合于采用自动焊焊接。

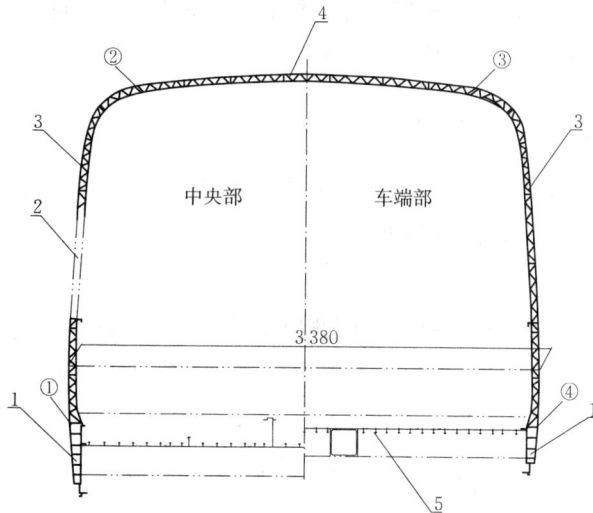

图 5.58 动车组车体断面(单位:mm)

1—边梁;2—车窗;3—侧墙;4—车顶;5—地板

动车组车体采用的铝型材分为中空挤压型材和开口挤压型材。中空挤压型材是由两层板和筋板组成的结构,称为双壳结构,如图 5.59 所示。双壳结构拼接采用套入式结构,通常需要两面焊接。通常,外部能看到的焊缝要打磨,而内部的焊缝可以保留。

开口挤压型材由一层外板和筋板组成的结构,称为单壳结构,如图 5.60 所示。单壳结构的拼接采用对接形式,在焊缝底面加垫板焊接,单面焊双面成形。

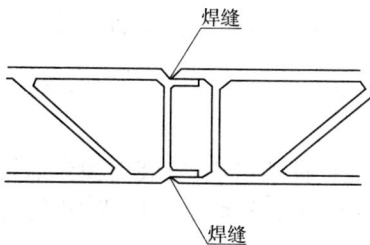

图 5.59 双壳结构焊缝

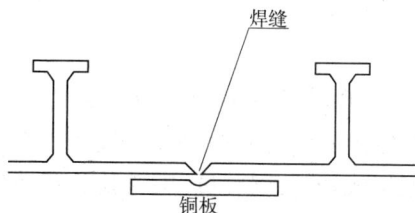

图 5.60 单壳结构焊缝

5.7.2 车体总组装工艺过程

车体总组装工艺过程为：预制挠度→底架安装→端墙吊装→侧墙吊装→车顶吊装→车顶自动焊接→车体打平→车体内部零部件安装→司机室内部件安装（端车）→雨淋试验和交验。

1. 预制挠度

用挠度器检测各个支撑立柱（包括假台车）的高度，进行预制挠度。

2. 底架安装

（1）将底架起吊并落到支撑上，尽量保证左右对称（进台位时务必注意一、二位端方向），调整枕梁部位的高度，使底架处于水平状态，确认预制挠度值是否符合要求。

（2）在底架边梁上量出门口的宽度尺寸，划出门口中心线，将一、二侧墙门口的位置标注在边梁上平面。

3. 端墙吊装

对于端车，将端墙（司机室）组成放置于底架框架上。对于中间车，分别吊装一、二位外端墙，外端墙上部向外倾斜，预制倾斜度。

4. 侧墙吊装

首先对焊道进行清查和脱脂处理，以便侧墙吊装后施焊。将侧墙组成放置于底架上，对准门口定位线，用样板检查门口尺寸，用手扳葫芦进行调整并点固。

5. 车顶吊装

将车顶组成起吊并落到侧墙和端墙上部，利用中心定位并点固。

6. 车体自动焊接

打磨底架与侧墙、车顶与侧墙之间的四条通长外部焊缝，对焊接部位进行研磨加工后，对四条通长外部焊缝进行自动焊接。

7. 车体打平

测量端墙外板、侧墙车窗上下方的外侧面平整度，检查侧面出入口部位车门的接触状态及上下部的平整度。用手扳葫芦对车体内高进行定位，在车顶的通长焊缝上进行加热、调修，侧墙使用样板检测并进行打平。

8. 车体内部零部件安装

检查车门的平整度及车门与立柱的平行度并调修。安装车内零部件并焊接，打磨和调修。

9. 司机室内部件安装（端车）

在司机室内安装气密性隔板，在地板上安装高地板框架组成，安装驾驶台框架组成及侧面机器框架组成，安装驾驶员、副驾驶员背面隔板框架及乘务员出入口背面隔板框架，焊接和打磨。

10. 淋雨试验和交验

将车体运至淋雨试验台,通过试验装置进行放水,进行淋雨试验,交验。

5.8 动车组总装

5.8.1 动车组总装工艺流程

动车组总装是动车组制造过程中的最后一道工序。当动车组车体制造完成并交验后进入此工序。动车组总装主要完成动车组车下设备的组装、车内设备的组装、司机室设备的组装、车顶设备的组装、落车及交验等。与传统客车总装相比,动车组总装内容繁多、工作量大、电气设备多、工艺复杂且组装质量要求高、采用新工艺多等。图 5.61 为某种类型的动车组总装工艺流程。

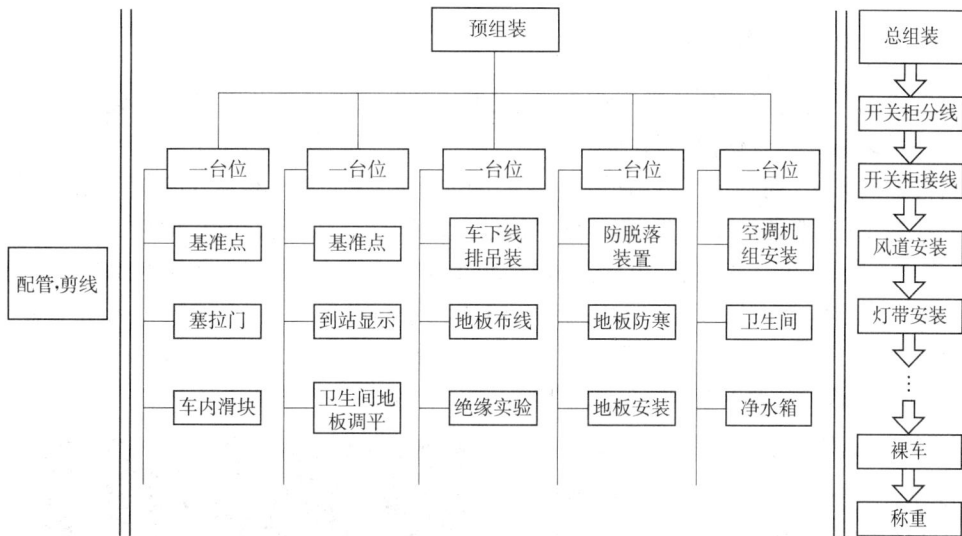

图 5.61 动车组总装工艺流程图

动车组总装由配线配管生产线、预组装生产线、总组装生产线组成。动车组配线配管生产线属于车下准备工序。预组装生产线和总组装生产线为动车组组装主生产线。动车组总装采用了流水台位+固定台位生产模式。预组装设置为流水作业模式,总组装为固定台位生产作业模式。

动车组配管配线生产线配置了数控切管机、数控弯管机、高架放线架、分线架自动卷线机,保证配管配线质量。主要负责动车组车下管排准备、车下线排准备、车顶高压线制作等工作。

动车组预组装厂房整体安装了中央空调设备,调节厂房环境满足粘接工序要求。同时,配备了相应的工作平台、气垫车、打胶泵、管排线排运输等设备。预组装流水线配置了基准点、内藏门、车窗、隔热材、地板、卫生间、车体地板以上布线、车底线排、空调机组、水箱、车顶高压设备、车钩及风挡等安装工序。

动车组总装设固定高架式台位,利于车下设备件的吊装,减轻工人劳动强度,提高劳动效率。主要完成动车组车内外设备、设施的总成装配、称重测量等,具体包括内装,车内设备,车下悬挂件,两端,司机室,电配,电器,接线、牵引、制动、落车(车体与转向架联接,承重,扭力检测,外形测量)、车辆返工等工序安装和装配。

动车组总装采用流水线和固定台位两种作业方式。

动车组涂装和预组装均采用流水作业方式。各台位的工序、物流及管理较为清晰,生产计划性强,物流及生产管理保障性要求较高,工序衔接紧密,台位利用率高。特殊工序作业台位(如高台位、驾车位、粘接等)配置需求量小,各台位的工序与周期之间形成匹配且稳定的节拍。

动车组总装采用固定台位作业方式,具有较大的灵活性,不同车厢之间影响较小,单车工序顺序化排布严谨,多工序并行开展。固定台位作业方式的工业化设施具备较大的柔性,可实现多项目多工步的同时作业。

5.8.2　车下设备安装

动车组车下设备组装包括整个列车牵引、网络、制动、辅助等主要部件的装配,均采用了整体模块吊装方式。具体内容包括:

排障器的安装、前端导流罩组成安装、牵引电机通风机、变压器及其冷却单元、牵引变流器及其冷却单元、双辅助变流器、单辅助变流器、设备电器箱安装、挡板、护板、厨房变压器安装、厨房给水装置、电池箱安装、电池充电机、头车司机室空气压缩装置安装、IC车空气压缩机安装、车下废水箱安装、废排单元安装、转向架轮缘润滑器安装、车下废排风道安装、设备舱支架安装、大裙板布置、设备舱底架下盖板安装、多普勒雷达安装、头车车头前端底部导流罩安装、EC车撒沙装置安装、IC车撒沙装置安装、注水口罩板安装等。

1. 排障器的安装

排障器安装在自动车钩的下面。将排障器运到端车的安装位置下,在排障器与车体的接触表面涂上密封胶,再将排障器升起使其涂胶部分与车体安装位置紧密接触。按照工艺要求定位并采用螺栓紧固,如图5.62所示。

2. 前端导流罩组成安装

导流罩位于端车的前端。如图5.63和图5.64所示,将导流罩自动车钩处的罩板打

图5.62　排障器安装位置图

开并用木块卡住,吊起导流罩移运到车体安装位置。在车体前端安装双头螺栓和定位销,在双头螺栓和定位销放置3个左右的垫片。将导流罩安装到车体前端,缓慢移动导流罩使其定位孔与车体前端的定位销对准。将导流罩上部和下部螺栓紧固,最后用扭矩扳手将导流罩安装螺栓全部紧固。为防止水进入,在车体和导流罩之间的缝隙处用活化剂进行清理,填

充密封材料,涂打密封剂并刮平。

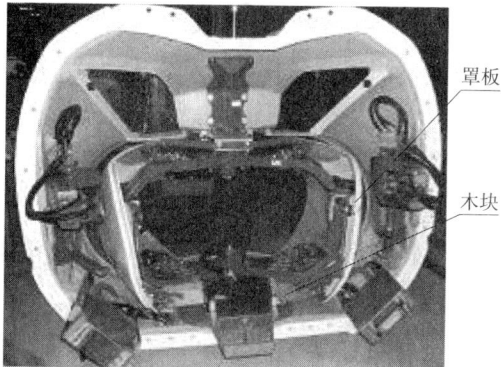

图5.63 导流罩

图5.64 导流罩安装

3. 牵引电机通风机安装

在牵引电机通风机支架的每一个安装孔上放置一个垫片,每个垫片上都要涂上高温胶。再将牵引电机通风机的支架安装在车体相应的滑槽上,用尺测量支架的位置,符合图纸尺寸要求后再紧固好支架。

在转向架通风口处紧固法兰和橡胶密封垫,用电钻在标记位置钻孔,固定法兰板。以法兰压板上的孔在车体上的位置做好标记,用电钻在标记位置钻孔,用拉铆钉将法兰压板拉铆在车体上。

在转向架通风口法兰板和通风机之间安装软风道,在螺栓上涂胶进行紧固。安装牵引电机通风机与车体之间的连接地线,用扭力扳手紧固螺栓并打防松标记。

4. 变压器及其冷却单元安装

将变压器及其附带油箱运送到车下安装位置,用大功率拉铆枪组装变压器的安装座,将变压器四个角的安装轴上涂满组装胶,再将安装座套在四个安装轴上。

如图5.65所示,将升降车向上升起对变压器进行微调,使4个角上的安装孔对准车体上边梁上的滑块安装孔,将吊装螺栓预旋入车体滑块安装孔中,将变压器缓缓升起并逐步紧固安装螺栓,最后将变压器安装在车体上。

安装并连接车顶膨胀油箱与变压器之间的输油管,仔细观察车下连接油管的各个接头是否有漏油。如果有漏油现象,必须马上对漏油的接头进行紧固,安装变压器以及冷却单元与车体之间的连接地线。加扭力并涂打防松标记。牵引变流器安装方式与变压器安装方法一致,不再赘述。

5. 转向架轮缘润滑器安装

将轮缘润滑器的油箱安装支架紧固在车下的滑槽上,再将油箱安装在支架上并紧固螺栓。将电磁阀,球阀G1/4,管卡安装在轮缘润滑油箱安装支架上。连接轮缘润滑的输油管。在车头前端的沙箱位置附近的车体电器箱内安装转向架轮缘润滑电控箱。将所有图纸要求加扭力的安装螺栓加扭矩并涂打防松标记,安装完毕。

6. 车下废排风道安装

在车下废排风道的风道口处粘贴密封材料,将风道口处粘贴好密封圈后,将废排风道顶入车体废排风道口中,紧固安装螺栓。在废排风道下部出风口外围粘贴密封圈以便于风道与废排风机之间密封,如图 5.66 所示。

图 5.65　用升降车安装车下设备

图 5.66　废排风道安装

7. 设备舱安装

首先安装设备舱支架。将螺纹板和滑块布置到设备舱支架上的滑槽里并移动到相应的位置,将设备舱支架的吊架安装在滑块上,安装裙板支撑架上的地线。

然后安装裙板。将各个裙板的外表面用胶带布做好防护,以免在安装过程中划伤表面。安装吊装裙板的挂钩和裙板的紧固支架,先不要紧固,以便安装裙板时对挂钩和支架进行调整,按照图纸要求将裙板挂在支撑架上,使裙板上的紧固螺栓与支架上的锁孔对准。各裙板之间的缝隙要均匀,加扭矩并涂打防松标记。转向架裙板支架和裙板在落车后安装。

最后安装设备舱底架下盖板。按图纸要求安装在裙板支撑架对应的位置上。

其他设备电器箱安装,包括多普勒雷达、撒砂装置、双辅助变流器、单辅助变流器、设备电器箱、厨房变压器、厨房给水装置、电池箱、电池充电机、头车司机室空气压缩装置、IC 车空气压缩机、车下废水箱等安装,其吊装方式相同,不再赘述。

5.8.3　车内设备安装

车内设备按部位分为四大部分:内装、设备件、空调装置和给水卫生系统。内装包括:防寒材料、侧墙、地板、中平顶板等安装;设备件包括:座椅、行李架、木质柜体间壁、厨房等;空调装置主要是车上通风系统;给水卫生系统包括:车上供水排水管道、卫生间等。

按照安装过程分为制造类和特殊类安装。制造类包括:地板、侧墙装饰、平面天花板等;特殊类包括:外部防护涂层、绝缘、窗户、地板、侧墙、顶板、乘客须知、行李架、座椅、隔板/门/橱、外饰、厨房、厨房/饮水设备、司机室等。不管是何种分类方式,各个部分之间是相对独立的,但同时又是互相依赖的一个整体。

车内设备安装时主要使用的工具有手电钻、棘轮扳手、十字螺丝刀、六角扳手、钳工工具箱和歪脖钻等。

5.8.3.1　内装部位安装

内装部位包括防寒材料、侧墙、地板、中平顶板等。内装设计的现代化和高档化是高速列车车内设计水平现代化的标志之一。动车组在内装材料的选用方面体现出多样化和高技术含量的特点,内装材料及内装件主要分为 GRP(玻璃钢)制件和木质件。

1. 车内防寒材料安装

车内防寒材料安装分五部分:侧墙防寒材料、端部防寒材料、车顶防寒材料、地板防寒材料和前端防寒材料。

防寒材料包括沥水板和玻璃棉毡。沥水板下料时,按给定的尺寸方向与车体接触面的型线方向一致进行下料。如图 5.67(a)所示,从侧墙一端开始,在窗口下侧区域沥水板上涂胶,同时在图示的车体区域涂胶,15 min 内粘贴沥水板。在侧墙两端区域涂胶,15 min 内粘贴玻璃棉粘件。防寒材料安装过程中根据现车结构需要开口的,在开口周边直接刷胶密封,确保密封完全,无玻璃纤维飞出,如图 5.67(b)所示。

（a）车体涂胶　　　　　　　　　　　　　　（b）防寒材料开口

图 5.67　车内防寒材料组装

2. 地板木骨、防拔装置及地板组装

底架结构一次喷底漆后,粘贴木骨架。如图 5.68 所示,根据图纸要求划线,木骨架以车体纵向中心线为基准铺设。清洗木骨与车体接触面,木骨架涂胶后 30 min 内粘贴在地板上,用 5 kg/m 的压块压紧,5 h 内车厢内不允许工作,木骨粘贴后在底架结构上喷涂绝缘漆。

地板木骨安装完成后,安装防拔装置,如图 5.69 所示。从车体中心分别向一、二位端标出各防拔装置的位置,用螺母将防拔装置紧固在底架上。根据扭矩要求施加扭矩,并涂打防松标记。

图 5.68　地板木骨铺设　　　　　　　　　　图 5.69　防拔装置安装

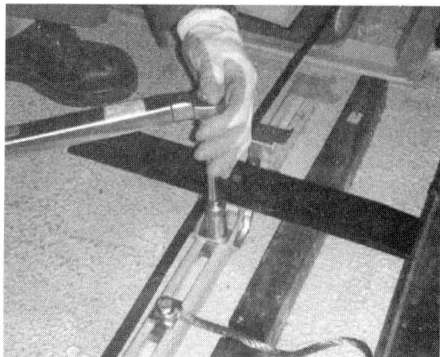

按图纸要求摆放木地板。如图 5.70 所示,将相邻两块地板的插接面刷上白胶。插接

时，注意标记的中心线和两边缘均需对齐。木地板铺放时，注意不能挤压线缆和防拔装置。司机室木地板和客室木地板安装工序类似，如图 5.71 所示。

图 5.70　地板插接面刷白胶

图 5.71　司机室地板安装

3. 侧墙板、边顶板、多孔顶板和平顶板安装

侧墙板安装之前，用清洁剂与无纺布清理安装码和座椅型材上的杂物，清理后在安装码上粘贴两片 3 mm 厚度的垫片，在座椅型材上粘贴毛毡条并压紧。

将侧墙板抬入车内放置在座椅支承型材上，上部暂时用固定卡卡住。以窗口中心定位，依次预固定窗口处侧墙板，如图 5.72(a)所示。侧墙板调整完成后使用棘轮扳手紧固。用吸尘器吸去木屑，用密封胶密封钻孔，如图 5.72(b)所示。最后，将穿条从座椅支承型材下面穿入两墙板之间，自下而上嵌入两墙板之间，保证穿条与侧墙平齐。上部用螺钉固定，如图 5.72(c)所示。

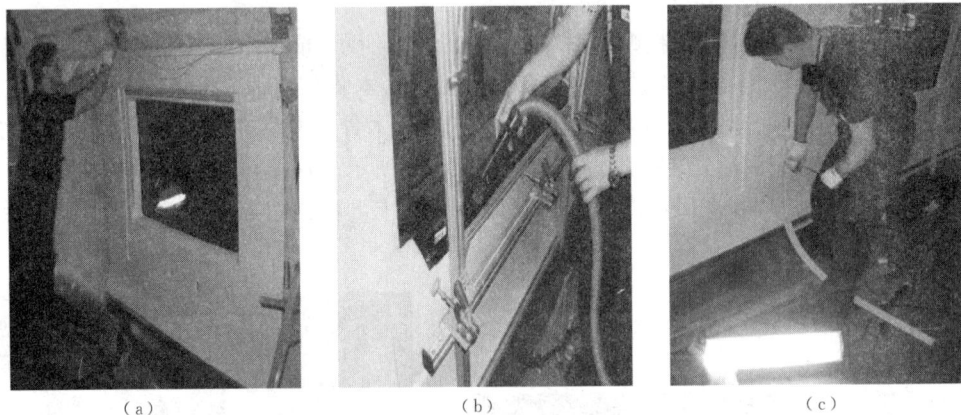

（a）　　　　（b）　　　　（c）

图 5.72　侧墙板安装

边顶板安装分为两部分：边顶支架和边顶板安装，在确保行李架支架安装完成后，安装边顶板支架，如图 5.73(a)所示。将边顶板紧固件先预紧到风道支架上，从一位端开始依次安装边顶板，如图 5.73(b)所示。在顶板缝隙中插入弹性插条，从上向下插入，插条上表面与边顶板上表面平齐，如图 5.73(c)所示。

多孔顶板分为休闲区多孔顶板和客室多孔顶板。客室先安装中顶板密封圈，在中顶板边缘分别粘上均匀分布的减振毛毡条，从二位端开始安装多孔顶板，顶板是通过折页固定

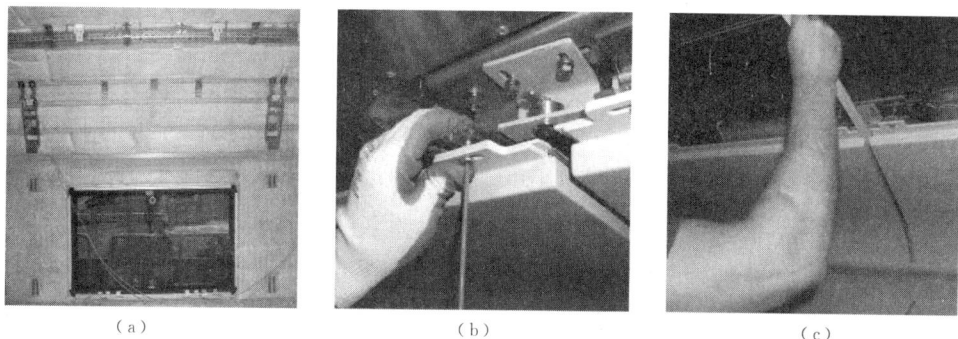

（a）　　　　　　　　　　（b）　　　　　　　　　　（c）

图 5.73　边顶板安装

的，将客室多孔顶板挂装到折页挂钩上，预紧中顶板折页挂钩，以及顶板挂钩防脱螺栓，合上多孔顶板，另外一侧用 L 型内六角扳手锁闭。调整多孔顶板密封圈，使多孔顶板与密封圈连接严密均匀。图 5.74 为安装完成的多孔顶板。

图 5.74　多孔顶板安装

5.8.3.2　车内设备件组装

车内设备件包括车窗、端门、客室拉门、行李架、座椅、塞拉门罩板、厨房、茶桌、各类电器柜体及外部间壁、乘务员室等。全车采用旋转座椅，厨房内配有冰箱、微波炉、烤箱等类似与航空服务的设备。一等座车顶板中央沿车体长度方向均匀布置有 4 个液晶显示器，座椅的扶手上安装有视听模块，包括耳机插孔、频道和音量调节等，不同的动车车型车内设备件结构外形均有所不同。

1. 车窗安装

车窗分为三种：客室侧窗、司机室旋转车窗和前端风挡玻璃，每种车窗在安装时都需要使用组装胶，因此在安装过程中对环境温湿度要求较高，一般温度范围为 15～30 ℃，相对空气湿度为 30%～70%。

车窗均为玻璃和窗框为一体粘接在车体窗口上的。车窗安装前要对车体窗口进行清洁，去除粘贴面上的可见颗粒物及尘土。安装侧窗时，先在车体内部安装工装，然后将侧窗安装在工装上，将工装抬起进行预安装，检测侧窗与车体平面度及四周缝隙满足要求后，在粘接面打胶，20 min 内将车窗粘接到车体上，12 h 内车体不能有大的振动。12 h 后清除侧窗周围防护胶带。

2. 端门、客室拉门安装

端门和客室拉门均为玻璃材质，在安装过程中要注意物料保护，避免物料表面磕碰划伤。端门安装工艺流程为：物料、工具及工装准备—防火条安装—门机构安装—下导轨安装—门扇安装及调整—内部框架安装—安装盖板和屏风—安装完成，清理工作现场。

在安装过程中要注意以下三点：

（1）在防火框与车门的平行面上粘贴防火材料时，防火材料距防火框外沿 15 mm，防火材料接口对严，如图 5.75（a）所示。

（2）旋转安装螺栓，预调整拉门高度，使门板顶部与门机构底部距离大约 56 mm；

（3）测量门板与端部门框的间隙，标准：3～4 mm。紧固门板安装螺栓上的上、下螺母，拧紧下导轨的固定螺栓，如图 5.75（b）所示。

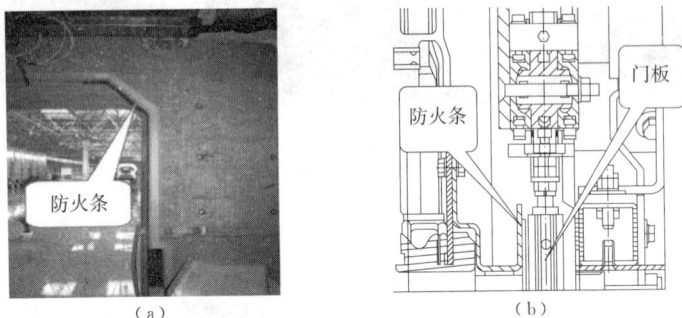

图 5.75　端门、客室拉门安装

客室拉门分为一位端客室拉门和二位端客室拉门，拉门安装方式相同，安装过程分为四步：门机构安装、玻璃间壁安装、门板安装及调整和门楣安装。门机构安装前，需要用拉力计测量机构空载拉力，最大值为 45 N。

3. 行李架、座椅安装

行李架设置 5 种尺寸形式，供旅客存放随身行李使用，相邻行李架之间相互独立，但又通过同一根拉杆紧固，承重面采用进口安全玻璃。行李架安装分三部分：行李架支架安装，如图 5.76（a）所示。行李架组成安装和行李架下部挡板安装，如图 5.76（b）所示。

图 5.76　行李架安装

行李架组成安装工艺流程为：开工前准备—行李架支撑杆安装—行李架挂装—行李架找平—行李架后墙安装—行李架装饰板安装—防火胶条安装—清理工作场地。

座椅是旅客列车的主要设备之一，可分为一等座椅、二等座椅和残疾人座椅。不管是一等座椅还是二等座椅，安装流程大致相同，即：物料工装工具准备—安装定位、钻孔工装—座椅安装地板孔的加工—座椅挂腿安装—座椅安装—清理工作现场。

座椅安装时需要在车体侧墙上预先安装座椅轴承座,如图 5.77(a)所示。然后在座椅轴承座上安装座椅支承型材,如图 5.77(b)所示。座椅挂腿紧固在支承型材内的滑块上,座椅支腿通过木地板与防拔装置紧固在一起,如图 5.77(c)所示。

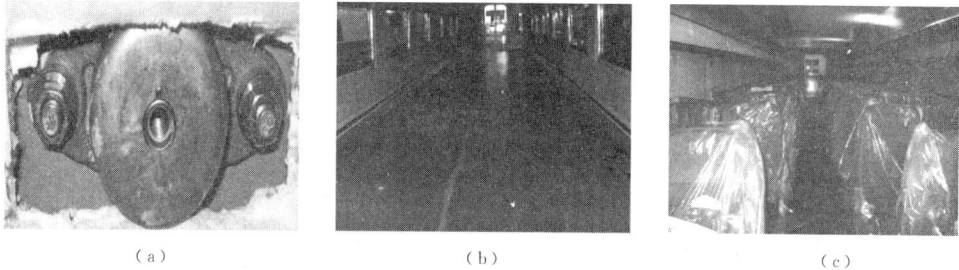

(a)   (b)   (c)

图 5.77　座椅安装

4. 厨房和乘务员室设施安装

厨房设施通常包括:供水管路系统、制冰机、壁挂碗柜、双开冰箱、微波炉、烤箱、普通小推车、大理石吧台结构等,整个配件以不锈钢材质为主,过道墙、间隔墙为木质结构等。图 5.78(a)为配餐厨房设施效果图。

乘务员室设有 PIS 柜面板、衣橱、顶板、手提箱橱、紧急制动器、带窗户的摆门、侧墙、座柜、R 操作单元、信息系统操作面板、MFD-监控、内部通信单元等。整体采用木质结构为主,玻璃隔墙为辅。图 5.78(b)为安装完成效果图。

(a)   (b)

图 5.78　厨房设施、乘务员室安装效果图

5.8.3.3　空调系统、卫生间安装

动车组空调系统分为客室空调系统和司机室空调系统。在中间车中,压缩空调装置安装在车的一端。空调装置安装在车体上的安装框架中,用螺钉将其紧固在车体外壳上,并在车身侧进行加压密封和防水密封。司机室中的空调系统为分体式空调系统,即压缩机组(冷却装置)位于车底下,而空调装置则位于司机室后休息室的天花板区域中。

客室空调安装流程为:在车体上连接地线—拆卸侧罩和导流罩—安装趁空固定码—吊

装空调—安装空调并施加扭力—安装侧罩和导流罩—清理工作场地。司机室空调安装流程为:管路支撑座安装—车上空调管路安装—空调机组安装—车上废水管路安装—车下管路安装—清理工作场地,图 5.79 为司机室空调安装图。

图 5.79 司机室空调安装图

卫生设施分为标准卫生间、通用卫生间和残疾人卫生间。容量为 300 L 的淡水箱位于车辆天花板区域内的各卫生间上方,容量为 450 L 的废水箱位于车辆底架区域内。各种卫生间均由模块化结构组成,卫生间相对于车体结构是独立的模块。

如图 5.80 所示,标准卫生间安装流程为:卫生间车下准备—卫生间安装—卫生间固定预码安装—固定卫生间—安装螺栓—卫生间固定码安装—测量卫生间角度—卫生间门安装—清理工作场地。

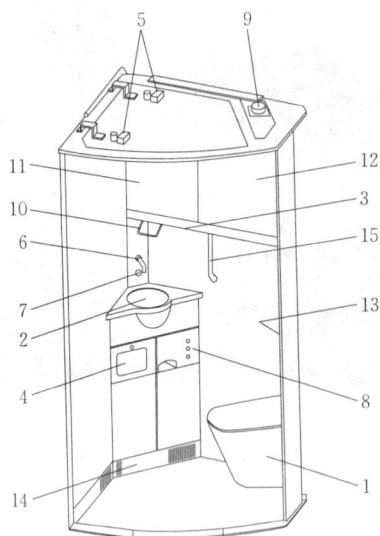

图 5.80 标准卫生间

1—真空马桶;2—盥洗盆;3—纸巾分发器;4—废物箱;5—照明设备;6—水龙头;
7—水龙头传感器;8—卫生纸架和更换纸卷;9—顶棚扬声器;10—皂液机;11—镜子;
12—控制面板;13—冲洗马桶按钮;14—再循环空气加热器;15—扶手

5.8.4 司机室设备组装

动车组司机室是司机获取信息、做出决策并对有关系统进行指令控制、驾驶列车完成各种任务的工作场所。动车组司机室合理布局以及人性化设计对于保障人机效能的充分发挥和列车行驶安全至关重要。动车组司机室包含以下功能模块及部位:司机室操作台及电气柜、司机室内饰件、司机座椅、空气控制元件、司机室空调、百叶窗等。

5.8.4.1 司机室操纵台及电气柜

1. 司机室操纵台安装

司机操纵台位于司机正前方,它包括通常需要使用的控制和指示元件。司机室操纵台是整体安装的,电气元件及连线均已经安装,如图5.81所示。司机操纵台安装流程为:支撑座安装,司机室桌安装。

(a) 电气部分 (b) 操纵台

图5.81 司机室操纵台布置

2. 司机室电气柜安装

电气柜的安装顺序为钻孔,调整紧固件,调整并固定电气柜。图5.82为司机室电气柜安装效果图。

5.8.4.2 司机室内饰件

司机室内饰件中包含由司机室侧墙板,司机室遮阳板及司机室后墙。

1. 司机室侧墙板安装

司机室侧墙板的安装流程为:侧墙罩板—活动窗罩板—风挡玻璃底部罩板—风挡玻璃顶部罩板—司机室后墙罩板—屏风安装—密封处理等。

2. 司机室遮阳板安装

如图5.83所示,司机室遮阳板用于防止太阳光直接从顶部射入司机室。主要有三处固定点:前端两侧的两点及后面中间的一点。前端两侧的固定点先将安装码固定在横梁上,再由旋转装置进行连接,保证遮阳板可以打开。上部中间的固定装置是四角锁通过旋转搭接在车体的U形码座上。

图 5.82 司机室电气柜安装效果图

图 5.83 司机室遮阳板安装图

3. 司机室后墙

如图 5.84 所示,司机室后墙用于将司机室与外界隔离。其安装流程为:门组成安装—玻璃面板安装—地线及门挡安装。

5.8.4.3 司机室内设备安装

司机室内设备有:空气管路及控制阀,遮阳帘,司机室空调,司机座椅等。空气管路及控制阀是控制制动系统及雨刷系统回路。前挡风玻璃的上部配有电动式遮阳帘,如图 5.85 所示。其主要安装工作是:遮阳帘的支座与木骨的连接以及通电测试遮阳帘的功能。

图 5.84 司机室后墙

图 5.85 遮阳帘

司机室空调为分体式,空调压缩机置于车下,空调单元置于司机室上部,两个单元通过冷凝管相连。

司机室座椅在安装时分为两个部分,一部分为工具箱,另一部分为工具箱以上部分,如图 5.86 所示。安装时先对地板上的孔进行处理,使其与车下孔对齐,将工具箱用螺栓与车体安装座固定。将另一份整体放置在工具箱上并用螺栓连接紧固。

5.8.5 车顶设备组装

车顶设备包括车顶设备罩、膨胀油箱、车顶高压设备、车顶天线、MUB 电阻、MUB 设备罩等组件。

1. 车顶设备罩安装

车顶设备罩的功能是使车顶系统的气流从空气动力学的角度得到最佳化效果,还能有相同车厢的外观。车顶设备罩的部件包括前部罩板和左右侧罩板,如图 5.87 所示。

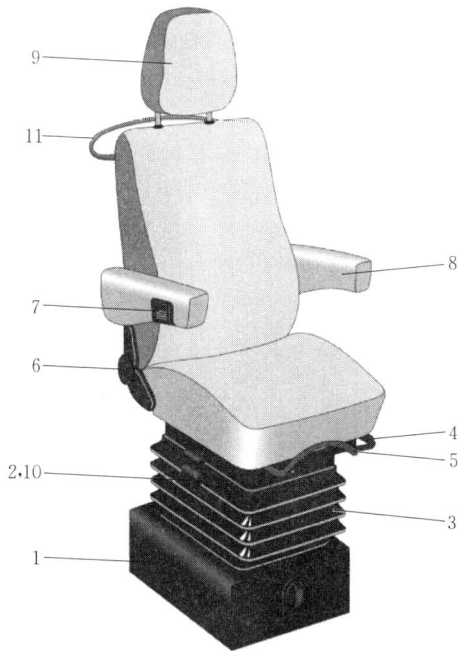

图 5.86 司机室座椅

1—工具箱;2—底座;3—旋转附件;4—倾斜调节用把手;5—调节座椅长度的把手;
6—靠背调节的旋钮;7—调节靠背倾斜度的蝶形螺母;8—扶手向上折叠;
9—安全头枕;10—可连续调节高度的把手;11—衣架

（a）前部罩板

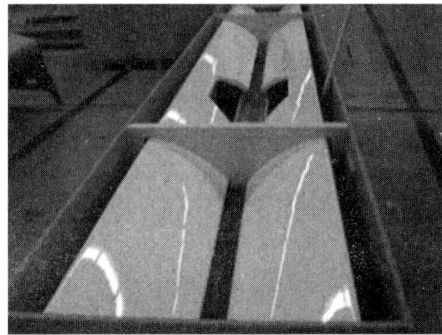

（b）左右侧罩板

图 5.87 车顶设备罩

（1）清洁安装部位。在设备罩安装前要对车体安装部位进行清洁。

（2）前部罩板安装。将前部罩板平稳吊运至车顶安装位置,使罩板上的每一螺栓安装位置都与车体上安装位置的螺纹孔对齐,用涂抹螺纹紧固剂的螺栓加垫片安装在车体上。

（3）侧部罩板安装。将滑块加上螺栓按照图纸尺寸布置在平顶两边的滑槽中,将一侧侧罩板运至安装位置正上方,比照罩板调整滑块螺栓,使每一个滑块螺栓都与罩板螺栓孔对齐,在螺栓上加上垫片,用螺母紧固。用同样方法安装另一侧罩板。

（4）施加扭力。用扭力扳手拧紧所有前罩板及侧罩板的紧固螺栓。

（5）安装完成,效果图如图 5.88 所示,最后清理工作场地。

2. 车顶高压设备组装

受电弓是车顶高电压设备之一。受电弓通过三个支承绝缘子连接到车顶,图5.89为绝缘子安装图。

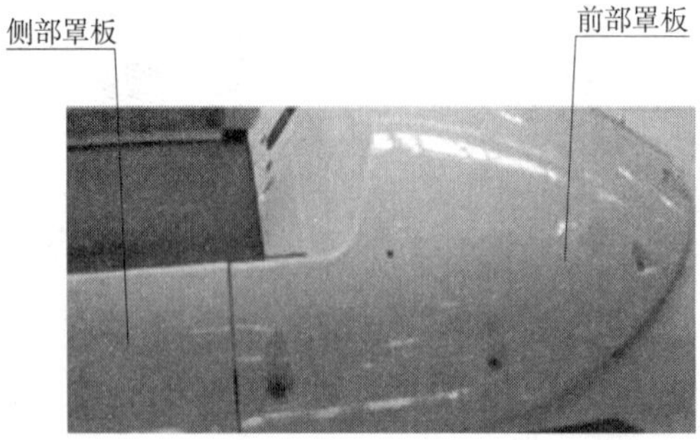

图 5.88 车顶设备罩

图 5.89 绝缘子安装

受电弓安装流程是:安装柱头螺栓—安装绝缘子—安装受电弓—安装电压互感器—安装隔离器—安装主断路器—安装接地开关—安装冲击波过压保险器和电流互感器—安装高压线卡—密封车顶设备—安装受电弓控制管路。

3. 车顶天线、MUB 电阻和 MUB 设备罩组装

(1)车顶天线安装

车顶天线主要用于接收和发射信号,包括 450MHz 和 800MHz 合路天线、GSM-R 语音/数据天线、GPS 天线等。

车顶天线安装流程是:预安装车顶天线—通讯天线安装—安装 GPS 天线—顶部天线安装—安装 450 MHz 和 800 MHz 合路天线—调试。

(2)MUB 电阻安装

MUB 电阻主要功能是消耗制动时产生的电能,安装流程是:MUB 电阻安装—安装螺母及固定—紧固螺栓—涂打防松标记,如图5.90 所示。

(3)MUB 设备罩安装

MUB 设备罩必须在 MUB 电阻安装完成后进行安装,安装流程是:清洁罩板的安装面—滑块安装—支架安装—侧罩安装—调整—紧固螺栓—涂打防松标记,如图5.91 所示。

图 5.90 MUB 电阻安装

图 5.91 MUB 设备罩

5.8.6 落车及交验

动车组总装完成后,将要进行落车及交验。在落车及交验时,按照动车还是拖车分别进行,但它们落车及交验工艺过程相同。

1. 落车及交验工艺过程

(1)车体配重:根据配重方案图对车体进行配重。

(2)拆卸工艺衬套:用扳手将螺栓拆下,然后用三角拉子将工艺衬套拆卸下来。

(3)安装滑块螺母及衬套:将滑块螺母从车体纵梁开口处放入纵梁里;用橡胶长管将滑块螺母送至安装位置;用扳手和螺栓将滑块螺母固定;用木柄钳工锤和防护垫片将衬套装到车体;纵梁衬套孔处用棘轮扳手及螺栓将衬套紧固。

(4)安装称重工装:用工艺螺栓将称重支撑工装与车体相连。

(5)安装四角称重仪:将车体及称重支撑工装放置在四角称重仪上,详细操作请见车体外形测量及称重说明。

(6)车体称重及外形测量:详细操作请见车体外形测量及称重说明。

(7)磨耗板调整垫片的安装:根据车体称重结果加垫片,用扳手将需要添加垫片的磨耗板的螺栓拆下,将垫片放在涂有组装胶一侧的上面,将磨耗板连同垫片安装到车体纵梁上。

(8)转向架上管接头安装及销轴清洁:管件装配前要对接头内部、螺母螺纹、卡套是否附着异物进行检查,对于弯头、管接头等装配前须采用高压风进行吹扫或无纺布进行清理。按照空气系统将安全阀、高度阀接头和空气弹簧供风软管接头分别组装,在转向架摇枕横向侧面安装安全阀,在转向架摇枕横向侧面安装空气弹簧供风软管管接头。将转向架定位销轴表面用异丙醇清洗干净后,在其表面涂抹组装胶。

(9)落车及车下软管连接:缓慢降低车体,将转向架上的定位销轴与车体纵梁定位衬套对正,继续缓慢降低车体,直至定位销完全落入到孔中。连接车下空气弹簧供风软管,松开高度阀调整杆上的螺母,当车体完全落到转向架后,把转向架摇枕用螺栓(每侧 4 个,从下向上)连接到车体纵梁上,暂时用手拧紧。

(10)主制动软管安装:连接主制动软管。

(11)接地线缆安装:将车体接地线与转向架构架相连。

(12)松开抗侧滚扭杆:用棘轮扳手和普通扳手,分别将一、二位端转向架的一个抗侧滚扭杆及其弹性压缩杆卡子上的螺栓(中间管卡螺栓及下部安装座螺栓)松开,使扭杆与下部安装座之间有 5~10 mm 的间隙,保证抗侧滚扭杆处于无应力状态。

(13)标记四角高测量点:分别在车体一、二位外端墙下部距车体纵向中心 710 mm 的竖线位置,以底边为基准线,用深度游标卡尺量出表中数值,然后以此数值画出 5 mm 长的横线,取交叉点;最终测量画出的横竖线,并取得交叉点。

(14)四角高度测量:在空气弹簧未充气的情况下,用盒尺测量车体四角至轨面的高度,依照公式计算检查是否超差。

(15)空气弹簧调整:如果四角高度超出其公差范围,可增减空气弹簧垫板来进行调整。

(16)测量一系弹簧高度。

(17)锁紧抗侧滚扭杆:在给空气弹簧充风之前,将抗侧滚扭杆的下部连接座无应力的与转向架构架安装座接触,弹性压缩杆中间紧固卡子调好后,将松开的抗侧滚扭杆的中间螺栓及下部固定螺栓全部拧紧,以防止车辆充风时侧倾。

(18)空气弹簧充风。

(19)车体水平测量调整。

(20)测量空气弹簧的垫片厚度。

(21)测量横向止挡间隙。

(22)紧固螺栓并施加扭矩。

(23)四角高测量基准点涂打永久标记:将车两端风挡处的四个测量基准点钻成直径为 ϕ5 mm 深为 4~5 mm 的孔,作为永久标记,并涂成红色。

(24)清理工作场地。

2. 落车及交验应注意的问题

(1)进行测定的场所不得有影响测定的风及振动等。

(2)动车、拖车应处于整备状态。

(3)车体配重时一定要按照以设定好的配重方案执行。

(4)安装衬套时,在衬套 ϕ90 mm 的圆柱表面涂抹组装胶。

(5)安装称重过程中,推小车时不要碰伤车体,并用手拧紧螺栓且不应过紧。

(6)安装磨耗板调整垫片的安装过程中,在用扁铲拆卸磨耗板时,一定不要损伤车体纵梁型材和磨耗板。在安装磨耗板时,安装螺栓螺纹表面涂胶。安装结束后,将防护胶带纸去除。

(7)安全阀主体与接头连接时,螺纹连接处涂胶,其余连接头自身组装时,连接处涂抹油。

(8)在转向架摇枕横向侧面安装空气弹簧供风软管管接头时,要在螺纹接触处涂抹油。安装结束后将管接头开口处用胶带纸防护。

(9)将转向架定位销轴表面用异丙醇清洗时,不要损伤摇枕纵梁表面的油漆面。

(10)落车及车下软管连接时,落车之前,先将转向架横梁(枕梁)调整成与轨道平行。车体落下之前,要将车体纵梁的滑槽螺钉均匀分置在衬套的两侧(每侧 3 个滑槽螺钉)。将固定所用扎带用刀具或剪线钳拆掉。在车体落成之前将转向架横梁(枕梁)下的支撑木块取出。组装之前,车体与转向架在同一车间存放超过 24 h。车体与转向架之间温差不得超过 10 ℃。

(11)连接主制动软管时,要在螺纹接触处涂抹油,安装前,需要将工艺堵拆下,使用标准配件安装,安装过程要注意保持管路清洁。

(12)用棘轮扳手和普通开口扳手,将一位转向架的抗侧滚扭杆及其弹性压缩杆卡子上的螺栓松开,松开的(一)二位转向架的抗侧滚扭杆必须是同一侧的。

(13)落车过程中对空簧供风软管在使用前需要进行 1 min 的高压风清扫,并且在落车调整后使用胶带对外漏管进行防护。

图 5.92 和图 5.93 分别是动车和拖车落车及交验完成效果图。

图 5.92　动车落车及交验

图 5.93　拖车落车及交验

复习思考题

1. 与普通客车相比,动车组车体结构有何特点。
2. 简述底架组焊技术要求。
3. 简述底架组焊工艺过程。
4. 简述侧墙组焊工艺过程。
5. 简述侧墙焊接变形产生原因及防止措施。
6. 简述车顶组焊工艺过程。
7. 简述端墙组焊工艺过程。
8. 简述司机室组焊工艺流程。
9. 简述车体总组装工艺过程。
10. 动车组总装包括哪些内容?
11. 车下设备组装包括哪些内容?
12. 动车组车内设备组装包括哪些内容?
13. 司机室组装包括哪些内容?
14. 车顶设备包括哪些内容?
15. 简述动车落车及交验的工艺过程。

参 考 文 献

[1] 陈世和.车辆修造工艺与装备[M].北京:中国铁道出版社,2004.

[2] 张福润,严晓光.机械制造工艺学[M].武汉:华中科技大学出版社,1998.

[3] 王先进.机械制造工艺学[M].北京:清华大学出版社,1989.

[4] 王信义.机械制造工艺学[M].北京:北京理工大学出版社,1990.

[5] 陈明.机械制造技术[M].北京:北京航空航天大学出版社,2002.

[6] 曾志新.机械制造技术基础[M].武汉:武汉理工大学出版社,2001.

[7] 王淑芬.普通型车轮车床的数控改造[C].第一届 SINUMERIK 数控应用与改造,2004.

[8] 易际明,彭浩舸,吴莉华. Pro/Engineer Wildfire 模具设计与数控加工[M].北京:清华大学出版社,2005.

[9] 蔡颖,薛庆,徐弘山.CAD/CAM 原理与应用[M].北京:机械工业出版社,2002.

[10] 朱晓春,吴祥,任皓.数控技术[M].北京:机械工业出版社,2006.

[11] 王永章,杜君文,程国全.数控技术[M].北京:高等教育出版社,2005.

[12] 涂富田.全自动轮对压装机的研制[D].成都:西南交通大学,2004.

[13] 王先逵.机械制造工艺学[M].北京:机械工业出版社,2005.

[14] 倪森寿.机械制造工艺与装备[M].北京:化学工业出版社,2003.

[15] 李硕本.冲压工艺学[M].北京:机械工业出版社,1982.

[16] 姜奎华.冲压工艺与模具设计[M].北京:机械工业出版社,1995.

[17] 翁其金,徐心成.冲压工艺及冲模设计[M].北京:机械工业出版社,2004.

[18] 成虹.冲压工艺与模具设计[M].成都:电子科技大学出版社,2000.

[19] 刘静安.铝型材挤压模具设计、制造、使用及维修[M].北京:冶金工业出版社,2002.

[20] 郑宜庭,黄石生.弧焊电源[M].北京:机械工业出版社,2004.

[21] 周万盛,姚君山.铝及铝合金的焊接[M].北京:机械工业出版社,2006.

[22] 李亚江,刘鹏,刘强.气体保护焊工艺及应用[M].北京:化学工业出版社,2005.

[23] 董世康,唐衡郴,冯孝忠,等.动车组铝合金车体制造技术[J].热加工工艺,2012,41(3).

[24] 邹侠铭,韩士宏,尹德猛.新型动车组铝合金车体底架制造工艺研究[J].轨道交通装备与技术,2013,(4).

[25] 刘学之,杨宗英.铝合金车体侧墙组装工艺[J].机车车辆工艺,2008,(3).

[26] 马治国.200EMU 铝合金车体侧墙焊接变形的控制[J].四机科技,2007,(2).

[27] 王爱萍.浅谈铝合金车体司机室组焊工艺及变形控制[J].四机科技,2006,(3).